Obras Completas De Cervantes: Los Trabajos De Persiles Y Sigismunda

Miguel de Cervantes Saavedra

Nabu Public Domain Reprints:

You are holding a reproduction of an original work published before 1923 that is in the public domain in the United States of America, and possibly other countries. You may freely copy and distribute this work as no entity (individual or corporate) has a copyright on the body of the work. This book may contain prior copyright references, and library stamps (as most of these works were scanned from library copies). These have been scanned and retained as part of the historical artifact.

This book may have occasional imperfections such as missing or blurred pages, poor pictures, errant marks, etc. that were either part of the original artifact, or were introduced by the scanning process. We believe this work is culturally important, and despite the imperfections, have elected to bring it back into print as part of our continuing commitment to the preservation of printed works worldwide. We appreciate your understanding of the imperfections in the preservation process, and hope you enjoy this valuable book.

Spanish Los Sheets

OBRAS

COMPLETAS

DE CERVANTES

DEDICADAS Á S. A. R. EL SERMO. SR. INFANTE

DON SEBASTIAN GABRIEL DE BORBON Y BRAGANZA.

ILUSTRADAS POR LOS SEÑORES

DON J. E. HARTZENBUSCH Y DON CAYETANO ROSELL.

TOMO NOVENO.

MADRID,
IMPRENTA DE DON MANUEL RIVADENEYRA,
1864.

OBRAS

COMPLETAS

DE CERVANTES.

TOMO IX.

OBRAS

COMPLETAS

DE CERVANTES

DEDICADAS Á S. A. R. EL SERMO. SR. INFANTE

DON SEBASTIAN GABRIEL DE BORBON Y BRAGANZA

TOMO IX.

LOS TRABAJOS

DE

PERSILES Y SIGISMUNDA;

EDICION DIRIGIDA
POR DON CAYETANO ROSELL.

MADRID,
IMPRENTA DE DON MANUEL RIVADENEYRA,
calle de la Madera, número 8.

1864.

PQ
6378
.A1
1863
130395
v.3

ADVERTENCIA.

La obra en que cifraba Cervántes tantas esperanzas, á las que no ha correspondido con su voto la posteridad, se publicó á principios del año 1617. Su portada dice así:

LOS TRABAIOS
DE PERSILES, Y
SIGISMUNDA, HISTO-
RIA SETENTRIONAL.

POR MIGUEL DE CERVANTES
SAAUEDRA.

DIRIGIDO A DON PEDRO FERNANDEZ DE
*Castro, Conde de Lemos, de Andrade, de Villalua, Marques de
Sarria, Gentilhombre de la Camara de su Magestad, Presiden-
te del Consejo Supremo de Italia, Comendador de la
Encomienda de la Zarça, de la Orden
de Alcantara*

| Año | Escudo con el puño, el halcon y el leon echado. | 1617. |

Con priuilegio. *En Madrid.* Por Iuan de la Cuesta.

A costa de Iuan de Villarroel mercader de libros en la Plateria.

Al fólio siguiente tiene la Tasa, firmada en 23 de Diciembre de 1616, por Jerónimo Nuñez de Leon; al pié la Fe de erratas, de 15 del mismo Diciembre, autorizada por el licenciado Murcia de la Llana. Sigue el Privilegio, dado á favor de la viuda del Autor, doña Catalina de Salazar, por el tiempo de diez años, su fecha 24 de Setiembre; al dorso la Aprobacion del maestro José de Valdivieso; en la hoja siguiente, los versos laudatorios de don Francisco de Urbina y de Luis Francisco Calderon; y por último, la Dedicatoria y Prólogo, que ocupan otras dos hojas.

Del *Persíles* existen muchas ediciones: el mismo año 17 se reimprimió en Valencia, en Barcelona, en Lisboa, en Pamplona y Brusélas; cítanse dos traducciones diferentes en frances, ambas antiguas; una al inglés, hecha en 1619, mas no del original, sino de una version francesa, prueba de la aceptacion que tuvo la obra, ó por lo ménos del crédito que su Autor habia ya adquirido por aquel tiempo; y por último, tenemos á la vista otra traduccion inglesa, de escritor anónimo, publicada en Lóndres, en 1854, dedicada al honorable Eduardo Lyulph Stanley, y acompañada de algunas notas y de un retrato nuevo de CERVÁNTES, que ni merece fe, ni sabemos cómo nadie haya podido dársela.

Habiendo tenido á la vista, para nuestra edicion, un ejemplar de la primitiva, no creemos necesario añadir á este tomo las notas y variantes que hemos puesto en los anteriores. Las erratas de imprenta hemos procurado salvarlas; las que aquí parezcan tales, puede tenerse por seguro que ó son descuidos del original, ó frases más ó ménos oscuras, que no sería posible enmendar sin proceder muy arbitrariamente.

Dos cosas advertiremos: que el capítulo VII del segundo libro, en la edicion de 1617, se divide en dos partes; de la segunda hemos hecho nosotros, como era natural, el capítulo correspondiente, por lo que nos resulta uno más en el número de los que componen dicho libro; y la otra advertencia es, que no todos los capítulos de la mencionada edicion llevan al frente el resúmen del asunto á que se refieren; y que si nosotros hemos evitado esta irregularidad, ha sido copiando de otras ediciones posteriores los argumentos ó resúmenes que faltaban. Es cuanto tenemos que hacer presente.

LOS TRABAJOS

DE

PERSILES Y SIGISMUNDA.

A DON PEDRO FERNANDEZ DE CASTRO,

Conde de Lémos, de Andrade, de Villalva, Marqués de Sarriá, Gentilhombre de la cámara de su Majestad, Presidente del Consejo supremo de Italia, Comendador de la encomienda de la Zarza, de la Orden de Alcántara.

Aquellas coplas antiguas, que fueron en su tiempo celebradas, que comienzan: *Puesto ya el pié en el estribo*, quisiera yo no vinieran tan á pelo en esta mi epístola, porque casi con las mismas palabras la puedo comenzar, diciendo:

> Puesto ya el pié en el estribo,
> Con las ánsias de la muerte,
> Gran señor, ésta te escribo.

Ayer me dieron la Extremauncion, y hoy escribo ésta: el tiempo es breve, las ánsias crecen, las esperanzas menguan, y con todo esto, llevo la vida sobre el deseo que tengo de vivir, y quisiera yo no ponerle coto hasta besar los piés á vuesa Excelencia; que podria ser fuese tanto el contento de ver á vuesa Excelencia bueno en España, que me volviese á dar la vida; pero si está decretado que la haya de perder, cúmplase la voluntad de los cielos, y por lo ménos sepa vuesa Excelencia este mi deseo, y sepa que tuvo en mí un tan aficionado criado de servirle, que quiso pasar áun más allá de la muerte, mostrando su intencion. Con todo esto, como en profecía me alegro de la llegada de vuesa Excelencia, regocíjome de verle señalar con el dedo, y realégrome de que salieron verdaderas mis esperanzas dilatadas en la fama de las bondades de vuesa Excelencia. Todavía me quedan en el alma ciertas reliquias y asomos de las *Semanas del jardin* y del famoso *Bernardo*: si á dicha, por buena ventura mia (que ya no sería ventura, sino milagro), me diese el cielo vida, las verá, y con ellas el fin de la *Galatea*, de quien sé está aficionado vuesa Excelencia. Y con estas obras, continuando mi deseo, guarde Dios á vuesa Excelencia, como puede. *De Madrid, á 19 de Abril de 1616 años.*

Criado de vuesa Excelencia,

MIGUEL DE CERVÁNTES.

PROLOGO.

Sucedió pues, lector amantísimo, que viniendo otros dos amigos y yo del famoso lugar de Esquivias, por mil causas famoso, una por sus ilustres linajes y otra por sus ilustrísimos vinos, sentí que á mis espaldas venia picando con gran priesa uno que al parecer traia deseo de alcanzarnos, y áun lo mostró dándonos voces que no picásemos tanto. Esperámosle, y llegó sobre una borrica un estudiante pardal, porque todo venia vestido de pardo, antiparas, zapato redondo y espada con contera, valona bruñida y con trenzas iguales: verdad es no traia más de dos, porque se le venia á un lado la valona por momentos, y él traia sumo trabajo y cuenta de enderezarla. Llegando á nosotros, dijo: «¿Vuesas mercedes van á alcanzar algun oficio ó prebenda á la córte, pues allá está su Ilustrísima de Toledo y su Majestad ni más ni ménos, segun la priesa con que caminan; que en verdad que á mi burra se le ha cantado el víctor de caminante más de una vez?» A lo que respondió uno de mis compañeros: «El rocin del señor MIGUEL DE CERVÁNTES tiene la culpa desto, porque es algo qué pasilargo.» Apénas hubo oido el estudiante el nombre de CERVÁNTES, cuando apeándose de su cabalgadura, cayéndosele aquí el cojin y allí el portamanteo, que con toda esta autoridad caminaba, arremetió á mí, y acudiendo á asirme de la mano izquierda, dijo: «Sí, sí, éste es el manco sano, el famoso todo, el escritor alegre, y finalmente el regocijo de las Musas.» Yo, que en tan poco espacio vi el grande encomio de mis alabanzas, parecióme ser descortesía no corresponder á ellas; y así, abrazándole por el cuello, donde le eché á perder de todo punto la valona, le dije: «Ese es un error, donde han caido muchos aficionados ignorantes: yo, señor, soy CERVÁNTES, pero no el regocijo de las Musas, ni ninguna de las demas baratijas que ha dicho vuesa merced. Vuelva á cobrar su burra y suba, y caminemos en buena conversacion lo poco que nos falta del camino.» Hízolo así el comedido estudiante; tuvimos algun tanto más las riendas, y con paso asentado seguimos nuestro camino, en el cual se trató de mi enfermedad, y el buen estudiante me desahució al momento, diciendo: «Esa enfermedad es de hidropesía, que no la sanará toda el agua del mar Océano que dulcemente se bebiese. Vuesa merced, señor CERVÁNTES, ponga tasa al beber, no olvidándose de comer; que con esto sanará, sin otra medicina alguna.—Eso me han dicho muchos, respondí yo; pero así puedo dejar de beber á todo mi beneplácito, como si para sólo eso hubiera nacido; mi vida se va acabando, y al paso de las efemérides de mis pulsos, que á más tardar acabarán su carrera este domingo, acabaré yo la de mi vida. En fuerte punto ha llegado vuesa merced á conocerme, pues no me queda espacio para mostrarme agradecido á la voluntad que vuesa merced me ha mostrado.» En esto llegamos á la puente de Toledo, y yo entré por ella, y él se apartó á entrar por la de Segovia. Lo que se dirá de mi suceso, tendrá la fama cuidado, mis amigos gana de decillo, y yo mayor gana de escuchallo. Tornéle á abrazar, volvióseme á ofrecer, picó á su burra, y dejóme tan mal dispuesto como él iba caballero en su burra, quien habia dado gran ocasion á mi pluma para escribir donaires; pero no son todos los tiempos unos. Tiempo vendrá quizá donde, anudando este roto hilo, diga lo que aquí me falta y lo que sé convenia. Adios, gracias; adios, donaires; adios, regocijados amigos; que yo me voy muriendo, y deseando veros presto contentos en la otra vida.

DON FRANCISCO DE URBINA A MIGUEL DE CERVANTES,

INSIGNE Y CRISTIANO INGENIO DE NUESTROS TIEMPOS,
Á QUIEN LLEVARON LOS TERCEROS DE SAN FRANCISCO Á ENTERRAR CON LA CARA DESCUBIERTA,
COMO Á TERCERO QUE ERA.

EPITAFIO.

Caminante, el peregrino
CERVÁNTES aquí se encierra:
Su cuerpo cubre la tierra,
No su nombre, que es divino.
En fin hizo su camino;
Pero su fama no es muerta,
Ni sus obras, prenda cierta
De que pudo, á la partida
Desde esta á la eterna vida,
Ir la cara descubierta.

AL SEPULCRO DE MIGUEL DE CERVANTES SAAVEDRA,

INGENIO CRISTIANO, POR LUIS FRANCISCO CALDERON.

SONETO.

En este ¡oh caminante! mármol breve,
Urna funesta, si no excelsa pira,
Cenizas de un ingenio santas mira,
Que olvido y tiempo á despreciar se atreve.
   No tantas en su orilla arenas mueve
Glorioso el Tajo, cuantas hoy admira
Lenguas la suya, por quien grata aspira
Al lauro España que á su nombre debe.
   Lucientes de sus libros gracias fueron
Con dulce suspension su estilo grave,
Religiosa invencion, moral decoro;
   A cuyo ingenio los de España dieron
La sólida opinion que el mundo sabe,
Y al cuerpo ofrenda de perpétuo lloro.

LOS TRABAJOS
DE
PERSILES Y SIGISMUNDA.

LIBRO PRIMERO.

CAPITULO PRIMERO.

Sacan á Periandro de prision, échanle al mar en una balsa, corre tormenta, y es socorrido de un navío.

Voces daba el bárbaro Corsicurbo á la estrecha boca de una profunda mazmorra, ántes sepultura que prision de muchos cuerpos vivos que en ella estaban sepultados; y aunque su terrible y espantoso estruendo cerca y léjos se escuchaba, de nadie eran entendidas articuladamente las razones que pronunciaba, sino de la miserable Cloelia, á quien sus desventuras en aquella profundidad tenian encerrada. «Haz, ¡oh Cloelia! decia el bárbaro, que así como está, ligadas las manos atras, salga acá arriba, atado á esa cuerda que descuelgo, aquel mancebo que habrá dos dias que te entregamos; y mira bien si entre las mujeres de la pasada presa hay alguna que merezca nuestra compañía, y gozar de la luz del claro cielo que nos cubre y del aire saludable que nos rodea.» Descolgó en esto una gruesa cuerda de cáñamo, y de allí á poco espacio él y otros cuatro bárbaros tiraron hácia arriba; en la cual cuerda ligado por debajo de los brazos, sacaron asido fuertemente á un mancebo, al parecer de hasta diez y nueve ó veinte años, vestido de lienzo basto, como marinero, pero hermoso sobre todo encarecimiento.

Lo primero que hicieron los bárbaros fué requerir las esposas y cordeles con que á las espaldas traia ligadas las manos; luego le sacudieron los cabellos, que como infinitos anillos de puro oro la cabeza le cubrian; limpiáronle el rostro, que cubierto de polvo tenia, y descubrió una tan maravillosa hermosura, que suspendió y enterneció los pechos de aquellos que para ser sus verdugos le llevaban. No mostraba el gallardo mozo en su semblante género de afliccion alguna, ántes con ojos al parecer alegres alzó el rostro y miró al cielo por todas partes, y con voz clara y no turbada lengua dijo: «Gracias os hago ¡oh inmensos y piadosos cielos! de que me habeis traido á morir á donde vuestra luz vea mi muerte, y no á donde estos escuros calabozos, de donde ahora salgo, de sombras caliginosas la cubran. Bien querria yo no morir desesperado á lo ménos, porque soy cristiano; pero mis desdichas son tales, que me llaman y casi fuerzan á desearlo.»

Ninguna destas razones fué entendida de los bárbaros, por ser dichas en diferente lenguaje que el suyo; y así, cerrando primero la boca de la mazmorra con una gran piedra, y cogiendo al mancebo sin desatarle, entre los cuatro llegaron con él á la marina, donde tenian una balsa de maderos, atados unos con otros con fuertes bejucos y flexibles mimbres. Este artificio les servia, como luego pareció, de bajel, en que pasaban á otra isla que no dos millas ó tres de allí se parecia. Saltaron luego en los maderos, y pusieron en medio dellos sentado al prisionero, y luego uno de los bárbaros asió de un grandísimo arco que en la balsa estaba, y poniendo en él una desmesurada flecha, cuya punta era de pedernal, con mucha presteza le flechó, y encarando al mancebo, le señaló por su blanco, dando señales y muestras de que ya le queria pasar el pecho. Los bárbaros que quedaban asieron de tres palos gruesos, cortados á manera de remos, y el uno se puso á ser timonero, y los dos á encaminar la balsa á la otra isla. El hermoso mozo, que por instantes esperaba y temia el golpe de la flecha amenazadora, encogia los hombros, apretaba los labios, enarcaba las cejas, y con silencio profundo dentro en su corazon pedia al cielo, no que le librase de aquel tan cercano como cruel peligro, sino que le diese ánimo para sufrillo; viendo lo cual el bárbaro flechero, y sabiendo que no habia de ser aquel el género de muerte con que le habian de quitar la vida, hallando la belleza del mozo piedad en la dureza de su corazon, no quiso darle dilatada muerte teniéndole siempre encarada la flecha al pecho; y así, arrojó de sí el arco, y llegándose á él, por señas, como mejor pudo, le dió á entender que no queria matarle.

En esto estaban, cuando los maderos llegaron á la mitad del estrecho que las dos islas formaban, en el cual de improviso se levantó una borrasca, que sin poder remediallo los inexpertos marineros, los leños de la balsa se desligaron y dividieron en partes, quedando en la una, que sería de hasta seis maderos compuesta, el mancebo, que de otra muerte que de ser anegado, tan poco habia que estaba temeroso. Levantaron remolinos las aguas, pelearon entre sí los contrapuestos vientos, anegáronse los bárbaros, salieron los leños del atado prisionero al mar abierto. Pasábanle las olas por cima, no solamente impidiéndole ver el cielo, pero negándole el poder pedirle tuviese compasion de su desventura; y sí tuvo, pues las contínuas y furiosas ondas que á cada punto le cubrian no le arrancaron de los leños, y se le llevaron consigo á su abismo; que como llevaba atadas las manos á las espaldas, ni podia asirse, ni usar de otro remedio alguno.

Desta manera que se ha dicho salió á lo raso del mar, que se mostró algun tanto sosegado y tranquilo al volver una punta de la isla, á donde los leños milagrosamente se encaminaron y del furioso mar le defendieron. Sentóse el fatigado jóven, y tendiendo la vista á todas partes, casi junto á él descubrió un navío que en aquel reposo del alterado mar, como en seguro puerto, se reparaba; descubrieron asimismo los del navío los maderos y el bulto que sobre ellos venia, y por certificarse qué podia ser aquello, echaron el esquife al agua y llegaron á verlo; y hallando allí al tan desfigurado como hermoso mancebo, con diligencia y lástima le pasaron á su navío, dando con el nuevo hallazgo admiracion á cuantos en él estaban. Subió el mozo en brazos ajenos, y no pudiendo tenerse en sus piés, de puro flaco (porque habia tres dias que no habia comido), y de puro molido y maltratado de las olas, dió consigo un gran golpe sobre la cubierta del navío, el capitan del cual con ánimo generoso y compasion natural mandó que le socorriesen.

Acudieron luego unos á quitarle las ataduras, otros á traer

conservas y odoríferos vinos, con cuyos remedios volvió en sí como de muerte á vida el desmayado mozo, el cual poniendo los ojos en el capitan, cuya gentileza y rico traje le llevó tras sí la vista y áun la lengua, le dijo: «Los piadosos cielos te paguen, piadoso señor, el bien que me has hecho; que mal se pueden llevar las tristezas del ánimo, si no se esfuerzan los descaecimientos del cuerpo. Mis desdichas me tienen de manera, que no te puedo hacer ninguna recompensa deste beneficio, sino es con el agradecimiento; y si se sufre que un pobre afligido pueda decir de sí mismo alguna alabanza, yo sé que en ser agradecido ninguno en el mundo me podrá llevar alguna ventaja.» Y en esto probó á levantarse para ir á besarle los piés, mas la flaqueza no se lo permitió, porque tres veces lo probó, y otras tantas volvió á dar consigo en el suelo; viendo lo cual el capitan, mandó que le llevasen debajo de cubierta y le echasen en dos traspontines, y que quitándole los mojados vestidos, le vistiesen otros enjutos y limpios, y le hiciesen descansar y dormir. Hízose lo que el capitan mandó; obedeció callando el mozo, y en el capitan creció la admiracion de nuevo, viéndolo levantar en pié con la gallarda disposicion que tenia, y luego le comenzó á fatigar el deseo de saber dél, lo más presto que pudiese, quién era, cómo se llamaba, y de qué causas habia nacido el efeto que en tanta estrecheza le habia puesto; pero excediendo su cortesía á su deseo, quiso que primero se acudiese á su debilidad que cumplir la voluntad suya.

CAPITULO II.

Dase noticia de quién es el capitan del navío. Cuenta Taurisa á Periandro el robo de Auristela; ofrécese él, para buscarla, á ser vendido á los bárbaros.

Reposando dejaron los ministros de la nave al mancebo, en cumplimiento de lo que su señor les habia mandado; pero como le acosaban varios y tristes pensamientos, no podia el sueño tomar posesion de sus sentidos, ni ménos lo consintieron unos congojosos suspiros y unas angustiadas lamentaciones que á sus oidos llegaron, á su parecer, salidos de entre unas tablas de otro apartamiento que junto al suyo estaba; y poniéndose con grande atencion á escucharlas, oyó que decian: «En triste y menguado signo mis padres me engendraron, y en no benigna estrella mi madre me arrojó á la luz del mundo; y bien digo arrojó, porque nacimiento como el mio, ántes se puede decir arrojar que nacer. Libre pensé yo que gozára de la luz del sol en esta vida, pero engañóme mi pensamiento, pues me veo á pique de ser vendida por esclava; desventura á quien ninguna puede compararse.

—¡Oh tú, quien quiera que seas! dijo á esta sazon el mancebo, si es, como decirse suele, que las desgracias y trabajos, cuando se comunican, suelen aliviarse, llégate aquí, y por entre los espacios descubiertos destas tablas cuéntame los tuyos; que si en mí no hallares alivio, hallarás quien dellos se compadezca.

—Escucha pues, le fué respondido; que en las más breves razones te contaré las sinrazones que la fortuna me ha hecho; pero querria saber primero á quién las cuento. Dime si eres por ventura un mancebo que poco há hallaron medio muerto en unos maderos que dicen sirven de barcos á unos bárbaros que están en esta isla donde habemos dado fondo, reparándonos de la borrasca que se ha levantado.

—El mismo soy, respondió el mancebo.

—Pues ¿quién eres? preguntó la persona que hablaba.

—Dijératelo, si no quisiera que primero me obligáras con contarme tu vida; que por las palabras que poco há te oí decir, imagino que no debe ser tan buena como quisieras.» A lo que le respondieron: «Escucha; que en cifra te diré mis males.

»El capitan y señor deste navío se llama Arnaldo; es hijo heredero del Rey de Dinamarca, á cuyo poder vino por diferentes y extraños acontecimientos una principal doncella, á quien yo tuve por señora, á mi parecer de tanta hermosura, que entre las que hoy viven en el mundo, y entre aquellas que puede pintar en la imaginacion el más agudo entendimiento, puede llevar la ventaja. Su discrecion iguala á su belleza, y sus desdichas á su discrecion y á su hermosura; su nombre es Auristela, sus padres de linaje de reyes y de riquísimo estado. Esta, pues, á quien todas estas alabanzas vienen cortas, se vió vendida, y comprada de Arnaldo, y con tanto ahinco y con tantas véras la amó y la ama, que mil veces de esclava la quiso hacer su señora, admitiéndola por su legítima esposa, y esto con voluntad del Rey padre de Arnaldo, que juzgó que las raras virtudes y gentileza de Auristela mucho más que ser reina merecian; pero ella se defendia, diciendo no ser posible romper un voto que tenia hecho de guardar virginidad toda su vida, y que no pensaba quebrarle en ninguna manera, si bien la solicitasen promesas ó la amenazasen muertes; pero no por esto ha dejado Arnaldo de entretener sus esperanzas con dudosas imaginaciones, arrimándolas á la variacion de los tiempos y á la mudable condicion de las mujeres; hasta que sucedió que andando mi señora Auristela por la ribera del mar, solazándose, no como esclava, sino como reina, llegaron unos bajeles de cosarios, y la robaron y llevaron no se sabe á dónde.

»El príncipe Arnaldo ha imaginado que estos cosarios eran los mismos que la primera vez se la vendieron, los cuales cosarios andan por todos estos mares, ínsulas y riberas, robando ó comprando las más hermosas doncellas que hallan, para traellas por granjería á vender á esta ínsula donde dicen que estamos, la cual es habitada de unos bárbaros, gente indómita y cruel, los cuales tienen entre sí por cosa inviolable y cierta, persuadidos, ó ya del demonio, ó ya de un antiguo hechicero, á quien ellos tienen por sapientísimo varon, que de entre ellos ha de salir un rey que conquiste y gane gran parte del mundo. Este rey que esperan, no saben quién ha de ser, y para saberlo, aquel hechicero les dió esta órden: que sacrificasen todos los hombres que á su ínsula llegasen, de cuyos corazones, digo, de cada uno de por sí, hiciesen polvos y los diesen á beber á los bárbaros más principales de la ínsula, con expresa órden que el que los pasase sin torcer el rostro ni dar muestras de que le sabian mal le alzasen por su rey; pero no ha de ser éste el que conquiste el mundo, sino un hijo suyo. Tambien les mandó que tuviesen en la isla todas las doncellas que pudiesen ó comprar ó robar, y que la más hermosa dellas se la entregasen luego al bárbaro cuya sucesion valerosa prometia la bebida de los polvos.

»Estas doncellas, compradas ó robadas, son bien tratadas de ellos, que sólo en esto muestran no ser bárbaros, y las que compran, son á subidísimos precios, que los pagan en pedazos de oro sin cuño y en preciosísimas perlas, de que los mares de las riberas destas islas abundan; y á esta causa, llevados de este interes y ganancia, muchos se han hecho cosarios y mercaderes. Arnaldo pues, que, como te he dicho, ha imaginado que en esta isla podria ser que estuviese Auristela, mitad de su alma, sin la cual no puede vivir, ha ordenado, para certificarse desta duda, de venderme á mí á los bárbaros, porque quedando yo entre ellos, sirva de espía de saber lo que desea; y no espera otra cosa sino que el mar se amanse, para hacer escala y concluir su venta. Mira, pues, si con razon me quejo, pues la ventura que me aguarda es venir á vivir entre bárbaros; que de mi hermosura no me puedo prometer venir á ser reina, especialmente si la corta suerte hubiese traido á esta tierra á mi señora la sin par Auristela. De esta causa nacieron los suspiros que me has oido, y destos temores las quejas que me atormentan.»

Calló en diciendo esto, y al mancebo se le atravesó un ñudo en la garganta; pegó la boca con las tablas, que humedeció con copiosas lágrimas, y al cabo de un pequeño espacio le preguntó si por ventura tenia algunos barruntos de que Arnaldo hubiese gozado de Auristela, ó ya de que Auristela, por estar en otra parte prendada, desdeñase á Arnaldo y no admitiese tan gran dádiva como la de un reino; porque á él le parecia que tal vez las leyes del gusto humano tienen más fuerza que las de la religion. Respondióle que aunque ella imaginaba que el tiempo habia podido dar á Auristela ocasion de querer bien á un tal Periandro, que la habia sacado de su patria, caballero generoso, dotado de todas las partes que le podian hacer amable de todos aquellos que le conociesen, nunca se le habia oido nombrar en las contínuas quejas que de sus desgracias daba al cielo, ni en otro modo alguno. Preguntóle si conocia ella á aquel Periandro que decia; díjole que no, sino que por relacion sabia ser el que llevó á su señora, á cuyo servicio ella habia venido despues que Periandro, por un extraño acontecimiento, la habia dejado.

En esto estaban, cuando de arriba llamaron á Taurisa, que éste era el nombre de la que sus desgracias habia contado; la cual oyéndose llamar, dijo: «Sin duda alguna el mar está manso y la borrasca quieta, pues me llaman para hacer de mí la desdichada entrega. Adios te queda, quien quiera que seas, y los cielos te libren de ser entregado para que los polvos de tu abrasado corazon testifiquen esta vanidad é impertinente profecía; que tambien estos insolentes moradores desta ínsula buscan corazones que abrasar, como doncellas que guardar para lo que procuran.» Apartáronse; subió Taurisa á la cubierta; quedó el mancebo pensativo, y pidió que le diesen de vestir, que queria levantarse; trajéronle un vestido de damasco verde, cortado al modo del que él habia traido de lienzo. Subió arriba, recibióle Arnaldo con agradable semblante, sentóle junto á sí; vistieron á Taurisa rica y gallardamente, al modo que suelen vestirse las ninfas de las aguas ó las amadríades de los montes.

En tanto que esto se hacia, con admiracion del mozo, Arnaldo le contó todos sus amores y sus intentos, y áun le pidió consejo de lo que haria, y le preguntó si los medios que ponia para saber de Auristela iban bien encaminados.

El mozo, que del razonamiento que habia tenido con Taurisa y de lo que Arnaldo le contaba tenia el alma llena de mil imaginaciones y sospechas, discurriendo con velocísimo curso del entendimiento lo que podria suceder si acaso Auristela entre aquellos bárbaros se hallase, le respondió: «Señor, yo no tengo edad para saberte aconsejar; pero tengo voluntad que me mueve á servirte; que la vida que me has dado con el recibimiento y mercedes que me has hecho, me obligan á emplearla en tu servicio. Mi nombre es Periandro, de nobilísimos padres nacido, y al par de mi nobleza corre mi desventura y mis desgracias, las cuales, por ser tantas, no conceden ahora lugar para contártelas. Esa Auristela que buscas es una hermana mia, que tambien yo ando buscando, que por varios acontecimientos há un año que nos perdimos; por el nombre y por la hermosura que me encareces conozco sin duda que es mi perdida hermana, que daria por hallarla, no sólo la vida que poseo, sino el contento que espero recebir de haberla hallado, que es lo más que puedo encarecer; y así, como tan interesado en este hallazgo, voy escogiendo entre muchos medios que en la imaginacion fabrico, éste que, aunque venga á ser con más peligro de mi vida, será más cierto y más breve. Tú, señor Arnaldo, estás determinado de vender esta doncella á estos bárbaros, para que, estando en su poder, vea si está en el suyo Auristela, de que te podrás informar volviendo otra vez á vender otra doncella á los mismos bárbaros, y á Taurisa no le faltará modo, ó dará señales si está ó no Auristela con las demas que para el efeto que se sabe los bárbaros guardan y con tanta solicitud compran.

—Así es la verdad, dijo Arnaldo, y he escogido ántes á

Taurisa que á otra, de cuatro que van en el navío para el mismo efeto, porque Taurisa la conoce, que ha sido su doncella.

—Todo eso está muy bien pensado, dijo Periandro; pero yo soy de parecer que ninguna persona hará esa diligencia tan bien como yo, pues mi edad, mi rostro, el interes que se me sigue, juntamente con el conocimiento que tengo de Auristela, me está incitando á aconsejarme que tome sobre mis hombros esta empresa: mira, señor, si vienes en este parecer, y no lo dilates; que en los casos arduos y dificultosos, en un mismo punto han de andar el consejo y la obra.»

Cuadráronle á Arnaldo las razones de Periandro, y sin reparar en algunos inconvenientes que se le ofrecian, las puso en obra, y de muchos y ricos vestidos de que venia proveido por si hallaba á Auristela, vistió á Periandro, que quedó, al parecer, la más gallarda y hermosa mujer que hasta entónces los ojos humanos habian visto, pues si no era la hermosura de Auristela, ninguna otra podia igualársele. Los del navío quedaron admirados, Taurisa atónita, el Príncipe confuso, el cual, á no pensar que era hermano de Auristela, el considerar que era varon le traspasara el alma con la dura lanza de los celos, cuya punta se atreve á entrar por las del más agudo diamante; quiero decir, que los celos rompen toda seguridad y recato, aunque dél se armen los pechos enamorados. Finalmente, hecho el metamorfósis de Periandro, se hicieron un poco á la mar, para que de todo en todo de los bárbaros fuesen descubiertos. La priesa con que Arnaldo quiso saber de Auristela no consintió en que preguntase primero á Periandro quién eran él y su hermana, y por qué trances habian venido al miserable en que le habian hallado; que todo esto, segun buen discurso, habia de preceder á la confianza que dél hacia; pero, como es propia condicion de los amantes ocupar los pensamientos ántes en buscar los medios de alcanzar el fin de su deseo, que en otras curiosidades, no le dió lugar á que preguntase lo que fuera bien que supiera, y lo que supo despues, cuando no le estuvo bien el saberlo. Alongados, pues, un tanto de la isla, como se ha dicho, adornaron la nave con flámulas y gallardetes, que ellos azotando el aire y ellas besando las aguas, hermosísima vista hacian: el mar tranquilo, el cielo claro, el són de las chirimías y de otros instrumentos tan bélicos como alegres suspendian los ánimos, y los bárbaros, que de no muy léjos lo miraban, quedaron más suspensos, y en un momento coronaron la ribera, armados de arcos y saetas de la grandeza que otra vez se ha dicho. Poco ménos de una milla llegaba la nave á la isla, cuando disparando toda la artillería, que traia mucha y gruesa, arrojó el esquife al agua, y entrando en él Arnaldo, Taurisa y Periandro y otros seis marineros, pusieron en una lanza un lienzo blanco, señal de que venian de paz (como es costumbre casi en todas las naciones de la tierra); y lo que en ésta les sucedió se cuenta en el capítulo que se sigue.

CAPITULO III.

Vende Arnaldo á Periandro en la isla bárbara, vestido de mujer.

Como se iba acercando el barco á la ribera, se iban apiñando los bárbaros, cada uno deseoso de saber primero qué fuese lo que en él venia; y en señal que lo recibirian de paz, y no de guerra, sacaron muchos lienzos y los campearon por el aire, tiraron infinitas flechas al viento, y con increible ligereza saltaban algunos de unas partes en otras. No pudo llegar el barco á abordar con la tierra, por ser la mar baja, que en aquellas partes crece y mengua como en las nuestras; pero los bárbaros hasta cantidad de veinte se entraron á pié por la mojada arena, y llegaron á él casi á tocarse con las manos. Traian sobre los hombros á una mujer bárbara, pero de mucha hermosura, la cual, ántes que otro alguno hablase, dijo en lengua polaca: «A vosotros, quien quiera que seais, pide nuestro príncipe, ó por mejor decir, nuestro gobernador, que le digais quién sois, á qué venis y qué es lo que buscais: si por ventura traeis alguna doncella que vender, se os será muy bien pagada; pero si son otras mercancías las vuestras, no las hemos menester, porque en esta nuestra isla, merced al cielo, tenemos todo lo necesario para la vida humana, sin tener necesidad de salir á otra parte á buscarlo.»

Entendióla muy bien Arnaldo, y preguntóle si era bárbara de nacion, ó si acaso era de las compradas en aquella isla. A lo que le respondió: «Respóndeme tú á lo que he preguntado; que estos mis amos no gustan que en otras pláticas me dilate, sino en aquellas que hacen al caso para su negocio.» Oyendo lo cual Arnaldo, respondió: «Nosotros somos naturales del reino de Dinamarca; usamos el oficio de mercaderes y de cosarios; trocamos lo que podemos, vendemos lo que nos compran, y despachamos lo que hurtamos, y entre otras presas que á nuestras manos han venido, ha sido la desta doncella (y señaló á Periandro), la cual, por ser una de las más hermosas, ó por mejor decir, la más hermosa del mundo, os la traemos á vender, que ya sabemos el efeto para que las compran en esta isla; y si es que ha de salir verdadero el vaticinio que vuestros sabios han dicho, bien podeis esperar desta sin igual belleza y disposicion gallarda, que os dará hijos hermosos y valientes.»

Oyendo esto algunos de los bárbaros, preguntaron á la bárbara les dijese lo que decia; díjolo ella, y al momento se partieron cuatro dellos, y fueron, á lo que pareció, á dar aviso á su gobernador. En este espacio que volvian preguntó Arnaldo á la bárbara si tenian algunas mujeres compradas en la isla, y si habia alguna entre ellas de belleza tanta, que pudiese igualar á la que ellos traian para vender. «No, dijo la bárbara; porque, aunque hay muchas, ninguna dellas se me iguala, porque en efeto yo soy una de las destinadas para ser reina destos bárbaros, que sería la mayor desventura que me pudiese venir.» Volvieron los que habian ido á la tierra, y con ellos otros muchos y su príncipe, que lo mostró ser en el rico adorno que traia. Habíase echado sobre el rostro un delgado y trasparente velo Periandro, por dar de improviso, como rayo, con la luz de sus ojos en los de aquellos bárbaros, que con grandísima atencion le estaban mirando. Habló el Gobernador con la bárbara, de que resultó que ella dijo á Arnaldo que su príncipe decia que mandase alzar el velo á su doncella. Hízose así, levantóse en pié Periandro, descubrió el rostro, alzó los ojos al cielo, mostró dolerse de su ventura, extendió los rayos de sus dos soles á una y otra parte, que encontrándose con los del bárbaro capitan, dieron con él en tierra; á lo ménos así lo dió á entender el hincarse de rodillas, como se hincó, adorando á su modo en la hermosa imágen que pensaba ser mujer; y hablando con la bárbara, en pocas razones concertó la venta, y dió por ella todo lo que quiso pedir Arnaldo, sin replicar palabra alguna.

Partieron todos los bárbaros á la isla, y en un instante volvieron con infinitos pedazos de oro y con luengas sartas de finísimas perlas, que sin cuenta y á monton confuso se las entregaron á Arnaldo, el cual luego tomando de la mano á Periandro, le entregó al bárbaro, y dijo á la intérprete dijese á su dueño que dentro de pocos dias volveria á venderle otra doncella, si no tan hermosa, á lo ménos tal, que pudiese merecer ser comprada. Abrazó Periandro á todos los que en el barco venian, casi preñados los ojos de lágrimas, que no le nacian de corazon afeminado, sino de la consideracion de los rigurosos trances que por él habian pasado; hizo señal Arnaldo á la nave que disparase la artillería, y el bárbaro á los suyos que tocasen sus instrumentos, y en un instante atronó el cielo la artillería y la música de los bárbaros, y llenaron los aires de confusos y diferentes sones. Con este aplauso llevado en hombros de los bárbaros, puso los piés en tierra Periandro; llegó á su nave Arnaldo y los que con él venían, quedando concertado entre Periandro y Arnaldo que si el viento no le forzase, procuraria no desviarse de la isla sino lo que bastase para no ser della descubierto, y volver á ella á vender, si fuese necesario, á Taurisa, que con la seña que Periandro le hiciese se sabria el sí ó el no del hallazgo de Auristela; y en caso que no estuviese en la isla, no faltaria traza para libertar á Periandro, aunque fuese moviendo guerra á los bárbaros con todo su poder y el de sus amigos.

CAPITULO IV.

Traen á Auristela de la prision en traje de varon, para sacrificarla; muévese guerra entre los bárbaros y pónese fuego á la isla. Lleva un bárbaro español á su cueva á Periandro, Auristela, Cloelia y la intérprete.

Entre los que vinieron á concertar la compra de la doncella, vino con el capitan un bárbaro, llamado Bradamiro, de los más valientes y más principales de toda la isla, menospreciador de toda ley, arrogante sobre la misma arrogancia, y atrevido tanto como el mismo, porque no se hallaba con quién compararlo. Este, pues, desde el punto que vió á Periandro, creyendo ser mujer, como todos lo creyeron, hizo desinio en su pensamiento de escogerla para sí, sin esperar á que las leyes del vaticinio se probasen ó cumpliesen.

Así como puso los piés en la ínsula Periandro, muchos bárbaros á porfía le tomaron en hombros, y con muestras de infinita alegría le llevaron á una gran tienda, que entre otras muchas pequeñas en un apacible y deleitoso prado estaban puestas, todas cubiertas de pieles de animales, cuáles domésticos, cuáles selváticos. La bárbara que habia servido de intérprete de la compra y venta no se le quitaba del lado, y con palabras y en lenguaje que él no entendia le consolaba. Ordenó luego el Gobernador que pasasen á la ínsula de la prision, y trajesen de ella algun varon, si le hubiese, para hacer la prueba de su engañosa esperanza. Fué obedecido al punto, y al mismo instante tendieron por el suelo pieles curtidas, olorosas, limpias y lisas de animales, para que de manteles sirviesen, sobre las cuales arrojaron y tendieron sin concierto ni policía alguna diversos géneros de frutas secas, y sentándose él y algunos de los principales bárbaros que allí estaban, comenzó á comer y á convidar por señas á Periandro que lo mismo hiciese. Sólo se quedó en pié Bradamiro, arrimado á su arco, clavados los ojos en la que pensaba ser mujer; rogóle el Gobernador se sentase, pero no quiso obedecerle, ántes dando un gran suspiro, volvió las espaldas y se salió de la tienda.

En esto llegó un bárbaro, que dijo al capitan que al tiempo que habian llegado él y otros cuatro para pasar á la prision, llegó á la marina una balsa, la cual traia un varon y á la mujer guardiana de la mazmorra; cuyas nuevas pusieron fin á la comida; y levantándose el capitan con todos los que allí estaban, acudió á ver la balsa. Quiso acompañarle Periandro, de lo que él fué muy contento. Cuando llegaron, ya estaban en tierra el prisionero y la custodia; miró atentamente Periandro, por ver si por ventura conocia al desdichado á quien su corta suerte habia puesto en el mismo extremo en que él se habia visto; pero no pudo verle el rostro de lleno en lleno, á causa que tenia inclinada la cabeza, y como de industria parecia que no dejaba verse de nadie; pero no dejó de conocer á la mujer que decian ser guardiana de la prision, cuya vista y conocimiento le suspendió el alma y le alborotó los sentidos, porque claramente, y sin poner duda en ello, conoció ser Cloelia, ama de su querida Auristela. Quisiérala hablar, pero no se atrevió, por no entender si acertaria ó no en ello; y así, reprimiendo su deseo como sus labios, estuvo esperando en lo que pararia semejante acontecimiento.

El Gobernador, con deseo de apresurar sus pruebas y dar felice compañía á Periandro, mandó que al momento se sacrificase aquel mancebo, de cuyo corazon se hiciesen los polvos de la ridícula y engañosa prueba. Asieron al momento del mancebo muchos bárbaros, sin más ceremonias que atarle un lienzo por los ojos; le hicieron hincar de rodillas, atándole por atras las manos; el cual, sin hablar palabra, como un manso cordero esperaba el golpe que le habia de quitar la vida. Visto lo cual por la antigua Cloelia, alzó la voz, y con más aliento que de sus muchos años se esperaba comenzó á decir: «Mira ¡oh gran Gobernador! lo que haces, porque ese varon que mandas sacrificar, no lo es, ni puede aprovechar ni servir en cosa alguna á tu intencion; porque es la más hermosa mujer que puede imaginarse. Habla, hermosísima Auristela, y no permitas, llevada de la corriente de tus desgracias, que te quiten la vida, poniendo tasa á la providencia de los cielos, que te la pueden guardar y conservar, para que felizmente la goces.» A estas razones, los crueles bárbaros detuvieron el golpe, que ya la sombra del cuchillo se señalaba en la garganta del arrodillado. Mandó el capitan desatarle y dar libertad á las manos y luz á los ojos, y mirándole con atencion, le pareció ver el más hermoso rostro de mujer que hubiese visto, y juzgó, aunque bárbaro, que si no era el de Periandro, ninguno otro en el mundo podria igualársele.

¿Qué lengua podrá decir ó qué pluma escribir lo que sintió Periandro cuando conoció ser Auristela la condenada y la libre? Quitósele la vista de los ojos, cubriósele el corazon, y con pasos torcidos y flojos fué á abrazarse con Auristela, á quien dijo, teniéndola estrechamente entre sus brazos: «¡Oh querida mitad de mi alma, oh firme columna de mis esperanzas, oh prenda, que no sé si diga por mi bien ó por mi mal hallada, aunque no será sino por mi bien, pues de tu vista no puede proceder mal ninguno! Ves aquí á tu hermano Periandro»; y esta razon dijo con voz tan baja, que de nadie pudo ser oida, y prosiguió diciendo: «Vive, señora y hermana mia, que en esta isla no hay muerte para las mujeres, y no quieras tú para contigo ser más cruel que sus moradores. Confia en los cielos, que pues te han librado hasta aquí de los infinitos peligros en que te debes de haber visto, te librarán de los que se pueden temer de aquí adelante.

—¡Ay hermano! respondió Auristela (que era la misma que por varon pensaba ser sacrificada); ¡ay hermano! replicó otra vez, y ¡cómo creo que éste en que nos hallamos ha de ser el último trance que de nuestras desventuras puede temerse! Suerte dichosa ha sido el hallarte, pero desdichada ser en tal lugar y en semejante traje.»

Lloraban entrambos; cuyas lágrimas vió el bárbaro Bradamiro, y creyendo que Periandro las vertia del dolor de la muerte de aquel, que pensó ser su conocido, pariente ó amigo, determinó de libertarle, aunque se pusiese á romper por todo inconveniente; y así, llegándose á los dos, asió de la una mano á Auristela y de la otra á Periandro, y con semblante amenazador y ademan soberbio, en alta voz dijo: «Ninguno sea osado, si es que estima en algo su vida, de tocar á estos dos áun en un solo cabello: esta doncella es mia, porque yo la quiero, y este hombre ha de ser libre, porque ella lo quiere.» Apénas hubo dicho esto, cuando el bárbaro Gobernador, indignado é impaciente sobremanera, puso una grande y aguda flecha en el arco, y desviándole de sí cuanto pudo extenderse el brazo izquierdo, puso la empulguera con el derecho junto al diestro oido, y disparó la flecha con tan buen tino y con tanta furia, que en un instante llegó á la boca de Bradamiro, y se la cerró, quitándole el movimiento de la lengua y sacándole el alma, con que dejó admirados, atónitos y suspensos á cuantos allí estaban; pero no hizo tan á su salvo el tiro tan atrevido como certero, que no recibiese por el mismo estilo la paga de su atrevimiento; porque un hijo de Corsicurbo el bárbaro, que se ahogó en el pasaje de Periandro, pareciéndole ser más ligeros sus piés que las flechas de su arco, en dos brincos se puso junto al capitan, y alzando el brazo, le envainó en el pecho un puñal, que aunque de piedra, era más fuerte y agudo que si de acero forjado fuera. Cerró el capitan en sempiterna noche los ojos, y dió con su muerte venganza á la de Bradamiro; alborotó los pechos y los corazones de los parientes de entrambos, puso las armas en las manos de todos, y en un instante, incitados de la venganza y cólera, comenzaron á enviar muertes en las flechas de unas partes á otras. Acabadas las flechas, como no se acabaron las manos ni los puñales, arremetieron los unos á los otros, sin respetar el hijo al padre, ni el hermano al hermano; ántes, como si de muchos tiempos atras fueran enemigos mortales por muchas injurias recebidas, con las uñas se despedazaban y con los puñales se herian, sin haber quién los pusiese en paz.

Entre estas flechas, entre estas heridas, entre estos golpes y entre estas muertes, estaban juntos la antigua Cloelia, la doncella intérprete, Periandro y Auristela, todos apiñados y todos llenos de confusion y de miedo. En mitad desta furia, llevados en vuelo algunos bárbaros de los que debian de ser de la parcialidad de Bradamiro, se desviaron de la contienda, y fueron á poner fuego á una selva que estaba allí cerca, como á hacienda del Gobernador. Comenzaron á arder los árboles y á favorecer la ira el viento, que aumentando las llamas y el humo, todos temieron ser ciegos y abrasados. Llegábase la noche, que aunque fuera clara, se escureciera, cuanto más siendo escura y tenebrosa; los gemidos de los que morian, las voces de los que amenazaban, los estallidos del fuego, no en los corazones de los bárbaros ponian miedo alguno, porque estaban ocupados con la ira y la venganza; poníanle, sí, en los de los miserables apiñados, que no sabian qué hacerse, adónde irse ó cómo valerse; y en esta sazon tan confusa no se olvidó el cielo de socorrerles por tan extraña novedad, que la tuvieron por milagro.

Ya casi cerraba la noche, y como se ha dicho, escura y temerosa, y solas las llamas de la abrasada selva daban luz bastante para divisar las cosas, cuando un bárbaro mancebo se llegó á Periandro, y en lengua castellana, que dél fué bien entendida, le dijo: «Sígueme, hermosa doncella, y di que hagan lo mismo las personas que contigo están; que yo os pondré en salvo, si los cielos me ayudan.» No le respondió palabra Periandro, sino hizo que Auristela, Cloelia y la intérprete se animasen y le siguiesen; y así, pisando muertos y hollando armas, siguieron al jóven bárbaro que les guiaba. Llevaban las llamas de la ardiente selva á las espaldas, que les servian de viento que el paso les aligerase; los muchos años de Cloelia y los pocos de Auristela no permitian que al paso de su guía tendiesen el suyo; viendo lo cual el bárbaro robusto y de fuerzas, asió de Cloelia y se la echó al hombro, y Periandro hizo lo mismo de Auristela; la intérprete, ménos tierna, más animosa, con varonil brío los seguia. Desta manera, cayendo y levantando, como decirse suele, llegaron á la marina, y habiendo andado como una milla por ella hácia la banda del Norte, se entró el bárbaro por una espaciosa cueva, en quien la saca del mar entraba y salia. Pocos pasos anduvieron por ella, torciéndose á una y otra parte, estrechándose en una y alargándose en otra, ya agazapados, ya inclinados, ya agobiados al suelo, y ya en pié y derechos, hasta que salieron, á su parecer, á un campo raso, pues les pareció que podian libremente enderezarse, que así se lo dijo su guiador, no pudiendo verlo ellos por la escuridad de la noche, y porque las luces de los encendidos montes, que entónces con más rigor ardian, allí llegar no podian. «Bendito sea Dios, dijo el bárbaro en la misma lengua castellana, que nos ha traido á este lugar; que aunque en él se puede temer algun peligro, no será de muerte.»

En esto vieron que hácia ellos venia corriendo una gran luz, bien así como cometa, ó por mejor decir, exhalacion que por el aire camina. Esperáranla con temor, si el bárbaro no dijera: «Este es mi padre, que viene á recebirme.» Periandro, que aunque no muy despiertamente, sabia hablar la lengua castellana, le dijo: «El cielo te pague ¡oh ángel humano ó quien quiera que seas! el bien que nos has hecho, que aunque no sea otro que el dilatar nuestra muerte, lo tenemos por singular beneficio.» Llegó en esto la luz, que la traia uno, al parecer, bárbaro, cuyo aspecto la edad de poco más de cincuenta años le señalaba. Llegando, puso la luz en tierra, que era un grueso palo de tea, y á brazos abiertos se fué á su hijo, á quien preguntó en castellano que qué le habia sucedido, que con tal compañía volvia. «Padre, respondió el mozo, vamos á nuestro rancho; que hay muchas cosas que decir y muchas más que pensar: la isla se abrasa, casi todos los moradores de ella quedan hechos ceniza ó medio abrasados; estas pocas reliquias que aquí veis, por impulso del cielo las he hurtado á las llamas y al filo de los bárbaros puñales. Vamos, señor, como tengo dicho, á nuestro rancho, para que la caridad de mi madre y de mi hermana se muestre y ejercite en acariciar á estos mis cansados y temerosos huéspedes.» Guió el padre, siguiéronle todos, animóse Cloelia, pues caminó á pié; no quiso dejar Periandro la hermosa carga que llevaba, por no ser posible que le diese pesadumbre, siendo Auristela, único bien suyo en la tierra.

Poco anduvieron, cuando llegaron á una altísima peña, al pié de la cual descubrieron un anchísimo espacio ó cueva, á quien servian de techo y de paredes las mismas peñas. Salieron, con teas encendidas en las manos, dos mujeres vestidas al traje bárbaro, la una muchacha de hasta quince años y la otra hasta treinta; ésta hermosa, pero la muchacha hermosísima. La una dijo: «¡Ay padre y hermano mio!» y la otra no dijo más sino: «Seais bien venido, regalado hijo de mi alma.» La intérprete estaba admirada de oir hablar en aquella parte, y á mujeres que parecian bárbaras, otra lengua de aquella que en la isla se acostumbraba, y cuando les iba á preguntar qué misterio tenia saber ellas aquel lenguaje, lo estorbó mandar el padre á su esposa y á su hija que aderezasen con lanudas pieles el suelo de la inculta cueva; ellas le obedecieron, arrimando á las paredes las teas; en un instante, solícitas y diligentes, sacaron de otra cueva que más adentro se hacia, pieles de cabras y ovejas y de otros animales, con que quedó el suelo adornado y se reparó el frio, que comenzaba á fatigarles.

CAPITULO V.

De la cuenta que dió de sí el bárbaro español á sus nuevos huéspedes.

Presta y breve fué la cena, pero por cenarla sin sobresalto la hízo sabrosa. Renovaron las teas, y aunque quedó ahumado el aposento, quedó caliente; las vajillas que en la cena sirvieron, ni fueron de plata ni de Pisa; las manos de la bárbara y bárbaro pequeños fueron los platos, y unas cortezas de árboles, un poco más agradables que de corcho, fueron los vasos. Quedóse Candía léjos, y sirvió en su lugar agua pura, limpia y frigidísima; quedóse dormida Cloelia, porque los luengos años más amigos son del sueño que de otra cualquiera conversacion, por gustosa que sea. Acomodóla la bárbara grande en el segundo apartamiento, haciéndole de pieles, así colchones como frazadas; volvió á sentarse con los demas, á quien el español dijo en lengua castellana desta manera: «Puesto que estaba en razon que yo supiera primero, señores mios, algo de vuestra hacienda y sucesos ántes que os dijera los mios, quiero, por obligaros, que los sepais, porque los vuestros no se me encubran despues que los mios hubiéredes oido.

»Yo, segun la buena suerte quiso, nací en España, en una de las mejores provincias della: echáronme al mundo padres medianamente nobles, criáronme como ricos; llegué á las puertas de la gramática, que son aquellas por donde se entra á las demas ciencias; inclinóme mi estrella, si bien en parte á las letras, mucho más á las armas; no tuve amistad en mis verdes años ni con Céres ni con Baco, y así en mí siempre estuvo Vénus fria. Llevado, pues, de mi inclinacion natural, dejé mi patria, y fuíme á la guerra que entónces la majestad del césar Cárlos V hacia en Alemania contra algunos potentados della; fuéme Marte favorable, alcancé nombre de buen soldado, honróme el Emperador, tuve amigos, y sobre todo, aprendí á ser liberal y bien criado, que estas virtudes se aprenden en la escuela del Marte cristiano. Volví á mi patria honrado y rico, con propósito de estarme en ella algunos dias gozando de mis padres, que áun vivian, y de los amigos que me esperaban; pero ésta que llaman fortuna, que yo no sé lo que sea, envidiosa de mi sosiego, volviendo la rueda que dicen que tiene, me derribó de su cumbre, adonde yo pensé que estaba puesto, al profundo de la miseria en que me veo, tomando por instrumento para hacerlo á un caballero, hijo segundo de un titulado que junto á mi lugar el de su estado tenia.

»Este, pues, vino á mi pueblo á ver unas fiestas: estando en la plaza en una rueda ó corro de hidalgos y caballeros, donde yo tambien hacia número, volviéndose á mí, con ademan arrogante y risueño me dijo: «Bravo estáis, señor Antonio; mucho le ha aprovechado la plática de Flándes y de Italia, porque en verdad que está bizarro; y sepa el buen Antonio que yo le quiero mucho.» Yo le respondí (porque yo soy aquel Antonio): «Beso á vuesa señoría las manos mil veces por la merced que me hace; en fin, vuesa señoría hace como quien es en honrar á sus compatriotas y servidores; pero, con todo eso, quiero que vuesa señoría entienda que las galas yo me las llevé de mi tierra á Flándes, y con la buena crianza nací del vientre de mi madre; ansí que por esto ni merezco ser alabado ni vituperado, y con todo, bueno ó malo que yo sea, soy muy servidor de vuesa señoría, á quien suplico me honre, como merecen mis buenos deseos.» Un hidalgo que estaba á mi lado, grande amigo mio, me dijo, y no tan bajo que no lo pudo oir el caballero: «Mirad, amigo Antonio, cómo hablais; que al señor don Fulano no le llamamos acá señoría»; á lo que respondió el caballero, ántes que yo respondiese: «El buen Antonio habla bien, porque me trata al modo de Italia, donde en lugar de merced dicen señoría. — Bien sé, dije yo, los usos y las ceremonias de cualquiera buena crianza; y el llamar á vuesa señoría, señoría, no es al modo de Italia, sino porque entiendo que el que me ha de llamar *vos* ha de ser señoría á modo de España; y yo, por ser hijo de mis obras y de padres hidalgos, merezco el *merced* de cualquier señoría, y quien otra cosa dijere (y esto echando mano á mi espada) está muy léjos de ser bien criado»; y diciendo y haciendo, le dí dos cuchilladas en la cabeza muy bien dadas, con que le turbé de manera, que no supo lo que le habia acontecido, ni hizo cosa en su desagravio que fuese de provecho, y yo susténté la ofensa, estándome quédo con mi espada desnuda en la mano. Pero pasándosele la turbacion, puso mano á su espada, y con gentil brío procuró vengar su injuria; mas yo no le dejé poner en efeto su honrada determinacion, ni á él la sangre que le corria de la cabeza, de una de las dos heridas.

»Alborotáronse los circunstantes; pusieron mano contra mí; retiréme á casa de mis padres, contéles el caso, y advertidos del peligro en que estaba, me proveyeron de dineros y de un buen caballo, aconsejándome que me pusiese en cobro, porque me habia granjeado muchos, fuertes y poderosos enemigos; hícelo ansí, y en dos dias pisé la raya de

Aragon, donde respiré algun tanto de mi no vista priesa. En resolucion, con poco ménos diligencia me puse en Alemania, donde volví á servir al Emperador. Allí me avisaron que mi enemigo me buscaba con otros muchos para matarme del modo que pudiese; temí este peligro, como era razon que lo temiese; volvíme á España, porque no hay mejor asilo que el que promete la casa del mismo enemigo; vi á mis padres de noche, tornáronme á proveer de dineros y joyas, con que vine á Lisboa, y me embarqué en una nave que estaba con las velas en alto para partirse en Inglaterra, en la cual iban algunos caballeros ingleses, que habian venido, llevados de su curiosidad, á ver á España, y habiéndola visto toda, ó por lo ménos las mejores ciudades della, se volvian á su patria.

»Sucedió, pues, que yo me revolví sobre una cosa de poca importancia con un marinero inglés, á quien fué forzoso darle un bofeton; llamó este golpe la cólera de los demas marineros y de toda la chusma de la nave, que comenzaron á tirarme todos los instrumentos arrojadizos que les vinieron á las manos; retiréme al castillo de popa, y tomé por defensa á uno de los caballeros ingleses, poniéndome á sus espaldas, cuya defensa me valió de modo, que no perdí luego la vida; los demas caballeros sosegaron la turba, pero fué con condicion que me arrojasen á la mar, ó que me diesen el esquife ó barquilla de la nave, en que me volviese á España ó á donde el cielo me llevase. Hízose así: diéronme la barca, proveida con dos barriles de agua, uno de manteca y alguna cantidad de bizcocho; agradecí á mis valedores la merced que me hacian; entré en la barca con solos dos remos; alargóse la nave, vino la noche oscura, halléme solo en la mitad de la inmensidad de aquellas aguas, sin tomar otro camino que aquel que le concedia el no contrastar contra las olas ni contra el viento; alcé los ojos al cielo, encomendéme á Dios con la mayor devocion que pude, miré al Norte, por donde distinguí el camino que hacia, pero no supe el paraje en que estaba. Seis dias y seis noches anduve desta manera, confiando más en la benignidad de los cielos que en la fuerza de mis brazos, los cuales ya cansados y sin vigor alguno, del contínuo trabajo, abandonaron los remos, que quité de los escalamos, y los puse dentro la barca, para servirme dellos cuando el mar lo consintiese ó las fuerzas me ayudasen. Tendíme de largo á largo de espaldas en la barca, cerré los ojos, y en lo secreto de mi corazon no quedó santo en el cielo á quien no llamase en mi ayuda; y en mitad deste aprieto y en medio desta necesidad (cosa dura de creer) me sobrevino un sueño tan pesado, que borrándome de los sentidos el sentimiento, me quedé dormido: tales son las fuerzas de lo que pide y ha menester nuestra naturaleza; pero allá en el sueño me representaba la imaginacion mil géneros de muertes espantosas, pero todas en el agua, y en algunas dellas me parecia que me comian lobos y despedazaban fieras; de modo que dormido y despierto era una muerte dilatada mi vida.

»Deste no apacible sueño me despertó con sobresalto una furiosa ola del mar, que pasando por cima de la barca, la llenó de agua; reconocí el peligro; volví como mejor pude el mar al mar, torné á valerme de los remos, que ninguna cosa me aprovecharon; vi que el mar se ensorberbecia, azotado y herido de un viento ábrego, que en aquellas partes parece que más que en otros mares muestra su poderío; vi que era simpleza oponer mi débil barca á su furia, y mis flacas y desmayadas fuerzas á su rigor; y así, torné á recoger los remos y á dejar correr la barca por donde las olas y el viento quisiesen llevarla. Reiteré plegarias, añadí promesas, aumenté las aguas del mar con las que derramaba de mis ojos, no de temor de la muerte, que tan cercana se me mostraba, sino por el de la pena que mis malas obras merecian; finalmente, no sé á cabo de cuántos dias y noches que anduve vagamundo por el mar, siempre más inquieto y alterado, me vine á hallar junto á una isla despoblada de gente humana, aunque llena de lobos, que por ella á manadas discurrian. Lleguéme al abrigo de una peña que en la ribera estaba, sin osar saltar en tierra, por temor de los animales que habia visto; comí del bizcocho, ya remojado; que la necesidad y la hambre no reparan en nada; llegó la noche, ménos escura que habia sido la pasada; pareció que el mar se sosegaba, y prometia más quietud el venidero dia; miré al cielo, vi las estrellas con aspecto de prometer bonanza en las aguas y sosiego en el aire.

»Estando en esto, me pareció por entre la dudosa luz de la noche que la peña que me servia de puerto se coronaba de los mismos lobos que en la marina habia visto, y que uno de ellos (como es la verdad) me dijo en voz clara y distinta y en mi propia lengua: «Español, hazte á lo largo, y busca en otra parte tu ventura, si no quieres en ésta morir hecho pedazos por nuestras uñas y dientes; y no preguntes quién es el que esto te dice, sino da gracias al cielo de que has hallado piedad entre las mismas fieras.» Si quedé espantado ó no, á vuestra consideracion lo dejo; pero no fué bastante la turbacion mia para dejar de poner en obra el consejo que se me habia dado : apreté los escalamos, até los remos, esforcé los brazos y salí al mar descubierto; mas, como suele acontecer que las desdichas y aflicciones turban la memoria de quien las padece, no os podré decir cuántos fueron los dias que anduve por aquellos mares, tragando, no una, sino mil muertes á cada paso, hasta que arrebatada mi barca en los brazos de una terrible borrasca, me hallé en esta isla, donde dí al traves con ella, en la misma parte y lugar adonde está la boca de la cueva por donde aquí entrastes. Llegó la barca á dar casi en seco por la cueva adentro, pero volvíala á sacar la resaca; viendo yo lo cual, me arrojé della, y clavando las uñas en la arena, no dí lugar á que la resaca al mar me volviese; y aunque con la barca me llevaba el mar la vida, pues me quitaba la esperanza de cobrarla, holgué de mudar género de muerte y quedarme en tierra; que, como se dilate la vida, no se desmaya la esperanza.»

A este punto llegaba el bárbaro español, que este título le daba su traje, cuando en la estancia más adentro, donde habian dejado á Cloelia, se oyeron tiernos gemidos y sollozos; acudieron al instante con luces Auristela, Periandro y todos los demas á ver qué sería, y hallaron que Cloelia, arrimadas las espaldas á la peña, sentada en las pieles, tenia los ojos clavados en el cielo y casi quebrados. Llegóse á ella Auristela, y á voces compasivas y dolorosas le dijo: «¿Qué es esto, ama mia? ¿Cómo, y es posible que me quereis dejar en esta soledad y á tiempo que más he menester valerme de vuestros consejos?» Volvió en sí algun tanto Cloelia, y tomando la mano de Auristela, le dijo: «Ves ahí, hija de mi alma, lo que tengo tuyo; yo quisiera que mi vida durára hasta que la tuya se viera en el sosiego que merece; pero si no lo permite el cielo, mi voluntad se ajusta con la suya, y de la mejor que es en mi mano le ofrezco mi vida. Lo que te ruego es, señora mia, que cuando la buena suerte quisiere (que sí querrá) que te veas en tu estado, y mis padres áun fueren vivos, ó alguno de mis parientes, les digas cómo yo muero cristiana en la fe de Jesucristo y en la que tiene, que es la misma, la Santa Iglesia católica romana; y no te digo más, porque no puedo.» Esto dicho, y muchas veces pronunciando el nombre de Jesus, cerró los ojos en tenebrosa noche, á cuyo espectáculo tambien cerró los suyos Auristela con un profundo desmayo; hiciéronse fuentes los de Periandro, y rios los de todos los circunstantes. Acudió Periandro á socorrer á Auristela, la cual vuelta en sí, acrecentó las lágrimas y comenzó suspiros nuevos, y dijo razones que movieran á lástima á las piedras. Ordenóse que otro dia la sepultasen, y quedando en guarda del cuerpo muerto la doncella bárbara y su hermano, los demas se fueron á reposar lo poco que de la noche les faltaba.

CAPITULO VI.

Donde el bárbaro español prosigue su historia.

Tardó aquel dia en mostrarse al mundo, al parecer, más de lo acostumbrado, á causa que el humo y pavesas del incendio de la isla, que áun duraba, impedia que los rayos del sol por aquella parte no pasasen á la tierra; mandó el bárbaro español á su hijo que saliese de aquel sitio, como otras veces solia, y se informase de lo que en la isla pasaba. Con alborotado sueño pasaron los demas aquella noche, porque el dolor y sentimiento de la muerte de su ama Cloelia no consintió que Auristela durmiese, y el no dormir de Auristela tuvo en contínua vigilia á Periandro, el cual con Auristela salió al raso de aquel sitio, y vió que era hecho y fabricado de la naturaleza, como si la industria y el arte le hubieran compuesto. Era redondo, cercado de altísimas y peladas peñas, y á su parecer tanteó que bojaba poco más de una legua; todo lleno de árboles silvestres, que ofrecian frutos, si bien ásperos, comestibles á lo ménos. Estaba crecida la yerba, porque las muchas aguas que de las peñas salian las tenian en perpétua verdura, todo lo cual le admiraba y suspendia, y llegó en esto el bárbaro español y dijo: «Venid, señores, y darémos sepultura á la difunta, y fin á mi comenzada historia.» Hiciéronlo así, y enterraron á Cloelia en lo hueco de una peña, cubriéndola con tierra y con otras peñas menores. Auristela le rogó que le pusiese una cruz encima, para señal de que aquel cuerpo habia sido cristiano; el español respondió que él traeria una gran cruz que en su estancia tenia, y la pondria encima de aquella sepultura; diéronle todos el último vale; renovó el llanto Auristela, cuyas lágrimas sacaron al momento las de los ojos de Periandro.

En tanto pues que el mozo bárbaro volvia, se volvieron todos á encerrar en el cóncavo de la peña donde habian dormido, por defenderse del frio, que con rigor amenazaba; y habiéndose sentado en las blandas pieles, pidió el bárbaro silencio, y prosiguió su cuento en esta forma:

«Cuando me dejó la barca en que venia, en la arena, y la mar tornó á cobrarla, ya dije que con ella se me fué la esperanza de la libertad, pues áun ahora no la tengo de cobrarla. Entré aquí dentro, vi este sitio, y pareciómé que la naturaleza le habia hecho y formado para ser teatro donde se representase la tragedia de mis desgracias. Admiróme el no ver gente alguna, sino algunas cabras monteses y animales pequeños de diversos géneros: rodeé todo el sitio, hallé esta cueva cavada en estas peñas, y señaléla para mi morada; finalmente, habiéndolo rodeado todo, volví á la entrada que aquí me habia conducido, por ver si oia voz humana ó descubria quién me dijese en qué parte estaba; y la buena suerte y los piadosos cielos, que áun del todo no me tenian olvidado, me depararon una muchacha bárbara de hasta edad de quince años, que por entre las peñas, riscos y escollos de la marina, pintadas conchas y apetitoso marisco andaba buscando. Pasmóse viéndome, pegáronsele los piés en la arena, soltó las cogidas conchuelas y derramósele el marisco, y cogiéndola entre mis brazos sin decirla palabra, ni ella á mí tampoco, me entré por la cueva adelante y la truje á este mismo lugar donde agora estamos; púsela en el suelo, beséle las manos, halaguéle el rostro con las mias, y hice todas las señales y demostraciones que pude para mostrarme blando y amoroso con ella.

»Ella, pasado aquel primer espanto, con atentísimos ojos me estuvo mirando, y con las manos me tocaba todo el cuerpo, y de cuando en cuando, ya perdido el miedo, se reia y me abrazaba, y sacando del seno una manera de pan hecho á su modo, que no era de trigo, me lo puso en la boca, y en su lengua me habló, y á lo que despues acá he sabido, en lo que decia me rogaba que comiese. Yo lo hice ansí, porque lo habia bien menester; ella me asió por la mano y me llevó á aquel arroyo que allí está, donde asimismo por señas me rogó que bebiese. Yo no me hartaba de mirarla, pareciéndome ántes ángel del cielo que bárbara de la tierra. Volví á la entrada de la cueva, y allí con señas y con palabras, que ella no entendia, le supliqué, como si ella las entendiera, que volviese á verme: con esto la abracé de nuevo, y ella, simple y piadosa, me besó en la frente y me hizo claras y ciertas señas de que volveria á verme. Hecho esto, torné á pisar este sitio, y á requerir y probar la fruta de que algunos árboles estaban cargados, y hallé nueces y avellanas y algunas peras silvestres. Dí gracias á Dios del hallazgo, y alenté las desmayadas esperanzas de mi remedio; pasé aquella noche en este mismo lugar, esperé el dia, y en él esperé tambien la vuelta de mi bárbara hermosa, de quien comencé á temer y á recelar que me habia de descubrir y entregarme á los bárbaros, de quien imaginé estar llena esta isla; pero sacóme deste temor el verla volver, algo entrado el dia, bella como el sol, mansa como una cordera, no acompañada de bárbaros que me prendiesen, sino cargada de bastimentos que me sustentasen.»

Aquí llegaba de su historia el español gallardo, cuando llegó el que habia ido á saber lo que en la isla pasaba, el cual dijo que casi toda estaba abrasada, y todos ó los más de los bárbaros muertos, unos á hierro y otros á fuego, y que si algunos habia vivos, eran los que en algunas balsas de maderos se habian entrado al mar por huir en el agua el fuego de la tierra; que bien podian salir de allí, y pasear la isla por la parte que el fuego les diese licencia, y que cada uno pensase qué remedio se tomaria para escapar de aquella tierra maldita; que por allí cerca habia otras islas, de gente ménos bárbara habitadas; que quizá mudando de lugar, mudarian de ventura.

«Sosiégate, hijo, un poco; que estoy dando cuenta á estos señores de mis sucesos, y no me falta mucho, aunque mis desgracias son infinitas.

—No te canses, señor mio, dijo la bárbara grande, en referirlos tan por extenso; que podrá ser que te canses ó que canses; déjame á mí que cuente lo que queda, á lo ménos hasta este punto en que estamos.

—Soy contento, respondió el español, porque me le dará muy grande el ver cómo las relatas.

—Es pues el caso, replicó la bárbara, que mis muchas entradas y salidas en este lugar le dieron bastante para que de mí y de mi esposo naciese esta muchacha y este niño. Llamo esposo á este señor, porque ántes que me conociese del todo, me dió palabra de serlo, al modo que él dice que se usa entre verdaderos cristianos; hame enseñado su lengua, y yo á él la mia, y en ella ansimismo me enseñó la ley católica cristiana. Dióme agua de bautismo en aquel arroyo, aunque no con las ceremonias que él me ha dicho que en su tierra se acostumbran; declaróme su fe como él la sabe, la cual yo asenté en mi alma y en mi corazon, donde le he dado el crédito que he podido darle: creo en la Santísima Trinidad, Dios Padre, Dios Hijo y Dios Espíritu Santo, tres personas distintas y que todas tres son un solo Dios verdadero, y que aunque es Dios el Padre, y Dios el Hijo, y Dios el Espíritu Santo, no son tres dioses distintos y apartados, sino un solo Dios verdadero; finalmente, creo todo lo que tiene y cree la Santa Iglesia católica romana, regida por el Espíritu Santo y gobernada por el Sumo Pontífice, vicario y visorey de Dios en la tierra, sucesor legítimo de San Pedro, su primer pastor despues de Jesucristo, primero y universal pastor de su esposa la Iglesia. Díjome grandezas de la siempre Vírgen María, Reina de los cielos y Señora de los ángeles y nuestra, tesoro del Padre, relicario del Hijo y amor del Espíritu Santo, amparo y refugio de los pecadores. Con éstas, me ha enseñado otras cosas, que no las digo por parecerme que las dichas bastan para que entendais que soy católica cristiana.

»Yo, simple y compasiva, le entregué un alma rústica, y él (merced á los cielos) me la ha vuelto discreta y cristiana; entreguéle mi cuerpo, no pensando que en ello ofendia á nadie, y deste entrego resultó haberle dado dos hijos como los que aquí veis, que acrecientan el número de los que alaban al Dios verdadero. En veces le truje alguna cantidad de oro de lo que abunda esta isla, y algunas perlas que yo tengo guardadas, esperando el dia, que ha de ser tan dichoso, que nos saque desta prision, y nos lleve á donde con libertad y certeza y sin escrúpulo seamos unos de los del rebaño de Cristo, en quien adoro en aquella cruz que allí veis. Esto que he dicho me pareció á mí era lo que le faltaba por decir á mi señor Antonio», que así se llamaba el español bárbaro, el cual dijo: «Dices verdad, Ricla mia», que este era el propio nombre de la bárbara; con cuya variable historia admiraron á los presentes, y despertaron mil alabanzas que les dieron, y mil buenas esperanzas que les anunciaron, especialmente Auristela, que quedó aficionadísima á las dos bárbaras, madre y hija.

El mozo bárbaro, que tambien, como su padre, se llamaba Antonio, dijo á esta sazon no ser bien estar allí ociosos, sin dar traza y órden como salir de aquel encerramiento, porque si el fuego de la isla, que á más andar ardia, sobrepujase las altas sierras, ó traidas del viento, cayesen en aquel sitio, todos se abrasarian.

«Dices verdad, hijo, respondió el padre.

—Soy de parecer, dijo Ricla, que aguardemos dos dias, porque de una isla que está tan cerca desta, que algunas veces, estando el sol claro y el mar tranquilo, alcanza la vista á verla, della vienen á ésta sus moradores á vender y á trocar lo que tienen con lo que tenemos, y á trueco por trueco. Yo saldré de aquí, y pues ya no hay nadie que me escuche ó que me impida, pues ni oyen ni impiden los muertos, concertaré que me vendan una barca por el precio que quisieren, que la he menester para escaparme con mis hijos y mi marido, que encerrados en una cueva tengo, de la riguridad del fuego; pero quiero que sepais que estas barcas son fabricadas de madera y cubiertas de cueros fuertes de animales, bastantes á defender que no éntre agua por los costados; pero, á lo que he visto y notado, nunca ellos navegan sino con mar sosegado, y no traen aquellos lienzos que he visto que traen otras barcas, que suelen llegar á nuestras riberas á vender doncellas ó varones para la vana supersticion que habréis oido decir que en esta isla há muchos tiempos que se acostumbra; por donde vengo á entender que estas tales barcas no son buenas para fiarlas del mar grande, y de las borrascas y tormentas que dicen que suceden á cada paso.» A lo que añadió Periandro: «¿No ha usado el señor Antonio deste remedio en tantos años como há que está aquí encerrado?

—No, respondió Ricla; porque no me han dado lugar

los muchos ojos que miran, para poder concertarme con los dueños de las barcas, y por no poder hallar excusa que dar para la compra.

—Así es, dijo Antonio, y no por no fiarme de la debilidad de los bajeles; pero agora, que me ha dado el cielo este consejo, pienso tomarle, y mi hermosa Ricla estará atenta á ver cuándo vengan los mercaderes de la otra isla, y sin reparar en precio, comprará una barca con todo el necesario matalotaje, diciendo que la quiere para lo que tiene dicho.»

En resolucion, todos vinieron en este parecer, y saliendo de aquel lugar, quedaron admirados de ver el estrago que el fuego habia hecho y las armas: vieron mil diferentes géneros de muertes, de quien la cólera, sinrazon y enojo suelen ser inventores; vieron asimismo que los bárbaros que habian quedado vivos, recogiéndose á sus balsas, desde léjos estaban mirando el riguroso incendio de su patria, y algunos se habian pasado á la isla que servia de prision á los cautivos. Quisiera Auristela que pasaran á la isla, á ver si en la escura mazmorra quedaban algunos; pero no fué menester, porque vieron venir una balsa, y en ella hasta veinte personas, cuyo traje dió á entender ser los miserables que en la mazmorra estaban. Llegaron á la marina, besaron la tierra y casi dieron muestras de adorar al fuego, por haberles dicho el bárbaro que los sacó del calabozo escuro, que la isla se abrasaba y que ya no tenian que temer á los bárbaros. Fueron recebidos de los libres amigablemente, y consolados en la mejor manera que les fué posible; algunos contaron sus miserias, y otros las dejaron en silencio, por no hallar palabras para decirlas. Ricla se admiró de que hubiese habido bárbaro tan piadoso que los sacase, y de que no hubiesen pasado á la isla de la prision parte de aquellos que á las balsas se habian recogido. Uno de los prisioneros dijo que el bárbaro que los habia libertado (en lengua italiana) les habia dicho todo el suceso miserable de la abrasada isla, aconsejándoles que pasasen á ella á satisfacerse de sus trabajos con el oro y perlas que en ella hallarian, y que él vendria en otra balsa que allá quedaba, á tenerles compañía y á dar traza en su libertad.

Los sucesos que contaron fueron tan diferentes, tan extraños y tan desdichados, que unos les sacaban las lágrimas á los ojos, y otros la risa del pecho. En esto vieron venir hácia la isla hasta seis barcas de aquellas de quien Ricla habia dado noticia: hicieron escala, pero no sacaron mercadería alguna, por no parecer bárbaro que la comprase. Concertó Ricla todas las barcas con las mercancías, sin tener intencion de llevarlas; no quisieron venderle sino las cuatro, porque les quedasen dos para volverse; hízose el precio con liberalidad notable, sin que en él hubiese tanto más cuanto. Fué Ricla á su cueva, y en pedazos de oro no acuñado, como se ha dicho, pagó todo lo que quisieron: dieron dos barcas á los que habian salido de la mazmorra, y en otras dos se embarcaron; en la una todos los bastimentos que pudieron recoger, con cuatro personas de las recien libres, y en la otra se entraron Auristela, Periandro, Antonio el padre y Antonio el hijo, con la hermosa Ricla y la discreta Transila, y la gallarda Constanza, hija de Ricla y de Antonio. Quiso Auristela ir á despedirse de los huesos de su querida Cloelia: acompañáronla todos; lloró sobre la sepultura, y entre lágrimas de tristeza y entre muestras de alegría volvieron á embarcarse, habiendo primero en la marina hincádose de rodillas, y suplicado al cielo con tierna y devota oracion les diese feliz viaje y los enseñase el camino que tomarian.

Sirvió la barca de Periandro de capitana, á quien siguieron los demas, y al tiempo que querian dar los remos al agua, porque velas no las tenian, llegó á la orilla del mar un bárbaro gallardo, que á grandes voces en lengua toscana dijo: «Si por ventura sois cristianos los que vais en esas barcas, recoged á éste, que lo es y por el verdadero Dios os lo suplica.» Uno de las otras barcas dijo: «Este bárbaro, señores, es el que nos sacó de la mazmorra; si quereis corresponder á la bondad que parece que teneis (y esto encaminando su plática á los de la barca primera), bien será que le pagueis el bien que nos hizo, con el que le haceis recogiéndole en nuestra compañía.» Oyendo lo cual Periandro, le mandó llegase su barca á tierra y le recogiese en la que llevaba los bastimentos. Hecho esto, alzaron las voces con alegres acentos, y tomando los remos en las manos, dieron alegre principio á su viaje.

CAPITULO VII.

Navegan desde la isla bárbara á otra isla que descubrieron.

Cuatro millas, poco más ó ménos, habrian navegado las cuatro barcas, cuando descubrieron una poderosa nave, que con todas las velas tendidas y viento en popa parecia que venia á embestirles. Periandro dijo, habiéndola visto: «Sin duda este navío debe ser el de Arnaldo, que vuelve á saber de mi suceso, y tuviéralo yo por muy bueno agora no verle.»

Habia ya contado Periandro á Auristela todo lo que con Arnaldo le habia pasado, y lo que entre los dos dejaron concertado. Turbóse Auristela, que no quisiera volver al poder de Arnaldo, de quien habia dicho, aunque breve y sucintamente, lo que en un año que estuvo en su poder le habia acontecido; ni quisiera ver juntos á los dos amantes, que puesto que Arnaldo estaria seguro con el fingido hermanazgo suyo y de Periandro, todavía el temor de que podia ser descubierto el parentesco la fatigaba, y más que ¿quién le quitaria á Periandro no estar celoso viendo á los ojos tan poderoso contrario? que no hay discrecion que valga, ni amorosa fe que asegure el enamorado pecho, cuando por su desventura entran en él celosas sospechas. Pero de todas éstas le aseguró el viento, que volvió en un instante el soplo, que daba de lleno y en popa á las velas en contrario, de modo que á vista suya y en un momento breve dejó la nave derribar las velas de alto abajo, y en otro instante, casi invisible, las izaron y levantaron hasta las gavias, y la nave comenzó á correr en popa por el contrario rumbo que venia, alongándose de las barcas con toda priesa.

Respiró Auristela, cobró nuevo aliento Periandro; pero los demas que en las barcas iban quisieran mudarlas, entrándose en la nave, que por su grandeza, más seguridad de las vidas y más felice viaje pudiera prometerles. En ménos de dos horas se les encubrió la nave, á quien quisieran seguir si pudieran; mas no les fué posible, ni pudieron hacer otra cosa que encaminarse á una isla, cuyas altas montañas, cubiertas de nieve, hacian parecer que estaban cerca, distando de allí más de seis leguas. Cerraba la noche algun tanto escura, picaba el viento largo y en popa, que fué mucho alivio á los brazos, que volviendo á tomar los remos, se dieron priesa á tomar la isla. La media noche sería, segun el tanteo que el bárbaro Antonio hizo del Norte y de las guardas, cuando llegaron á ella, y por herir blandamente las aguas en la orilla, y ser la resaca de poca consideracion, dieron con las barcas en tierra, y á fuerza de brazos las vararon.

Era la noche fria de tal modo, que les obligó á buscar reparos para el hielo, pero no hallaron ninguno. Ordenó Periandro que todas las mujeres se entrasen en la barca capitana, y apiñándose en ella, con la compañía y estrecheza templasen el frio; hízose así, y los hombres hicieron cuerpo de guarda á la barca, paseándose como centinelas de una parte á otra, esperando el dia para descubrir en qué parte estaban, porque no pudieron saber por entónces si era ó no despoblada la isla; y como es cosa natural que los cuidados destierren el sueño, ninguno de aquella cuidadosa compañía pudo cerrar los ojos; lo cual visto por el bárbaro Antonio, dijo al bárbaro italiano que para entretener el tiempo, y no sentir tanto la pesadumbre de la mala noche, fuese servido de entretenerles contándoles los sucesos de su vida, porque no podian dejar de ser peregrinos y raros, pues en tal traje y en tal lugar le habian puesto. «Haré yo eso de muy buena gana, respondió el bárbaro italiano, aunque temo que por ser mis desgracias tantas, tan nuevas y tan extraordinarias, no me habeis de dar crédito alguno.» A lo que dijo Periandro: «En las que á nosotros nos han sucedido nos hemos ensayado y dispuesto á creer cuantas nos contaren, puesto que tengan más de lo imposible que de lo verdadero.

—Lleguémonos aquí, respondió el bárbaro, al borde desta barca, donde están esas señoras; quizá alguna al són de la voz de mi cuento se quedará dormida, y quizá alguna, desterrando el sueño, se mostrará compasiva; que es alivio al que cuenta sus desventuras ver ó oir que hay quien se duela dellas.

—A lo ménos por mí, respondió Ricla de dentro de la barca, y á pesar del sueño, tengo lágrimas que ofrecer á la compasion de vuestra corta suerte del largo tiempo de vuestras fatigas.» Casi lo mismo dijo Auristela; y así todos rodearon la barca, y con atento oido estuvieron escuchando lo que el que parecia bárbaro decia; el cual comenzó su historia desta manera.

CAPITULO VIII.

Donde Rutilio da cuenta de su vida.

«Mi nombre es Rutilio, mi patria Sena, una de las más famosas ciudades de Italia, mi oficio maestro de danzar, único en él, y venturoso, si yo quisiera. Habia en Sena un caballero rico, á quien el cielo dió una hija más hermosa que discreta, á la cual trató de casar su padre con un caballero florentin, y por entregársela adornada de gracias adquiridas, ya que las del entendimiento le faltaban, quiso que yo la enseñase á danzar; que la gentileza, gallardía y disposicion del cuerpo, en los bailes honestos más que en otros pasos se señalan, y á las damas principales les está muy bien saberlos, para las ocasiones forzosas que les pueden suceder. Entré á enseñarla los movimientos del cuerpo; pero movíla los del alma, pues como no discreta, como he dicho, rindió la suya á la mia; y la suerte, que de corriente larga traia encaminadas mis desgracias, hizo que para que los dos nos gozásemos, yo la sacase de en casa de su padre, y la llevase á Roma; pero, como el amor no da baratos sus gustos, y los delitos llevan á las espaldas el castigo, pues siempre se teme, en el camino nos prendieron á los dos, por la diligencia que su padre puso en buscarnos. Su confesion y la mia, que fué decir que yo llevaba á mi esposa, y ella se iba con su marido, no fué bastante para no agravar mi culpa, tanto, que obligó al juez, movió y convenció á sentenciarme á muerte.

»Apartáronme en la prision con los ya condenados á ella por otros delitos no tan honrados como el mio. Visitóme en el calabozo una mujer, que decian estaba presa por *fatucherie*, que en castellano se llaman *hechiceras*, que la alcaidesa de la cárcel habia hecho soltar de las prisiones, y llevádola á su aposento, á título de que con yerbas y palabras habia de curar á una hija suya de una enfermedad que los médicos no acertaban á curarla. Finalmente, por abreviar mi historia (pues no hay razonamiento que, aunque sea bueno, siendo largo lo parezca), viéndome yo atado y con el cordel á la garganta, sentenciado al suplicio, sin órden ni esperanza de remedio, dí el sí á lo que la hechicera me pidió, de ser su marido si me sacaba de aquel trabajo. Díjome que no tuviese pena; que aquella misma noche del dia que sucedió esta plática, ella romperia las cadenas y los cepos, y á pesar de otro cualquier impedimento, me pondria en libertad y en parte donde no me pudiesen ofender mis enemigos, aunque fuesen muchos y poderosos. Túvela, no por hechicera, sino por ángel que enviaba el cielo para mi remedio; esperé la noche, y en la mitad de su silencio llegó á mí, y me dijo que asiese de la punta de una caña que me puso en la mano, diciéndome la siguiese. Turbéme algun tanto; pero, como el interes era tan grande, moví los piés para seguirla, y hallélos sin grillos y sin cadenas, y las puertas de toda la prision de par en par abiertas, y los prisioneros y guardas en profundísimo sueño sepultados.

»En saliendo á la calle, tendió en el suelo mi guiadora un manto, y mandóme que pusiese los piés en él; me dijo que tuviese buen ánimo, que por entónces dejase mis devociones. Luego vi mala señal, luego conocí que queria llevarme por los aires, y aunque, como cristiano bien enseñado, tenia por burla todas estas hechicerías (como es razon que se tengan), todavía el peligro de la muerte, como ya he dicho, me dejó atropellar por todo, y en fin puse los piés en la mitad del manto, y ella ni más ni ménos, murmurando unas razones que yo no pude entender, y el manto comenzó á levantarse en el aire, y yo comencé á temer poderosamente, y en mi corazon no tuvo santo la letanía á quien no llamase en mi ayuda. Ella debió de conocer mi miedo y presentir mis rogativas, y volvióme á mandar que las dejase. «¡Desdichado de mí! dije, ¿qué bien puedo esperar, si se me niega el pedirle á Dios, de quien todos los bienes vienen?» En resolucion, cerré los ojos y dejéme llevar de los diablos, que no son otras las postas de las hechiceras, y al parecer, cuatro horas, ó poco más, habia volado, cuando me hallé, al crepúsculo del dia, en una tierra no conocida.

»Tocó el manto el suelo, y mi guiadora me dijo: «En parte estás, amigo Rutilio, que todo el género humano no podrá ofenderte»; y diciendo esto, comenzó á abrazarme no muy honestamente. Apartéla de mí con los brazos, y como mejor pude, divisé que la que me abrazaba era una figura de lobo; cuya vision me heló el alma, me turbó los sentidos y dió con mi mucho ánimo al traves; pero, como suele acontecer que en los grandes peligros la poca esperanza de vencerlos saca del ánimo desesperadas fuerzas, las pocas mias me pusieron en la mano un cuchillo que acaso en el seno traia, y con furia y rabia se le hinqué por el pecho á la que pensé ser loba, la cual, cayendo en el suelo, perdió aquella fea figura, y hallé muerta y corriendo sangre á la desventurada encantadora.

»Considerad, señores, cuál quedaria yo en tierra no conocida y sin persona que me guiase. Estuve esperando el dia muchas horas, pero nunca acababa de llegar, ni por los horizontes se descubria señal de que el sol viniese. Apartéme de aquel cadáver, porque me causaba horror y espanto el tenerle cerca de mí; volvia muy á menudo los ojos al cielo, contemplaba el movimiento de las estrellas, y parecíame, segun el curso que habian hecho, que ya habia de ser de dia. Estando en esta confusion, oí que venia hablando, por junto de donde estaba, alguna gente, y así fué verdad, y saliéndoles al encuentro, les pregunté en mi lengua toscana que me dijesen qué tierra era aquella, y uno dellos, asimismo en italiano, me respondió: «Esta tierra es Noruega; pero ¿quién eres tú, que lo preguntas, y en lengua que en estas partes hay muy pocos que la entiendan?

»—Yo soy, respondí, un miserable que por huir de la muerte he venido á caer en sus manos»; y en breves razones le dí cuenta de mi viaje, y áun de la muerte de la hechicera; mostró condolerse el que me hablaba, y díjome: «Puedes, buen hombre, dar infinitas gracias al cielo por haberte librado del poder destas maléficas hechiceras, de las cuales hay mucha abundancia en estas setentrionales partes. Cuéntase dellas que se convierten en lobos, así machos como hembras, porque de entrambos géneros hay maléficos y encantadores. Cómo esto pueda ser, yo lo ignoro, y como cristiano que soy católico, no lo creo; pero la experiencia me muestra lo contraio; lo que puedo alcanzar es, que todas estas trasformaciones son ilusiones del demonio y permision de Dios, y castigo de los abominables pecados deste maldito género de gente.»

»Preguntéle qué hora podria ser, porque me parecia que la noche se alargaba, y el dia nunca venia. Respondióme que en aquellas partes remotas se repartia el año en cuatro tiempos: tres meses habia de noche escura, sin que el sol pareciese en la tierra en manera alguna, y tres meses habia de crepúsculo del dia, sin que bien fuese noche ni bien fuese dia; otros tres meses habia de dia claro continuado, sin que el sol se escondiese, y otros tres de crepúsculo de la noche, y que la sazon en que estaban era la del crepúsculo del dia; así que, esperar la claridad del sol por entónces era esperanza vana, y que tambien lo sería esperar yo volver á mi tierra tan presto, si no fuese cuando llegase la sazon del dia grande, en la cual parten navíos destas partes á Inglaterra, Francia y España con algunas mercancías. Preguntóme si tenia algun oficio en que ganar de comer, miéntras llegaba tiempo de volverme á mi tierra. Díjele que era bailarin y grande hombre de hacer cabriolas, y que sabia jugar de manos sutilísimamente. Rióse de gana el hombre, y me dijo que aquellos ejercicios, ó oficios, ó como llamarlos quisiere, no corrian en Noruega ni en todas aquellas partes.

Preguntóme si sabria oficio de orífice. Díjele que tenia habilidad para aprender lo que me enseñase. «Pues veníos, hermano, conmigo, aunque primero.será bien que demos sepultura á esta miserable.» Hicímoslo así, y llevóme á una ciudad, donde toda la gente andaba por las calles con palos de tea encendidos en las manos, negociando lo que les importaba. Preguntéle en el camino que cómo ó cuándo habia venido á aquella tierra, y que si era verdaderamente italiano. Respondió que uno de sus pasados abuelos se habia casado en ella, viniendo de Italia á negocios que le importaban, y á los hijos que tuvo les enseñó su lengua, y de uno en otro se extendió por todo su linaje, hasta llegar á él, que era uno de sus cuartos nietos; y así, como vecino y morador tan antiguo, llevado de la aficion de sus hijos y mujer, se habia quedado hecho carne y sangre entre esta gente, sin acordarse de Italia ni de los parientes que allá dijeron sus padres que tenian.

»Contar yo ahora la casa donde entré, la mujer é hijos que hallé, y criados, que tenia muchos; el gran caudal, el recibimiento y agasajo que me hicieron, sería proceder en infinito; basta decir, en suma, que yo aprendí su oficio, y en pocos meses ganaba de comer por mi trabajo. En este tiempo se llegó el de llegar el dia grande, y mi amo y maestro, que así le puedo llamar, ordenó de llevar gran cantidad de su mercancía á otras islas por allí cercanas y á otras bien apartadas; fuíme con él, así por curiosidad como por vender algo que ya tenia de caudal, en el cual viaje vi cosas dignas de admiracion y espanto, y otras de risa y contento. Noté costumbres, advertí en ceremonias no vistas y de ninguna otra gente usadas; en fin, á cabo de dos meses corrimos una borrasca que nos duró cerca de cuarenta dias, al cabo de los cuales dimos en esta isla de donde hoy salimos, entre unas peñas, donde nuestro bajel se hizo pedazos, y ninguno de los que en el venian quedó vivo, sino yo.

CAPITULO IX.

Donde Rutilio prosigue la historia de su vida.

»Lo primero que se me ofreció á la vista, ántes que viese otra cosa alguna, fué un bárbaro pendiente y ahorcado de un árbol, por donde conocí que estaba en tierra de bárbaros salvajes, y luego el miedo me puso delante mil géneros de muertes, y no sabiendo qué hacerme, alguna ó todas juntas las temia y las esperaba; en fin, como la necesidad, segun se dice, es maestra de sutilizar el ingenio, dí en un pensamiento harto extraordinario, y fué, que descolgué al bárbaro del árbol, y habiéndome desnudado de todos mis vestidos, que enterré en la arena, me vestí de los suyos, que me vinieron bien, pues no tenian otra hechura que ser de pieles de animales, no cosidos ni cortados á medida, sino ceñidos por el cuerpo, como lo habeis visto. Para disimular la lengua, y que por ella no fuese conocido por extranjero, me fingí mudo y sordo, y con esta industria me entré por la isla adentro, saltando y haciendo cabriolas en el aire.

»A poco trecho descubrí una gran cantidad de bárbaros, los cuales me rodearon, y en su lengua unos y otros con gran priesa me preguntaron, á lo que despues acá he entendido, quién era, cómo me llamaba, á dónde venia y á dónde iba. Respondíles con callar y hacer todas las señales de mudo más aparentes que pude, y luego reiteraba los saltos y menudeaba las cabriolas. Salíme de entre ellos; siguiéronme los muchachos, que no me dejaban á donde quiera que iba. Con esta industria pasé por bárbaro y por mudo, y los muchachos, por verme saltar y hacer gestos, me daban de comer de lo que tenian; desta manera he pasado tres años entre ellos, y áun pasara todos los de mi vida, sin ser conocido. Con la atencion y curiosidad noté su lengua y aprendí mucha parte de ella; supe la profecía que de la duracion de su reino tenia profetizada un antiguo y sabio bárbaro, á quien ellos daban gran crédito; he visto sacrificar algunos varones para hacer la experiencia de su cumplimiento, y he visto comprar algunas doncellas para el mismo efeto, hasta que sucedió el incendio de la isla, que vosotros, señores, habeis visto. Guardéme de las llamas; fuí á dar aviso á los prisioneros de la mazmorra, donde vosotros sin duda habreis estado; vi estas barcas, acudí á la marina, hallaron en vuestros generosos pechos lugar mis ruegos, recogísteme en ellas, por lo que os doy infinitas gracias, y agora espero en la del cielo que, pues nos sacó de tanta miseria á todos, nos ha de dar en éste que pretendemos, felicísimo viaje.»

Aquí dió fin Rutilio á su plática, con que dejó admirados y contentos á los oyentes. Llegóse el dia áspero, turbio y con señales de nieve muy ciertas. Dióle Auristela á Periandro lo que Cloelia le habia dado la noche que murió, que fueron dos pelotas de cera, que la una, como se vió, cubria una cruz de diamantes tan rica, que no acertaron á estimarla por no agraviar su valor, y la otra dos perlas redondas, asimismo de inestimable precio. Por estas joyas vinieron en conocimiento de que Auristela y Periandro eran gente principal, puesto que mejor declaraba esta verdad su gentil disposicion y agradable trato. El bárbaro Antonio, viniendo el dia, se entró un poco por la isla, pero no descubrió otra cosa que montañas y sierras de nieve; y volviendo á las barcas, dijo que la isla era despoblada, y que convenia partirse de allí luego, á buscar otra parte donde recogerse del frio que amenazaba, y proveerse de los mantenimientos, que presto les harian falta. Echaron con presteza las barcas al agua, embarcáronse todos, y pusieron las proas en otra isla que no léjos de allí se descubria. En esto, yendo navegando con el espacio que podian prometer dos remos, que no llevaba más cada barca, oyeron que de la una de las otras dos salia una voz blanda, suave, de manera que les hizo estar atentos á escuchalla. Notaron, especialmente el bárbaro Antonio el padre, que lo que se cantaba era en lengua portuguesa, que él sabia muy bien. Calló la voz, y de allí á poco volvió á cantar en castellano, y no á otro tono de instrumentos que al de los remos, que sesgamente por el tranquilo mar las barcas impelian; y notó que lo que cantaron fué esto:

  Mar sesgo, viento largo, estrella clara,
  Camino, aunque no usado, alegre y cierto,
  Al hermoso, al seguro, al capaz puerto
  Llevan la nave vuestra única y rara.
   En Scílas ni en Caríbdis no repara,
  Ni en peligro que el mar tenga encubierto,
  Siguiendo su derrota al descubierto,
  Que limpia honestidad su curso pára.
   Con todo, si os faltare la esperanza
  De llegar á este puerto, no por eso
  Gireis las velas, que será simpleza.
   Que es enemigo amor de la mudanza,
  Y nunca tuvo próspero suceso
  El que no se quilata en la firmeza.

La bárbara Ricla dijo, en callando la voz: «Despacio debe de estar y ocioso el cantor que en semejante tiempo da su voz á los vientos»; pero no lo juzgaron así Periandro y Auristela, porque le tuvieron por más enamorado que ocioso al que cantado habia; que los enamorados fácilmente reconcilian los ánimos y traban amistad con los que conocen que padecen su misma enfermedad; y así, con licencia de los demas que en su barca venian, aunque no fuera menester pedirla, hizo que el cantor se pasase á su barca, así por gozar de cerca de su voz, como saber de sus sucesos; porque persona que en tales tiempos cantaba, ó sentia mucho, ó no tenia sentimiento alguno.

Juntáronse las barcas, pasó el músico á la de Periandro, y todos los de ella le hicieron agradable recogida. En entrando el músico, en medio portugues y en medio castellano dijo: «Al cielo y á vosotros, señores, y á mi voz agradezco esta mudanza y esta mejora de navío; aunque creo que con mucha brevedad le dejaré libre de la carga de mi cuerpo, porque las penas que siento en el alma me van dando señales de que tengo la vida en sus últimos términos.

—Mejor lo hará el cielo, respondió Periandro; que pues yo soy vivo, no habrá trabajos que puedan matar á alguno.

—No sería esperanza aquella, dijo á esta sazon Auristela, á que pudiesen contrastar y derribar infortunios, pues así como la luz resplandece más en las tinieblas, así la esperanza ha de estar más firme en los trabajos; que el desesperarse en ellos es accion de pechos cobardes, y no hay mayor pusilanimidad ni bajeza que entregarse el trabajado, por más que lo sea, á la desesperacion.

—El alma ha de estar, dijo Periandro, el un pié en los

labios y el otro en los dientes, si es que hablo con propiedad, y no ha de dejar de esperar su remedio; porque sería agraviar á Dios, que no puede ser agraviado, poniendo tasa y coto á sus infinitas misericordias.

—Todo es así, respondió el músico, y yo lo creo, á despecho y pesar de las experiencias que en el discurso de mi vida en mis muchos males tengo hechas.»

No por estas pláticas dejaban de bogar, de modo que ántes de anochecer con dos horas llegaron á una isla tambien despoblada, aunque no de árboles, porque tenia muchos y llenos de fruto, que aunque pasado de sazon y seco, se dejaba comer. Saltaron todos en tierra, en la cual vararon las barcas, y con gran priesa se dieron á desgajar árboles y hacer una gruesa barraca para defenderse aquella noche del frio. Hicieron asimismo fuego, ludiendo dos secos palos el uno con el otro, artificio tan sabido como usado; y como todos trabajaban, en un punto se vió levantada la pobre máquina, donde se recogieron todos, supliendo con mucho fuego la incomodidad del sitio, pareciéndoles aquella choza dilatado alcázar. Satisfacieron la hambre, y acomodáranse á dormir luego, si el deseo que Periandro tenia de saber el suceso del músico no lo estorbara; porque le rogó, si era posible, les hiciese sabidores de sus desgracias, pues no podian ser venturas las que en aquellas partes le habian traido. Era cortés el cantor, y así, sin hacerse de rogar, dijo.

CAPITULO X.

De lo que contó el enamorado portugues.

«Con más breves razones de las que sean posibles daré fin á mi cuento, con darle al de mi vida, si es que tengo de dar crédito á cierto sueño que la pasada noche me turbó el alma. Yo, señores, soy portugues de nacion, noble en sangre, rico en los bienes de fortuna, y no pobre en los de naturaleza; mi nombre es Manuel de Sosa Coutiño, mi patria Lisboa y mi ejercicio el de soldado. Junto á la casa de mis padres, casi pared en medio, estaba la de otro caballero del antiguo linaje de los Pereiras, el cual tenia sola una hija, única heredera de sus bienes, que eran muchos, báculo y esperanza de la prosperidad de sus padres; la cual, por el linaje, por la riqueza y por la hermosura, era deseada de todos los mejores del reino de Portugal; y yo, que, como más vecino de su casa, tenia más comodidad de verla, la miré, la conocí y la adoré con una esperanza, más dudosa que cierta, de que podria ser viniese á ser mi esposa; y por ahorrar de tiempo, y por entender que con ella habian de valer poco requiebros, promesas ni dádivas, determiné de que un pariente mio se la pidiese á sus padres para esposa mia, pues ni en el linaje, ni en la hacienda ni áun en la edad diferenciábamos en nada. La respuesta que trajo fué, que su hija Leonora áun no estaba en edad de casarse, que dejase pasar dos años, que le daba la palabra de no disponer de su hija en todo aquel tiempo sin hacerme sabidor dello. Llevé este primer golpe en los hombros de mi paciencia y en el escudo de la esperanza; pero no dejé por esto de servirla públicamente á sombra de mi honesta pretension, que luego se supo por toda la ciudad; pero ella, retirada en la fortaleza de su prudencia y en los retretes de su recato, con honestidad y licencia de sus padres admitia mis servicios, y daba á entender que, si no los agradecia con otros, por lo ménos no los desestimaba.

»Sucedió que en este tiempo mi rey me envió por capitan general á una de las fuerzas que tiene en Berbería, oficio de calidad y de confianza. Llegóse el dia de mi partida, y pues en él no llegó el de mi muerte, no hay ausencia que mate ni dolor que consuma. Hablé á su padre, hícele que me volviese á dar la palabra de la espera de los dos años; túvome lástima, porque era discreto, y consintió que me despidiese de su mujer y de su hija Leonora, la cual, en compañía de su madre, salió á verme á una sala, y salieron con ella la honestidad, la gallardía y el silencio. Pasméme cuando vi tan cerca de mí tanta hermosura; quise hablar, y añudóseme la voz á la garganta y pegóseme al paladar la lengua, y no supe ni pude hacer otra cosa que callar y dar con mi silencio indicio de mi turbacion, la cual vista por el padre, que era tan cortés como discreto, se abrazó conmigo y dijo: «Nunca, señor Manuel de Sosa, los dias de partida dan licencia á la lengua que se desmande, y puede ser que este silencio hable en su favor de vuesa merced más que alguna otra retórica. Vuesa merced vaya á ejercer su cargo, y vuelva en buen punto, que yo no faltaré ninguno en lo que tocáre á servirle. Leonora, mi hija, es obediente, y mi mujer desea darme gusto, y yo tengo el deseo que he dicho; que con estas tres cosas, me parece que puede esperar vuesa merced buen suceso en lo que desea.»

»Estas palabras todas me quedaron en la memoria y en el alma impresas de tal manera, que no se me han olvidado ni se me olvidarán en tanto que la vida me durare; ni la hermosa Leonora ni su madre me dijeron palabra, ni yo pude, como he dicho, decir alguna. Partíme á Berbería; ejercité mi cargo, con satisfaccion de mi rey, dos años; volví á Lisboa, hallé que la fama y hermosura de Leonora habia salido ya de los límites de la ciudad y del reino, y extendídose por Castilla y otras partes, de las cuales venian embajadas de príncipes y señores que la pretendian por esposa; pero, como ella tenia la voluntad tan sujeta á la de sus padres, no miraba si era ó no solicitada. En fin, viendo yo pasado el término de los dos años, volví á suplicar á su padre me la diese por esposa. ¡Ay de mí, que no es posible que me detenga en estas circunstancias! porque á las puertas de mi vida está llamando la muerte, y temo que no me ha de dar espacio para contar mis desventuras; que si así fuese, no las tendria yo por tales. Finalmente, un dia me avisaron que para un domingo venidero me entregarian á mi deseada Leonora; cuya nueva faltó poco para no quitarme la vida de contento. Convidé á mis parientes, llamé á mis amigos, hice galas, envié presentes, con todos los requisitos que pudiesen mostrar ser yo el que me casaba, y Leonora la que habia de ser mi esposa.

»Llegóse este dia, y yo fuí, acompañado de todo lo mejor de la ciudad, á un monasterio de monjas que se llaman de la Madre de Dios, á donde me dijeron que mi esposa desde el dia de ántes me esperaba; que habia sido su gusto que en aquel monasterio se celebrase su desposorio, con licencia del Arzobispo de la ciudad...» Detúvose algun tanto el lastimado caballero, como para tomar aliento de proseguir su plática, y luego dijo: «Llegué al monasterio, que real y pomposamente estaba adornado; salieron á recebirme casi toda la gente principal del reino, que allí aguardándome estaban con infinitas señoras de la ciudad, de las más principales; hundíase el templo de música, así de voces como de instrumentos; y en esto salió por la puerta del claustro la sin par Leonora, acompañada de la Priora y de otras muchas monjas, vestida de raso blanco acuchillado, con saya entera á lo castellano, tomadas las cuchilladas con ricas y gruesas perlas. Venia aforrada la saya en tela de oro verde; traia los cabellos sueltos por las espaldas, tan rubios, que deslumbraban los del sol, y tan luengos, que casi besaban la tierra; la cintura, collar y anillos que traia, opiniones hubo que valian un reino. Torno á decir que salió tan bella, tan costosa, tan gallarda y tan ricamente compuesta y adornada, que causó invidia en las mujeres y admiracion en los hombres: de mí sé decir que quedé tal con su vista, que me hallé indigno de merecerla, por parecerme que la agraviaba, aunque yo fuera el emperador del mundo.

»Estaba hecho un modo de teatro en mitad del cuerpo de la iglesia, donde desenfadadamente y sin que nadie lo empachase se habia de celebrar nuestro desposorio. Subió en él primero la hermosa doncella, donde al descubierto mostró su gallardía y gentileza. Pareció á todos los ojos que la miraban lo que suele parecer la bella aurora al despuntar del dia, ó lo que dicen las antiguas fábulas que parecia la casta Diana en los bosques; y algunos creo que hubo tan discretos, que no la acertaron á comparar sino á sí misma. Subí yo al teatro, pensando que subia á mi cielo, y puesto de rodillas ante ella, casi dí demostracion de adorarla. Alzóse una voz en el templo, procedida de otras muchas, que decia: «Vivid felices y luengos años en el mundo, ¡oh dichosos y bellísimos amantes! coronen presto hermosísimos hijos vuestra mesa, y á largo andar se dilate vuestro amor en vuestros nietos; no sepan los rabiosos celos ni las dudosas sospechas la morada de vuestros pechos; ríndase la invidia á vuestros piés, y la buena fortuna no acierte á salir de vuestra casa.»

»Todas estas razones y deprecaciones santas me colmaban el alma de contento, viendo con qué gusto general llevaba el pueblo mi ventura. En esto la hermosa Leonora me tomó por la mano, y así en pié como estábamos, alzando un poco la voz, me dijo: «Bien sabeis, señor Manuel de Sosa, cómo mi padre os dió palabra que no dispondria de mi persona en dos años, que se habian de contar desde el dia que me pedistes fuese yo vuestra esposa, y tambien, si mal no me acuerdo, os dije yo, viéndome acosada de vuestra solicitud y obligada de los infinitos beneficios que me habeis hecho, más por vuestra cortesía que por mis merecimientos, que yo no tomaria otro esposo en la tierra sino á vos. Esta palabra mi padre os la ha cumplido, como habeis visto, y yo os quiero cumplir la mia, como veréis; y así, porque sé que los engaños, aunque sean honrosos y provechosos, tienen un no sé qué de traicion cuando se dilatan y entretienen, quiero, del que os parecerá que os he hecho, sacaros en este instante. Yo, señor mio, soy casada, y en ninguna manera, siendo mi esposo vivo, puedo casarme con otro; yo no os dejo por ningun hombre de la tierra, sino por uno del cielo, que es Jesucristo, Dios y hombre verdadero:

él es mi esposo, á él le dí la palabra primero que á vos; á él sin engaño y de toda mi voluntad, y á vos con disimulacion y sin firmeza alguna. Yo confieso que para escoger esposo en la tierra, ninguno os pudiera igualar; pero habiéndole de escoger en el cielo, ¿quién como Dios? Si esto os parece traicion ó descomedido trato, dadme la pena que quisiéredes y el nombre que se os antojare; que no habrá muerte, promesa ó amenaza que me aparte del crucificado esposo mio.»

»Calló, y al mismo punto la Priora y las otras monjas comenzaron á desnudarla y á cortarle la preciosa madeja de sus cabellos; yo enmudecí, y por no dar muestra de flaqueza, tuve cuenta con reprimir las lágrimas que me venian á los ojos, y hincándome otra vez de rodillas ante ella, casi por fuerza la besé la mano, y ella, cristianamente compasiva, me echó los brazos al cuello. Alcéme en pié, y alzando la voz de modo que todos me oyesen, dije: *Maria optimam partem elegit*; y diciendo esto, me bajé del teatro, y acompañado de mis amigos, me volví á mi casa, donde yendo y viniendo con la imaginacion en este extraño suceso, vine casi á perder el juicio, y ahora por la misma causa vengo á perder la vida»; y dando un gran suspiro, se le salió el alma y dió consigo en el suelo.

CAPITULO XI.

Llegan á otra isla, donde hallan buen acogimiento.

Acudió con presteza Periandro á verle, y halló que habia espirado de todo punto, dejando á todos confusos y admirados del triste y no imaginado suceso. «Con este sueño, dijo á esta sazon Auristela, se ha excusado este caballero de contarnos qué le sucedió en la pasada noche, los trances por donde vino á tan desastrado término y á la prision de los bárbaros; que sin duda debian de ser casos tan desesperados como peregrinos.» A lo que añadió el bárbaro Antonio : «Por maravilla hay desdichado que sólo lo sea en sus desventuras : compañeros tienen las desgracias, y por aquí ó por allí, siempre son grandes, y entónces lo dejan de ser, cuando acaban con la vida del que las padece.» Dieron luego órden de enterralle como mejor pudieron; sirvióle de mortaja su mismo vestido, de tierra la nieve, y de cruz la que le hallaron en el pecho en un escapulario, que era la de Cristo, por ser caballero de su hábito; y no fuera menester hallarle esta honrosa señal para enterarse de su nobleza, pues las habia dado bien claras su grave presencia y razonar discreto. No faltaron lágrimas que le acompañasen, porque la compasion hizo su oficio, y las sacó de todos los ojos de los circunstantes. Amaneció en esto; volvieron las barcas al agua, pareciéndoles que el mar les esperaba sosegado y blando, y entre tristes y alegres, entre temor y esperanza, siguieron su camino, sin llevar parte cierta á donde encaminalle.

Están todos aquellos mares casi cubiertos de islas, todas, ó las más, despobladas; y las que tienen gente, es rústica y medio bárbara, de poca urbanidad y de corazones duros é insolentes; y con todo esto, deseaban topar alguna que los acogiese, porque imaginaban que no podian ser tan crueles sus moradores, que no lo fuesen más las montañas de nieve y los duros y ásperos riscos de las que atras dejaban. Diez dias más navegaron sin tomar puerto, playa ó abrigo alguno, dejando á entrambas partes, diestra y siniestra, islas pequeñas, que no prometian estar pobladas de gente. Puesta la mira en una gran montaña que á la vista se les ofrecia, pugnaban con todas sus fuerzas llegar á ella con la mayor brevedad que pudiesen, porque ya sus barcas hacian agua, y los bastimentos á más andar iban faltando; en fin, más con la ayuda del cielo, como se debe creer, que con las de sus brazos, llegaron á la deseada isla, y vieron andar dos personas por la marina, á quien con grandes voces preguntó Transila qué tierra era aquella, quién la gobernaba, y si era de cristianos católicos. Respondiéronle en lengua que ella entendió, que aquella isla se llamaba Golandia y que era de católicos, puesto que estaba despoblada, por ser tan poca la gente que tenia, que no ocupaba más de una casa, que servia de meson á la gente que llegaba á un puerto que estaba detras de un peñon, que señaló con la mano; «y si vosotros, quien quiera que seais, quereis repararos de algunas faltas, seguidnos con la vista; que nosotros os pondremos en el puerto.»

Dieron gracias á Dios los de las barcas, y siguieron por la mar á los que los guiaban por la tierra, y al volver del peñon que les habia señalado, vieron un abrigo que podia llamarse puerto, y en él hasta diez ó doce bajeles, dellos chicos, dellos medianos y dellos grandes; y fué grande la alegría que de verlos recibieron, pues les daba esperanza de mudar de navíos, y seguridad de caminar con certeza á otras partes. Llegaron á tierra; salieron así gente de los navíos como del meson á recebirles; saltó en tierra en hombros de Periandro y de los dos bárbaros, padre é hijo, la hermosa Auristela, vestida con el vestido y adorno con que fué Periandro vendido á los bárbaros por Arnaldo. Salió con ella la gallarda Transila, y la bella bárbara Constanza con Ricla, su madre, y todos los demas de las barcas acompañaron este escuadron gallardo. De tal manera causó admiracion, espanto y asombro la bellísima escuadra en los de la mar y la tierra, que todos se postraron en el suelo y dieron muestras de adorar á Auristela. Mirábanla callando y con tanto respeto, que no acertaban á mover las lenguas, por no ocuparse en otra cosa que en mirar.

La hermosa Transila, como ya habia hecho experiencia de que entendian su lengua, fué la primera que rompió el silencio, diciéndoles: «A vuestro hospedaje nos ha traido la nuestra hasta hoy contraria fortuna; en nuestro traje y en nuestra mansedumbre echaréis de ver que ántes buscamos paz que guerra, porque no hacen batallas las mujeres ni los varones afligidos. Acogednos, señores, en vuestro hospedaje y en vuestros navíos; que las barcas que aquí nos han conducido, aquí dejan el atrevimiento y la voluntad de tornar otra vez á entregarse á la instabilidad del mar. Si aquí se cambia por oro ó por plata lo necesario que se busca, con facilidad y abundancia seréis recompensados de lo que nos diéredes; que por subidos precios que lo vendais, lo recibiremos como si fuese dado.»

Uno (milagro extraño), que parecia ser de la gente de los navíos, en lengua española respondió: «De corto entendimiento fuera, hermosa señora, el que dudara la verdad que dices, que puesto que la mentira se disimula, y el daño se disfraza con la máscara de la verdad y del bien, no es posible que haya tenido lugar de acogerse á tan gran belleza como la vuestra. El patron deste hospedaje es cortesísimo, y todos los destas naves ni más ni ménos; mirad si os da mas gusto volveros á ellas, ó entrar en el hospedaje; que en ellas y en él seréis recebidos y tratados como vuestra presencia merece.»

Entónces, viendo el bárbaro Antonio, ó oyendo, por mejor decir, hablar su lengua, dijo: «Pues el cielo nos ha traido á parte que suene en mis oidos la dulce lengua de mi nacion, casi tengo ya por cierto el fin de mis desgracias. Vamos, señores, al hospedaje, y en reposando algun tanto, daremos órden en volver á nuestro camino con más seguridad que la que hasta aquí hemos traido.»

En esto un grumete, que estaba en lo alto de una gavia, dijo á voces en lengua inglesa: «Un navío se descubre, que con tendidas velas, y mar y viento en popa, viene la vuelta deste abrigo.» Alborotáronse todos, y en el mismo lugar donde estaban, sin moverse un paso, se pusieron á esperar el bajel que tan cerca se descubria; y cuando estuvo junto, vieron que las hinchadas velas las atravesaban unas cruces rojas, y conocieron que en una bandera que traia en el peñolo de la mayor gavia venian pintadas las armas de Inglaterra. Disparó, en llegando, dos piezas de gruesa artillería, y luego hasta obra de veinte arcabuces; de la tierra les fué hecha señal de paz con alegres voces, porque no tenian artillería con que responderle.

CAPITULO XII.

Donde se cuenta de qué parte y quién eran los que venian en el navío.

Hecha, como se ha dicho, la salva de entrambas partes, así del navío como de la tierra, al momento echaron áncoras los de la nave, y arrojaron el esquife al agua, en el cual el primero que saltó, despues de cuatro marineros que le adornaron con tapetes y asieron de los remos, fué un anciano varon, al parecer de edad de sesenta años, vestido de una ropa de terciopelo negro, que le llegaba á los piés, forrada en felpa negra y ceñida con una de las que llaman colonias de seda; en la cabeza traia un sombrero alto y puntiagudo, asimismo, al parecer, de felpa. Tras él bajó al esquife un gallardo y brioso mancebo, de poco más edad de veinte y cuatro años, vestido á lo marinero, de terciopelo negro, una espada dorada en las manos y una daga en la cinta. Luego, como si los arrojaran, echaron de la nave al esquife un hombre lleno de cadenas, y una mujer con él enredada y presa con las cadenas mismas: él de hasta de cuarenta años de edad, y ella de más de cincuenta; él brioso y despechado, y ella melancólica y triste. Impelieron el esquife los marineros; en un instante llegaron á tierra, á donde en sus hombros, y en los de otros soldados arcabuceros que en el barco venian, sacaron á tierra al viejo, al mozo y á los dos prisioneros. Transila, que como los demas habia estado atentísima mirando los que en el esquife venian, volviéndose á Auristela, le dijo: «Por tu vida, señora, que me cubras el rostro con ese velo que traes atado al brazo, porque, ó yo tengo poco conocimiento, ó son algunos de los que vienen en este barco personas que yo conozco y me conocen.» Hízolo así Auristela, y en esto llegaron los de la barca á juntarse con ellos, y todos se hicieron bien criados recibimientos. Fuése derecho el anciano de la felpa á Transila, diciendo: «Si mi ciencia no me engaña y la fortuna no me desfavorece, próspera habrá sido la mia con este hallazgo»;

y diciendo y haciendo, alzó el velo del rostro de Transila, y se quedó desmayado en sus brazos, que ella se los ofreció y se los puso porque no diese en tierra.

Sin duda se puede creer que este caso de tanta novedad y tan no esperado puso en admiracion á los circunstantes, y más cuando oyeron decir á Transila: «¡Oh padre de mi alma! ¿qué venida es ésta? ¿quién trae á vuestras venerables canas y á vuestros cansados años por tierras tan apartadas de la vuestra?

—¿Quién le ha de traer, dijo á esta sazon el brioso mancebo, sino el buscar la ventura que sin vos le faltaba? Él y yo, dulcísima señora y esposa mia, venimos buscando el norte que nos ha de guiar á donde hallemos el puerto de nuestro descanso; pero, pues ya, gracias sean dadas á los cielos, le habemos hallado, haz, señora, que vuelva en sí tu padre Mauricio, y consiente que de su alegría reciba yo parte, recibiéndole á él como á padre, y á mí como á tu legítimo esposo.»

Volvió en sí Mauricio, y sucedióle en su desmayo Transila; acudió Auristela á su remedio, pero no osó llegar á ella Ladislao, que éste era el nombre de su esposo, por guardar el honesto decoro que á Transila se le debia; pero como los desmayos que suceden de alegres y no pensados acontecimientos, ó quitan la vida en un instante, ó no duran mucho, fué pequeño espacio el en que estuvo Transila desmayada. El dueño de aquel meson ó hospedaje dijo: «Venid, señores, todos á donde con más comodidad y ménos frio del que aquí hace os deis cuenta de vuestros sucesos.»

Tomaron su consejo y fuéronse al meson, y hallaron que era capaz de alojar una flota. Los dos encadenados se fueron por su pié, ayudándoles á llevar sus hierros los arcabuceros, que como en guarda con ellos venian. Acudieron á sus naves algunos, y con tanta priesa como buena voluntad trajeron della los regalos que tenian; hízose lumbre, pusiéronse las mesas, y sin tratar entónces de otra cosa, satisficieron todos la hambre, más con muchos géneros de pescados que con carnes, porque no se sirvió otra que la de muchos pájaros, que se crian en aquellas partes de tan extraña manera, que por ser rara y peregrina, me obliga á que aquí la cuente.

Híncanse unos palos en la orilla de la mar y entre los escollos donde las aguas llegan, los cuales palos de allí á poco tiempo todo aquello que cubre el agua se convierte en dura piedra, y lo que queda fuera del agua se pudre y se corrompe, de cuya corrupcion se engendra un pequeño pajarillo, que volando á la tierra se hace grande, y tan sabroso de comer, que es uno de los mejores manjares que se usan; y donde hay más abundancia dellos es en las provincias de Ibernia y de Irlanda; el cual pájaro se llama *barnaclas*.

El deseo que tenian todos de saber los sucesos de los recien llegados les hacia parecer larga la comida, la cual acabada, el anciano Mauricio dió una gran palmada en la mesa, como dando señal de pedir que con atencion le escuchasen. Enmudecieron todos, y el silencio les selló los labios y la curiosidad les abrió los oidos, viendo lo cual Mauricio, soltó la voz en tales razones:

«En una isla, de siete que están circunvecinas á la de Ibernia, nací yo y tuvo principio mi linaje, tan antiguo, bien como aquel que es de los Mauricios; que en decir este apellido le encarezco todo lo que puedo. Soy cristiano católico, y no de aquellos que andan mendigando la fe verdadera entre opiniones; mis padres me criaron en los estudios, así de las armas como de las letras, si se puede decir que las armas se estudian. He sido aficionado á la ciencia de astrología judiciaria, en la cual he alcanzado famoso nombre; caséme, en teniendo edad para tomar estado, con una hermosa y principal mujer de mi ciudad, de la cual tuve esta hija que está aquí presente. Seguí las costumbres de mi patria, á lo ménos en cuanto á las que parecian ser niveladas con la razon, y en las que no, con apariencias fingidas mostraba seguirlas; que tal vez la disimulacion es provechosa. Creció esta muchacha á mi sombra, porque le faltó la de su madre á dos años despues de nacida, y á mí me faltó el arrimo de mi vejez, y me sobró el cuidado de criar la hija; y por salir dél, que es carga difícil de llevar de cansados y ancianos hombros, en llegando á casi edad de darle esposo, en que le diese arrimo y compañía, lo puse en efeto, y el que le escogí fué este gallardo mancebo que tengo á mi lado, que se llama Ladislao, tomando consentimiento primero de mi hija, por parecerme acertado y áun conveniente que los padres casen á sus hijas con su beneplácito y gusto, pues no les dan compañía por un dia, sino por todos aquellos que les durare la vida; y de no hacer esto ansí, se han seguido, siguen y seguirán millares de inconvenientes, que los más suelen parar en desastrados sucesos.

»Es pues de saber que en mi patria hay una costumbre, entre muchas malas, la peor de todas; y es, que concertado el matrimonio y llegado el dia de la boda, en una casa principal, para esto diputada, se juntan los novios y sus hermanos, si los tienen, con todos los parientes más cercanos de entrambas partes, y con ellos el regimiento de la ciudad, los unos para testigos y los otros para verdugos, que así los puedo y debo llamar. Está la desposada en un rico apartamiento, esperando lo que no sé cómo pueda decirlo sin que la vergüenza no me turbe la lengua; está esperando, digo, á que entren los hermanos de su esposo, si los tiene, y algunos de sus parientes más cercanos, de uno en uno, á coger las flores de su jardin y á manosear los ramilletes que ella quisiera guardar intactos para su marido: costumbre bárbara y maldita, que va contra todas las leyes de la honestidad y del buen decoro; porque ¿qué dote puede llevar más rico una doncella, que serlo? ni ¿qué limpieza puede ni debe agradar más al esposo, que la que la mujer lleva á su poder en su entereza? La honestidad siempre anda acompañada con la vergüenza, y la vergüenza con la honestidad, y si la una ó la otra comienzan á desmoronarse y á perderse, todo el edificio de la hermosura dará en tierra y será tenido en precio bajo y asqueroso.

»Muchas veces habia yo intentado de persuadir á mi pueblo dejase esta perniciosa costumbre; pero apénas lo intentaba, cuando se me daba en la boca con mil amenazas de muerte, donde vine á verificar aquel antiguo adagio que vulgarmente se dice, que la costumbre es otra naturaleza, y el mudarla se siente como la muerte. Finalmente, mi hija se encerró en el retraimiento dicho, y estuve esperando su perdicion; y cuando queria ya entrar un hermano de su esposo á dar principio al torpe trato, veis aquí donde veo salir con una lanza terciada en las manos á la gran sala, donde toda la gente estaba, á Transila, hermosa como el sol, brava como una leona y airada como una tigre.»

Aquí llegaba de su historia el anciano Mauricio, escuchándole todos con la atencion posible, cuando revistiéndosele á Transila el mismo espíritu que tuvo al tiempo que se vió en el mismo acto y ocasion que su padre contaba, levantándose en pié, con lengua á quien suele turbar la cólera, con el rostro hecho brasa y los ojos fuego, en efeto, con ademan que la pudiera hacer ménos hermosa, si es que los accidentes tienen fuerzas de menoscabar las grandes hermosuras, quitándole á su padre las palabras de la boca, dijo las del siguiente capítulo.

CAPITULO XIII.

Donde Transila prosigue la historia á quien su padre dió principio.

«Salí, dijo Transila, como mi padre ha dicho, á la gran sala, y mirando á todas partes, en alta y colérica voz dije: «Hacéos adelante vosotros, aquellos cuyas deshonestas y bárbaras costumbres van contra las que guarda cualquier bien ordenada república; vosotros, digo, más lascivos que religiosos, que con apariencia y sombra de ceremonias vanas, quereis cultivar los ajenos campos sin licencia de sus legítimos dueños. Veisme aquí, gente mal perdida y peor aconsejada: venid, venid; que la razon, puesta en la punta desta lanza, defenderá mi partido y quitará las fuerzas á vuestros malos pensamientos, tan enemigos de la honestidad y de la limpieza.»

»Y en diciendo esto, salté en mitad de la turba, y rompiendo por ella, salí á la calle, acompañada de mi mismo enojo, y llegué á la marina, donde, cifrando mil discursos que en aquel tiempo hice, en uno, me arrojé en un pequeño barco que sin duda me deparó el cielo, y asiendo de dos pequeños remos, me alargué de la tierra todo lo que pude; pero viendo que se daban priesa á seguirme en otros muchos barcos más bien parados y de mayores fuerzas impelidos, y que no era posible escaparme, solté los remos y volví á tomar mi lanza, con intencion de esperarles, y no dejar llevarme á su poder sino perdiendo la vida, vengando primero en quien pudiese mi agravio. Vuelvo á decir otra vez que el cielo, conmovido de mi desgracia, avivó el viento y llevó el barco, sin impelerle los remos, el mar adentro, hasta que llegó á una corriente ó raudal que le arrebató como en peso, y le llevó más adentro, quitando la esperanza á los que tras mí venian, de alcanzarme; que no se aventuraron á entrarse en la desenfrenada corriente que por aquella parte el mar llevaba.

—Así es verdad, dijo á esta sazon su esposo Ladislao; porque, como me llevabas el alma, no pude dejar de seguirte; sobrevino la noche, y perdímoste de vista, y áun perdimos la esperanza de hallarte viva, si no fuese en las lenguas de la fama, que desde aquel punto tomó á su cargo el celebrar tal hazaña por siglos eternos.

—Es pues el caso, prosiguió Transila, que aquella noche un viento que de la mar soplaba me trajo á la tierra, y en la marina hallé unos pescadores, que benignamente me recogieron y albergaron, y áun me ofrecieron marido, si no le tenia, y creo sin aquellas condiciones de quien yo iba huyendo; pero la codicia humana, que reina y tiene su señorío áun entre las peñas y riscos del mar y en los corazones duros y campestres, se entró aquella noche en los pechos de aquellos rústicos pescadores, y acordaron entre sí que, pues de todos era la presa que en mí tenian, y que no podia ser dividida en partes para poder repartirme, que me vendiesen á unos cosarios que aquella tarde habian descubierto no léjos de sus pesquerías. Bien pudiera yo ofrecerles mayor precio del que ellos pudieran pedir á los cosarios, pero no quise tomar ocasion de recebir bien alguno de ninguno de mi bárbara patria; y así, al amanecer, habiendo llegado allí los piratas, me vendieron, no sé por cuánto, habiéndome primero despojado de las joyas que llevaba de desposada. Lo que sé decir es, que me trataron los cosarios con mejor término que mis ciudadanos, y me dijeron que no fuese melancólica, porque me llevaban, no para ser esclava, sino para esperar ser reina y áun señora de todo el universo, si ya no mentian ciertas profecías de los bárbaros de aquella isla, de quien tanto se hablaba por el mundo. De cómo llegué, del recibimiento que los bárbaros me hicieron, de cómo aprendí su lengua en este tiempo que há que falté de vuestra presencia, de sus ritos y ceremonias y costumbres, del vano asunto de sus profecías, y del hallazgo destos señores con quien vengo, y del incendio de la isla, que ya queda abrasada, y de nuestra libertad, diré otra vez; que por agora basta lo dicho, y quiero dar lugar á que mi padre me diga qué ventura le ha traido á dármela tan buena cuando ménos la esperaba.»

Aquí dió fin Transila á su plática, teniendo á todos colgados de la suavidad de su lengua y admirados del extremo de su hermosura, que despues de la de Auristela, ninguna se le igualaba. Mauricio, su padre, entónces dijo: «Ya sabes, hermosa Transila, querida hija, cómo en mis estudios y ejercicios, entre otros muchos gustosos y loables, me llevaron tras sí los de la astrología judiciaria, como aquellos que cuando aciertan, cumplen el natural deseo que todos los hombres tienen, no sólo de saber lo pasado y presente, sino lo por venir. Viéndote pues perdida, noté el punto, observé los astros, miré el aspecto de los planetas, señalé los sitios y casas necesarias para que respondiese mi trabajo á mi deseo; porque ninguna ciencia, en cuanto á ciencia, engaña: el engaño está en quien no la sabe, principalmente la del astrología, por la velocidad de los cielos, que se lleva tras sí todas las estrellas, las cuales no influyen en este lugar lo que en aquel, ni en aquel lo que en éste; y así, el astrólogo judiciario, si acierta alguna vez en sus juicios, es por arrimarse á lo más probable y á lo más experimentado; y el mejor astrólogo del mundo, puesto que muchas veces se engaña, es el demonio, porque no solamente juzga de lo por venir por la ciencia que sabe, sino tambien por las premisas y conjeturas, y como há tanto tiempo que tiene experiencia de los casos pasados y tanta noticia de los presentes, con facilidad se arroja á juzgar de los por venir; lo que no tenemos los aprendices desta ciencia, pues hemos de juzgar siempre á tiento y con poca seguridad. Con todo eso, alcancé que tu perdicion habia de durar dos años, y que te habia de cobrar este dia y en esta parte, para remozar mis canas y para dar gracias á los cielos del hallazgo de mi tesoro, alegrando mi espíritu con tu presencia, puesto que sé que ha de ser á costa de algunos sobresaltos; que por la mayor parte, las buenas andanzas no vienen sin el contrapeso de desdichas, las cuales tienen jurisdicion y un modo de licencia de entrarse por los buenos sucesos, para darnos á entender que ni el bien es eterno, ni el mal durable.

—Los cielos serán servidos, dijo á esta sazon Auristela, que habia gran tiempo que callaba, de darnos próspero viaje, pues nos le promete tan buen hallazgo.» La mujer prisionera, que habia estado escuchando con grande atencion el razonamiento de Transila, se puso en pié, á pesar de sus cadenas y al de la fuerza que le hacia para que no se levantase el que con ella venia preso, y con voz levantada dijo.

CAPITULO XIV.

Donde se declara quién eran los que tan aherrojados venian.

«Si es que los afligidos tienen licencia para hablar ante los venturosos, concédaseme á mí por esta vez, donde la brevedad de mis razones templará el fastidio que tuviéredes de escuchallas. Haste quejado, dijo (volviéndose á Transila), señora doncella, de la bárbara costumbre de los de tu ciudad, como si lo fuera aliviar el trabajo á los menesterosos y quitar la carga á los flacos. Sí, que no es error, por bueno que sea un caballo, pasearle la carrera primero que se ponga en él su dueño, ni va contra la honestidad el uso y costumbre, si en él no se pierde la honra, y se tiene por acertado lo que no lo parece; sí, que mejor gobernará el timon de una nave el que hubiere sido marinero, que no el que sale de las escuelas de la tierra para ser piloto: la experiencia en todas las cosas es la mejor maestra de las artes; y así, mejor te fuera entrar experimentada en la compañía de tu esposo, que rústica é inculta.»

Apénas oyó esta razon última el hombre que consigo venia atado, cuando dijo, poniéndole el puño cerrado junto al rostro, amenazándola: «¡Oh Rosamunda! ó por mejor decir, rosa inmunda, porque munda ni lo fuiste, ni lo eres, ni lo serás en tu vida, si vivieses más años que los mismos tiempos; y así no me maravillo de que te parezca mal la honestidad ni el buen recato á que están obligadas las honradas doncellas.

»Sabed, señores (mirando á todos los circunstantes, prosiguió), que esta mujer que aquí veis, atada como loca, y libre como atrevida, es aquella famosa Rosamunda, dama que ha sido, concubina y amiga del Rey de Inglaterra, de cuyas impúdicas costumbres hay largas historias y longísimas memorias entre todas las gentes del mundo. Ésta mandó al Rey, y por añadidura á todo el reino; puso leyes, quitó leyes, levantó caidos viciosos, y derribó levantados virtuosos; cumplió sus gustos tan torpe como públicamente, en menoscabo de la autoridad del Rey y en muestra de sus torpes apetitos; que fueron tantas las muestras, y tan torpes y tantos sus atrevimientos, que rompiendo los lazos de diamante y las redes de bronce con que tenia ligado el corazon del Rey, le movieron á apartarla de sí, y á menospreciarla en el mismo grado que la habia tenido en precio. Cuando ésta estaba en la cumbre de su rueda, y tenia asida por la guedeja á la fortuna, vivia yo despechado, y con deseo de mostrar al mundo cuán mal estaban empleados los de mi rey y señor natural. Tengo un cierto espíritu satírico y maldiciente, una pluma veloz y una lengua libre; deléitanme las maliciosas agudezas, y por decir una perderé yo, no sólo un amigo, pero cien mil vidas. No me ataban la lengua prisiones, ni enmudecian destierros, ni atemorizaban amenazas, ni enmendaban castigos; finalmente, á entrambos á dos llegó el dia de nuestra última paga: á ésta mandó el Rey que nadie en toda la ciudad ni en todos sus reinos y señoríos le diese, ni dado ni por dineros, otro algun sustento que pan y agua, y que á mí junto con ella nos trajesen á una de las muchas islas que por aquí hay, que fuese despoblada, y aquí nos dejasen: pena que para mí ha sido más mala que quitarme la vida, porque la que con ella paso, es peor que la muerte.

—Mira, Clodio, dijo á esta sazon Rosamunda, cuán mal me hallo yo en tu compañía, que mil veces me ha venido al pensamiento de arrojarme en la profundidad del mar, y si lo he dejado de hacer, es por no llevarte conmigo; que si en el infierno pudiera estar sin tí, se me aliviáran las penas. Yo confieso que mis torpezas han sido muchas, pero han caido sobre sujeto flaco y poco discreto; mas las tuyas han cargado sobre varoniles hombros y sobre discrecion experimentada, sin sacar dellas otra ganancia que una delectacion más ligera que la menuda paja que en volubles remolinos revuelve el viento. Tú has lastimado mil ajenas honras, has aniquilado ilustres créditos, has descubierto secretos escondidos y contaminado linajes claros; haste atrevido á tu rey, á tus ciudadanos, á tus amigos y á tus mismos parientes, y en són de decir gracias, te has desgraciado con todo el mundo. Bien quisiera yo que quisiera el Rey que en pena de mis delitos acabara con otro género de muerte la vida en mi tierra, y no con el de las heridas que á cada paso me da tu lengua, de la cual tal vez no están seguros los cielos ni los santos.

—Con todo eso, dijo Clodio, jamas me ha acusado la conciencia de haber dicho alguna mentira.

—A tener tú conciencia, dijo Rosamunda, de las verdades que has dicho tenias harto de qué acusarte; que no todas las verdades han de salir en público ni á los ojos de todos.

—Sí, dijo á esta sazon Mauricio; sí, que tiene razon Rosamunda, que las verdades de las culpas cometidas en secreto, nadie ha de ser osado de sacarlas en público, especialmente las de los reyes y príncipes que nos gobiernan; sí, que no toca á un hombre particular reprender á su rey y señor, ni sembrar en los oidos de sus vasallos las faltas de su príncipe; porque esto no será causa de enmendarle, sino de que los suyos no le estimen; y si la correccion ha de ser fraterna entre todos, ¿por qué no ha de gozar deste privilegio el príncipe? ¿por qué le han de decir públicamente y en el rostro sus defectos? que tal vez la represion pública y mal considerada suele endurecer la condicion del que la recibe, y volverle ántes pertinaz que blando; y como es forzoso que la reprension caiga sobre culpas verdaderas ó imaginadas, nadie quiere que le reprendan en público; y así dignamente los satíricos, los maldicientes, los mal intencionados son desterrados y echados de sus casas sin honra y con vituperio, sin que les quede otra alabanza que llamarse agudos sobre bellacos, y bellacos sobre agudos, y es como lo que suele decirse: «La traicion contenta, pero el traidor enfada.» Y hay más, que las honras que se quitan por escrito, como vuelan y pasan de gente en gente, no se pueden reducir á restitucion, sin la cual no se perdonan los pecados.

—Todo lo sé, respondió Clodio; pero si quieren que no hable ó escriba, córtenme la lengua y las manos, y áun entónces pondré la boca en las entrañas de la tierra, y daré voces como pudiere, y tendré esperanza que de allí salgan las cañas del rey Mídas.

—Ahora bien, dijo á esta sazon Ladislao, háganse estas paces: casemos á Rosamunda con Clodio; quizá con la bendicion del sacramento del matrimonio y con la discrecion de entrambos, mudando de estado, mudarán de vida.

—Aun bien, dijo Rosamunda, que tengo aquí un cuchillo, con que podré hacer una ó dos puertas en mi pecho, por donde salga el alma, que ya tengo casi puesta en los dientes, en sólo haber oido este tan desastrado y desatinado casamiento.

—Yo no me mataré, dijo Clodio, porque, aunque soy murmurador y maldiciente, el gusto que recibo de decir mal, cuando lo digo bien, es tal, que quiero vivir, porque quiero decir mal. Verdad es que pienso guardar la cara á los príncipes, porque ellos tienen largos brazos, y alcanzan á donde quieren y á quien quieren, y ya la experiencia me ha mostrado que no es bien ofender á los poderosos, y la caridad cristiana enseña que por el príncipe bueno se ha de rogar al cielo por su vida y por su salud, y por el malo que le mejore y enmiende.

—Quien todo eso sabe, dijo el bárbaro Antonio, cerca está de enmendarse. No hay pecado tan grande ni vicio tan apoderado, que con el arrepentimiento no se borre ó quite del todo. La lengua maldiciente es como espada de dos filos, que corta hasta los huesos, ó como rayo del cielo, que sin romper la vaina, rompe y desmenuza el acero que cubre; y aunque las conversaciones y entretenimientos se hacen sabrosos con la sal de la murmuracion, todavía suelen tener los dejos las más veces amargos y desabridos. Es tan ligera la lengua como el pensamiento, y si son malas las preñeces de los pensamientos, las empeoran los partos de la lengua; y como sean las palabras como las piedras que se sueltan de la mano, que no se pueden revocar ni volver á la parte donde salieron hasta que han hecho su efeto, pocas veces el arrepentirse de haberlas dicho menoscaba la culpa del que las dijo; aunque ya tengo dicho que un buen arrepentimiento es la mejor medicina que tienen las enfermedades del alma.»

CAPITULO XV.

Llega Arnaldo á la isla donde están Periandro y Auristela.

En esto estaban, cuando entró un marinero en el hospedaje, diciendo á voces: «Un bajel grande viene con las velas tendidas, encaminado á este puerto, y hasta agora no he descubierto señal que me dé á entender de qué parte sea.» Apénas dijo esto, cuando llegó á sus oidos el són horrible de muchas piezas de artillería que el bajel disparó al entrar del puerto, todas limpias y sin bala alguna, señal de paz, y no de guerra; de la misma manera le respondió el bajel de Mauricio y toda la arcabucería de los soldados que en él venian. Al momento todos los que estaban en el hospedaje salieron á la marina. En viendo Periandro el bajel recien llegado, conoció ser el de Arnaldo, príncipe de Dinamarca, de que no recibió contento alguno; ántes se le revolvieron las entrañas, y el corazon le comenzó á dar saltos en el pecho. Los mismos accidentes y sobresaltos recibió en el suyo Auristela, como aquella que por larga experiencia sabia la voluntad que Arnaldo le tenia, y no podia acomodar su corazon á pensar cómo podria ser que las voluntades de Arnaldo y Periandro se aviniesen bien, sin que la rigurosa y desesperada flecha de los celos no les atravesase las almas.

Ya estaba Arnaldo en el esquife de la nave, y ya llegaba á la orilla, cuando se adelantó Periandro á recebille; pero Auristela no se movió del lugar donde primero puso el pié, y áun quisiera que allí se le hincaran en el suelo y se volvieran en torcidas raíces, como se volvieron los de la hija de Peneo cuando el ligero corredor Apolo la seguia. Arnaldo, que vió á Periandro, le conoció, y sin esperar que los suyos le sacasen en hombros á la tierra, de un salto que dió desde la popa del esquife, se puso en ella y en los brazos de Periandro, que con ellos abiertos le recibió; y Arnaldo le dijo: «Si yo fuese tan venturoso, amigo Periandro, que contigo hallase á tu hermana Auristela, ni tendria mal que temer, ni otro bien mayor que esperar.

—Conmigo está, valeroso señor, respondió Periandro; que los cielos, atentos á favorecer tus virtuosos y honestos pensamientos, te la han guardado con la entereza que tambien ella por sus buenos deseos merece.»

Ya en esto se habia comunicado por la nueva gente y por la que en la tierra estaba, quién era el príncipe que en la nave venia; y todavía estaba Auristela como estaba, sin voz, inmobible, y junto á ella la hermosa Transila y las dos, al parecer bárbaras, Ricla y Constanza. Llegó Arnaldo, y puesto de hinojos ante Auristela, le dijo: «Seais bien hallada, norte por donde se guian mis honestos pensamientos, y estrella fija que me lleva al puerto donde han de tener reposo mis buenos deseos.»

A todo esto no respondió palabra Auristela; ántes le vinieron las lágrimas á los ojos, que comenzaron á bañar sus rosadas mejillas. Confuso Arnaldo de tal accidente, no supo determinarse si de pesar ó de alegría podia proceder semejante acontecimiento; mas Periandro, que todo lo notaba, y en cualquier movimiento de Auristela tenia puestos los ojos, sacó á Arnaldo de duda, diciéndole: «Señor, el silencio y las lágrimas de mi hermana nacen de admiracion y de gusto: la admiracion, del verte en parte tan no esperada; y las lágrimas, del gusto de haberte visto. Ella es agradecida, como lo deben ser las bien nacidas, y conoce las obligaciones en que la has puesto de servirte con las mercedes y limpio tratamiento que siempre le has hecho.»

Fuéronse, con esto, al hospedaje, volvieron á colmarse las mesas de manjares, llenáronse de regocijo los pechos, porque se llenaron las tazas de generosos vinos, que cuando se trasiegan por la mar de un cabo á otro, se mejoran de manera, que no hay néctar que se les iguale. Esta segunda comida se hizo por el respeto del príncipe Arnaldo. Contó Periandro al Príncipe lo que le sucedió en la isla bárbara, con la libertad de Auristela, con todos los sucesos y puntos que hasta aquí se han contado; con que se suspendió Arnaldo, y de nuevo se alegraron y admiraron todos los presentes.

CAPITULO XVI.

Determinan todos salir de la isla, prosiguiendo su viaje.

En esto el patron del hospedaje dijo: «No sé si diga que me pesa la bonanza que prometen en el mar las señales del cielo : el sol se pone claro y limpio, cerca ni léjos no se descubre celaje alguno, las olas hieren la tierra blanda y suavemente, y las aves salen al mar á espaciarse; que todos estos son indicios de serenidad firme y duradera; cosa que ha de obligar á que me dejen solo tan honrados huéspedes como la fortuna á mi hospedaje ha traido.

—Así será, dijo Mauricio; que puesto que vuestra noble compañía se ha de tener por agradable y cara, el deseo de volver á nuestras patrias no consiente que mucho tiempo la gocemos : de mí sé decir que esta noche á la primera guarda me pienso hacer á la vela, si con mi parecer viene el de mi piloto y el destos señores soldados que en el navío vienen.» A lo que añadió Arnaldo: «Siempre la pérdida del tiempo no se puede cobrar, y el que se pierde en la navegacion es irremediable.»

En efeto, entre todos los que en el puerto estaban quedó de acuerdo que en aquella noche fuesen de partida la vuelta de Inglaterra, á quien todos iban encaminados. Levantóse Arnaldo de la mesa, y asiendo de la mano á Periandro, le sacó fuera del hospedaje, donde á solas y sin ser oido de nadie, le dijo: «No es posible, Periandro amigo, sino que tu hermana Auristela te habrá dicho la voluntad que en dos años que estuvo en poder del Rey mi padre le mostré, tan ajustada con sus honestos deseos, que jamas me salieron palabras á la boca que pudiesen turbar sus castos intentos; nunca quise saber más de su hacienda de aquello que ella quiso decirme; pintándola en mi imaginacion, no como persona ordinaria y de bajo estado, sino como á reina de todo el mundo; porque su honestidad, su gravedad, su discrecion tan en extremo extremada no me daba lugar á que otra cosa pensase. Mil veces me le ofrecí por su esposo, y esto con voluntad de mi padre, y áun me parecia que era corto mi ofrecimiento; respondióme siempre que hasta verse en la ciudad de Roma, adonde iba á cumplir un voto, no podia disponer de su persona. Jamas me quiso decir su calidad ni la de sus padres, ni yo, como ya he dicho, le importuné me la dijese, pues ella sola por sí misma, sin que traiga dependencia de otra alguna nobleza, merece, no solamente la corona de Dinamarca, sino de toda la monarquía de la tierra. Todo esto te he dicho, Periandro, para que, como varon de discurso y entendimiento, consideres que no es muy baja la ventura que está llamando á las puertas de tu comodidad y la de tu hermana, á quien desde aquí me ofrezco por su esposo, y prometo de cumplir este ofrecimiento cuando ella quisiere y adonde quisiere, aquí debajo destos pobres techos, ó en los dorados de la famosa Roma; y asimismo te ofrezco de contenerme en los límites de la honestidad y buen decoro, si bien viese consumirme en los ahincos y deseos que trae consigo la concupiscencia desenfrenada y la esperanza propincua, que suele fatigar más que la apartada.»

Aquí dió fin á su plática Arnaldo, y estuvo atentísimo á lo que Periandro habia de responderle, que fué: «Bien conozco, valeroso príncipe Arnaldo, la obligacion en que yo y mi hermana te estamos por las mercedes que hasta aquí nos has hecho, y por la que agora de nuevo nos haces, á mí, por ofrecerte por mi hermano, y á ella por esposo; pero, aunque parezca locura que dos miserables peregrinos desterrados de su patria no admitan luego luego el bien que se les ofrece, te sé decir no ser posible el recebirle como es posible el agradecerle. Mi hermana y yo vamos, llevados del destino y de la eleccion, á la santa ciudad de Roma, y hasta vernos en ella, parece que no tenemos sér alguno, ni libertad para usar de nuestro albedrío. Si el cielo nos llevare á pisar la santísima tierra y adorar sus reliquias santas, quedarémos en disposicion de disponer de nuestras hasta agora impedidas voluntades, y entónces será la mia toda empleada en servirte; séte decir tambien que si llegares al cumplimiento de tu buen deseo, llegarás á tener una esposa de ilustrísimo linaje nacida, y un hermano que lo sea mejor que cuñado; y entre las muchas mercedes que entrambos á dos hemos recebido, te suplico me hagas á mí una, y es, que no me preguntes más de nuestra hacienda y de nuestra vida, porque no me obligues á que sea mentiroso, inventando quimeras que decirte, mentirosas y falsas, por no poder contarte las verdaderas de nuestra historia.

—Dispon de mí, respondió Arnaldo, hermano mio, á toda tu voluntad y gusto, haciendo cuenta que yo soy cera, y tú el sello que has de imprimir en mí lo que quisieres; y si te parece, sea nuestra partida esta noche á Inglaterra, que de allí fácilmente pasarémos á Francia y á Roma, en cuyo viaje y del modo que quisiéredes pienso acompañaros, si dello gustáredes.»

Aunque le pesó á Periandro deste último ofrecimiento, le admitió, esperando en el tiempo y en la dilacion, que tal vez mejora los sucesos; y abrazándose los dos cuñados en esperanza, se volvieron al hospedaje á dar traza en su partida.

Habia visto Auristela cómo Arnaldo y Periandro habian salido juntos, y estaba temerosa del fin que podia tener el de su plática; y puesto que conocia la modestia en el príncipe Arnaldo y la mucha discrecion de Periandro, mil géneros de temores la sobresaltaban, pareciéndole que como el amor de Arnaldo igualaba á su poder, podia remitir á la fuerza sus ruegos; que tal vez en los pechos de los desdeñados amantes se convierte la paciencia en rabia, y la cortesía en descomedimiento; pero cuando los vió venir tan sosegados y pacíficos, cobró los casi perdidos espíritus. Clodio el maldiciente, que ya habia sabido quién era Arnaldo, se le echó á los piés, y le suplicó le mandase quitar la cadena y apartar de la compañía de Rosamunda. Mauricio le contó luego la condicion, la culpa y la pena de Clodio y la de Rosamunda. Movido á compasion dellos, hizo por un capitan, que los traia á su cargo, que los desherrasen y se los entregasen; que él tomaba á su cargo alcanzarles perdon de su rey, por ser su grande amigo. Viendo lo cual el maldiciente Clodio, dijo: «Si todos los señores se ocupasen en hacer buenas obras, no habria quien se ocupase en decir mal dellos; pero ¿por qué ha de esperar el que obra mal que digan bien dél? Y si las obras virtuosas y bien hechas son calumniadas de la malicia humana, ¿por qué no lo serán las malas? ¿Por qué ha de esperar el que siembra zizaña y maldad, dé buen fruto su cosecha? Llévame contigo, ¡oh Príncipe! y verás cómo pongo sobre el cerco de la luna tus alabanzas.

—No, no, respondió Arnaldo; no quiero que me alabes por las obras que en mí son naturales; y más, que la alabanza tanto es buena cuanto es bueno el que la dice, y tanto es mala cuanto es vicioso y malo el que alaba; que si la alabanza es premio de la virtud, si el que alaba es virtuoso, es alabanza, y si vicioso, vituperio.»

CAPITULO XVII.

Da cuenta Arnaldo del suceso de Taurisa.

Con gran deseo estaba Auristela de saber lo que Arnaldo y Periandro pasaron en la plática que tuvieron fuera del hospedaje, y aguardaba comodidad para preguntárselo á Periandro, y para saber de Arnaldo qué se habia hecho su doncella Taurisa; y como si Arnaldo le adivinara los pensamientos, le dijo: «Las desgracias que has pasado, hermosa Auristela, te habrán llevado de la memoria las que tenias en obligacion de acordarte dellas, entre las cuales querria que hubiesen borrado della á mí mismo; que con sola la imaginacion de pensar que algun tiempo he estado con ella, viviria contento, pues no puede haber olvido de aquello de quien no se ha tenido acuerdo. El olvido presente cae sobre la memoria del acuerdo pasado; pero, como quiera que sea, acuérdesete de mí, ó no te acuerdes, de todo lo que hicieres estoy contento; que los cielos, que me han destinado para ser tuyo, no me dejan hacer otra cosa; mi albedrío lo es para obedecerte. Tu hermano Periandro me ha contado muchas de las cosas que despues que te robaron de mi reino te han sucedido: unas me han admirado, otras suspendido, y éstas y aquellas espantado. Veo asimismo que tienen fuerza las desgracias para borrar de la memoria algunas obligaciones que parecen forzosas. Ni me has preguntado por mi padre, ni por Taurisa, tu doncella: á él dejé yo bueno y con deseo de que te buscase y te hallase; á ella la traje conmigo, con intencion de venderla á los bárbaros, para que sirviese de espía, y viese si la fortuna te habia llevado á su poder. De cómo vino al mio tu hermano Periandro, ya él te lo habrá contado, y el concierto que entre los dos hicimos; y aunque muchas veces he probado volver á la isla bárbara, los vientos contrarios no me han dejado, y ahora volvia con la misma intencion y con el mismo deseo, el cual me ha cumplido el cielo con bienes de tantas ventajas, como son, de tenerte en mi presencia, alivio universal de mis cuidados. Taurisa, tu doncella, habrá dos dias que la entregué á dos caballeros amigos mios, que encontré en medio dese mar, que en un poderoso navío iban á Irlanda, á causa que Taurisa iba muy mala y con poca seguridad de la vida; y como este navío en que yo ando, más se puede llamar de cosario que de hijo de rey, viendo que en él no habia regalos ni medicinas que piden los enfermos, se la entregué para que la llevasen á Irlanda y la entregasen á su príncipe, que la regalase, curase y guardase, hasta que yo mismo fuese por ella. Hoy he dejado apuntado con tu hermano Periandro que nos partamos mañana, ó ya para Inglaterra, ó ya para España ó Francia, que á do quiera que arribemos, tendremos segura comodidad para poner en efeto los honestos pensamientos que tu hermano me ha dicho que tienes, y yo en este entretanto llevaré sobre los hombros de mi paciencia mis esperanzas, sustentadas con el arrimo de tu buen entendimiento. Con todo esto, te ruego, señora, y te suplico que mires si con nuestro parecer viene y ajusta el tuyo; que si algun tanto disuena, no le pondremos en ejecucion.

—Yo no tengo otra voluntad, respondió Auristela, sino la de mi hermano Periandro, ni él, pues es discreto, querrá salir un punto de la tuya.

—Pues si así es, replicó Arnaldo, no quiero mandar, sino obedecer, porque no digan que por la calidad de mi persona me quiero alzar con el mando á mayores.»

Esto fué lo que pasó á Arnaldo con Auristela, la cual se lo contó todo á Periandro, y aquella noche Arnaldo, Periandro, Mauricio, Ladislao y los dos capitanes, y el navío inglés, con todos los que salieron de la isla bárbara, entraron en consejo, y ordenaron su partida en la forma siguiente.

CAPITULO XVIII.

Donde Mauricio sabe por la astrología un mal suceso que les avino en el mar.

En la nave donde vinieron Mauricio y Ladislao, los capitanes y soldados que trajeron á Rosamunda y á Clodio, se embarcaron todos aquellos que salieron de la mazmorra y prision de la isla bárbara, y en el navío de Arnaldo se acomodaron Periandro, Auristela, Ricla y Constanza, y los dos Antonios, padre y hijo, Ladislao, Mauricio y Transila, sin consentir Arnaldo que se quedasen en tierra Clodio y Rosamunda. Rutilio se acomodó con Arnaldo. Hicieron agua aquella noche, recogiendo y comprando del huésped todos los bastimentos que pudieron, y habiendo mirado los puntos más convenientes para su partida, dijo Mauricio que si la buena suerte les escapaba de una mala que les amenazaba muy propincua, tendria buen suceso su viaje; y que el tal peligro, puesto que era de agua, no habia de suceder, si sucediese, por borrasca ni tormenta del mar ni de tierra, sino por una traicion mezclada y áun forjada del todo de deshonestos y lascivos deseos.

Periandro, que siempre andaba sobresaltado con la compañía de Arnaldo, vino á temer si aquella traicion habia de ser fabricada por el Príncipe para alzarse con la hermosa Auristela, pues la habia de llevar en su navío; pero opúsose á todo este mal pensamiento la generosidad de su ánimo, y no quiso creer lo que temia, por parecerle que en los pechos de los valerosos príncipes no deben hallar acogida alguna las traiciones; pero no por esto dejó de pedir y rogar á Mauricio mirase muy bien de qué parte les podia venir el daño que les amenazaba. Mauricio respondió que no lo sabia, puesto que le tenia por cierto, aunque templaba su rigor con que ninguno de los que en él se hallasen habia de perder la vida, sino el sosiego y la quietud, y habian de ver rompidos la mitad de sus disinios, sus más bien encaminadas esperanzas; á lo que Periandro le replicó que detuviesen algunos dias la partida; quizá con la tardanza del tiempo se mudarian ó se templarian los influjos rigurosos de las estrellas.

«No, replicó Mauricio; mejor es arrojarnos en las manos deste peligro, pues no llega á quitar la vida, que no intentar otro camino que nos lleve á perderla.

—Ea pues, dijo Periandro, echada está la suerte; partamos en buen hora, y haga el cielo lo que ordenado tiene, pues nuestra diligencia no lo puede excusar.» Satisfizo Arnaldo al huésped magníficamente con muchos dones el buen hospedaje, y unos en unos navíos y otros en otros, cada cual segun y como vió que más le convenia, dejó el puerto desembarazado y se hizo á la vela. Salió el navío de Arnaldo adornado de ligeras flámulas y banderetas, y de pintados y vistosos gallardetes; al zarpar los hierros y tirar las áncoras, disparó así la gruesa como la menuda artillería; rompieron los aires los sones de las chirimías y los de otros instrumentos músicos y alegres; oyéronse las voces de los que decian, reiterándolo á menudo : «¡Buen viaje! ¡buen viaje!»

A todo esto no alzaba la cabeza de sobre el pecho la hermosa Auristela, que, casi como présaga del mal que le habia de venir, iba pensativa; mirábala Periandro y remirábala Arnaldo, teniéndola cada uno hecha blanco de sus ojos, fin de sus pensamientos y principio de sus alegrías. Acabóse el dia, entróse la noche clara, serena, despejando un aire blando los celajes, que parece que se iban á juntar si los dejáran. Puso los ojos en el cielo Mauricio, y de nuevo tornó á mirar en su imaginacion las señales de la figura que habia levantado, y de nuevo confirmó el peligro que les amenazaba; pero nunca supo atinar de qué parte les vendria. Con esta confusion y sobresalto se quedó dormido encima de la cubierta de la nave, y de allí á poco despertó despavorido, diciendo á grandes voces : «¡Traicion, traicion, traicion! ¡Despierta, príncipe Arnaldo; que los tuyos nos matan!» A cuyas voces se levantó Arnaldo, que no dormia, puesto que estaba echado junto á Periandro en la misma cubierta, y dijo : «¿Qué has, amigo Mauricio? ¿Quién nos ofende ó quién nos mata? Todos los que en este navío vamos ¿no somos amigos? ¿no son todos los más vasallos y criados mios? El cielo ¿no está claro y sereno, el mar tranquilo y blando, y el bajel sin tocar en escollo ni en bajío no navega? ¿Hay alguna rémora que nos detenga? Pues si no hay nada desto, ¿de qué temes, que ansí con tus sobresaltos nos atemorizas?

—No sé, replicó Mauricio : haz, señor, que bajen los

búzanos á la sentina; que, si no es sueño, á mí me parece que nos vamos anegando.»

No hubo bien acabado esta razon, cuando cuatro ó seis marineros se dejaron calar al fondo del navío, y le requirieron todo, porque eran famosos búzanos, y no hallaron costura alguna por donde entrase agua al navío, y vueltos á la cubierta, dijeron que el navío iba sano y entero, y que el agua de la sentina estaba turbia y hedionda, señal clara de que no entraba agua nueva en la nave.

«Así debe de ser, dijo Mauricio, sino que yo, como viejo, en quien el temor tiene su asiento de ordinario, hasta los sueños me espantan; y plega á Dios que este mi sueño lo sea, que yo me holgaria de parecer viejo temeroso ántes que verdadero judiciario.» Arnaldo le dijo: «Sosegáos, buen Mauricio, porque vuestros sueños le quitan á estas señoras.

—Yo lo haré así, si puedo», respondió Mauricio; y tornándose á echar sobre la cubierta, quedó el navío lleno de muy sosegado silencio, en el cual Rutilio, que iba sentado al pié del árbol mayor, convidado de la serenidad de la noche, de la comodidad del tiempo, ó de la voz, que la tenia extremada, al són del viento, que dulcemente heria en las velas, en su propia lengua toscana comenzó á cantar esto, que, vuelto en lengua española, así decia:

> Huye el rigor de la invencible mano,
> Advertido, y enciérrase en el arca,
> De todo el mundo el general monarca
> Con las reliquias del linaje humano.
> El dilatado asilo, el soberano
> Lugar rompe los fueros de la Parca,
> Que entónces fiera y licenciosa abarca
> Cuanto alienta y respira el aire vano.

>   Vense en la excelsa máquina encerrarse
> El leon y el cordero, y en segura
> Paz la paloma al fiero halcon unida,
>   Sin ser milagro lo discorde amarse;
> Que en el comun peligro y desventura
> La natural inclinacion se olvida.

El que mejor entendió lo que cantó Rutilio fué el bárbaro Antonio, el cual le dijo asimismo: «Bien canta Rutilio, y si por ventura es suyo el soneto que ha cantado, no es mal poeta, aunque ¿cómo lo puede ser bueno un oficial? Pero no digo bien, que yo me acuerdo haber visto en mi patria España poetas de todos los oficios.» Esto dijo en voz que la oyó Mauricio, el Príncipe y Periandro, que no dormian; y Mauricio dijo: «Posible cosa es que un oficial sea poeta, porque la poesía no está en las manos, sino en el entendimiento, y tan capaz es el alma del sastre para ser poeta, como la de un maese de campo, porque las almas todas son iguales, y de una misma masa, en sus principios, criadas y formadas por su Hacedor; y segun la caja y temperamento del cuerpo donde las encierra, así parecen ellas más ó ménos discretas, y atienden y se aficionan á saber las ciencias, artes ó habilidades á que las estrellas más las inclinan; pero más principalmente y propia se dice que el poeta *nascitur*. Así que, no hay que admirar de que Rutilio sea poeta, aunque haya sido maestro de danzar.

—Y tan grande, replicó Antonio, que ha hecho cabriolas en el aire, más arriba de las nubes.

—Así es, respondió Rutilio, que todo esto estaba escuchando, que yo las hice casi junto al cielo cuando me trajo caballero en el manto aquella hechicera desde Toscana, mi patria, hasta Noruega, donde la maté, que se habia convertido en figura de loba, como ya otras veces he contado.

—Eso de convertirse en lobas y lobos algunas gentes destas setentrionales, es un error grandísimo, dijo Mauricio, aunque admitido de muchos.

—Pues ¿cómo es esto, dijo Arnaldo, que comunmente se dice y se tiene por cierto que en Inglaterra andan por los campos manadas de lobos que de gentes humanas se han convertido en ellos?

—Eso, respondió Mauricio, no puede ser en Inglaterra, porque en aquella isla templada y fertilísima, no sólo no se crian lobos, pero ninguno otro animal nocivo, como si dijésemos serpientes, víboras, sapos, arañas y escorpiones; ántes es cosa llana y manifiesta que si algun animal ponzoñoso traen de otras partes á Inglaterra, en llegando á ella muere; y si de la tierra desta isla llevan á otra parte alguna tierra, y cercan con ella á alguna víbora, no osa ni puede salir del cerco que la aprisiona y rodea, hasta quedar muerta. Lo que se ha de entender desto de convertirse en lobos, es, que hay una enfermedad, á quien llaman los médicos *manía lupina*, que es de calidad que al que la padece le parece que se ha convertido en lobo, y aulla como lobo, y se junta con otros heridos del mismo mal, y andan en manadas por los campos y por los montes, ladrando, ya como perros, ó ya aullando como lobos; despedazan los árboles, matan á quien encuentran, y comen la carne cruda de los muertos; y hoy dia sé yo que hay en la isla de Sicilia, que es la mayor del mar Mediterráneo, gentes deste género, á quien los sicilianos llaman lobos *menar*, los cuales ántes que les dé tan pestífera enfermedad lo sienten, y dicen á los que están junto á ellos que se aparten y huyan dellos, ó que los aten ó encierren, porque si no se guardan, los hacen pedazos á bocados y los desmenuzan, si pueden, con las uñas, dando terribles y espantosos ladridos; y es esto tanta verdad, que entre los que se han de casar se hace informacion bastante de que ninguno dellos es tocado desta enfermedad; y si despues, andando el tiempo, la experiencia muestra lo contrario, se dirime el matrimonio. Tambien es opinion de Plinio, segun lo escribe en el libro VIII, capítulo XXII, que entre los árcades hay un género de gente, la cual, pasando un lago, cuelga los vestidos que lleva de un encina, y se entra desnudo la tierra adentro, y se junta con la gente que allí halla de su linaje en figura de lobos, y está con ellos nueve años, al cabo de los cuales vuelve á pasar el lago y cobra su perdida figura; pero todo esto se ha de tener por mentira, y si algo hay, pasa en la imaginacion, y no realmente.

—No sé, dijo Rutilio; lo que sé es, que maté la loba, y hallé muerta á mis piés la hechicera.

—Todo eso puede ser, replicó Mauricio; porque la fuerza de los hechizos de los maléficos y encantadores, que los hay, nos hace ver una cosa por otra; y quede desde aquí asentado que no hay gente alguna que mude en otra su primer naturaleza.

—Gusto me ha dado grande, dijo Arnaldo, el saber esta verdad, porque tambien yo era uno de los crédulos deste error; y lo mismo debe de ser lo que las fábulas cuentan de la conversion en cuervo del rey Artus de Inglaterra, tan creida de aquella discreta nacion, que se abstiene de matar cuervos en toda la isla.

—No sé, respondió Mauricio, de dónde tomó principio esa fábula, tan creida como mal imaginada.»

En esto fueron razonando casi toda la noche, y al despuntar del dia dijo Clodio, que hasta allí habia estado oyendo y callando: «Yo soy un hombre á quien no se le da por averiguar estas cosas un dinero; ¿qué se me da á mí que haya lobos hombres ó no, ó que los reyes anden en figuras de cuervos ó de águilas? aunque si se hubiesen de convertir en aves, ántes querria que fuesen en palomas que en milanos.

—Paso, Clodio, no digas mal de los reyes; que me parece que te quieres dar algun filo á la lengua para cortarles el crédito.

—No, respondió Clodio; que el castigo me ha puesto una mordaza en la boca, ó por mejor decir, en la lengua, que no consiente que la mueva; y así, ántes pienso de aquí adelante reventar callando que alegrarme hablando. Los dichos agudos, las murmuraciones dilatadas, si á unos alegran, á otros entristecen; contra el callar no hay castigo ni respuesta. Vivir quiero en paz los dias que me quedan de la vida, á la sombra de tu generoso amparo, puesto que por momentos me fatigan ciertos ímpetus maliciosos que me hacen bailar la lengua en la boca, y malográrseme entre los dientes más de cuatro verdades que andan por salir á la plaza del mundo: sírvase Dios con todo.» A lo que dijo Auristela: «De estimar es ¡oh Clodio! el sacrificio que haces al cielo de tu silencio.» Rosamunda, que era una de las llegadas á la conversacion, volviéndose á Auristela, dijo: «El dia que Clodio fuere callado, seré yo buena, porque en mí la torpeza, y en él la murmuracion son naturales, puesto que más esperanza puedo yo tener de enmendarme que no él, porque la hermosura se envejece con los años, y faltando la belleza, menguan los torpes deseos; pero sobre la lengua del maldiciente no tiene jurisdicion el tiempo, y así los ancianos murmuradores hablan más cuanto más viejos, porque han visto más, y todos los gustos de los otros sentidos los han cifrado y recogido á la lengua.

—Todo es malo, dijo Transila; cada cual por su camino va á parar á su perdicion.

—El que nosotros ahora hacemos, dijo Ladislao, próspero y felice ha de ser, segun el viento se muestra favorable y el mar tranquilo.

—Así se mostraba esta pasada noche, dijo la bárbara Constanza; pero el sueño del señor Mauricio nos puso en confusion y alborotó tanto, que ya yo pensé que nos habia sorbido el mar á todos.

—En verdad, señora, respondió Mauricio, que si yo no estuviera enseñado en la verdad católica, y me acordára de lo que dice Dios en el *Levítico:* «No seais agoreros ni deis crédito á los sueños, porque no á todos es dado el entenderlos», que me atreviera á juzgar del sueño que me puso en tan gran sobresalto, el cual, segun á mi parecer, no me vino por algunas de las causas de donde suelen proceder los sueños, que cuando no son revelaciones divinas ó ilusiones del demonio, proceden, ó de los muchos manjares, que suben vapores al cerebro, con que turban el sentido comun, ó ya de aquello que el hombre trata más de dia. Ni el sueño que á mí me turbó cae debajo de la observacion de la astrología, porque sin guardar puntos ni observar astros, señalar rumbos ni mirar imágenes, me pareció ver visiblemente que en un gran palacio de madera, donde estábamos todos los que aquí vamos, llovian rayos del cielo, que le abrian todo, y por las bocas que hacian, descargaban las nubes, no sólo un mar, sino mil mares de agua; de tal manera, que creyendo que me iba anegando, comencé á dar voces y á hacer los mismos ademanes que suele hacer el que se anega, y áun no estoy tan libre deste temor, que no me queden algunas reliquias en el alma; y como sé que no hay más cierta astrología que la prudencia, de quien nacen los acertados discursos, ¿qué mucho que yendo navegando en un navío de madera tema rayos del cielo, nubes del aire y aguas de la mar? Pero lo que más me confunde y suspende, es que si algun daño nos amenaza, no ha de ser de ningun elemento que destinada y precisamente se disponga á ello, sino de una traicion, forjada, como ya otra vez he dicho, en algunos lascivos pechos.

—No me puedo persuadir, dijo á esta sazon Arnaldo, que entre los que van por el mar navegando puedan entremeterse las blanduras de Vénus ni los apetitos de su torpe hijo: al casto amor bien se le permite andar entre los peligros de la muerte, guardándose para mejor vida.»

Esto dijo Arnaldo, por dar á entender á Auristela y á Periandro, y á todos aquellos que sus deseos conocian, cuán ajustados iban sus movimientos con los de la razon; y prosiguió diciendo: «El príncipe justo, razon es que viva seguro entre sus vasallos; que el temor de las traiciones nace de la injusta vida del príncipe.

—Así es, respondió Mauricio, y áun es bien que así sea; pero dejemos pasar este dia; que si él da lugar á que llegue la noche sin sobresaltarnos, yo pediré, y las daré, albricias del buen suceso.»

Iba el sol á esta sazon á ponerse en los brazos de Tétis, y el mar se estaba con el mismo sosiego que hasta allí habia tenido. Soplaba favorable el viento; por parte ninguna se descubrian celajes que turbasen los marineros: el cielo, la mar, el viento, todos juntos y cada uno de por sí prometian felicísimo viaje, cuando el prudente Mauricio dijo en voz turbada y alta: «Sin duda nos anegamos, anegámonos sin duda.»

CAPITULO XIX.

Donde se da cuenta de lo que dos soldados hicieron, y la division de Periandro y Auristela.

A cuyas voces respondió Arnaldo: «¿Cómo es esto, oh gran Mauricio? ¿Qué aguas nos sorben ó qué mares nos tragan? ¿qué olas nos embisten?» La respuesta que le dieron á Arnaldo, fué ver salir de bajo de la cubierta á un marinero despavorido, echando agua por la boca y por los ojos, diciendo con palabras turbadas y mal compuestas: «Todo este navío se ha abierto por muchas partes; el mar se ha entrado en él tan á rienda suelta, que presto le veréis sobre esta cubierta. Cada uno atienda á su salud y á la conservacion de la vida. Acógete ¡oh príncipe Arnaldo! al esquife ó á la barca, y lleva contigo las prendas que más estimas, ántes que tomen entera posesion dellas estas amargas aguas.» Estancó en esto el navío, sin poderse mover, por el peso de las aguas, de quien ya estaba lleno; amainó el piloto todas las velas de golpe, y todos, sobresaltados y temerosos, acudieron á buscar su remedio: el príncipe y Periandro fueron al esquife, y arrojándole al mar, pusieron en él á Auristela, Transila, Ricla y á la bárbara Constanza, entre las cuales, viendo que no se acordaban della, se arrojó Rosamunda, y tras ella, mandó Arnaldo entrase Mauricio.

En este tiempo andaban dos soldados descolgando la barca que al costado del navío venia asida, y el uno de ellos, viendo que el otro queria ser el primero que entrase dentro, sacando un puñal de la cinta, se le envainó en el pecho, diciendo á voces: «Pues nuestra culpa ha sido fabricada tan sin provecho, esta pena te sirva á tí de castigo y á mí de escarmiento, á lo ménos el poco tiempo que me queda de vida»; y diciendo esto, sin querer aprovecharse del acogimiento que la barca le ofrecia, desesperadamente se arrojó al mar, diciendo á voces y con mal articuladas palabras:

«Oye ¡oh Arnaldo! la verdad que te dice este traidor, que en tal punto es bien que la diga: yo y aquel á quien me viste pasar el pecho, por muchas partes abrimos y taladramos este navío, con intencion de gozar de Auristela y de Transila, recogiéndolas en el esquife; pero habiendo visto yo haber salido mi disinio contrario de mi pensamiento, á mi compañero quité la vida y á mí me doy la muerte»; y con esta última palabra se dejó ir al fondo de las aguas, que le estorbaron la respiracion del aire y le sepultaron en perpétuo silencio; y aunque todos andaban confusos y ocupados, buscando, como se ha dicho, en el comun peligro algun remedio, no dejó de oir las razones Arnaldo del desesperado, y él y Periandro acudieron á la barca, y habiendo, ántes que entrasen en ella, ordenado que entrase en el esquife Antonio el mozo, sin acordarse de recoger algun bastimento, él, Ladislao, Antonio el padre, Periandro y Clodio se entraron en la barca y fueron á abordar con el esquife, que algun tanto se habia apartado del navío, sobre el cual ya pasaban las aguas, y no se parecia dél sino el árbol mayor, como en señal que allí estaba sepultado.

Llegóse en esto la noche, sin que la barca pudiese alcanzar al esquife, desde el cual daba voces Auristela, llamando á su hermano Periandro, que la respondia, reiterando muchas veces su para él dulcísimo nombre. Transila y Ladislao hacian lo mismo, y encontrábanse en los aires las voces de dulcísimo esposo mio y amada esposa mia, donde se rompian sus disinios y se deshacian sus esperanzas, con la imposibilidad de no poder juntarse, á causa que la noche se cubria de escuridad y los vientos comenzaron á soplar de partes diferentes. En resolucion, la barca se apartó del esquife, y como más ligera y ménos cargada, voló por donde el mar y el viento quisieron llevarla; el esquife, más con la pesadumbre que con la carga de los que en él iban, se quedó como si aposta quisieran que no navegára; pero cuando la noche cerró con más escuridad que al principio, comenzaron á sentir de nuevo la desgracia sucedida, viéronse en mar no conocida, amenazados de todas las inclemencias del cielo, y faltos de la comodidad que les podia ofrecer la tierra, el esquife sin remos y sin bastimentos, y la hambre sólo detenida de la pesadumbre que sintieron.

Mauricio, que habia quedado por patron y por marinero del esquife, ni tenia con qué ni sabia cómo guialle; ántes, segun los llantos, gemidos y suspiros de los que en él iban, podia temer que ellos mismos le anegarian. Miraba las estrellas, y aunque no parecian de todo en todo, algunas que por entre la escuridad se mostraban le daban indicio de venidera serenidad, pero no le mostraban en qué parte se hallaba. No consintió el sentimiento que el sueño aliviase su angustia, porque se les pasó la noche velando, y se vino el dia, no á más andar como dicen, sino para más penar, porque con él descubrieron por todas partes el mar cerca y léjos, por ver si topaban los ojos con la barca que les llevaba las almas, ó algun otro bajel que les prometiese ayuda y socorro en su necesidad; pero no descubrieron otra cosa que una isla á su mano izquierda, que juntamente los alegró y los entristeció: nació la alegría de ver cerca la tierra, y la tristeza de la imposibilidad de poder llegar á ella, si ya el viento no los llevase. Mauricio era el que más confiaba de la salud de todos, por haber hallado, como se ha dicho, en la figura que como judiciario habia levantado, que aquel suceso no amenazaba muerte, sino descomodidades casi mortales. Finalmente, el favor de los cielos se mezcló con los vientos, que poco á poco llevaron el esquife á la isla, y les dió lugar de tomarle en la tierra, en una espaciosa playa no acompañada de gente alguna, sino de mucha cantidad de nieve, que toda la cubria. Miserables son y temerosas las fortunas del mar, pues los que las padecen se huelgan de trocarlas con las mayores que en la tierra se les ofrezcan; la nieve de la desierta playa les pareció blanda arena, y la soledad compañía. Unos en brazos de otros desembarcaron: el mozo Antonio fué el Atlante de Auristela y de Transila, en cuyos hombros tambien desembarcaron Rosamunda y Mauricio, y todos se recogieron al abrigo de un peñon que no léjos de la playa se mostraba, habiendo ántes, como mejor pudieron, varado el esquife en tierra, poniendo en él, despues de en Dios, su esperanza.

Antonio, considerando que la hambre habia de hacer su

oficio, y que ella habia de ser bastante á quitarles las vidas, aprestó su arco, que siempre de las espaldas le colgaba, y dijo que él queria ir á descubrir la tierra, por ver si hallaba gente en ella ó alguna caza que socorriese su necesidad. Vinieron todos con su parecer, y así se entró con ligero paso por la isla, pisando, no tierra, sino nieve, tan dura por estar helada, que le parecia pisar sobre pedernales. Siguióle, sin que él lo echase de ver, la torpe Rosamunda, sin ser impedida de los demas, que creyeron que alguna natural necesidad la forzaba á dejallos. Volvió la cabeza Antonio á tiempo y en lugar adonde nadie los podia ver, y viendo junto á sí á Rosamunda, le dijo: «La cosa de que ménos necesidad tengo, en ésta que agora padecemos, es la de tu compañía; ¿qué quieres, Rosamunda? vuélvete; que ni tú tienes armas con que matar género de caza alguna, ni yo podré acomodar el paso á esperarte que me sigas.

—¡Oh inexperto mozo, respondió la mujer torpe, y cuán léjos estás de conocer la intencion con que te sigo y la deuda que me debes!» Y en esto se llegó junto á él y prosiguió diciendo: «Ves aquí ¡oh nuevo cazador, más hermoso que Apolo! otra nueva Dafne, que no te huye, sino que te sigue; no mires que ya á mi belleza la marchita el rigor de edad, ligera siempre, sino considera en mí á la que fué Rosamunda, domadora de las cervices de los reyes y de la libertad de los más exentos hombres. Yo te adoro, generoso jóven, y aquí, entre estos hielos y nieves, el amoroso fuego me está haciendo ceniza el corazon. Gocémonos y tenme por tuya; que yo te llevaré á parte donde llenes las manos de tesoros, para tí, sin duda alguna, de mí recogidos y guardados, si llegamos á Inglaterra, donde mil bandos de muerte tienen amenazada mi vida. Escondido te llevaré á donde te entregues en más oro que tuvo Mídas y en más riquezas que acumuló Creso.»

Aquí dió fin á su plática, pero no al movimiento de sus manos, que arremetieron á detener las de Antonio, que de sí las apartaba; y entre esta tan honesta como torpe contienda decia Antonio: «Detente, ¡oh arpía! no turbes ni afees las limpias mesas de Fineo; no fuerces ¡oh bárbara egipcia! ni incites la castidad y limpieza deste que no es tu esclavo; tarázate la lengua, sierpe maldita, no pronuncies con deshonestas palabras lo que tienes escondido en tus deshonestos deseos. Mira el poco lugar que nos queda desde este punto al de la muerte, que nos está amenazando con la hambre y con la incertidumbre de la salida deste lugar; que puesto que fuera cierta, con otra intencion la acompañára que con la que me has descubierto. Desvíate de mí y no me sigas; que castigaré tu atrevimiento y publicaré tu locura. Si te vuelves, mudaré propósito y pondré en silencio tu desvergüenza; si no me dejas, te quitaré la vida.» Oyendo lo cual la lasciva Rosamunda, se le cubrió el corazon de manera, que no dió lugar á suspiros, á ruegos ni á lágrimas; dejóla Antonio, sagaz y advertido. Volvióse Rosamunda, y él siguió su camino, pero no halló en él cosa que le asegurase, porque las nieves eran muchas y los caminos ásperos, y la gente ninguna; y advirtiendo que si adelante pasaba, podia perder el camino de vuelta, se volvió á juntar con la compañía. Alzaron todos las manos al cielo y pusieron los ojos en la tierra, como admirados de su desventura; á Mauricio dijeron que volvieran al mar el esquife, pues no era posible remediarse en la imposibilidad y soledad de la isla.

CAPITULO XX.

De un notable caso que sucedió en la isla nevada.

A poco tiempo que pasó del dia, desde léjos vieron venir una nave gruesa, que les levantó las esperanzas de tener remedio; amainó las velas, y pareció que se dejaba detener de las áncoras, y con diligencia presta arrojaron el esquife á la mar y se vinieron á la playa, donde ya los tristes se arrojaban al esquife. Auristela dijo que sería bien que aguardasen los que venian, por saber quién eran. Llegó el esquife de la nave y encalló en la fria nieve, y saltaron en ella dos, al parecer, gallardos y fuertes mancebos, de extremada disposicion y brío, los cuales sacaron encima de sus hombros á una hermosísima doncella, tan sin fuerzas y tan desmayada, que parecia que no le daba lugar para llegar á tocar la tierra. Llamaron á voces los que estaban ya embarcados en el otro esquife, y les suplicaron que se desembarcasen á ser testigos de un suceso que era menester que los tuviese. Respondió Mauricio que no habia remos para encaminar el esquife, si no les prestaban los del suyo. Los marineros con los suyos guiaron los del otro esquife, y volvieron á pisar la nieve; luego los valientes jóvenes asieron de dos tablachinas, con que cubrieron los pechos, y con dos cortadoras espadas en los brazos saltaron de nuevo en tierra. Auristela, llena de sobresalto y temor, casi con certidumbre de algun nuevo mal, acudió á ver la desmayada y hermosa doncella, y lo mismo hicieron todos los demas. Los caballeros dijeron: «Esperad, señores, y estad atentos á lo que queremos deciros : este caballero y yo, dijo el uno, tenemos concertado de pelear por la posesion de esa enferma doncella que ahí veis; la muerte ha de dar la sentencia en favor del otro, sin que haya otro medio alguno que ataje en ninguna manera nuestra amorosa pendencia, si ya no es que ella, de su voluntad, ha de escoger cuál de nosotros ha de ser su esposo, con que hará envainar nuestras espadas y sosegar nuestros espíritus. Lo que pedimos es, que no estorbeis en manera alguna nuestra porfía, la cual lleváramos hasta el cabo sin tener temor que nadie nos la estorbára, si no os hubiéramos menester para que mirárades si estas soledades pueden ofrecer algun remedio para dilatar siquiera la vida de esa doncella, que es tan poderosa para acabar las nuestras. La priesa que nos obliga á dar conclusion á nuestro negocio no nos da lugar para preguntaros por agora quién sois ni cómo estáis en este lugar tan solos y tan sin remos, que no los teneis, segun parece, para desviaros desta isla, tan sola, que áun de animales no es habitada.»

Mauricio les respondió que no saldrian un punto de lo que querian, y luego echaron los dos mano á las espadas, sin querer que la enferma doncella declarase primero su voluntad, remitiendo ántes su pendencia á las armas que á los deseos de la dama. Arremetieron el uno contra el otro, y sin mirar reglas, movimientos, entradas, salidas y compases, á los primeros golpes el uno quedó pasado el corazon de parte á parte, y el otro abierta la cabeza por medio; á éste le concedió el cielo tanto espacio de vida, que le tuvo de llegar á la doncella y juntar su rostro con el suyo, diciéndole: «Vencí, señora; mia eres, y aunque ha de durar poco el bien de poseerte, en pensar que un solo instante te podré tener por mia, me tengo por el más venturoso hombre del mundo. Recibe, señora, esta alma, que envuelta en estos últimos alientos te envio; dales lugar en tu pecho, sin que pidas licencia á tu honestidad, pues el nombre de esposo á todo esto da licencia.»

La sangre de la herida bañó el rostro de la dama, la cual estaba tan sin sentido, que no respondió palabra; los dos marineros que habian guiado el esquife de la nave saltaron en tierra, y fueron con presteza á requerir, así al muerto de la estocada como al herido en la cabeza, el cual, puesta su boca con la de su tan caramente comprada esposa, envió su alma á los aires y dejó caer el cuerpo sobre la tierra. Auristela, que todas estas acciones habia estado mirando, ántes de descubrir y mirar atentamente el rostro de la enferma señora, llegó de propósito á mirarla, y limpiándole la sangre que habia llovido del muerto enamorado, conoció ser su doncella Taurisa, la que lo habia sido al tiempo que ella estuvo en poder del príncipe Arnaldo, que le habia dicho la dejaba en poder de dos caballeros que la llevasen á Irlanda, como queda dicho. Auristela quedó suspensa, quedó atónita, quedó más triste que la tristeza misma, y mucho más cuando vino á conocer que la hermosa Taurisa estaba sin vida. «¡Ay, dijo á esta sazon, con qué prodigiosas señales me va mostrando el cielo mi desventura! que si se rematára con acabarse mi vida, pudiera llamarla dichosa; que los males que tienen fin en la muerte, como no se dilaten y entretengan, hacen dichosa la vida. ¿Qué red barredera es ésta, con que cogen los cielos todos los caminos de mi descanso? ¿Qué imposibles son éstos que descubro á cada paso de mi remedio? Mas, pues aquí son excusados los llantos y son de ningun provecho los gemidos, demos el tiempo que he de gastar en ellos por ahora á la piedad, y enterremos los muertos, y no congoje yo por mi parte los vivos»; y luego pidió á Mauricio pidiese á los marineros del esquife volviesen al navío por instrumentos para hacer las sepulturas. Hízolo así Mauricio, y fué á la nave con intencion de concertarse con el piloto ó capitan que hubiese, para que los sacase de aquella isla y los llevase á donde quiera que fuesen. En este entretanto tuvieron lugar Auristela y Transila de acomodar á Taurisa para enterralla, y la piedad y honestidad cristiana no consintió que la desnudasen.

Volvió Mauricio con los instrumentos, habiendo negociado todo aquello que quiso; hízose la sepultura de Taurisa, pero los marineros no quisieron, como católicos, que se hiciese ninguna á los muertos en el desafío. Rosamunda, que despues que volvió de haber declarado su mal pensamiento al bárbaro Antonio, nunca habia alzado los ojos del suelo, que sus pecados se los tenian aterrados, al tiempo que iban á sepultar á Taurisa, levantando el rostro, dijo: «Si os preciais, señores, de caritativos, y si anda en vuestros pechos al par la justicia y la misericordia, usad destas dos virtudes conmigo. Yo desde el punto que tuve uso de razon, no la tuve, porque siempre fuí mala con los años verdes y con la hermosura mucha; con la libertad demasiada y con la riqueza abundante se fueron apoderando de mí los vicios de tal manera, que han sido y son en mí como accidentes inseparables. Ya sabeis, como yo alguna vez he dicho, que he tenido el pié sobre las cervices de los reyes, y he traido á la mano que he querido las voluntades de los hombres; pero el tiempo, salteador y robador de la humana belleza de las mujeres, se entró por la mia tan sin yo pensarlo, que primero me he visto fea que desengañada; mas, como los vicios tienen asiento en el alma, que no envejece, no quieren dejarme, y como yo no les hago resistencia, sino que me dejo ir con la corriente de mis gustos, heme ido ahora con el que me da el ver siquiera á este bárbaro muchacho, el cual, aunque le he descubierto mi voluntad, no corresponde á la mia, que es de fuego, con la suya, que es de helada nieve. Véome despreciada y aborrecida, en lugar de estimada y bien querida; golpes que no se pueden resistir con poca paciencia y con mucho deseo. Ya, ya la muerte me va pisando las faldas y extiende la mano para alcanzarme de la vida; por lo que veis que debe la bondad del pecho que la tiene al miserable que se le encomienda, os suplico que cubrais mi fuego con hielo, y me enterreis en esa sepultura; que puesto que mezcleis mis lascivos huesos con los de esa casta doncella, no los contaminarán; que las reliquias buenas siempre lo son donde quiera que estén»; y volviéndose al mozo Antonio, prosiguió: «Y tú, arrogante mozo, que agora tocas ó estás para tocar los márgenes y rayas del deleite, pide al cielo que te encamine de modo, que ni te solicite edad larga ni marchita belleza; y si yo he ofendido tus recientes oidos, que así los puedo llamar, con mis inadvertidas y no castas palabras, perdóname; que los que piden perdon en este trance, por cortesía siquiera merecen ser, si no perdonados, á lo ménos escuchados.» Esto diciendo, dió un suspiro envuelto en un mortal desmayo.

CAPITULO XXI.

Salen de la isla nevada en el navío de los cosarios.

«Yo no sé, dijo Mauricio á esta sazon, qué quiere éste que llaman amor por estas montañas, por estas soledades y riscos, por entre estas nieves y hielos, dejándose allá los Páfos, Gnidos, las Chipres, los Elíseos campos, de quien huye la hambre y no llega incomodidad alguna; en el corazon sosegado, en el ánimo quieto tiene el amor deleitable su morada, que no en las lágrimas ni en los sobresaltos.»

Auristela, Transila, Constanza y Ricla quedaron atónitas del suceso, y con callar le admiraron, y finalmente con no pocas lágrimas enterraron á Taurisa; y despues de haber vuelto Rosamunda del pasado desmayo, se recogieron y embarcaron en el esquife de la nave, donde fueron bien recebidos y regalados de los que en ella estaban, satisfaciendo luego todos la hambre que les aquejaba; sólo Rosamunda estaba tal, que por momentos llamaba á las puertas de la muerte. Alzaron velas, lloraron algunos los capitanes muertos, y instituyeron luego uno que lo fuese de todos, y siguieron su viaje, sin llevar parte conocida donde le encaminasen, porque era de cosarios, y no irlandeses, como á Arnaldo le habian dicho, sino de una isla rebelada contra Inglaterra. Mauricio, mal contento de aquella compañía, siempre iba temiendo algun reves de su acelerada costumbre y mal modo de vivir, y como viejo y experimentado en las cosas del mundo, no le cabia el corazon en el pecho, temiendo que la mucha hermosura de Auristela, la gallardía y buen parecer de su hija Transila, los pocos años y nuevo traje de Constanza no despertasen en aquellos cosarios algun mal pensamiento.

Servíales de Argos el mozo Antonio, de lo que sirvió el pastor de Anfriso; eran los ojos de los dos, centinelas no dormidas, pues por sus cuartos la hacian á las mansas y hermosas ovejuelas que debajo de su solicitud y vigilancia se amparaban. Rosamunda, con los continuos desdenes, vino á enflaquecer de manera, que una noche la hallaron en una cámara del navío sepultada en perpétuo silencio. Harto habian llorado, mas no dejaron de sentir su muerte compasiva y cristianamente; sirvióla el ancho mar de sepultura, donde no tuvo harta agua para apagar el fuego que causó en su pecho el gallardo Antonio, el cual y todos rogaron muchas veces á los cosarios que los llevasen de una vez á Irlanda ó á Ibernia, si ya no quisiesen á Inglaterra ó Escocia; pero ellos respondian que hasta haber hecho una buena y rica presa no habian de tocar en tierra alguna, si ya no fuese á hacer agua ó á tomar bastimentos necesarios. La bárbara Ricla bien comprára á pedazos de oro que los lleváran á Inglaterra, pero no osaba descubrirlos, porque no se los robasen ántes que se los pidiesen. Dióles el capitan estancia aparte, y acomodóles de manera, que les aseguró de la insolencia que podian temer de los soldados.

Desta manera anduvieron casi tres meses por el mar, de unas partes á otras; ya tocaban en una isla, ya en otra, y ya se salian al mar descubierto (propia costumbre de cosarios que buscan su ganancia), las veces que habia calma y el mar sosegado no les dejaba navegar. El nuevo capitan del navío se iba á entretener á la estancia de sus pasajeros, y con pláticas discretas y cuentos graciosos, pero siempre honestos, los entretenia, y Mauricio hacia lo mismo. Auristela, Transila, Ricla y Constanza más se ocupaban en pensar en la ausencia de las mitades de su alma, que en escuchar al capitan ni á Mauricio. Con todo esto, estuvieron un dia atentas á la historia que en este siguiente capítulo se cuenta que el capitan les dijo.

CAPITULO XXII.

Dónde el capitan da cuenta de las grandes fiestas que acostumbraba á hacer en su reino el rey Policarpo.

«Una de las islas que están junto á la de Ibernia me dió el cielo por patria; es tan grande, que toma nombre de reino, el cual no se hereda ni viene por sucesion de padre á hijo; sus moradores le eligen á su beneplácito, procurando siempre que sea el más virtuoso y mejor hombre que en él se halláre; y sin intervenir de por medio ruegos ó negociaciones, y sin que los soliciten promesas ni dádivas, de comun consentimiento de todos sale el rey y toma el cetro absoluto del mando, el cual le dura miéntras le dura la vida ó miéntras no se empeora en ella; y con esto, los que no son reyes procuran ser virtuosos para serlo, y los que lo son pugnan serlo más, para no dejar de ser reyes. Con esto se cortan las alas á la ambicion, se atierra la codicia, y aunque la hipocresía suele andar lista, á largo andar se le cae la máscara y queda sin el alcanzado premio; con esto los pueblos viven quietos, campea la justicia y resplandece la misericordia; despáchanse con brevedad los memoriales de los pobres, y los que dan los ricos, no, por serlo, son mejor despachados; no agobian la vara de la justicia las dádivas, ni la carne y sangre de los parentescos; todas las negociaciones guardan sus puntos y andan en sus quicios; finalmente, reino es donde se vive sin temor de los insolentes, y donde cada uno goza lo que es suyo.

»Esta costumbre, á mi parecer justa y santa, puso el cetro del reino en las manos de Policarpo, varon insigne y famoso, así en las armas como en las letras, el cual tenia, cuando vino á ser rey, dos hijas de extremada belleza, la mayor llamada Policarpa, y la menor Sinforosa. No tenian madre, que no les hizo falta cuando murió sino en la compañía; que sus virtudes y agradables costumbres eran ayas de sí mismas, dando maravilloso ejemplo á todo el reino. Con estas buenas partes, así ellas como el padre, se hacian amables, se estimaban de todos. Los reyes, por parecerles que la melancolía en los vasallos suele despertar malos pensamientos, procuran tener alegre el pueblo y entrenido con fiestas públicas, y á veces con ordinarias comedias; principalmente solemnizaban el dia que fueron asumptos al reino, con hacer que se renovasen los juegos que los gentiles llamaban olímpicos, en el mejor modo que podian; señalaban premio á los corredores, honraban á los diestros, coronaban á los tiradores, y subian al cielo de la alabanza á los que derribaban á otros en la tierra.

»Hacíase este espectáculo junto á la marina, en una espaciosa playa, á quien quitaban el sol infinita cantidad de ramos entretejidos, que la dejaban á la sombra; ponian en la mitad un suntuoso teatro, en el cual sentado el Rey y la real familia, miraban los apacibles juegos. Llegóse un dia destos, y Policarpo procuró aventajarse en magnificencia y grandeza en solemnizarle sobre todos cuantos hasta allí se habian hecho; y cuando ya el teatro estaba ocupado con su persona y con los mejores del reino, y cuando ya los instrumentos bélicos y los apacibles querian dar señal que las fiestas se comenzasen, y cuando ya cuatro corredores, mancebos ágiles y sueltos, tenian los piés izquierdos delante y los derechos alzados, que no les impedia otra cosa el soltarse á la carrera, sino soltar una cuerda que les servia de raya y de señal, que en soltándola habian de volar á un término señalado, donde habian de dar fin á su carrera; digo que en este tiempo vieron venir por la mar un barco, que le blanqueaban los costados el ser recien despalmado, y le facilitaban el romper del agua seis remos que de cada banda traia, impelidos de doce, al parecer, gallardos mancebos, de dilatadas espaldas y pechos y de nervudos brazos; venian vestidos de blanco todos, sino el que guiaba el timon, que venia de encarnado, como marinero. Llegó con furia el barco á la orilla, y el encallar en ella y el saltar todos los que en él venian en tierra, fué una misma cosa. Mandó Policarpo que no saliesen á la carrera hasta saber qué gente era aquella y á lo que venia, puesto que imaginó que debian de venir á hallarse en las fiestas y á probar su gallardía en los juegos.

»El primero que se adelantó á hablar al Rey fué el que servia de timonero, mancebo de poca edad, cuyas mejillas desembarazadas y limpias mostraban ser de nieve y de grana, los cabellos anillos de oro, y cada una parte de las del rostro tan perfecta, y todas juntas tan hermosas, que formaban un compuesto admirable. Luego la hermosa presencia del mozo arrebató la vista y áun los corazones de cuantos le miraron, y yo desde luego le quedé aficionadísimo. El cual dijo al Rey: «Señor, estos mis compañeros y yo, habiendo tenido noticia destos juegos, venimos á servirte y hallarnos en ellos, y no de lejas tierras, sino desde una nave que dejamos en la isla Scinta, que no está léjos de aquí; y como el viento no hizo á nuestro propósito para encaminar aquí la nave, nos aprovechamos de esta barca y de los remos, y de la fuerza de nuestros brazos. Todos somos nobles y deseosos de ganar honra; y por la que debes hacer, como rey que eres, á los extranjeros que á tu presencia llegan, te suplicamos nos concedas licencia para mostrar, ó nuestras fuerzas ó nuestros ingenios, en honra y provecho nuestro y gusto tuyo.

»—Por cierto, respondió Policarpo, agraciado jóven, que vos pedis lo que quereis con tanta gracia y cortesía, que sería cosa injusta el negároslo: honrad mis fiestas en lo que quisiéredes, dejadme á mí el cargo de premiároslo; que segun vuestra gallarda presencia muestra, poca esperanza dejais á ninguno de alcanzar los primeros premios.»

Dobló la rodilla el hermoso mancebo, y inclinó la cabeza, en señal de crianza y agradecimiento, y en dos brincos se puso ante la cuerda que detenia á los cuatro ligeros corredores; sus doce compañeros se pusieron á un lado, á ser espectadores de la carrera. Sonó una trompeta, soltaron la cuerda, y arrojáronse al vuelo los cinco; pero áun no habrian dado veinte pasos, cuando con más de seis se les aventajó el recien venido, y á los treinta ya los llevaba de ventaja más de quince; finalmente, se los dejó á poco más de la mitad del camino, como si fueran estatuas inmovibles, con admiracion de todos los circunstantes, especialmente de Sinforosa, que le seguia con la vista, así corriendo como estando quédo, porque la belleza y agilidad del mozo era bastante para llevar tras sí las voluntades, no sólo los ojos, de cuantos le miraban. Noté yo esto, porque tenia los mios atentos á mirar á Policarpa, objeto dulce de mis deseos, y de camino miraba los movimientos de Sinforosa.

»Comenzó luego la invidia á apoderarse de los pechos de los que se habian de probar en los juegos, viendo con cuánta facilidad se habia llevado el extranjero el precio de la carrera. Fué el segundo certámen el de la esgrima: tomó el ganancioso la espada negra, con la cual, á seis que le salieron, cada uno de por sí, les cerró las bocas, mosqueó las narices, les selló los ojos y les santiguó las cabezas, sin que á él le tocasen, como decirse suele, un pelo de la ropa. Alzó la voz el pueblo, y de comun consentimiento le dieron el premio primero; luego se acomodaron otros seis á la lucha, donde con mayor gallardía dió de sí muestra el mozo; descubrió sus dilatadas espaldas, sus anchos y fortísimos pechos, y los nervios y músculos de sus fuertes brazos, con los cuales, y con destreza y maña increible, hizo que las espaldas de los seis luchadores, á despecho y pesar suyo, quedasen impresas en la tierra. Asió luego de una pesada barra, que estaba hincada en el suelo, porque le dijeron que era el tirarla el cuarto certámen; sompesóla, y haciendo de señas á la gente que estaba delante para que le diesen lugar donde el tiro cupiese, tomando la barra por la una punta, sin volver el brazo atras, la impelió con tanta fuerza, que pasando los límites de la marina, fué menester que el mar se los diese, en el cual bien adentro quedó sepultada la barra.

»Esta monstruosidad, notada de sus contrarios, les desmayó los bríos y no osaron probarse en la contienda; pusiéronle luego la ballesta en las manos y algunas flechas, y mostráronle un árbol muy alto y muy liso, al cabo del cual estaba hincada una media lanza, y en ella de un hilo estaba asida una paloma, á la cual habian de tirar no más de un tiro los que en aquel certámen quisiesen probarse. Uno que presumia de certero se adelantó y tomó la mano, creo yo, pensando derribar la paloma ántes que otro; tiró, y clavó su flecha casi en el fin de la lanza, del cual golpe azorada la paloma, se levantó en el aire; y luego otro, no ménos presumido que el primero, tiró con tan gentil certería, que rompió el hilo donde estaba asida la paloma, que suelta y libre del lazo que la detenia, entregó su libertad al viento, y batió las alas con priesa; pero el ya acostumbrado á ganar los primeros premios disparó su flecha, y como si mandára lo que habia de hacer, y ella tuviera entendimiento para obedecerle, así lo hizo, pues dividiendo el aire con un rasgado y tendido silbo, llegó á la paloma, y le pasó el corazon de parte á parte, quitándole á un mismo punto el vuelo y la vida. Renováronse con esto las voces de los presentes y las alabanzas del extranjero, el cual en la carrera, en la esgrima, en la lucha, en la barra y en el tirar de la ballesta, y en otras muchas pruebas que no cuento, con grandísimas ventajas se llevó los primeros premios, quitando el trabajo á sus compañeros de probarse en ellas.

»Cuando se acabaron los juegos sería el crepúsculo de la noche, y cuando el Rey Policarpo queria levantarse de su asiento con los jueces que con él estaban para premiar al vencedor mancebo, vió que puesto de rodillas ante él, le dijo: «Nuestra nave quedó sola y desamparada, la noche cierra algo oscura; los premios que puedo esperar, que por ser de tu mano se deben estimar en lo posible, quiero ¡oh gran señor! que los dilates hasta otro tiempo que con más espacio y comodidad pienso volver á servirte.» Abrazóle el Rey, preguntóle el nombre, y dijo que se llamaba Periandro. Quitóse en esto la bella Sinforosa una guirnalda de flores con que adornaba su hermosísima cabeza, y la puso sobre la del gallardo mancebo, y con honesta gracia le dijo al ponérsela: «Cuando mi padre sea tan venturoso de que volvais á verle, veréis cómo no vendréis á servirle, sino á ser servido.»

CAPITULO XXIII.

De lo que sucedió á la celosa Auristela, cuando supo que su hermano Periandro era el que habia ganado los premios del certámen.

¡Oh poderosa fuerza de los celos! ¡oh enfermedad que te pegas al alma de tal manera, que sólo te despegas con la vida! ¡Oh hermosísima Auristela, detente; no te precipites á dar lugar en tu imaginacion á esta rabiosa dolencia! pero ¿quién podrá tener á raya los pensamientos, que suelen ser tan ligeros y sutiles, que como no tienen cuerpo, pasan las murallas, traspasan los pechos y ven lo más escondido de las almas?

Esto se ha dicho, porque en oyendo pronunciar Auristela el nombre de Periandro, su hermano, y habiendo oido ántes las alabanzas de Sinforosa, y el favor que en ponerle la guirnalda le habia hecho, rindió el sufrimiento á las sospechas y entregó la paciencia á los gemidos, y dando un gran suspiro y abrazándose con Transila, dijo: «Querida amiga mia, ruega al cielo que sin haberse perdido tu esposo Ladislao, se pierda mi hermano Periandro. ¿No le ves en la boca deste valeroso capitan, honrado como vencedor, coronado como valeroso, atento más á los favores de una doncella que á los cuidados que le debian dar los destierros y pasos desta su hermana? ¿Ándase buscando palmas y trofeos por las tierras ajenas, y déjase entre los riscos y entre las peñas y entre las montañas que suele levantar la mar alterada, á ésta su hermana, que por su consejo y por su gusto no hay peligro de muerte donde no se halle?»

Estas razones escuchaba atentísimamente el capitan del navío, y no sabia qué conclusion sacar dellas; sólo paró en decir..... pero no dijo nada, porque en un instante y en un momentáneo punto le arrebató la palabra de la boca un viento que se levantó tan súbito y tan recio, que le hizo poner en pié, sin responder á Auristela; y dando voces á los marineros que amainasen las velas y las templasen y asegurasen, acudió toda la gente á la faena. Comenzó la nave á volar en popa, con mar tendido y largo, por donde el viento quiso llevarla; recogióse Mauricio con los de su compañía á su estancia, por dejar hacer libremente su oficio á los marineros. Allí preguntó Transila á Auristela qué sobresalto era aquel que tal la habia puesto, que á ella le habia parecido haberle causado el haber oido nombrar el nombre de Periandro, y no sabia por qué las alabanzas y buenos sucesos de un hermano pudiesen dar pesadumbre.

«¡Ay amiga! respondió Auristela, de tal manera estoy obligada á tener en perpétuo silencio una peregrinacion que hago, que hasta darle fin, aunque primero llegue el dia de mi vida, soy forzada á guardarle. En sabiendo quién soy, que sí sabrás si el cielo quiere, verás las disculpas de mis sobresaltos, sabiendo la causa de do nacen; verás castos pensamientos acometidos, pero no turbados; verás desdichas sin ser buscadas, y laberintos que por venturas no imaginadas han tenido salida de sus enredos. ¿Ves cuán grande es el nudo del parentesco de un hermano? pues sobre éste tengo yo otro mayor con Periandro. ¿Ves ansimismo cuán propio es de los enamorados ser celosos? pues con más propiedad tengo yo celos de mi hermano. Este capitan, amiga, ¿no exageró la hermosura de Sinforosa, y ella, al coronar las sienes de Periandro, no le miró? Sí, sin duda. Y mi hermano ¿no es del valor y de la belleza que tú has visto? Pues ¿qué mucho que haya despertado en el pensamiento de Sinforosa alguno que le haga olvidar de su hermana?

—Advierte, señora, respondió Transila, que todo cuanto el capitan ha contado sucedió ántes de la prision de la ínsula bárbara, y que despues acá os habeis visto y comunicado, donde habrás hallado que ni él tiene amor á nadie, ni cuida de otra cosa que de darte gusto; y no creo yo que las fuerzas de los celos lleguen á tanto, que alcancen á tenerlos una hermana de un su hermano.

—Mira, hija Transila, dijo Mauricio, que las condiciones de amor son tan diferentes como injustas, y sus leyes tan múchas como variables. Procura ser tan discreta, que no apures los pensamientos ajenos, ni quieras saber más de nadie, de aquello que quisiere decirte; la curiosidad en los negocios propios se puede sutilizar y atildar, pero en los ajenos que no nos importan, ni por pensamiento.» Esto que oyó Auristela á Mauricio la hizo tener cuenta con su discrecion y con su lengua, porque la de Transila, un poco necia, llevaba camino de hacerle sacar á plaza toda su historia.

Amansó en tanto el viento, sin haber dado lugar á que los marineros temiesen ni los pasajeros se alborotasen. Volvió el capitan á verlos y á proseguir su historia, por haber quedado cuidadoso del sobresalto que Auristela tomó oyendo el nombre de Periandro. Deseaba Auristela volver á la plática pasada, y saber del capitan si los favores que Sinforosa habia hecho á Periandro se extendieron á más que coronarle, y así se lo preguntó modestamente, y con recato de no dar á entender su pensamiento. Respondió el capitan que Sinforosa no tuvo lugar de hacer más merced, que así se han de llamar los favores de las damas, á Periandro; aunque, á pesar de la bondad de Sinforosa, á él le fatigaban ciertas imaginaciones que tenia de que no estaba muy libre de tener en la suya á Periandro, porque siempre que, despues de partido, se hablaba de las gracias de Periandro, ella las subia y las levantaba sobre los cielos, y por haberle ella mandado que saliese en un navío á buscar á Periandro y le hiciese volver á ver á su padre, confirmaba más sus sospechas.

»¡Cómo! ¿y es posible, dijo Auristela, que las grandes señoras, las hijas de los reyes, las levantadas sobre el trono de la fortuna, se han de humillar á dar indicios de que tienen los pensamientos en humildes sujetos colocados? Y siendo verdad, como lo es, que la grandeza y majestad no se aviene bien con el amor, ántes son repugnantes entre sí el amor y la grandeza, hase de seguir que Sinforosa, reina, hermosa y libre, no se habia de cautivar de la primera vista de un no conocido mozo, cuyo estado no prometia ser grande el venir guiando un timon de una barca con doce compañeros desnudos, como lo son todos los que gobiernan los remos.

—Calla, hija Auristela, dijo Mauricio; que en ningunas

otras acciones de la naturaleza se ven mayores milagros ni más continuos que en las del amor, que por ser tantos y tales los milagros, se pasan en silencio y no se echa de ver en ellos, por extraordinarios que sean; el amor junta los cetros con los cayados, la grandeza con la bajeza, hace posible lo imposible, iguala diferentes estados, y viene á ser poderoso como la muerte. Ya sabes tú, señora, y sé yo muy bien la gentileza, la gallardía y el valor de tu hermano Periandro, cuyas partes forman un compuesto de singular hermosura, y es privilegio de la hermosura rendir las voluntades y atraer los corazones de cuantos la conocen; y cuanto la hermosura es mayor y más conocida, es más amada y estimada : así que, no sería milagro que Sinforosa, por principal que sea, ame á tu hermano, porque no le amaria como á Periandro á secas, sino como á hermoso, como á valiente, como á diestro, como á ligero, como á sugeto donde todas las virtudes están recogidas y cifradas.

—¡Qué! ¿Periandro es hermano desta señora? dijo el capitan.

—Sí, respondió Transila, por cuya ausencia ella vive en perpétua tristeza, y todos nosotros, que la queremos bien, y á él le conocimos, en llanto y amargura.»

Luego le contaron todo lo sucedido del naufragio de la nave de Arnaldo, la division del esquife y de la barca, con todo aquello que fué bastante para darle á entender lo sucedido hasta el punto en que estaban; en el cual punto deja el autor el primer libro desta grande historia, y pasa al segundo, donde se contarán cosas que, aunque no pasan de la verdad, sobrepujan á la imaginacion, pues apénas pueden caber en la más sutil y dilatada sus acontecimientos.

LIBRO SEGUNDO.

CAPITULO PRIMERO.

Donde se cuenta cómo el navío se volcó, con todos los que dentro dél iban.

Parece que el autor desta historia sabia más de enamorado que de historiador, porque casi este primer capítulo de la entrada del segundo libro le gasta todo en una difinicion de celos, ocasionados de los que mostró tener Auristela por lo que le contó el capitan del navío; pero en esta traducion, que lo es, se quita, por prolija y por cosa en muchas partes referida y ventilada, y se viene á la verdad del caso, que fué, que cambiándose el viento y enmarañándose las nubes, cerró la noche escura y tenebrosa, y los truenos, dando por mensajeros á los relámpagos, tras quien se siguen, comenzaron á turbar los marineros y á deslumbrar la vista de todos los de la nave, y comenzó la borrasca con tanta furia, que no pudo ser prevenida de la diligencia y arte de los marineros, y así á un mismo tiempo les cogió la turbacion y la tormenta. Pero no por esto dejó cada uno de acudir á su oficio y á hacer la faena que vieron ser necesaria, si no para excusar la muerte, para dilatar la vida; que los atrevidos que de unas tablas la fian, la sustentan cuanto pueden, hasta poner su esperanza en un madero que acaso la tormenta desclavó de la nave, con el cual se abrazan, y tienen á gran ventura tan duros abrazos. Mauricio se abrazó con Transila, su hija; Antonio con Ricla y con Constanza, su madre y hermana; sólo la desgraciada Auristela quedó sin arrimo, sino el que le ofrecia su congoja, que era el de la muerte, á quien ella de buena gana se entregara, si lo permitiera la cristiana y católica religion, que con muchas véras procuraba guardar; y así se recogió entre ellos, y hechos un ñudo, ó por mejor decir, un ovillo, se dejaron calar casi hasta la postrera parte del navío, por excusar el miedo espantoso de los truenos y la interpolada luz de los relámpagos, y el confuso estruendo de los marineros; y en aquella semejanza del limbo se excusaron de no verse, unas veces tocar el cielo con las manos, levantándose el navío sobre las mismas nubes, y otras veces barrer la gavia las arenas del mar profundo. Esperaban la muerte cerrados los ojos, ó por mejor decir, la temian sin verla; que la figura de la muerte, en cualquier traje que venga, es espantosa, y la que coge á un desapercebido en todas sus fuerzas y salud es formidable.

La tormenta creció de manera, que agotó la ciencia de los marineros, la solicitud del capitan, y finalmente la esperanza de remedio en todos. Ya no se oian voces que mandaban «hágase esto ó aquello», sino gritos de plegarias y votos que hacian y á los cielos se enviaban; y llegó á tanto esta miseria y estrecheza, que Transila no se acordaba de Ladislao, ni Auristela de Periandro; que uno de los efetos poderosos de la muerte es borrar de la memoria todas las cosas de la vida; y pues llega á hacer que no se sienta la pasion celosa, téngase por dicho que puede lo imposible.

No habia allí reloj de arena que distinguiese las horas, ni aguja que señalase el viento, ni buen tino que atinase el lugar donde estaban; todo era confusion, todo era grita, todo suspiros y todo plegarias. Desmayó el capitan, abandonáronse los marineros, rindiéronse las humanas fuerzas, y poco á poco el desmayo llamó al silencio, que ocupó las voces de los más de los míseros que se quejaban. Atrevióse el mar insolente á pasearse por cima de la cubierta del navío, y áun á visitar las más altas gavias, las cuales tambien ellas, casi como en venganza de su agravio, besaron las arenas de su profundidad; finalmente, al parecer del dia, si se puede llamar dia el que no trae consigo claridad alguna, la nave se estuvo quéda y estancó, sin moverse á parte alguna, que es uno de los peligros, fuera del de anegarse, que le puede suceder á un bajel; finalmente, combatida de un huracan furioso, como si la volvieran con algun artificio, puso la gavia mayor en la hondura de las aguas, y la quilla descubrió á los cielos, quedando hecha sepultura de cuantos en ella estaban.

Adios, castos pensamientos de Auristela; adios, bien fundados disinios; sosegaos, pasos tan honrados como santos; no espereis otros mauseolos ni otras pirámides ni agujas, que las que os ofrecen esas mal breadas tablas. Y vos, ¡oh Transila! ejemplo claro de honestidad, en los brazos de vuestro discreto y anciano padre podeis celebrar las bodas, si no con vuestro esposo Ladislao, á lo ménos con la esperanza, que ya os habrá conducido á mejor tálamo; y tú, ¡oh Ricla! cuyos deseos te llevaban á tu descanso, recoge en tus brazos á Antonio y á Constanza, tus hijos, y ponlos en la presencia del que agora te ha quitado la vida, para mejorártela en el cielo. En resolucion, el volcar de la nave, y la certeza de la muerte de los que en ella iban, puso las razones referidas en la pluma del autor desta grande y lastimosa historia, y ansimismo puso las que se oirán en el siguiente capítulo.

CAPITULO II.

Donde se cuenta un extraño suceso.

Parece que el volcar de la nave volcó, ó por mejor decir, turbó el juicio del autor desta historia, porque á este segundo capítulo le dió cuatro ó cinco principios, casi como dudando qué fin en él tomaria; en fin, se resolvió, diciendo que las dichas y las desdichas suelen andar tan juntas, que tal vez no hay medio que las divida; andan el pesar y el placer tan apareados, que es simple el triste que se desespera y el alegre que se confia, como lo da fácilmente á entender este extraño suceso. Sepultóse la nave, como queda dicho, en las aguas : quedaron los muertos sepultados sin tierra; deshiciéronse sus esperanzas, quedando imposible á todos su remedio; pero los piadosos cielos, que de muy atras toman la corriente de remediar nuestras desventuras, ordenaron que la nave fuese llevada poco á poco de las olas, ya mansas y recogidas, á la orilla del mar, en una playa, que por entónces su apacibilidad y mansedumbre podia servir de seguro puerto, y no léjos estaba un puerto capacísimo de muchos bajeles, en cuyas aguas, como en espejos claros, se estaba mirando una ciudad populosa, que por una alta loma sus vistosos edificios levantaba.

Vieron los de la ciudad el bulto de la nave, y creyeron ser el de alguna ballena ó de otro gran pescado que con la borrasca pasada habia dado al traves; salió infinita gente á verlo, y certificándose ser navío, lo dijeron al rey Policarpo, que era el señor de aquella ciudad; el cual, acompañado de muchos y de sus dos hermosas hijas Policarpa y Sinforosa, salió tambien, y ordenó que con cabestrantes, con tornos y con barcas, con que hizo rodear toda la nave, la tirasen y encaminasen al puerto. Saltaron algunos encima del buco, y dijeron al Rey que dentro dél sonaban golpes, y áun casi se oian voces de vivos. Un anciano caballero que se halló junto al Rey le dijo: «Yo me acuerdo, señor, haber visto en el mar Mediterráneo, en la ribera de Génova, una galera de España, que por hacer el cur con la vela, se volcó como está agora este bajel, quedando la gavia en la arena y la quilla al cielo, y ántes que la volviesen ó enderezasen, habiendo primero oido rumor, como en éste se oye, aserraron el bajel por la quilla, haciendo un buco capaz de ver lo que dentro estaba; y el entrar la luz dentro, y el salir por él el capitan de la misma galera y otros cuatro compañeros suyos, fué todo uno. Yo vi esto, y está escrito este caso en muchas historias españolas, y áun podria ser viviesen agora las personas que segunda vez nacieron al mundo del vientre desta galera; y si aquí sucediese lo mismo, no se ha de tener á milagro, sino á misterio; que los milagros suceden fuera del órden de la naturaleza, y los misterios son aquellos que parecen milagros y no lo son, sino casos que acontecen raras veces.

—Pues ¿á qué aguardamos? dijo el Rey : siérrese luego el buco, y veamos este misterio; que si este vientre vomita vivos, yo lo tendré por milagro.»

Grande fué la priesa que se dieron á serrar el bajel, y grande el deseo que todos tenian de ver el parto. Abrióse en fin una gran concavidad, que descubrió muertos, y vivos que lo parecian : metió uno el brazo, y asió de una doncella que el palpitarle el corazon daba señales de tener vida; otros hicieron lo mismo, y cada uno sacó su presa; y algunos, pensando sacar vivos, sacaban muertos; que no todas veces los pescadores son dichosos. Finalmente, dándoles el aire y la luz á los medio vivos, respiraron y cobraron aliento, limpiáronse los rostros, fregáronse los ojos, estiraron los brazos, y como quien despierta de un pesado sueño, miraron á todas partes, y hallóse Auristela en los brazos de Arnaldo, Transila en los de Clodio, Ricla y Constanza en los de Rutilio, Antonio el padre y Antonio el hijo en los de ninguno, porque se salieron por sí mismos, y lo mismo hizo Mauricio. Arnaldo quedó más atónito y suspenso que los resucitados, y más muerto que los muertos. Miróle Auristela, y no conociéndole, la primera palabra que le dijo fué (que ella fué la primera que rompió el silencio de todos) : «¿Por ventura, hermano mio, está entre esta gente la bellísima Sinforosa? —¡Santos cielos! ¿qué es esto? dijo entre sí Arnaldo. ¿Qué memorias de Sinforosa son éstas, en tiempo que no es razon que se tenga acuerdo de otra cosa que de dar gracias al cielo por las recebidas mercedes?» Pero, con todo esto, le respondió y dijo que sí estaba, y le preguntó que cómo la conocia; porque Arnaldo ignoraba lo que Auristela con el capitan del navío, que le contó los triunfos de Periandro, habia pasado, y no pudo alcanzar la causa por la cual Auristela preguntaba por Sinforosa; que si la alcanzára, quizá dijera que la fuerza de los celos es tan poderosa y tan sutil, que se entra y mezcla con el cuchillo de la misma muerte, y va á buscar al alma enamorada en los últimos trances de la vida.

Ya despues que pasó algun tanto el pavor en los resucitados, que así pueden llamarse, y la admiracion en los vivos que los sacaron, y el discurso en todos dió lugar á la razon, confusamente unos á otros se preguntaban cómo los de la tierra estaban allí, y los del navío venian allí. Policarpo, en esto, viendo que el navío, al abrirle la boca, se le habia llenado de agua, en el lugar del aire que tenia, mandó llevarle á jorro al puerto y que con artificios le sacasen á tierra, lo cual se hizo con mucha presteza. Salieron asimismo á tierra toda la gente que ocupaba la quilla del navío, que fueron recebidos del rey Policarpo y de sus hijas y de todos los principales ciudadanos con tanto gusto como admiracion; pero lo que más les puso en ella, principalmente á Sinforosa, fué ver la incomparable hermosura de Auristela; fué tambien á la parte desta admiracion la belleza de Transila, y el gallardo y nuevo traje, pocos años y gallardía de la bárbara Constanza, de quien no desdecia el buen parecer y donaire de Ricla, su madre; y por estar la ciudad cerca, sin prevenirse de quién los llevase, fueron todos á pié á ella.

Ya en este tiempo habia llegado Periandro á hablar á su hermana Auristela, Ladislao á Transila, y el bárbaro padre á su mujer y su hija, y los unos á los otros se fueron dando cuenta de sus sucesos: sólo Auristela, ocupada toda en mirar á Sinforosa, callaba; pero en fin habló á Periandro, y le dijo: «¿Por ventura, hermano, esta hermosísima doncella que aquí va es Sinforosa, la hija del rey Policarpo?

—Ella es, respondió Periandro, sugeto donde tienen su asiento la belleza y la cortesía.

—Muy cortés debe de ser, respondió Auristela, porque es muy hermosa.

—Aunque no lo fuera tanto, respondió Periandro, las obligaciones que yo la tengo me obligaran ¡oh querida hermana mia! á que me lo pareciera.

—Si por obligaciones va, y vos por ellas encareceis las hermosuras, la mia os ha de parecer la mayor de la tierra, segun os tengo obligado.

—Con las cosas divinas, replicó Periandro, no se han de comparar las humanas; las hipérboles y alabanzas, por más que lo sean, han de parar en puntos limitados. Decir que una mujer es más hermosa que un ángel es encarecimiento de cortesía, pero no de obligacion; sola en tí, dulcísima hermana mia, se quiebran reglas, y cobran fuerzas de verdad los encarecimientos que se dan á tu hermosura.

—Si mis trabajos y mis desasosiegos ¡oh hermano mio! no turbaran la mia, quizá creyera ser verdaderas las alabanzas que della dices; pero yo espero en los piadosos cielos que algun dia ha de reducir á sosiego mi desasosiego y á bonanza mi tormenta, y en este entretanto con el encarecimiento que puedo te suplico que no te quiten ni borren de la memoria lo que me debes otras ajenas hermosuras ni otras obligaciones; que en la mia y en las mias podrás satisfacer el deseo y llenar el vacío de tu voluntad, si miras que juntando la belleza de mi cuerpo, tal cual ella es, á la de mi alma, hallarás un compuesto de hermosura que te satisfaga.»

Confuso iba Periandro oyendo las razones de Auristela: juzgábala celosa; cosa nueva para él, por tener por larga experiencia conocido que la discrecion de Auristela jamas se atrevió á salir de los límites de la honestidad, jamas su lengua se movió á declarar sino honestos y castos pensamientos, jamas le dijo palabra que no fuese digna de decirse á un hermano en público y en secreto. Iba Arnaldo envidioso de Periandro, Ladislao alegre con su esposa Transila, Mauricio con su hija y yerno, Antonio el grande con su mujer y hijos, Rutilio con el hallazgo de todos, y el maldiciente Clodio con la ocasion que se le ofrecia de contar, donde quiera que se hallase, la grandeza de tan extraño suceso.

Llegaron á la ciudad, y el liberal Policarpo honró á sus huéspedes real y magníficamente, y á todos los mandó alojar en su palacio, aventajándose en el tratamiento de Arnaldo, que ya sabia que era el heredero de Dinamarca y que los amores de Auristela le habian sacado de su reino; y así como vió la belleza de Auristela, halló su peregrinacion en el pecho de Policarpo disculpa. Casi en su mismo cuarto Policarpa y Sinforosa alojaron á Auristela, de la cual no quitaba la vista Sinforosa, dando gracias al cielo de haberla hecho, no amante, sino hermana de Periandro; y ansí por su extremada belleza como por el parentesco tan estrecho que con Periandro tenia, la adoraba, y no sabia un punto desviarse della. Desmenuzábale sus facciones, notábale las palabras, ponderaba su donaire, hasta el sonido y órgano de la voz le daba gusto. Auristela casi por el mismo modo y con los mismos afectos miraba á Sinforosa, aunque en las dos eran diferentes las intenciones: Auristela miraba con celos, y Sinforosa con sencilla benevolencia.

Algunos dias estuvieron en la ciudad, descansando de los trabajos pasados, y dando traza de volver Arnaldo á Dinamarca ó á donde Auristela y Periandro quisieran, mostrando, como siempre lo mostraba, no tener otra voluntad que la de los dos hermanos. Clodio, que con ociosidad y vista curiosa habia mirado los movimientos de Arnaldo, y cuán oprimido le tenia el cuello el amoroso yugo, un dia en que se halló solo con él le dijo: «Yo, que siempre los vicios de los príncipes he reprendido en público, sin guardar el debido decoro que á su grandeza se debe, sin temer el daño que nace del decir mal, quiero agora, sin tu licencia, decirte en secreto lo que te suplico con paciencia me escuches; que lo que se dice aconsejando, en la intencion halla disculpa lo que no agrada.»

Confuso estaba Arnaldo, no sabiendo en qué iban á parar las prevenciones del razonamiento de Clodio, y por saberlo, determinó de escuchalle, y así le dijo que dijese lo que quisiese, y Clodio, con este salvoconduto, prosiguió diciendo: «Tú, señor, amas á Auristela; mal dije amas, adoras dijera mejor, y segun he sabido, no sabes más de su hacienda ni de quién es, que aquello que ella ha querido decirte, que no te ha dicho nada; hasla tenido en tu poder más de dos años, en los cuales has hecho, segun se ha de creer, las diligencias posibles por enternecer su dureza, amansar su rigor y rendir su voluntad á la tuya por los medios honestísimos y eficaces del matrimonio, y en la misma entereza se está hoy que el primero dia que la solicitaste; de donde arguyo que cuanto á tí te sobra de paciencia, le falta á ella de conocimiento; y has de considerar que algun gran misterio encierra desechar una mujer un reino y un príncipe que merece ser amado. Misterio tambien encierra ver una doncella vagamunda, llena de recato de encubrir su linaje, acompañada de un mozo (que, como dice que lo es, podria no ser su hermano) de tierra en tierra, de isla en isla, sujeta á las inclemencias del cielo y á las borrascas de la tierra, que suelen ser peores que las del mar alborotado. De los bienes que reparten los cielos entre los mortales, los que más se han de estimar son los de la honra, á quien se posponen los de la vida; los gustos de los discretos hanse de medir con la razon, y no con los mismos gustos.»

Aquí llegaba Clodio, mostrando querer proseguir con un filosófico y grave razonamiento, cuando entró Periandro, y le hizo callar con su llegada, á pesar de su deseo y áun del de Arnaldo, que quisiera escucharle; entraron asimismo Mauricio, Ladislao y Transila, y con ellos Auristela, arrimada al hombro de Sinforosa, mal dispuesta, de modo que fué menester llevarla al lecho, causando con su enfermedad tales sobresaltos y temores en los pechos de Periandro y Arnaldo, que á no encubrillos con discrecion, tambien tuvieran necesidad de los médicos como Auristela.

CAPITULO III.

Sinforosa cuenta sus amores á Auristela.

Apénas supo Policarpo la indisposicion de Auristela, cuando mandó llamar sus médicos que la visitasen, y como los pulsos son lenguas que declaran la enfermedad que se padece, hallaron en los de Auristela que no era del cuerpo su dolencia, sino del alma; pero ántes que ellos, conoció su enfermedad Periandro, y Arnaldo la entendió en parte, y Clodio mejor que todos. Ordenaron los médicos que en ninguna manera la dejasen sola, y que procurasen entretenerla y divertirla con música, si ella quisiese, ó con otros algunos alegres entretenimientos. Tomó Sinforosa á su cargo su salud, y ofrecióle su compañía á todas horas; ofrecimiento no de mucho gusto para Auristela, porque quisiera no tener tan á la vista la causa que pensaba ser de su enfermedad, de la cual no pensaba sanar, porque estaba determinada de no decilla; que su honestidad le ataba la lengua, su valor se oponia á su deseo. Finalmente, despejaron todos la estancia donde estaba, y quedáronse solas con ella Sinforosa y Policarpa, á quien con ocasion bastante despidió Sinforosa, y apénas se vió sola con Auristela, cuando, poniendo su boca con la suya y apretándole reciamente las manos con ardientes suspiros, pareció que queria trasladar su alma en el cuerpo de Auristela, afectos que de nuevo la turbaron, y así le dijo: «¿Qué es esto, señora mia? que estas muestras me dan á entender que estáis más enferma que yo, y más lastimada el alma que la mia. Mirad si os puedo servir en algo; que para hacerlo, aunque está la carne enferma, tengo sana la voluntad.

—Dulce amiga mia, respondió Sinforosa, cuanto puedo agradezco tu ofrecimiento, y con la misma voluntad con que te obligas te respondo, sin que en esta parte tengan alguna comedimientos fingidos ni tibias obligaciones. Yo, hermana mia (que con este nombre has de ser llamada en tanto que la vida me duráre), amo, quiero bien, adoro... ¿díjelo? no, que la vergüenza y el ser quien soy, son mordazas de mi lengua; pero ¿tengo de morir callando? ¿ha de sanar mi enfermedad por milagro? ¿es por ventura capaz de palabras el silencio? ¿han de tener dos recatados y vergonzosos ojos virtudes y fuerza para declarar los pensamientos infinitos de un alma enamorada?»

Esto iba diciendo Sinforosa con tantas lágrimas y con tantos suspiros, que movieron á Auristela á enjugalle los ojos, y á abrazarla y á decirla: «No se te mueran ¡oh apasionada señora! las palabras en la boca; despide de tí por algun pequeño espacio la confusion y el empacho, y hazme tu secretaria; que los males comunicados, si no alcanzan sanidad, alcanzan alivio. Si tu pasion es amorosa, como lo imagino, sin duda bien sé que eres de carne, aunque pareces de alabastro, y bien sé que nuestras almas están siempre en contínuo movimiento, sin que puedan dejar de estar atentas á querer bien á algun sugeto, á quien las estrellas las inclinan, que no se ha de decir que las fuerzan. Dime, señora, á quién quieres, á quién amas y á quién adoras; que, como no des en el disparate de amar á un toro, ni en el que dió el que adoró el plátano, como sea hombre el que, segun tú dices, adoras, no me causará espanto ni maravilla. Mujer soy como tú, mis deseos tengo, y hasta ahora, por honra del alma, no me han salido á la boca, que bien pudieran, como señales de la calentura; pero al fin habrán de romper por inconvenientes y por imposibles, y siquiera en mi testamento, procuraré que se sepa la causa de mi muerte.»

Estábala mirando Sinforosa; cada palabra que decia la estimaba como si fuera sentencia salida de la boca de un oráculo. «¡Ay, señora, dijo, y como creo que los cielos te han traido por tan extraño rodeo, que parece milagro, á esta tierra! Condolidos de mi dolor y lastimados de mi lástima, del vientre escuro de la nave te volvieron á la luz del mundo, para que mi escuridad tuviese luz y mis deseos salida de la confusion en que están; y así, por no tenerme ni tenerte más suspensa, sabrás que á esta isla llegó tu hermano Periandro»; y sucesivamente le contó del modo que habia llegado, los triunfos que alcanzó, los contrarios que venció y los premios que ganó, del modo que ya queda contado; díjole tambien cómo las gracias de su hermano Periandro habian despertado en ella un modo de deseo, que no llegaba á ser amor, sino benevolencia; pero que despues, con la soledad y ociosidad, yendo y viniendo el pensamiento á contemplar sus gracias, el amor se le fué pintando, no como hombre particular, sino como á un príncipe, que si no lo era, merecia serlo. «Esta pintura me la grabó en el alma, y yo, inadvertida, dejé que me la grabase sin hacerle resistencia alguna, y así poco á poco vine á quererle, á amarle y áun á adorarle, como he dicho.»

Más dijera Sinforosa, si no volviera Policarpa, deseosa de entretener á Auristela, cantando al són de una arpa que en las manos traia. Enmudeció Sinforosa, quedó perdida Auristela; pero el silencio de la una y el perdimiento de la otra no fueron parte para que dejasen de prestar atentos oidos á la sin par en música Policarpa, que desta manera comenzó á cantar en su lengua lo que despues dijo el bárbaro Antonio que en la castellana decia:

> Cintia, si desengaños no son parte
> Para cobrar la libertad perdida,
> Da riendas al dolor, suelta la vida;
> Que no es valor ni es honra el no quejarte:
>   Y el generoso ardor que parte á parte
> Tiene tu libre voluntad rendida,

Será de tu silencio el homicida,
Cuando pienses por él eternizarte.
   Salga con la doliente ánima fuera
La enferma voz; que es fuerza y es cordura
Decir la lengua lo que al alma toca.
   Quejándote, sabrá el mundo siquiera
Cuán grande fué de amor tu calentura,
Pues salieron señales á la boca.

Ninguno como Sinforosa entendió los versos de Policarpa, la cual era sabidora de todos sus deseos; y puesto que tenia determinado de sepultarlos en las tinieblas del silencio, quiso aprovecharse del consejo de su hermana, diciendo á Auristela sus pensamientos, como ya se los habia comenzado á decir. Muchas veces se quedaba Sinforosa con Auristela, dando á entender que más por cortés que por su gusto propio la acompañaba; en fin, una vez, tornando á anudar la plática pasada, le dijo: «Óyeme otra vez, señora mia, y no te cansen mis razones; que las que me bullen en el alma no dejan sosegar la lengua: reventaré si no las digo, y este temor, á pesar de mi crédito, hará que sepas que muero por tu hermano, cuyas virtudes, de mí conocidas, llevaron tras sí mis enamorados deseos; y sin entremeterme en saber quién son sus padres, la patria ó riquezas, ni el punto en que le ha levantado la fortuna, solamente atiendo á la mano liberal con que la naturaleza le ha enriquecido. Por sí solo le quiero, por sí solo le amo y por sí solo le adoro, y por tí sola y por quien eres te suplico que sin decir mal de mis precipitados pensamientos, me hagas el bien que pudieres. Innumerables riquezas me dejó mi madre en su muerte, sin sabiduría de mi padre; hija soy de un rey, que puesto que sea por eleccion, en fin es rey; la edad ya la ves, la hermosura no se te encubre, que tal cual es, ya que no merezca ser estimada, no merece ser aborrecida: dame, señora, á tu hermano por esposo, daréte yo á mí misma por hermana; repartiré contigo mis riquezas, procuraré darte esposo que despues, y áun ántes de los dias de mi padre, le elijan por rey los deste reino, y cuando esto no pueda ser, mis tesoros podrán comprar otros reinos.»

Teníale á Auristela de las manos Sinforosa, bañándoselas en lágrimas, en tanto que estas tiernas razones la decia; acompañábale en ellas Auristela, juzgando en sí misma cuáles y cuántos suelen ser los aprietos de un corazon enamorado; y aunque se le representaba en Sinforosa una enemiga, la tenia lástima; que un generoso pecho no quiere vengarse cuando puede, cuanto más que Sinforosa no la habia ofendido en cosa alguna que la obligase á venganza: su culpa era la suya, sus pensamientos los mismos que ella tenia, su intencion la que á ella traia desatinada. Finalmente, no podia culparla sin que ella primero no quedase convencida del mismo delito; lo que procuró apurar fué, si la habia favorecido alguna vez, aunque fuese en cosas leves, ó si con la lengua ó con los ojos habia descubierto su amorosa voluntad á su hermano. Sinforosa la respondió que jamas habia tenido atrevimiento de alzar los ojos á mirar á Periandro sino con el recato que á ser quien era debia, y que al paso de sus ojos habia andado el recato de su lengua.

«Bien creo eso, respondió Auristela; pero ¿es posible que él no ha dado muestras de quererte? Sí habrá, porque no le tengo por tan de piedra, que no le enternezca y ablande una belleza tal como la tuya; y así, soy de parecer que ántes que yo rompa esta dificultad, procures tú hablarle, dándole ocasion para ello con algun honesto favor; que tal vez los impensados favores despiertan y enciendan los más tibios y descuidados pechos; que si una vez él responde á tu deseo, seráme fácil á mí hacerle que de todo en todo le satisfaga. Todos los principios, amiga, son dificultosos, y los de amor dificultosísimos: no te aconsejo yo que te deshonestes ni te precipites; que los favores que hacen las doncellas á los que aman, por castos que sean, no lo parecen, y no se ha de aventurar la honra por el gusto; pero, con todo esto, puede mucho la discrecion; y el amor, sutil maestro de encaminar los pensamientos, á los más turbados ofrece lugar y coyuntura de mostrarlos sin menoscabo de su crédito.»

CAPITULO IV.

Donde se prosigue la historia y amores de Sinforosa.

Atenta estaba la enamorada Sinforosa á las discretas razones de Auristela, y no respondiendo á ellas, sino volviendo á anudar las del pasado razonamiento, le dijo: «Mira, amiga y señora, hasta dónde llegó el amor que engendró en mi pecho el valor que conocí en tu hermano, que hice que un capitan de la guarda de mi padre le fuese á buscar y le trujese por fuerza ó de grado á mi presencia, y el navío en que se embarcó es el mismo en que tú llegaste, porque en él, entre los muertos le han hallado sin vida.

—Así debe de ser, respondió Auristela; que él me contó gran parte de lo que tú me has dicho, de modo que ya yo tenia noticia, aunque algo confusa, de tus pensamientos, los cuales, si es posible, quiero que sosiegues hasta que se los descubras á mi hermano, ó hasta que yo tome á cargo tu remedio, que será luego que me descubras lo que con él te hubiere sucedido; que ni á tí te faltará lugar para hablarle, ni á mí tampoco.»

De nuevo volvió Sinforosa á agradecer á Auristela su ofrecimiento, y de nuevo volvió Auristela á tenerla lástima. En tanto que entre las dos esto pasaba, se las habia Arnaldo con Clodio, que moria por turbar ó por deshacer los amorosos pensamientos de Arnaldo; y hallándole solo, si solo se puede hallar quien tiene ocupada el alma de amorosos deseos, le dijo: «El otro dia te dije, señor, la poca seguridad que se puede tener de la voluble condicion de las mujeres, y que Auristela en efeto es mujer, aunque parece un ángel, y que Periandro es hombre, aunque sea su hermano; y no por esto quiero decir que engendres en tu pecho alguna mala sospecha, sino que cries algun discreto recato; y si por ventura te dieren lugar de que discurras por el camino de la razon, quiero que tal vez consideres quién eres, la soledad de tu padre, la falta que haces á tus vasallos, la contingencia en que te pones de perder tu reino, que es la misma en que está la nave donde falta el piloto que la gobierna. Mira que los reyes están obligados á casarse, no con la hermosura, sino con el linaje; no con las riquezas, sino con la virtud, por la obligacion que tienen de dar buenos sucesores á sus reinos. Desmengua y apoca el respeto que se debe al príncipe el verle cojear en la sangre, y no basta decir que la grandeza del rey es en sí tan poderosa, que iguala consigo misma la bajeza de la mujer que escogiere. El caballo y la yegua de casta generosa y conocida prometen crías de valor admirable, más que las no conocidas y de baja estirpe; entre la gente comun tiene lugar de mostrarse poderoso el gusto, pero no le ha de tener entre la noble; así que, ¡oh señor mio! ó te vuelves á tu reino, ó procura con el recato no dejar engañarte; y perdona este atrevimiento, que ya que tengo fama de maldiciente y murmurador, no la quiero tener de mal intencionado. Debajo de tu amparo me traes, al escudo de tu valor se ampara mi vida, con tu sombra no temo las inclemencias del cielo, que ya con mejores estrellas parece que va mejorando mi condicion, hasta aquí depravada.

—Yo te agradezco, ¡oh Clodio! dijo Arnaldo, el buen consejo que me has dado, pero no consiente ni permite el cielo que le reciba: Auristela es buena, Periandro es su hermano, y yo no quiero creer otra cosa, porque ella ha dicho que lo es, que para mí cualquiera cosa que dijere ha de ser verdad. Yo la adoro sin disputa; que el abismo casi infinito de su hermosura lleva tras sí el de mis deseos, que no pueden parar sino en ella, y por ella he tenido, tengo y he de tener vida; ansí que, Clodio, no me aconsejes más, porque tus palabras se llevarán los vientos, y mis obras te mostrarán cuán vanos serán para conmigo tus consejos.» Encogió los hombros Clodio, bajó la cabeza y apartóse de su presencia, con propósito de no servir más de consejero, porque el que lo ha de ser requiere tener tres calidades: la primera, autoridad; la segunda, prudencia, y la tercera, ser llamado.

Estas revoluciones, trazas y máquinas amorosas andaban en el palacio de Policarpo y en los pechos de los confusos amantes: Auristela celosa, Sinforosa enamorada, Periandro turbado, Arnaldo pertinaz, y Mauricio haciendo disinios de volver á su patria, contra la voluntad de Transila, que no queria volver á la presencia de gente tan enemiga del buen decoro como la de su tierra. Ladislao, su esposo, no osaba ni queria contradecirla; Antonio el padre moria por verse con sus hijos y mujer en España, y Rutilio en Italia, su patria; todos deseaban, pero á ninguno se le cumplian sus deseos: condicion de la naturaleza humana, que puesto que Dios la crió perfecta, nosotros, por nuestra culpa, la hallamos siempre falta, la cual falta siempre la ha de haber miéntras no dejáremos de desear.

Sucedió, pues, que casi de industria dió lugar Sinforosa á que Periandro se viese solo con Auristela, deseosa que se diese principio á tratar de su causa y á la vista de su pleito, en cuya sentencia consistia la de su vida ó muerte. Las primeras palabras que Auristela dijo á Periandro fueron: «Esta nuestra peregrinacion, hermano y señor mio, tan llena de trabajos y sobresaltos, tan amenazadora de peligros, cada dia y cada momento me hace temer los de la muerte, y querria que diésemos traza de asegurar la vida, sosegándola en una parte, y ninguna hallo tan buena como ésta donde estamos; que aquí se te ofrecen riquezas en abundancia, no en promesas, sino en verdad, y mujer noble y hermosísima en todo extremo, digna, no de que te ruegue, como te ruega, sino de que tú la ruegues, la pidas y la procures.»

En tanto que Auristela esto decia, la miraba Periandro con tanta atencion, que no movia las pestañas de los ojos: corria muy apriesa con el discurso de su entendimiento para hallar dónde podrian ir encaminadas aquellas razones; pero pasando adelante con ellas Auristela, le sacó de su confusion, diciendo: «Digo, hermano (que con este nombre te he de llamar en cualquier estado que tomes), digo que Sinforosa te adora y te quiere por esposo; dice que tiene riquezas increibles, y yo digo que tiene creible hermosura; digo creible, porque es tal, que no ha menester que exageraciones la levanten ni hipérboles la engrandezcan, y en lo que he echado de ver es de condicion blanda, de ingenio agudo y de proceder tan discreto como honesto. Con todo esto que te he dicho, no dejo de conocer lo mucho que mereces, por ser quien eres; pero, segun los casos presentes, no te estará mal esta compañía. Fuera estamos de nuestra patria, tú perseguido de tu hermano, y yo de mi corta suerte; nuestro camino á Roma, cuanto más le procuramos, más se dificulta y alarga; mi intencion no se muda, pero tiembla, y no querria que entre temores y peligros me asaltase la muerte; y así pienso acabar la vida en religion, y querria que tú la acabases en buen estado.»

Aquí dió fin Auristela á su razonamiento, y principio á unas lágrimas que desdecian y borraban todo cuanto habia dicho. Sacó los brazos honestamente fuera de la colcha, tendiólos por el lecho, y volvió la cabeza á la parte contraria de donde estaba Periandro, el cual, viendo estos extremos y habiendo oido sus palabras, sin ser poderoso á otra cosa, se le quitó la vista de los ojos, se le anudó la garganta y se le trabó la lengua, y dió consigo en el suelo de rodillas, y arrimó la cabeza al lecho. Volvió Auristela la suya, y viéndole desmayado, le puso la mano en el rostro y le enjugó las lágrimas, que sin que él lo sintiese, hilo á hilo le bañaban las mejillas.

CAPITULO V.

De lo que pasó entre el Rey Policarpo y su hija Sinforosa.

Efetos vemos en la naturaleza, de quien ignoramos las causas: adormécense ó entorpécense á unos los dientes de ver cortar con un cuchillo un paño; tiembla tal vez un hombre de un raton, y yo le he visto temblar de ver cortar un rábano; á otro le he visto levantarse de una mesa de respeto por ver poner unas aceitunas. Si se pregunta la causa, no hay saber decirla, y los que más piensan que aciertan á decirla, es decir que las estrellas tienen cierta antipatía con la complexion de aquel hombre, que le inclina ó mueve á hacer aquellas acciones, temores y espantos, viendo las cosas sobredichas y otras semejantes que á cada paso vemos. Una de las difiniciones del hombre es decir que es animal risible, porque sólo el hombre se rie, y no otro ningun animal; y yo digo que tambien se puede decir que es animal llorable, animal que llora, y ansí como por la mucha risa descubre el poco entendimiento, por el mucho llorar el poco discurso. Por tres cosas es lícito que llore el varon prudente: la una, por haber pecado; la segunda, por alcanzar perdon dél; la tercera, por estar celoso: las demas lágrimas no dicen bien en un rostro grave. Veamos, pues, desmayado á Periandro, y ya que no llore de pecador ni arrepentido, llore de celoso, que no faltará quien disculpe sus lágrimas, y áun las enjugue, como hizo Auristela, la cual con más artificio que verdad le puso en aquel estado. Volvió, en fin, en sí, y sintiendo pasos en la estancia, volvió la cabeza, y vió á sus espaldas á

Ricla y á Constanza, que entraban á ver á Auristela, que lo tuvo á buena suerte; que á dejarle solo, no hallara palabras con que responder á su señora; y así se fué á pensarlas y á considerar en los consejos que le habia dado.

Estaba tambien Sinforosa con deseo de saber qué auto se habia proveido en la audiencia de amor, en la primera vista de su pleito, y sin duda que fuera la primera que entrara á ver á Auristela, y no Ricla y Constanza; pero estorbóselo llegar un recado de su padre el Rey, que le mandaba ir á su presencia luego y sin excusa alguna. Obedecióle, fué á verle, y hallóle retirado y solo; hízola Policarpo sentar junto á sí, y al cabo de algun espacio que estuvo callando, con voz baja, como que se recataba de que no le oyesen, la dijo: «Hija, puesto que tus pocos años no están obligados á sentir qué cosa sea esto que llaman amor, ni los muchos mios estén ya sujetos á su jurisdiccion, todavía tal vez sale de su curso la naturaleza, y se abrasan las niñas verdes, y se secan y consumen los viejos ancianos.»

Cuando esto oyó Sinforosa, imaginó sin duda que su padre sabia sus deseos; pero, con todo eso, calló, y no quiso interrumpirle hasta que más se declarase; y en tanto que él se declaraba, á ella le estaba palpitando el corazon en el pecho. Siguió, pues, su padre diciendo: «Despues ¡oh hija mia! que me faltó tu madre, me acogí á la sombra de tus regalos, cubríme con tu amparo, gobernéme por tus consejos, y he guardado, como has visto, las leyes de la viudez con toda puntualidad y recato, tanto por el crédito de mi persona, como por guardar la fe católica que profeso; pero despues que han venido estos nuevos huéspedes á nuestra ciudad se ha desconcertado el reloj de mi entendimiento, se ha turbado el curso de mi buena vida, y finalmente, he caido desde la cumbre de mi presuncion discreta hasta el abismo, bajo de no sé qué deseos, que si los callo me matan, y si los digo me deshonran. No más suspension, hija, no más silencio; amiga, no más, y si quieres que más haya, sea el decirte que muero por Auristela. El calor de su hermosura tierna ha encendido los huesos de mi edad madura; en las estrellas de sus ojos han tomado lumbre los mios ya escuros; la gallardía de su persona ha alentado la flojedad de la mia. Querria, si fuese posible, á tí y á tu hermana daros una madrastra que su valor disculpe el dárosla; si tú vienes con mi parecer, no se me dará nada del qué dirán, y cuando por ésta, si pareciere locura, me quitaren el reino, reine yo en los brazos de Auristela, que no habrá monarca en el mundo que se me iguale. Es mi intencion, hija, que tú se lo digas y alcances della el sí que tanto me importa; que, á lo que creo, no se le hará muy dificultoso el darle, si con su discrecion recompensa y contrapone mi autoridad á mis años, y mi riqueza á los suyos: bueno es ser reina, bueno es mandar, gusto dan las honras, y no todos los pasatiempos se cifran en los casamientos iguales. En albricias del sí que me has de traer desta embajada que llevas, te mando una mejora en tu suerte, que si eres discreta, como lo eres, no has de acertar á desearla mejor. Mira: cuatro cosas ha de procurar tener y sustentar el hombre principal, y son: buena mujer, buena casa, buen caballo y buenas armas. Las dos primeras, tan obligada está la mujer á procurarlas como el varon, y áun más, porque no ha de levantar la mujer al marido, sino el marido á la mujer. Las majestades, las grandezas altas no las aniquilan los casamientos humildes, porque en casándose, igualan consigo á sus mujeres; así que, séase Auristela quien fuere, que siendo mi esposa será reina, y su hermano Periandro mi cuñado, el cual dándotelo yo por esposo, y honrándole con título de mi cuñado, vendrás tú tambien á ser estimada tanto por ser su esposa como por ser mi hija.

—Pues ¿cómo sabes tú, señor, dijo Sinforosa, que no es Periandro casado, y ya que no lo sea, quiera serlo conmigo?

—De que no lo sea, respondió el Rey, me lo da á entender el verle andar peregrinando por extrañas tierras, cosa que lo estorban los casamientos grandes; de que lo quiera ser tuyo, me lo certifica y asegura su discrecion, que es mucha, y caerá en la cuenta de lo que contigo gana; y pues la hermosura de su hermana la hace ser reina, no será mucho que la tuya le haga tu esposo.»

Con estas últimas palabras y con esta grande promesa paladeó el Rey la esperanza de Sinforosa y saboreóle el gusto de sus deseos; y así, sin ir contra los de su padre, prometió ser casamentera y admitió las albricias de lo que no tenia negociado. Sólo le dijo que mirase lo que hacia en darle por esposo á Periandro; que puesto que sus habilidades acreditaban su valor, todavía seria bueno no arrojarse sin que primero la experiencia y el trato de algunos dias le asegurase; y diera ella porque en aquel punto se le dieran por esposo, todo el bien que acertara á desearse en este mundo, los siglos que tuviera de vida; que las doncellas virtuosas y principales, uno dice la lengua y otro piensa el corazon.

Esto pasaron Policarpo y su hija, y en otra estancia se movió otra conversacion y plática entre Rutilio y Clodio. Era Clodio, como se ha visto en lo que de su vida y costumbres queda escrito, hombre malicioso sobre discreto, de donde le nacia ser gentil maldiciente; que el tonto y simple ni sabe murmurar ni maldecir; y aunque no es bien decir bién mal, como ya otra vez se ha dicho, con todo esto, alaban al maldiciente discreto; que la agudeza maliciosa no hay conversacion que no la ponga en punto y dé sabor, como la sal á los manjares; y por lo ménos al maldiciente agudo, si le vituperan y condenan por perjudicial, no dejan de absolverle y alabarle por discreto. Este, pues, nuestro murmurador, á quien su lengua desterró de su patria en compañía de la torpe y viciosa Rosamunda, habiendo dado igual pena el Rey de Inglaterra á su maliciosa lengua como á la torpeza de Rosamunda, hallándose solo con Rutilio, le dijo: «Mira, Rutilio: necio es y muy necio el que, descubriendo un secreto á otro, le pide encarecidamente que le calle porque le importa la vida en que lo que le dice no se sepa. Digo yo agora: ven acá, descubridor de tus pensamientos y derramador de tus secretos: si á tí, con importarte la vida, como dices, los descubres al otro á quien se lo dices, que no le importa nada el descubrillos, ¿cómo quieres que los cierre y recoja debajo de la llave del silencio? ¿Qué mayor seguridad puedes tomar de que no se sepa lo que sabes, sino no decillo? Todo esto sé, Rutilio, y con todo esto, me salen á la lengua y á la boca ciertos pensamientos, que rabian porque los ponga en voz y los arroje en las plazas ántes que se me pudran en el pecho ó reviente con ellos. Ven acá, Rutilio: ¿qué hace aquí este Arnaldo, siguiendo el cuerpo de Auristela como si fuese su misma sombra, dejando su reino á la discrecion de su padre viejo y quizá caduco, perdiéndose aquí, anegándose allí, llorando acá, suspirando acullá, lamentándose amargamente de la fortuna que él mismo se fabrica? ¿Qué dirémos desta Auristela y deste su hermano, mozos vagamundos, encubridores de su linaje, y quizá por poner en duda si son ó no principales? Que el que está ausente de su patria, donde nadie le conoce, bien puede darse los padres que quisiere, y con la discrecion y artificio parecer en sus costumbres que es hijo del sol y de la luna. No niego yo que no sea virtud digna de alabanza mejorarse cada uno, pero ha de ser sin perjuicio de tercero; el honor y la alabanza son premios de la virtud, que siendo firme y sólida, se le deben, más no se le debe á la ficticia y hipócrita. ¿Quién puede ser este luchador, este esgrimidor, este corredor y saltador, este Ganimédes, este lindo, este aquí vendido, acullá comprado, este Argos de esta ternera de Auristela, que apénas nos la deja mirar por brújula, que ni sabemos ni hemos podido saber deste par, tan sin par en hermosura, de dónde vienen ni á dónde van? Pero lo que más me fatiga de ellos es, que por los once cielos que dicen que hay, te juro, Rutilio, que no me puedo persuadir que sean hermanos, y que puesto que lo sean, no puedo juzgar bien de que ande tan junta esta hermandad por mares, por tierras, por desiertos, por campañas, por hospedajes y mesones. Lo que gastan sale de las alforjas, saquillos y repuestos, llenos de pedazos de oro, de las bárbaras Ricla y Constanza. Bien veo que aquella cruz de diamantes y aquellas dos perlas que trae Auristela valen un gran tesoro; pero no son prendas que se cambian y truecan por menudo. Pues pensar que siempre han de hallar reyes que los hospeden y príncipes que los favorezcan, es hablar en lo excusado. Pues ¿qué diremos, Rutilio, ahora de la fantasía de Transila y de la astrología de su padre; ella, que revienta de valiente, y él, que se precia de ser el mayor judiciario del mundo? Yo apostaré que Ladislao, su esposo de Transila, tomara ahora estar en su patria, en su casa y en su reposo, aunque pasara por el estatuto y condicion de los de su tierra, y no verse en la ajena á la discrecion del que quisiere darles lo que han menester; y este nuestro bárbaro español, en cuya arrogancia debe estar cifrada la valentía del orbe, yo pondré que si el cielo le lleva á su patria, que ha de hacer corrillos de gente, mostrando á su mujer y á sus hijos envueltos en sus pellejos, pintando la isla bárbara en un lienzo, y señalando con una vara el lugar do estuvo encerrado quince años, la mazmorra de los prisioneros, y la esperanza inútil y ridícula de los bárbaros, y el incendio no pensado de la isla; bien así como hacen los que, libres de la esclavitud turquesca, con las cadenas al hombro, habiéndolas quitado de los piés, cuentan sus desventuras con lastimeras voces y humildes plegarias en tierra de cristianos; pero esto pase, que aunque parezca que cuentan imposibles, á mayores peligros está sujeta la condicion humana, y los de un desterrado, por grandes que sean, pueden ser creederos.

—¿A dónde vas á parar, oh Clodio? dijo Rutilio.

—Voy á parar, respondió Clodio, en decir de tí que mal podrás usar tu oficio en estas regiones, donde sus moradores no danzan ni tienen otros pasatiempos sino lo que les ofrece Baco, en sus tazas risueño y en sus bebidas lascivo; pararé tambien en mí, que habiendo escapado de la muerte por la benignidad del cielo y por la cortesía de Arnaldo, ni al cielo doy gracias, ni á Arnaldo tampoco; ántes querria procurar que aunque fuese á costa de su desdicha, nosotros enmendásemos nuestra ventura. Entre los pobres pueden durar las amistades, porque la igualdad de la fortuna sirve de eslabonar los corazones; pero entre los ricos y los pobres no puede haber amistad duradera, por la desigualdad que hay entre la riqueza y la pobreza.

—Filósofo estás, Clodio, replicó Rutilio; pero yo no puedo imaginar qué medio podremos tomar para mejorar, como dices, nuestra suerte, si ella comenzó á no ser buena desde nuestro nacimiento. Yo no soy tan letrado como tú, pero bien alcanzo que los que nacen de padres humildes, si no los ayuda demasiadamente el cielo, ellos por sí solos pocas veces se levantan á donde sean señalados con el dedo, si la virtud no les da la mano; pero á tí ¿quién te la ha de dar, si la mayor que tienes es decir mal de la misma virtud? Y á mí ¿quién me ha de levantar, pues cuando más lo procure, no podré subir más de lo que se alza una cabriola? Yo danzador, tú murmurador; yo condenado á la horca en mi patria, tú desterrado de la tuya por maldiciente: mira qué bien podremos esperar que nos mejore.» Suspendióse Clodio con las razones de Rutilio, con cuya suspension dió fin á este capítulo el autor desta grande historia.

CAPITULO VI.

Declara Sinforosa á Auristela los amores de su padre.

Todos tenian con quién comunicar sus pensamientos: Policarpo con su hija, y Clodio con Rutilio; sólo el suspenso Periandro los comunicaba consigo mismo; que le engendraron tantos las razones de Auristela, que no sabia á cuál acudir, que le aliviase su pesadumbre. «¡Válame Dios! ¿qué es esto? decia entre sí mismo; ¿ha perdido el juicio Auristela? ¡ella mi casamentera! ¿cómo es posible que haya dado al olvido nuestros conciertos? ¿Qué tengo yo que ver con Sinforosa? ¿Qué reinos ni qué riquezas me pueden á mi obligar á que deje á mi hermana Sigismunda, si no es dejando de ser yo Persíles?»

En pronunciando esta palabra, se mordió la lengua y miró á todas partes á ver si alguno le escuchaba, y asegurándose que no, prosiguió diciendo: «Sin duda Auristela está celosa; que los celos se engendran, entre los que bien se quieren, del aire que pasa, del sol que toca y áun de la tierra que se pisa. ¡Oh señora mia! mira lo que haces; no hagas agravio á tu valor ni á tu belleza, ni me quites á mí la gloria de mis firmes pensamientos, cuya honestidad y firmeza me va labrando una inestimable corona de verdadero amante. Hermosa, rica y bien nacida es Sinforosa; pero en tu comparacion, es fea, es pobre y de linaje humilde. Considera, señora, que el amor nace y se engendra en nuestros pechos, ó por eleccion ó por destino: el que por destino, siempre está en su punto; el que por eleccion, puede crecer ó menguar, segun pueden menguar ó crecer las causas que nos obligan y mueven á querernos; y siendo esta verdad tan verdad como lo es, hallo que mi amor no tiene términos que le encierren ni palabras que le declaren; casi puedo decir que desde las mantillas y fajas de mi niñez te quise bien, y aquí pongo yo la razon del destino. Con la edad y con el uso de la razon fué creciendo en mí el conocimiento, y fueron creciendo en tí las partes que te hicieron amable. Vilas, contempléles, conocílas, grabélas en mi alma, y de la tuya y la mia hice un compuesto tan uno y tan solo, que estoy por decir que tendrá mucho que hacer la muerte en dividirle. Deja pues, bien mio, Sinforosas; no me ofrezcas ajenas hermosuras, ni me convides con imperios ni monarquías, ni dejes que suene en mis oidos el dulce nombre de hermano con que me llamas. Todo esto que estoy diciendo entre mí, quisiera decírtelo á tí por los mismos términos con que lo voy fraguando en mi imaginacion; pero no será posible, porque la luz de tus ojos, y más si me miran airados, ha de turbar mi vista y enmudecer mi lengua; mejor será escribírtelo en un papel, porque las razones serán siempre unas, y las podrás ver muchas veces, viendo siempre en ellas una verdad misma, una fe confirmada y un deseo loable y digno de ser creido; y así determino de escribirte.» Quietóse con esto algun tanto, pareciéndole que con más advertido discurso pondria su alma en la pluma que en la lengua.

Dejemos escribiendo á Periandro, y vamos á oir lo que dice Sinforosa á Auristela; la cual Sinforosa, con deseo de saber lo que Periandro habia respondido á Auristela, procuró verse con ella á solas, y darle de camino noticia de la intencion de su padre, creyendo que apénas se la habria declarado, cuando alcanzase el sí de su cumplimiento, puesta en pensar que pocas veces se desprecian las riquezas ni los señoríos, especialmente de las mujeres, que por naturaleza, las más, son codiciosas, como las más son altivas y soberbias.

Cuando Auristela vió á Sinforosa no le plugo mucho su llegada, porque no tenia qué responderle, por no haber visto más á Periandro; pero Sinforosa, ántes de tratar de su causa, quiso tratar de la de su padre, imaginándose que con aquellas nuevas que á Auristela la llevaba, tan dignas de dar gusto, la tendria de su parte, en quien pensaba estar el todo de su buen suceso; y así le dijo: «Sin duda alguna, bellísima Auristela, que los cielos te quieren bien, porque me parece que quieren llover sobre tí venturas y más venturas: mi padre el Rey te adora, y conmigo te envia á decir que quiere ser tu esposo, y en albricias del sí que le has de dar, y yo se le he de llevar, me ha prometido á Periandro por esposo. Ya, señora, eres reina, ya Periandro es mio, ya las riquezas te sobran, y si tus gustos en las canas de mi padre no te sobraren, sobrarte han en los del mando, y en los de los vasallos, que estarán contínuo atentos á tu servicio. Mucho te he dicho, amiga y señora mia, y mucho has de hacer por mí; que de un gran valor no se puede esperar ménos que un grande agradecimiento. Comience en nosotras á verse en el mundo dos cuñadas que se quieren bien, y dos amigas que sin doblez se amen, que sí verán, si tu discrecion no se olvida de sí misma; y dime agora qué es lo que respondió tu hermano á lo que de mí le dijiste; que estoy confiada de la buena respuesta, porque bien simple sería el que no recibiese tus consejos como de un oráculo.»

A lo que respondió Auristela: «Mi hermano Periandro es agradecido como principal caballero, y es discreto como andante peregrino; que el ver mucho y leer mucho aviva los ingenios de los hombres. Mis trabajos y los de mi hermano nos van leyendo en cuánto debemos estimar el sosiego, y pues que el que nos ofreces es tal, sin duda imagino que le habremos de admitir; pero hasta ahora no me ha respondido nada Periandro, ni sé de su voluntad cosa que pueda alentar tu esperanza ni desmayarla. Da ¡oh bella Sinforosa! algun tiempo al tiempo, y déjanos considerar el bien de tus promesas, porque puestas en obra, sepamos estimarlas; las obras que no se han de hacer más de una vez, si se yerran, no se pueden enmendar en la segunda, pues no la tienen, y el casamiento es una destas acciones; y así, es menester que se considere bien ántes que se haga, puesto que los términos desta consideracion los doy por pasados, y hallo que tú alcanzarás tus deseos y yo admitiré tus promesas y consejos, y véte, hermana, y haz llamar de mi parte á Periandro; que quiero saber dél alegres nuevas que decirte, y aconsejarme con él de lo que me conviene, como con hermano mayor, á quien debo tener respeto y obediencia.»

Abrazóla Sinforosa, y dejóla, por hacer venir á Periandro á que la viese, el cual en este tiempo, encerrado y solo, habia tomado la pluma, y de muchos principios que en un papel borró y tornó á escribir, quitó y añadió, en fin salió con uno que se dice decia desta manera:

«No he osado fiar de mi lengua lo que de mi pluma, ni »áun della fio algo, pues no puede escribir cosa que sea de »momento el que por instantes está esperando la muerte: »ahora vengo á conocer que no todos los discretos saben »aconsejar en todos los casos; aquellos sí que tienen expe-»riencia en aquellos sobre quien se les pide el consejo. Per-»dóname que no admito el tuyo, por parecerme, ó que no »me conoces, ó que te has olvidado de tí misma; vuelve, »señora, en tí, y no te haga una vana presuncion celosa salir »de los límites de la gravedad y peso de tu raro entendi-»miento. Considera quién eres, y no se te olvide de quién »yo soy, y verás en tí el término del valor que puede de-»searse, y en mí el amor y la firmeza que puede imaginar-

»se; y fiándote en esta consideracion discreta, no temas que
»ajenas hermosuras me enciendan, ni imagines que á tu in-
»comparable virtud y belleza otra alguna se anteponga. Si-
»gamos nuestro viaje, cumplamos nuestro voto, y quédense
»aparte celos infructuosos y mal nacidas sospechas. La par-
»tida desta tierra solicitaré con toda diligencia y brevedad,
»porque me parece que en salir della, saldré del infierno de
»mi tormento á la gloria de verte sin celos.»

Esto fué lo que escribió Periandro, y lo que dejó en limpio al cabo de haber hecho seis borradores; y doblando el papel, se fué á ver á Auristela, de cuya parte ya le habian llamado.

CAPITULO VII.

Donde Rutilio, enamorado de Policarpa, y Clodio, de Auristela, las escriben declarándolas sus amores. Rutilio conoce ser atrevimiento, y rompe su papel sin darle; pero Clodio determina dar el suyo.

Rutilio y Clodio, aquellos dos que querian enmendar su humilde fortuna, confiados el uno de su ingenio y el otro de su poca vergüenza, se imaginaron merecedores, el uno de Policarpa y el otro de Auristela: á Rutilio le contentó mucho la voz y el donaire de Policarpa, y á Clodio la sin igual belleza de Auristela: y andaban buscando ocasion cómo descubrir sus pensamientos sin que les viniese mal por declararlos; que es bien que tema un hombre bajo y humilde, que se atreve á decir á una mujer principal lo que no habia de atreverse á pensarlo siquiera. Pero tal vez acontece que la desenvoltura de una poco honesta, aunque principal, señora da motivo á que un hombre humilde y bajo ponga en ella los ojos y le declare sus pensamientos. Ha de ser anejo á la mujer principal el ser grave, el ser compuesta y recatada, sin que por esto sea soberbia, desabrida y descuidada; tanto ha de parecer más humilde y más grave una mujer, cuanto es más señora; pero en estos dos caballeros y nuevos amantes no nacieron sus deseos de las desenvolturas y poca gravedad de sus señoras. Pero, nazcan de do nacieren, Rutilio en fin escribió un papel á Policarpa, y Clodio á Auristela, del tenor que se sigue:

RUTILIO A POLICARPA.

«Señora, yo soy extranjero, y aunque te diga grandezas »de mi linaje, como no tengo testigos que las confirmen, »quizá no hallarán crédito en tu pecho, aunque para confir- »macion de que soy ilustre en linaje, basta que he tenido »atrevimiento de decirte que te adoro. Mira qué pruebas »quieres que haga para confirmarte en esta verdad, que á tí »estará el pedirlas y á mí el hacerlas; y pues te quiero para »esposa, imagina que deseo como quien soy, y que merezco »como deseo; que de altos espíritus es aspirar á las cosas »altas. Dame siquiera con los ojos respuesta deste papel; que »en la blandura ó rigor de tu vista veré la sentencia de mi »muerte ó de mi vida.»

Cerró el papel Rutilio con intencion de dársele á Policarpa, arrimándose al parecer de los que dicen: «Díselo tú una vez, que no faltará quien se lo acuerde ciento»; mostróselo primero á Clodio, y Clodio le mostró á él otro que para Auristela tenia escrito, que es éste que se sigue:

CLODIO A AURISTELA.

«Unos entran en la red amorosa con el cebo de la her-
»mosura, otros con los del donaire y gentileza, otros con los
»del valor que consideran en la persona á quien determinan
»rendir su voluntad; pero yo por diferente manera he puesto
»mi garganta á su yugo, mi cerviz á su coyunda, mi vo-
»luntad á sus fueros y mis piés á sus grillos, que ha sido por
»la de la lástima; que ¿cuál es el corazon de piedra que no
»la tendrá, hermosa señora, de verte vendida y comprada,
»y en tan estrechos pasos puesta, que has llegado al último
»de la vida por momentos? El hierro y despiadado acero ha
»amenazado tu garganta, el fuego ha abrasado las ropas de
»tus vestidos, la nieve tal vez te ha tenido yerta, y la ham-
»bre enflaquecida y de amarilla tez cubiertas las rosas de tus
»mejillas, y finalmente, el agua te ha sorbido y vomitado; y
»estos trabajos, no sé con qué fuerzas los llevas, pues no te
»las pueden dar las pocas de un rey vagamundo y que te
»sigue por solo el interes de gozarte, ni las de tu hermano,
»si lo es, son tantas, que te puedan alentar en tus miserias.
»No fies, señora, de promesas remotas, y arrímate á las
»esperanzas propíncuas, y escoge un modo de vida que te
»asegure la que el cielo quisiere darte. Mozo soy, habilidad
»tengo para saber vivir en los últimos rincones de la tierra:
»yo daré traza cómo sacarte desta, y librarte de las impor-
»tunaciones de Arnaldo; y sacándote deste Egipto, te llevaré
»á la tierra de promision, que es España ó Francia ó Italia,
»ya que no puedo vivir en Inglaterra, dulce y amada patria
»mia; y sobre todo, me ofrezco á ser tu esposo, y desde
»luego te acepto por mi esposa.»

Habiendo oido Rutilio el papel de Clodio, dijo: « Verdaderamente nosotros estamos faltos de juicio, pues nos queremos persuadir que podemos subir al cielo sin alas, pues las que nos da nuestra pretension son las de la hormiga. Mira, Clodio: yo soy de parecer que rasguemos estos papeles, pues no nos ha forzado á escribirlos ninguna fuerza amorosa, sino una ociosa y baldía voluntad; porque el amor ni nace ni puede crecer si no es al arrimo de la esperanza, y faltando ella, falta él de todo punto. Pues ¿por qué queremos aventurarnos á perder, y no á ganar, en esta empresa? que el declararla, y el ver á nuestras gargantas arrimado el cordel ó el cuchillo, ha de ser todo uno; demas que por mostrarnos enamorados, habremos de parecer, sobre desagradecidos, traidores. ¿Tú no ves la distancia que hay de un maestro de danzar, que enmendó su oficio con aprender el de platero, á una hija de un rey, y la que hay de un desterrado murmurador á la que desecha y menosprecia reinos? Mordámonos la lengua, y llegue nuestro arrepentimiento á do ha llegado nuestra necedad; á lo ménos este mi papel se dará primero al fuego ó al viento que á Policarpa.

— Haz tú lo que quisieres del tuyo, respondió Clodio; que el mio, aunque no le dé á Auristela, le pienso guardar por honra de mi ingenio; aunque temo que si no se le doy, toda la vida me ha de morder la conciencia de haber tenido este arrepentimiento, porque el tentar no todas las veces daña. »

Estas razones pasaron entre los dos fingidos amantes, y atrevidos y necios de véras. Llegóse, en fin, el punto de hablar á solas Periandro con Auristela, y entró á verla con intencion de darle el papel que habia escrito; pero así como la vió, olvidándose de todos los discursos y disculpas que llevaba prevenidas, le dijo : «Señora, mírame bien; que yo soy Periandro, que fuí el que fué Persíles, y soy el que tú quieres que sea Periandro : el nudo con que están atadas nuestras voluntades nadie le puede desatar sino la muerte, y siendo esto así, ¿de qué te sirve darme consejos tan contrarios á esta verdad? Por todos los cielos, y por tí misma, más hermosa que ellos, te ruego que no nombres más á Sinforosa, ni imagines que su belleza ni sus tesoros han de ser parte á que yo olvide las minas de tus virtudes, y la hermosura incomparable tuya, así del cuerpo como del alma. Esta mia, que respira por la tuya, te ofrezco de nuevo, no con mayores ventajas que aquellas con que te la ofrecí la vez primera que mis ojos te vieron, porque no hay cláusula que añadir á la obligacion en que quedé de servirte, el punto que en mis potencias se imprimió el conocimiento de tus virtudes. Procura, señora, tener salud; que yo procuraré la salida desta tierra, y dispondré lo mejor que pudiere nuestro viaje; que aunque Roma es el cielo de la tierra, no está puesta en el cielo, y no habrá trabajos ni peligros que nos nieguen del todo el llegar á ella, puesto que los haya para dilatar el camino. Tente al tronco y á las ramas de tu mucho valor, y no imagines que ha de haber en el mundo quien se le oponga.»

En tanto que Periandro esto decia, le estaba mirando Auristela con ojos tiernos y con lágrimas, de celos y compasion nacidas; pero en fin, haciendo efeto en su alma las amorosas razones de Periandro, dió lugar á la verdad que en ellas venia encerrada, y respondióle seis ú ocho palabras, que fueron : «Sin hacerme fuerza, dulce amado, te creo, y confiada te pido que con brevedad salgamos desta tierra; que en otra quizá convaleceré de la enfermedad celosa que en este lecho me tiene.

—Si yo hubiera dado, señora, respondió Periandro, alguna ocasion á tu enfermedad, llevara con paciencia tus quejas, y en mis disculpas hallaras tú el remedio de tus lástimas; pero, como no te he ofendido, no tengo de qué disculparme. Por quien eres te suplico que alegres los corazones de los que te conocen, y sea brevemente, pues faltando la ocasion de tu enfermedad, no hay para qué nos mates con ella. Pondré en efeto lo que me mandas: saldrémos desta tierra con la brevedad posible.

—¿Sabes cuánto te importa, Periandro? respondió Auristela: pues has de saber que me van lisonjeando promesas y apretando dádivas, y no como quiera, que por lo ménos me ofrecen este reino. Policarpo el Rey quiere ser mi esposo; hámelo enviado á decir con Sinforosa, su hija, y ella, con el favor que piensa tener en mí, siendo su madrastra, quiere que seas su esposo. Si esto puede ser, tú lo sabes, y si estamos en peligro, considéralo, y conforme á esto, aconséjate con tu discrecion y busca el remedio que nuestra necesidad pide; y perdóname, que la fuerza de las sospechas han sido las que me han forzado á ofenderte; pero estos yerros fácilmente los perdona el amor.

—Dél se dice, replicó Periandro, que no puede estar sin celos, los cuales, cuando de débiles y flacas ocasiones nacen, le hacen crecer, sirviendo de espuelas á la voluntad, que de puro confiada se entibia, ó á lo ménos parece que se desmaya; y por lo que debes á tu buen entendimiento, te ruego que de aquí adelante me mires, no con mejores ojos, pues no los puede haber en el mundo tales como los tuyos, sino con voluntad más llana y ménos puntuosa, no levantando algun descuido mio, más pequeño que un grano de mostaza, á ser monte que llegue á los cielos, llegando á los celos; y en lo demas, con tu buen juicio entreten al Rey y á Sinforosa; que no la ofenderás en fingir palabras que se encaminan á conseguir buenos deseos. Y queda en paz: no engendre en algun mal pecho alguna mala sospecha nuestra larga plática.»

Con esto, la dejó Periandro, y al salir de la estancia encontró con Clodio y Rutilio, Rutilio acabando de romper el papel que habia escrito á Policarpa, y Clodio doblando el suyo para ponérselo en el seno; Rutilio arrepentido de su loco pensamiento, y Clodio satisfecho de su habilidad y ufano de su atrevimiento. Pero andará el tiempo, y llegará el punto donde diera él por no haberle escrito la mitad de la vida, si es que las vidas pueden partirse.

CAPITULO VIII.

De lo que pasó entre Sinforosa y Auristela. Resuelven todos los forasteros salir luego de la isla.

Andaba el Rey Policarpo alborozado con sus amorosos pensamientos, y deseoso ademas de saber la resolucion de Auristela; tan confiado y tan seguro que habia de corresponder á lo que deseaba, que ya consigo mismo trazaba las bodas, concertaba las fiestas, inventaba las galas, y áun hacia mercedes en esperanza del venidero matrimonio; pero entre todos estos disinios no tomaba el pulso á su edad, ni igualaba con discrecion la disparidad que hay de diez y siete años á setenta, y cuando fueran sesenta, es tambien grande la distancia. Ansí halagan y lisonjean los lascivos deseos las voluntades, así engañan los gustos imaginados á los grandes entendimientos, así tiran y llevan tras sí las blandas imaginaciones á los que no se resisten en los encuentros amorosos.

Con diferentes pensamientos estaba Sinforosa, que no se aseguraba de su suerte, por ser cosa natural que quien mucho desea, mucho teme, y las cosas que podian poner alas á su esperanza, como eran su valor, su linaje y hermosura, esas mismas se las cortaban, por ser propio de los amantes rendidos pensar siempre que no tienen partes que merezcan ser amadas de los que bien quieren. Andan el amor y el temor tan apareados, que á do quiera que volvais la cara los vereis juntos; y no es soberbio el amor, como algunos dicen, sino humilde, agradable y manso, y tanto, que suele perder de su derecho por no dar á quien bien quiere pesadumbre; y más, que como todo amante tiene en sumo precio y estima la cosa que ama, huye de que de su parte nazca alguna ocasion de perderla.

Todo esto con mejores discursos que su padre consideraba la bella Sinforosa, y entre temor y esperanza puesta, fué á ver á Auristela, y á saber della lo que esperaba y temia; en fin, se vió Sinforosa con Auristela, y sola, que era lo que ella más deseaba; y era tanto el deseo que tenia de saber las nuevas de su buena ó mala andanza, que así como entró á verla, sin que la hablase palabra, se la puso á mirar ahincadamente, por ver si en los movimientos de su rostro le daba señales de su vida ó muerte. Entendióla Auristela, y á media risa, quiero decir, con muestras alegres, le dijo: «Llegaos, señora; que á la raíz del árbol de vuestra esperanza no ha puesto el temor segur para cortar: bien es verdad que vuestro bien y el mio se han de dilatar algun tanto; pero en fin llegarán, porque, aunque hay inconvenientes que suelen impedir el cumplimiento de los justos deseos, no por eso ha de tener la desesperacion fuerzas para no esperalle. Mi hermano dice que el conocimiento que tiene de tu valor y hermosura, no solamente le obliga, pero que le fuerza á quererte, y tiene á bien y á merced particular la que le haces en querer ser suya. Pero ántes que venga á tan dichosa posesion, ha menester defraudar las esperanzas que el Príncipe Arnaldo tiene de que yo he de ser su esposa, y sin duda lo fuera yo, si el serlo tú de mi hermano no lo estorbara; que has de saber, hermana mia, que así puedo yo vivir sin Periandro como puede vivir un cuerpo sin alma. Allí tengo de vivir donde él viviere; él es el espíritu que me mueve y el alma que me anima; y siendo esto así, si él se casa en esta tierra contigo, ¿cómo podré yo vivir en la de Arnaldo en ausencia de mi hermano? Para excusar este desman que me amenaza, ordena que nos vamos con él á su reino, desde el cual le pediremos licencia para ir á Roma, á cumplir un voto, cuyo cumplimiento nos sacó de nuestra tierra; y está claro, como la experiencia me lo ha mostrado, que no ha de salir un punto de mi voluntad. Puestos pues en nuestra libertad, fácil cosa será dar la vuelta á esta isla, donde, burlando sus esperanzas, veamos el fin de las nuestras, yo casándome con tu padre, y mi hermano contigo.»

A lo que respondió Sinforosa: «No sé, hermana, con qué palabras podré encarecer la merced que me has hecho con las que me has dicho, y así la dejaré en su punto, porque no sé cómo explicarlo; pero esto que ahora decirte quiero, recíbelo ántes por advertimiento que por consejo. Ahora estás en esta tierra y en poder de mi padre, que te podrá y querrá defender de todo el mundo, y no será bien que se ponga en contingencia la seguridad de tu posesion; no le ha de ser posible á Arnaldo llevaros por fuerza á tí y á tu hermano, y hale de ser forzoso, si no querer, á lo ménos consentir lo que mi padre quisiere, que le tiene en su reino y en su casa. Asegúrame tú ¡oh hermana! que tienes voluntad de ser mi señora, siendo esposa de mi padre, y que tu hermano no se ha de desdeñar de ser mi señor y esposo; que yo te daré llanas todas las dificultades é inconvenientes que para llegar á este efeto pueda poner Arnaldo.»

A lo que respondió Auristela: «Los varones prudentes por los casos pasados y por los presentes juzgan los que están por venir; hacernos fuerza pública ó secreta tu padre en nuestra detencion ha de irritar y despertar la cólera de Arnaldo, que, en fin, es rey poderoso, á lo ménos lo es más que tu padre, y los reyes burlados y engañados fácilmente se acomodan á vengarse; y así, en lugar de haber recebido con nuestro parentesco gusto, recebiríades daño, trayéndoos la guerra á vuestras mismas casas. Y si dijeres que este temor se ha de tener siempre, ora nos quedemos aquí, ora volvamos despues, considerando que nunca los cielos aprietan tanto los males, que no dejen alguna luz con que se descubra la de su remedio, soy de parecer que nos vamos con Arnaldo, y que tú misma con tu discrecion y aviso solicites nuestra partida, que en esto solicitarás y abreviarás nuestra vuelta; y aquí, si no en reinos tan grandes como los de Arnaldo, á lo ménos en paz más segura gozaré yo de la prudencia de tu padre, y tú de la gentileza y bondad de mi hermano, sin que se dividan y aparten nuestras almas.» Oyendo las cuales razones Sinforosa, loca de contento, se abalanzó á Auristela y le echó los brazos al cuello, midiéndole la boca y los ojos con sus hermosos labios.

En esto vieron entrar por la sala á los dos, al parecer bárbaros, padre y hijo, y á Ricla y Constanza; y luego tras ellos entraron Mauricio, Ladislao y Transila, deseosos de ver y hablar á Auristela, y saber en qué punto estaba su enfermedad, que los tenia á ellos sin salud. Despidióse Sinforosa más alegre y más engañada que cuando habia entrado; que los corazones enamorados creen con mucha facilidad áun las sombras de las promesas de su gusto.

El anciano Mauricio, despues de haber pasado con Auristela las ordinarias preguntas y respuestas que suelen pasar entre los enfermos y los que los visitan, dijo: «Si los pobres, aunque mendigos, suelen llevar con pesadumbre el verse desterrados ó ausentes de su patria, donde no dejaron sino los terrones que los sustentaban, ¿qué sentirán los ausentes que dejaron en su tierra los bienes que de la fortuna pudieran prometerse? Digo esto, señora, porque mi edad, que con presurosos pasos me va acercando al último fin, me hace desear verme en mi patria, adonde mis amigos, mis parientes y mis hijos me cierren los ojos y me dén el último vale. Este bien y merced conseguiremos todos cuantos aquí estamos, pues todos somos extranjeros y ausentes, y todos, á lo que creo, tenemos en nuestras patrias lo que no hallaremos en las ajenas. Si tú, señora, quisieres solicitar nuestra partida, ó á lo ménos teniendo por bien que nosotros la procuremos, puesto que no será posible el dejarte, porque tu generosa condicion y rara hermosura, acompañada de la discrecion que admira, es la piedra iman de nuestras voluntades...

—A lo ménos, dijo á esta sazon Antonio el padre, de la mia y de las de mi mujer y hijos lo es de suerte, que primero dejaré la vida que dejar la compañía de la señora Auristela, si es que ella no se desdeña de la nuestra.

—Yo os agradezco, señores, respondió Auristela, el deseo que me habeis mostrado, y aunque no está en mi mano corresponder á él como debia, todavía haré que le pongan en efeto el Príncipe Arnaldo y mi hermano Periandro, sin que sea parte mi enfermedad, que ya es salud, á impedirle. En tanto, pues, que llega el felice dia y punto de nuestra partida, ensanchad los corazones, y no deis lugar que reine en ellos la melancolía, ni penseis en peligros venideros; que pues el cielo de tantos nos ha sacado, sin que otros nos sobrevengan nos llevará á nuestras dulces patrias; que los males que no tienen fuerzas para acabar la vida, no la han de tener para acabar la paciencia.»

Admirados quedaron todos de la respuesta de Auristela, porque en ella se descubrió su corazon piadoso y su discrecion admirable. Entró en este instante el Rey Policarpo, alegre sobremanera, porque ya habia sabido de Sinforosa, su hija, las prometidas esperanzas del cumplimiento de sus entre castos y lascivos deseos; que los ímpetus amorosos que suelen parecer en los ancianos, se cubren y disfrazan con la capa de la hipocresía; que no hay hipócrita, si no es conocido por tal, que dañe á nadie sino á sí mismo; y los viejos con la sombra del matrimonio disimulan sus depravados apetitos. Entraron con el Rey Arnaldo y Periandro, y dándole el parabien á Auristela de la mejoría, mandó el Rey que aquella noche, en señal de la merced que del cielo todos en la mejoría de Auristela habian recebido, se hiciesen luminarias en la ciudad, y fiestas y regocijos ocho dias continuos. Periandro lo agradeció como hermano de Auristela, y Arnaldo como amante que pretendia ser su esposo.

Regocijábase Policarpo allá entre sí mismo en considerar cuán suavemente se iba engañando Arnaldo, el cual, admirado con la mejoría de Auristela, sin que supiese los disinios de Policarpo, buscaba modo de salir de su ciudad, pues tanto cuanto más se dilataba su partida, tanto más, á su parecer, se alongaba el cumplimiento de su deseo. Mauricio tambien, deseoso de volver á su patria, acudió á su ciencia, y halló en ella que grandes dificultades habian de impedir su partida: comunicólas con Arnaldo y Periandro, que ya habian sabido los intentos de Sinforosa y Policarpo, que les puso en mucho cuidado, por saber cierto que cuando el amoroso deseo se apodera de los pechos poderosos suele romper por cualquiera dificultad, y hasta llegar al fin dellos no se miran respetos, ni se cumplen palabras, ni guardan obligaciones; y así no habia para qué fiarse en las pocas ó ninguna en que Policarpo les estaba. En resolucion, quedaron los tres de acuerdo que Mauricio buscase un bajel, de muchos que en el puerto estaban, que los llevase á Inglaterra secretamente, que para embarcarse no faltaria modo convenible, y que en este entretanto no mostrase ninguno señales de que tenian noticia de los disinios de Policarpo. Todo esto se comunicó con Auristela, la cual aprobó su parecer, y entró en nuevos cuidados de mirar por su salud y por la de todos.

CAPITULO IX.

Da Clodio el papel á Auristela; Antonio el bárbaro le mata por yerro. De la enfermedad que sobrevino á Antonio el mozo.

Dice la historia que llegó á tanto la insolencia, ó por mejor decir, la desvergüenza de Clodio, que tuvo atrevimiento de poner en las manos de Auristela el desvergonzado papel que la habia escrito, engañada con que le dijo que eran unos versos devotos, dignos de ser leidos y estimados. Abrió Auristela el papel, y pudo con ella tanto la curiosidad, que no dió lugar al enojo para dejalle de leer hasta el cabo. Leyóle en fin, y volviéndole á cerrar, puestos los ojos en Clodio, y no echando por ellos rayos de amorosa luz, como las más veces solia, sino centellas de rabioso fuego, le dijo: «Quítateme de delante, hombre maldito y desvergonzado; que si la culpa deste tu atrevido disparate entendiera que habia nacido de algun descuido mio que menoscabara mi crédito y mi honra, en mí misma castigara tu atrevimiento, el cual no ha de quedar sin castigo, si ya entre tu locura y mi paciencia no se pone el tenerte lástima.»

Quedó atónito Clodio, y diera él por no haberse atrevido la mitad de la vida, como ya se ha dicho. Rodeáronle luego el alma mil temores, y no se daba más término de vida que lo que tardasen en saber su bellaquería Arnaldo ó Periandro; y sin replicar palabra, bajó los ojos, volvió las espaldas y dejó sola á Auristela, cuya imaginacion ocupó un temor, no vano, sino muy puesto en razon, de que Clodio, desesperado, habia de dar en traidor, aprovechándose de los intentos de

Policarpo, si acaso á su noticia viniese, y determinó darla de aquel caso á Periandro y Arnaldo.

Sucedió en este tiempo que estando Antonio el mozo solo en su aposento, entró á deshora una mujer en él, de hasta cuarenta años de edad, que con el brío y donaire debia de encubrir otros diez, vestida, no al uso de aquella tierra, sino al de España; y aunque Antonio no conocia de usos, sino de los que habia visto en los de la bárbara isla donde se habia criado y nacido, bien conoció ser extranjera de aquella tierra. Levantóse Antonio á recebirla cortésmente, porque no era tan bárbaro, que no fuese bien criado. Sentáronse, y la dama (si en tantos años de edad es justo se le dé este nombre), despues de haber estado atenta mirando el rostro de Antonio, dijo:

«Parecerte ha novedad ¡oh mancebo! esta mi venida á verte, porque no debes de estar en uso de ser visitado de mujeres, habiéndote criado, segun he sabido, en la isla Bárbara, y no entre bárbaros, sino entre riscos y peñas, de las cuales, si como sacaste la belleza y brío que tienes, has sacado tambien la dureza en las entrañas, la blandura de las mias temo que no me ha de ser de provecho. No te desvies; sosiégate, y no te alborotes; que no está hablando contigo algun monstruo ni persona que quiera decirte ni aconsejarte cosas que vayan fuera de la naturaleza humana; mira que te hablo español, que es la lengua que tú sabes, cuya conformidad suele engendrar amistad entre los que no se conocen. Mi nombre es Cenotia; soy natural de España, nacida y criada en Alhama, ciudad del reino de Granada; conocida por mi nombre en todos los de España, y áun entre otros muchos, porque mi habilidad no consiente que mi nombre se encubra, haciéndome conocida mis obras. Salí de mi patria habrá cuatro años, huyendo de la vigilancia que tienen los mastines veladores que en aquel reino tiene el católico rebaño; mi estirpe es agarena; mis ejercicios, los de Zoroastres, y en ellos soy única. ¿Ves este sol que nos alumbra? pues si para señal de lo que puedo, quieres que le quite los rayos y le asombre con nubes, pídemelo, que haré que á esta claridad suceda en un punto escura noche; ó ya si quisieres ver temblar la tierra, pelear los vientos, alterarse el mar, encontrarse los montes, bramar las fieras, ó otras espantosas señales que nos representen la confusion del cáos primero, pídelo, que tú quedarás satisfecho y yo acreditada. Has de saber ansimismo que en aquella ciudad de Alhama siempre ha habido alguna mujer de mi nombre, la cual, con el apellido de Cenotia, hereda esta ciencia, que no nos enseña á ser hechiceras, como algunos nos llaman, sino á ser encantadoras y magas, nombres que nos vienen más al propio. Las que son hechiceras nunca hacen cosa que para alguna cosa sea de provecho: ejercitan sus burlerías con cosas al parecer de burlas, como son habas mordidas, agujas sin puntas, alfileres sin cabeza, cabellos cortados en crecientes ó menguantes de luna; usan de caractéres que no entienden, y si algo alcanzan tal vez de lo que pretenden, es, no en virtud de sus simplicidades, sino porque Dios permite, para mayor condenacion suya, que el demonio las engañe. Pero nosotras, las que tenemos nombre de magas y de encantadoras, somos gente de mayor cuantía: tratamos con las estrellas, contemplamos el movimiento de los cielos, sabemos la virtud de las yerbas, de las plantas, de las piedras, de las palabras; y juntando lo activo á lo pasivo, parece que hacemos milagros, y nos atrevemos á hacer cosas tan estupendas, que causan admiracion á las gentes; de donde nace nuestra buena ó mala fama: buena, si hacemos bien con nuestra habilidad; mala, si hacemos mal con ella. Pero, como la naturaleza parece que nos inclina ántes al mal que al bien, no podemos tener tan á raya los deseos, que no se deslicen á procurar el mal ajeno; que ¿quién quitará al airado y ofendido que no se vengue? ¿quién al amante desdeñado que no quiera, si puede, reducir á ser querido del que le aborrece? puesto que en mudar las voluntades y sacarlas de su quicio, como esto es ir contra el libre albedrío, no hay ciencia que lo pueda, ni virtud de yerbas que lo alcance.»

A todo esto que la española Cenotia decia, la estaba mirando Antonio, con deseo grande de saber qué suma tendria tan larga cuenta; pero la Cenotia prosiguió diciendo: «Dígote en fin, bárbaro discreto, que la persecucion de los que llaman inquisidores en España me arrancó de mi patria; que cuando se sale por fuerza della, ántes se puede llamar arrancada que salida. Vine á esta isla por extraños rodeos, por infinitos peligros, casi siempre como si estuvieran cerca, volviendo la cabeza atras, pensando que me mordian las faldas los perros, que áun hasta aquí temo. Díme presto á conocer al rey antecesor de Policarpo, hice algunas maravillas, con que dejé maravillado al pueblo; procuré hacer vendible mi ciencia tan en mi provecho, que tengo juntos más de treinta mil escudos en oro; y estando atenta á esta ganancia, he vivido castamente, sin procurar otro algun deleite, ni le procurara, si mi buena ó mala fortuna no te hubieran traido á esta tierra; que en tu mano está darme la suerte que quisieres. Si te parezco fea, yo haré de modo que me juzgues por hermosa; si son pocos treinta mil escudos que te ofrezco, alarga tu deseo y ensancha los sacos de la codicia y los senos, y comienza desde luego á contar cuantos dineros acertares á desear. Para tu servicio sacaré las perlas que encubren las conchas del mar, rendiré y traeré á tus manos las aves que rompen el aire, haré que te ofrezcan sus frutos las plantas de la tierra, haré que brote del abismo lo más precioso que en él se encierra, haréte invencible en todo, blando en la paz, temido en la guerra; en fin, enmendaré tu suerte de manera, que seas siempre invidiado y no invidioso; y en cambio destos bienes que te he dicho, no te pido que seas mi esposo, sino que me recibas por tu esclava; que para ser tu esclava no es menester que me tengas voluntad, como para ser esposa, y como yo sea tuya, en cualquier modo que lo sea viviré contenta. Comienza pues ¡oh generoso mancebo! á mostrarte prudente, mostrándote agradecido : mostrarte has prudente, si ántes que me agradezcas estos deseos, quisieres hacer experiencia de mis obras; y en señal de que así lo harás, alégrame el alma ahora con darme alguna señal de paz, dándome á tocar tu valerosa mano»; y diciendo esto, se levantó para ir á abrazarle. Antonio viendo lo cual, lleno de confusion, como si fuera la más retirada doncella del mundo y como si enemigos combatieran el castillo de su honestidad, se puso á defenderle, y levantándose, fué á tomar su arco, que siempre, ó le traia consigo, ó le tenia junto á sí, y poniendo en él una flecha, hasta veinte pasos desviado de la Cenotia, le encaró la flecha.

No le contentó mucho á la enamorada dama la postura amenazadora de muerte de Antonio, y por huir el golpe desvió el cuerpo, y pasó la flecha volando por junto á la garganta (en esto más bárbaro Antonio de lo que parecia en su traje); pero no fué el golpe de la flecha en vano, porque á este instante entraba por la puerta de la estancia el maldiciente Clodio, que le sirvió de blanco y le pasó la boca y la lengua, y le dejó la vida en perpétuo silencio: castigo merecido á sus muchas culpas. Volvió la Cenotia la cabeza, vió el mortal golpe que habia hecho la flecha, temió la segunda, y sin aprovecharse de lo mucho que con su ciencia se prometia, llena de confusion y de miedo, tropezando aquí y cayendo allí, salió del aposento con intencion de vengarse del cruel y desamorado mozo.

CAPITULO X.

De la enfermedad que sobrevino á Antonio el mozo.

No le quedó sabrosa la mano á Antonio del golpe que habia hecho, que aunque acertó errando, como no sabia las culpas de Clodio, y habia visto las de la Cenotia, quisiera haber sido mejor certero. Llegóse á Clodio por ver si le quedaban algunas reliquias de vida, y vió que todas se las habia llevado la muerte; cayó en la cuenta de su yerro, y túvose verdaderamente por bárbaro. Entró en esto su padre, y viendo la sangre y el cuerpo muerto de Clodio, conoció por la flecha que aquel golpe habia sido hecho por la mano de su hijo. Preguntóselo, y respondióle que sí; quiso saber la causa, y tambien se la dijo; admiróse el padre, y lleno de indignacion, le dijo: «Ven acá, bárbaro: si á los que te aman y te quieren procuras quitar la vida, ¿qué harás á los que te aborrecen? Si tanto presumes de casto y honesto, defiende tu castidad y honestidad con el sufrimiento; que los peligros semejantes no se remedian con las armas ni con esperar los encuentros, sino con huir de ellos. Bien parece que no sabes lo que le sucedió á aquel mancebo hebreo, que dejó la capa en manos de la lasciva señora que le solicitaba; dejaras tú, ignorante, esa tosca piel que traes vestida, y ese arco con que presumes vencer á la misma valentía, no le armaras contra la blandura de una mujer rendida, que cuando lo está, rompe por cualquier inconveniente que á su deseo se oponga. Si con esta condicion pasas adelante en el discurso de tu vida, por bárbaro serás tenido, hasta que la acabes, de todos los que te conocieren. No digo yo que ofendas á Dios en ningun modo, sino que reprendas, y no castigues, á las que quisieren turbar tus honestos pensamientos; y aparéjate para más de una batalla; que la verdura de tus años y el gallardo brío de tu persona con muchas batallas te amenazan; y no pienses que has de ser siempre solicitado; que alguna vez solicitarás, y sin alcanzar tus deseos, te alcanzará la muerte en ellos.»

Escuchaba Antonio á su padre, los ojos puestos en el suelo, tan vergonzoso como arrepentido; y lo que le respondió fué: «No miré, señor, lo que hice, y pésame de haberlo hecho; procuraré enmendarme de aquí adelante, de modo que no parezca bárbaro por riguroso, ni lascivo por manso; dése órden de enterrar á Clodio y de hacerle la satisfaccion más conveniente que ser pudiere.»

Ya en esto habia volado por el palacio la muerte de Clodio, pero no la causa de ella, porque la encubrió la enamorada Cenotia, diciendo sólo que sin saber por qué, el bárbaro mozo le habia muerto. Llegó esta nueva á los oidos de Auristela, que áun se tenia el papel de Clodio en las manos, con intencion de mostrársele á Periandro ó Arnaldo para que castigasen su atrevimiento; pero viendo que el cielo habia tomado á su cargo el castigo, rompió el papel, y no quiso que saliesen á luz las culpas de los muertos : consideracion tan prudente como cristiana; y bien que Policarpo se alborotó con el suceso, teniéndose por ofendido de que nadie en su casa vengase sus injurias, no quiso averiguar el caso, sino remitióselo al Príncipe Arnaldo, el cual, á ruego de Auristela y al de Transila, perdonó á Antonio y mandó enterrar á Clodio, sin averiguar la culpa de su muerte, creyendo ser verdad lo que Antonio decia, que por yerro le habia muerto, sin descubrir los pensamientos de Cenotia, porque á él no le tuviesen de todo en todo por bárbaro. Pasó el rumor del caso, enterraron á Clodio, quedó Auristela vengada, como si en su generoso pecho albergara género de venganza alguna, así como albergaba en el de la Cenotia, que bebia, como dicen, los vientos, imaginando cómo vengarse del cruel flechero; el cual de allí á dos dias se sintió mal dispuesto y cayó en la cama con tanto descaecimiento, que los médicos dijeron que se le acababa la vida, sin conocer de qué enfermedad. Lloraba Ricla, su madre, y su padre Antonio tenia de dolor el corazon consumido; no se podia alegrar Auristela ni Mauricio; Ladislao y Transila sentian la misma pesadumbre; viendo lo cual Policarpo, acudió á su consejera Cenotia, y le rogó procurase algun remedio á la enfermedad de Antonio, la cual por no conocerla los médicos, ellos no sabian hallarle. Ella le dió buenas esperanzas, asegurándole que de aquella enfermedad no moriria, pero que convenia dilatar algun tanto la cura; creyóla Policarpo como si se lo dijera un oráculo.

De todos estos sucesos no le pesaba mucho á Sinforosa, viendo que por ellos se detendria la partida de Periandro, en cuya vista tenia librado el alivio de su corazon; que puesto que deseaba que se partiese, pues no podia volver si no se partia, tanto gusto le daba el verle, que no quisiera que se partiera. Llegó una sazon y coyuntura donde Policarpo y sus dos hijas, Arnaldo, Periandro y Auristela, Mauricio, Ladislao y Transila y Rutilio, que despues que escribió el billete á Policarpa, aunque le habia roto, de arrepentido andaba triste y pensativo, bien así como el culpado que piensa que cuantos le miran son sabidores de su culpa; digo que la compañía de los ya nombrados se halló en la estancia del enfermo Antonio, á quien todos fueron á visitar á pedimento de Auristela, que ansí á él como á sus padres los estimaba y queria mucho, obligada del beneficio que el mozo bárbaro le habia hecho cuando los sacó del fuego de la isla y la llevó al asilo de su padre; y más, que como en las comunes desventuras se reconcilian los ánimos y se traban las amistades, por haber sido tantas las que en compañía de Ricla y de Constanza y de los dos Antonios habia pasado, ya no solamente por obligacion, más por eleccion y destino los amaba.

Estando pues juntos, como se ha dicho, un dia Sinforosa rogó encarecidamente á Periandro les contase algunos sucesos de su vida; especialmente se holgaria de saber de dónde venia la primera vez que llegó á aquella isla, cuando ganó los premios de todos los juegos y fiestas que aquel dia se hicieron en memoria de haber sido el de la eleccion de su padre. A lo que Periandro respondió que sí haria, si se le permitiese comenzar el cuento de su historia, no del mismo principio, porque éste no le podia decir ni descubrir á nadie hasta verse en Roma con Auristela, su hermana. Todos le dijeron que hiciese su gusto, que de cualquier cosa que él dijese le recibirian; y el que más contento sintió fué Arnaldo, creyendo descubrir, por lo que Periandro dijese, algo que descubriese quién era. Con este salvo-conducto Periandro dijo desta manera:

CAPITULO XI.

Cuenta Periandro el suceso de su viaje.

«El principio y preámbulo de mi historia, ya que quereis, señores, que os la cuente, quiero que sea éste: que nos contempleis á mi hermana y á mí con una anciana ama suya embarcados en una nave, cuyo dueño, en lugar de parecer mercader, era un gran cosario. Las riberas de una isla barriamos, quiero decir que íbamos tan cerca de ella, que distintamente conociamos, no solamente los árboles, pero sus diferencias; mi hermana, cansada de haber andado algunos dias por el mar, deseó salir á recrearse á la tierra; pidióselo al capitan, y como sus ruegos tienen siempre fuerza de mandamiento, consintió el capitan en el de su ruego, y en la pequeña barca de la nave, con solo un marinero, nos echó en tierra á mí y á mi hermana y á Cloelia, que éste era el nombre de su ama. Al tomar tierra, vió el marinero que un pequeño rio por una pequeña boca entraba á dar al mar su tributo; hacíanle sombra por una y otra ribera gran cantidad de verdes y hojosos árboles, á quien servian de cristalinos espejos sus transparentes aguas; rogámosle se entrase por el rio, pues la amenidad del sitio nos convidaba; hízolo así, y comenzó á subir por el rio arriba, y habiendo perdido de vista la nave, soltando los remos, se detuvo y dijo: «Mirad, señores, del modo que habeis de hacer este viaje, y haced cuenta que esta pequeña barca que ahora os lleva es vuestro navío, porque no habeis de volver más al que en la mar os queda aguardando, si ya esta señora no quiere perder la honra, y vos, que decis que sois su hermano, la vida.» Díjome, en fin, que el capitan del navío queria deshonrar á mi hermana y darme á mí la muerte, y que atendiésemos á nuestro remedio; que él nos seguiria y acompañaria en todo lugar y en todo acontecimiento. Si nos turbamos con esta nueva, júzguelo el que estuviere acostumbrado á recebirlas malas de los bienes que espera. Agradecíle el aviso y ofrecíle la recompensa cuando nos viésemos en más felice estado. «Áun bien, dijo Cloelia, que traigo conmigo las joyas de mi señora»; y aconsejándonos los cuatro de lo que hacer debiamos, fué parecer del marinero que nos entrásemos el rio adentro, quizá descubririamos algun lugar que nos defendiese si acaso los de la nave viniesen á buscarnos; «mas no vendrán, dijo, porque no hay gente en todas estas islas que no piense ser cosarios todos cuantos surcan estas riberas, y en viendo la nave ó naves, luego toman las armas para defenderse, y si no es con asaltos nocturnos y secretos, nunca salen medrados los cosarios.»

»Parecióme bien su consejo; tomé yo el un remo y ayudéle á llevar el trabajo; subimos por el rio arriba, y habiendo andado como dos millas, llegó á nuestros oidos el són de muchos y varios instrumentos formado, y luego se nos ofreció á la vista una selva de árboles movibles, que de la una ribera á la otra ligeramente cruzaban; llegamos más cerca, y conocimos ser barcas enramadas lo que parecian árboles, y que el són le formaban los instrumentos que tañian los que en ellas iban. Apénas nos hubieron descubierto, cuando se vinieron á nosotros y rodearon nuestro barco por todas partes. Levantóse en pié mi hermana, y echándose sus hermosos cabellos á las espaldas, tomados por la frente con una cinta leonada ó liston, que le dió su ama, hizo de sí casi divina é improvisa muestra, que como despues supe, por tal la tuvieron todos los que en las barcas venian, los cuales á voces, como dijo el marinero que las entendia, decian: «¿Qué es esto? ¿Qué deidad es ésta que viene á visitarnos y á dar el parabien al pescador Carino y á la sin par Selviana de sus felicísimas bodas?» Luego dieron cabo á nuestra barca, y nos llevaron á desembarcar no léjos del lugar donde nos habian encontrado.

»Apénas pusimos los piés en la ribera, cuando un escuadron de pescadores, que así lo mostraban ser en su traje, nos rodearon, y uno por uno, llenos de admiracion y reverencia, llegaron á besar las orillas del vestido de Auristela, la cual, á pesar del temor que la acongojaba de las nuevas que la habian dado, se mostró á aquel punto tan hermosa, que yo disculpo el error de aquellos que la tuvieron por divina. Poco desviados de la ribera, vimos un tálamo en gruesos troncos de sabina sustentado, cubierto de verde juncia, y oloroso con diversas flores que servian de alcatifas al suelo. Vimos ansimismo levantarse de unos asientos dos mujeres y dos hombres, ellas mozas y ellos gallardos mancebos; la una hermosa sobremanera, y la otra fea sobremanera; el uno gallardo y gentil hombre, y el otro no tanto; y todos cuatro se pusieron de rodillas ante Auristela, y el más gentil hombre dijo: «¡Oh tú, quien quiera que seas, que no puedes ser sino cosa del cielo! mi hermano y yo con el extremo á nuestras fuerzas posibles te agradecemos esta merced que nos haces, honrando nuestras pobres y ya de hoy más ricas bodas. Ven, señora, y si en lugar de los palacios de cristal que en el profundo mar dejas, como una de sus habitadoras, hallares en nuestros ranchos las paredes de conchas y los tejados de mimbres, ó por mejor decir, las paredes de mimbres y los tejados de conchas, hallarás por lo ménos los deseos de oro y las voluntades de perlas para servirte; y hago esta comparacion, que parece impropia, porque no hallo cosa mejor que el oro ni más hermosa que las perlas.»

»Inclinóse á abrazarle Auristela, confirmando con su gravedad, cortesía y hermosura la opinion que della tenian. El pescador ménos gallardo se apartó á dar órden á la demas turba á que levantasen las voces en alabanzas de la recien venida extranjera, y que tocasen todos los instrumentos en señal de regocijo. Las dos pescadoras, fea y hermosa, con sumision humilde besaron las manos á Auristela, y ella las abrazó cortés y amigablemente. El marinero, contentísimo del suceso, dió cuenta á los pescadores del navío que en el mar quedaba, diciéndoles que era de cosarios, de quien se temia que habian de venir por aquella doncella, que era una principal señora, hija de reyes; que para mover los corazones á su defensa, le pareció ser necesario levantar este testimonio á mi hermana. Apénas entendieron esto, cuando dejaron los instrumentos regocijados, y acudieron á los bélicos, que tocaron arma, arma, por entrambas riberas. Llegó en esto la noche, recogímonos al mismo rancho de los desposados, pusiéronse centinelas hasta la misma boca del rio, cebáronse las nasas, tendiéronse las redes y acomodáronse los anzuelos, todo con intencion de regalar y servir á sus nuevos huéspedes; y por más honrarlos, los dos recien desposados no quisieron aquella noche pasarla con sus esposas, sino dejar los ranchos solos á ellas y á Auristela y á Cloelia, y que ellos con sus amigos, conmigo y con el marinero les hiciesen guarda y centinela; y aunque sobraba la claridad del cielo, por la que ofrecia la de la creciente luna, y en la tierra ardian las hogueras que el nuevo regocijo habia encendido, quisieron los desposados que cenásemos en el campo los varones y dentro del rancho las mujeres. Hízose así, y fué la cena tan abundante, que pareció que la tierra se quiso aventajar al mar, y el mar á la tierra, en ofrecer la una sus carnes y la otra sus pescados.

»Acabada la cena, Carino me tomó por la mano, y paseándose conmigo por la ribera, despues de haber dado muestras de tener apasionada el alma, con sollozos y con suspiros me dijo: «Por tener milagrosa esta tu llegada á tal sazon y tal coyuntura, que con ella has dilatado mis bodas, tengo por cierto que mi mal ha de tener remedio mediante tu consejo; y ansí, aunque me tengas por loco y por hombre de mal conocimiento y de peor gusto, quiero que sepas que de aquellas dos pescadoras que has visto, la una fea y la otra hermosa, á mí me ha cabido en suerte de que sea mi esposa la más bella, que tiene por nombre Selviana; pero no sé qué te diga, ni sé qué disculpa dar de la culpa que tengo ni del yerro que hago: yo adoro á Leoncia, que es la fea, sin poder ser parte á hacer otra cosa. Con todo ésto, te quiero decir una verdad, sin que me engañe en creerla: que á los ojos de mi alma, por las virtudes que en la de Leoncia descubro, ella es la más hermosa mujer del mundo; y hay más en esto, que de Solercio, que es el nombre del otro desposado, tengo más de un barrunto que muere por Selviana, de modo que nuestras cuatro voluntades están trocadas, y esto ha sido por querer todos cuatro obedecer á nuestros padres y á nuestros parientes, que han concertado estos matrimonios; y no puedo yo pensar en qué razon se consiente que la carga que ha de durar toda la vida se la eche el hombre sobre sus hombros, no por el suyo, sino por el gusto ajeno; y aunque esta tarde habiamos de dar el consentimiento y el sí del cautiverio de nuestras voluntades, no por industria, sino por ordenacion del cielo, que así lo quiero creer, se estorbó con vuestra venida, de modo que áun nos queda tiempo para enmendar nuestra ventura, y para esto te pido consejo, pues como extranjero, y no parcial de ninguno, sabrás aconsejarme; porque tengo determinado, si no se descubre alguna senda que me lleve á mi remedio, de ausentarme destas riberas, y no parecer en ellas en tanto que la vida me duráre, ora mis padres se enojen, ó mis parientes me riñan, ó mis amigos se enfaden.»

»Atentamente le estuve escuchando, y de improviso me vino á la memoria su remedio, y á la lengua estas mismas palabras: «No hay para qué te ausentes, amigo; á lo ménos no ha de ser ántes que yo hable con mi hermana Auristela, que es aquella hermosísima doncella que has visto: ella es tan discreta, que parece que tiene entendimiento divino como tiene hermosura divina.» Con esto, nos volvimos á los ranchos, y yo conté á mi hermana todo lo que con el pescador habia pasado, y ella halló en su discrecion el modo como sacar verdaderas mis palabras y el contento de todos; y fué que apartándose con Leoncia y Selviana á una parte, les dijo: «Sabed, amigas (que de hoy más lo habeis de ser verdaderas mias), que juntamente con este buen parecer que el cielo me ha dado, me dotó de un entendimiento perspicaz y agudo, de tal modo, que viendo el rostro de una persona le leo el alma y le adivino los pensamientos. Para prueba desta verdad os presentaré á vosotras por testigos: tú, Leoncia, mueres por Carino, y tú, Selviana, por Solercio. La virginal vergüenza os tiene mudas, pero por mi lengua se romperá vuestro silencio, y por mi consejo, que sin duda alguna será admitido, se igualarán vuestros deseos: callad y dejadme hacer; que, ó yo no tendré discrecion, ó vosotras tendréis felice fin en vuestros deseos.» Ellas, sin responder palabra, sino con besarla infinitas veces las manos y abrazándola estrechamente, confirmaron ser verdad cuanto habia dicho, especialmente en lo de sus trocadas aficiones.

»Pasóse la noche, vino el dia, cuya alborada fué regocijadísima, porque con nuevos y verdes ramos parecieron adornadas las barcas de los pescadores; sonaron los instrumentos con nuevos y alegres sones, alzaron las voces todos, con que se aumentó la alegría; salieron los desposados para irse á poner en el tálamo, donde habian estado el dia ántes; vistiéronse Selviana y Leoncia de nuevas ropas de boda; mi hermana de industria se aderezó y compuso con los mismos vestidos que tenia, y con ponerse una cruz de diamantes sobre su hermosa frente, y unas perlas en sus orejas, joyas de tanto valor, que hasta ahora nadie les ha sabido dar su justo precio, como lo vereis cuando os las enseñe, mostró ser imágen sobre el mortal curso levantada. Llevaba asidas de las manos á Silviana y á Leoncia, y puesta encima del teatro donde el tálamo estaba, llamó y hizo llegar junto á sí á Carino y á Solercio. Carino llegó temblando y confuso de no saber lo que yo habia negociado, y estando ya el sacerdote á punto para darles las manos y hacer las católicas ceremonias que se usan, mi hermana hizo señal que la escuchasen; luego se extendió un mudo silencio por toda la gente, tan callado, que apénas los aires se movian. Viéndose, pues, prestar grato oido de todos, dijo en alta y sonora voz: «Esto quiere el cielo»; y tomando por la mano á Selviana, se la entregó á Solercio, y asiendo de la de Leoncia, se la dió á Carino. «Esto, señores, prosiguió mi hermana, es, como ya he dicho, ordenacion del cielo, y gusto no accidental, sino propio destos venturosos desposados, como lo muestra la alegría de sus rostros y el sí que pronuncian sus lenguas.» Abrazáronse los cuatro, con cuya señal todos los circunstantes aprobaron su trueco, y confirmaron, como ya he dicho, ser sobrenatural el entendimiento y belleza de mi hermana, pues así habia trocado aquellos casi hechos casamientos con sólo mandarlo. Celebróse la fiesta, y luego salieron de entre las barcas del rio cuatro despalmadas, vistosas por las diversas colores con que venian pintadas, y los remos, que eran seis de cada banda, ni más ni ménos; las banderetas, que venian muchas por los filaretes, asimismo eran de várias colores; los doce remos de cada una venian vestidos de blanquísimo y delgado lienzo, de aquel mismo modo que yo vine cuando entré la vez primera en esta isla;

luego conocí que querian las barcas correr el palio que se mostraba puesto en el árbol de otra barca desviada de las cuatro como tres carreras de caballo. Era el palio de tafetan verde, listado de oro, vistoso y grande, pues alcanzaba á besar y áun á pasearse por las aguas.

»El rumor de la gente y el són de los instrumentos era tan grande, que no se dejaba entender lo que mandaba el capitan del mar, que en otra pintada barca venia. Apartáronse las enramadas barcas á una y otra parte del rio, dejando un espacio llano en medio, por donde las cuatro competidoras barcas volasen sin estorbar la vista á la infinita gente que desde el tálamo y desde ambas riberas estaba atenta á mirarlas; y estando ya los bogadores asidos de las manillas de los remos, descubiertos los brazos, donde se parecian los gruesos nervios, las anchas venas y los torcidos músculos, atendian la señal de la partida, impacientes por la tardanza y fogosos, bien ansí como lo suele estar el generoso can de Irlanda cuando su dueño no le quiere soltar de la traílla á hacer la presa que á la vista se le muestra. Llegó, en fin, la señal esperada, y á un mismo tiempo arrancaron todas cuatro barcas, que no por el agua, sino por el viento parecia que volaban. Una dellas, que llevaba por insignia un vendado Cupido, se adelantó de las demas casi tres cuerpos de la misma barca, cuya ventaja dió esperanza á todos cuantos la miraban de que ella sería la primera que llegase á ganar el deseado premio; otra que venia tras ella iba alentando sus esperanzas, confiada en el teson durísimo de sus remeros; pero viendo que la primera en ningun modo desmayaba, estuvieron por soltar los remos sus bogadores. Pero son diferentes los fines y acontecimientos de las cosas de aquello que se imagina; porque, aunque es ley de los combates y contiendas que ninguno de los que miran favorezca á ninguna de las partes con señales, con voces ó con otro algun género que parezca que pueda servir de aviso al combatiente, viendo la gente de la ribera que la barca de la insignia de Cupido se aventajaba tanto á las demas, sin mirar á leyes, creyendo que ya la victoria era suya, dijeron á voces muchos: «¡Cupido vence, el Amor es invencible!» A cuyas voces, por escuchallas, parece que aflojaron un tanto los remeros del Amor. Aprovechóse de esta ocasion la segunda barca, que detras de la del Amor venia, la cual traia por insignia al Interes en figura de un gigante pequeño, pero muy ricamente aderezado, y impelió los remos con tanta fuerza, que llegó á igualarse el Interes con el Amor, y arrimándosele á un costado, le hizo pedazos todos los remos de la diestra banda, habiendo primero la del Interes recogido los suyos y pasado adelante, dejando burladas las esperanzas de los que primero habian cantado la victoria por el Amor, y volvieron á decir: «¡El Interes vence, el Interes vence!» La barca tercera traia por insignia á la Diligencia, en figura de una mujer desnuda, llena de alas por todo el cuerpo, que á traer trompeta en las manos, ántes pareciera Fama que Diligencia. Viendo el buen suceso del Interes, alentó su confianza, y sus remeros se esforzaron de modo, que llegaron á igualar con el Interes; pero por el mal gobierno del timonero se embarazó con las dos barcas primeras de modo, que los unos ni los otros remos fueron de provecho. Viendo lo cual la postrera, que traia por insignia á la buena Fortuna, cuando estaba desmayada y casi para dejar la empresa, viendo el intricado enredo de las demas barcas, desviándose algun tanto de ellas, por no caer en el mismo embarazo, apretó, como decirse suele, los puños, y deslizándose por un lado, pasó delante de todas. Cambiáronse los gritos de los que miraban, cuyas voces sirvieron de aliento á sus bogadores, que embebidos en el gusto de verse mejorados, les parecia que si los que quedaban atras entónces les llevaran la misma ventaja, no dudaran de alcanzarlos ni de ganar el premio, como lo ganaron, más por ventura que por ligereza. En fin, la buena Fortuna fué la que la tuvo buena entónces, y la mia de agora no lo sería si yo adelante pasase con el cuento de mis muchos y extraños sucesos. Y así, os ruego, señores, dejemos esto en este punto; que esta noche le daré fin, si es posible que le puedan tener mis desventuras.»

Esto dijo Periandro á tiempo que al enfermo Antonio le tomó un terrible desmayo; viendo lo cual su padre, casi como adevino de dónde procedia, los dejó á todos, y se fué, como despues parecerá, á buscar á la Cenotia, con la cual le sucedió lo que se dirá en el siguiente capítulo.

CAPITULO XII.

De cómo Cenotia deshizo los hechizos para que sanase Antonio el mozo; pero aconseja al Rey Policarpo no deje salir de su reino á Arnaldo y los demas de su compañía.

Paréceme que si no se arrimara la paciencia al gusto que tenian Arnaldo y Policarpo de mirar á Auristela, y Sinforosa de ver á Periandro, ya la hubieran perdido escuchando su larga plática, de quien juzgaron Mauricio y Ladislao que habia sido algo larga y traida no muy á propósito, pues para contar sus desgracias propias no habia para qué contar los placeres ajenos; con todo eso, les dió gusto, y quedaron con él esperando oir el fin de su historia, por el donaire siquiera y buen estilo con que Periandro la contaba. Halló Antonio el padre á la Cenotia que buscaba, en la cámara del Rey por lo ménos, y en viéndola, puesta una desenvainada daga en las manos, con cólera española y discurso ciego arremetió á ella, y asiéndola del brazo izquierdo y levantando la daga en alto, la dijo: «Dame ¡oh hechicera! á mi hijo vivo y sano, y luego; si no, haz cuenta que el punto de tu muerte ha llegado: mira si tienes su vida envuelta en algun envoltorio de agujas sin ojos ó de alfileres sin cabezas; mira ¡oh pérfida! si la tienes escondida en algun quicio de puerta ó en alguna otra parte que sólo tú la sabes.»

Pasmóse Cenotia viendo que la amenazaba una daga desnuda en las manos de un español colérico, y temblando le prometió de darle la vida y salud de su hijo, y áun le prometiera de darle la salud de todo el mundo si se la pidiera: de tal manera se le habia entrado el temor en el alma; y así le dijo: «Suéltame, español, y envaina tu acero; que los que tiene tu hijo le han conducido al término en que está; y pues sabes que las mujeres somos naturalmente vengativas, y más cuando nos llama á la venganza el desden y el menosprecio, no te maravilles si la dureza de tu hijo me ha endurecido el pecho; aconséjale que se humane de aquí adelante con los rendidos y no menosprecie á los que piedad le pidieren, y véte en paz; que mañana estará tu hijo en disposicion de levantarse bueno y sano.

—Cuando así no sea, respondió Antonio, ni á mí me faltará industria para hallarte, ni cólera para quitarte la vida»; y con esto, la dejó, y ella quedó tan entregada al miedo, que olvidándose de todo agravio, sacó del quicio de una puerta los hechizos que habia preparado para consumir la vida, poco á poco, del riguroso mozo que con los de su donaire y gentileza la tenia rendida.

Apénas hubo sacado la Cenotia sus endemoniados preparamentos de la puerta, cuando salió la salud perdida de Antonio á plaza, cobrando en su rostro las primeras colores, los ojos vista alegre y las desmayadas fuerzas esforzado brío, de lo que recibieron general contento cuantos le conocian; y estando con él á solas su padre, le dijo: «En todo cuanto quiero agora decirte, ¡oh hijo! quiero advertirte que adviertas que se encaminan mis razones á aconsejarte que no ofendas á Dios en ninguna manera, y bien habrás echado de ver esto en quince ó diez y seis años que há que te enseño la ley que mis padres me enseñaron, que es la católica, la verdadera y en la que se han de salvar y se han salvado todos los que han entrado hasta aquí y han de entrar de aquí adelante en el reino de los cielos. Esta santa ley nos enseña que no estamos obligados á castigar á los que nos ofenden, sino á aconsejarlos la enmienda de sus delitos; que el castigo toca al juez, y la represion á todos, como sea con las condiciones que despues te diré. Cuando te convidaren á hacer ofensas que redunden en deservicio de Dios, no tienes para qué armar el arco y disparar flechas ni decir injuriosas palabras; que con no recebir el consejo y apartarte de la ocasion, quedarás vencedor de la pelea, y libre y seguro de verte otra vez en el trance que ahora te has visto. La Cenotia te tenia hechizado, y con hechizos de tiempo señalado, poco á poco, en ménos de diez dias, perdieras la vida, si Dios y mi buena inteligencia no lo hubieran estorbado; y vente conmigo, porque alegres á todos tus amigos con tu vista, y escuchemos los sucesos de Periandro, que los ha de acabar de contar esta noche.»

Prometióle Antonio á su padre de poner en obra todos sus consejos, con el ayuda de Dios, á pesar de todas las persuasiones y lazos que contra su honestidad le armasen. La Cenotia en esto, corrida, afrentada y lastimada de la soberbia desamorada del hijo, y de la temeridad y cólera del padre, quiso por mano ajena vengar su agravio, sin privarse de la presencia de su desamorado bárbaro, y con este pensamiento y resuelta determinacion se fué al Rey Policarpo y le dijo: «Ya sabes, señor, cómo despues que vine á tu casa y á tu servicio, siempre he procurado no apartarme en él con la solicitud posible; sabes tambien, fiado en la verdad que de mí tienes conocida, que me tienes hecha archivo de tus secretos, y sabes, como prudente, que en los casos propios, y más si se ponen de por medio deseos amorosos, suelen errarse los discursos que al parecer van más acertados, y por esto querria que en el que ahora tienes hecho de dejar ir libremente á Arnaldo y á toda su compañía, vas fuera de toda razon y de todo término. Dime: si no puedes presente rendir á Auristela, ¿cómo la rendirás ausente? Y ¿cómo querrá ella cumplir su palabra, volviendo á tomar por esposo á un varon anciano, que en efecto lo eres (que las verdades que uno conoce de sí mismo no nos pueden engañar), teniéndose ella de su mano á Periandro, que podria ser que no fuese su hermano, y Arnaldo, príncipe mozo y que no la quiere para ménos que para ser su esposa? No dejes, señor, que la ocasion que agora se te ofrece, te vuelva la calva en lugar de la guedeja, y puedes tomar ocasion de detenerlos, de querer castigar la insolencia y atrevimiento que tuvo este monstruo bárbaro que viene en su compañía, de matar en tu misma casa á aquel que dicen que se llamaba Clodio; que si ansí lo haces, alcanzarás fama que alberga en tu pecho, no el favor, sino la justicia.»

Estaba escuchando Policarpo atentísimamente á la maliciosa Cenotia, que con cada palabra que le decia le atravesaba, como si fuera con agudos clavos, el corazon; y luego luego quisiera correr á poner en efecto sus consejos. Ya le parecia ver á Auristela en brazos de Periandro, no como en los de su hermano, sino como en los de su amante; ya se la contemplaba con la corona en la cabeza del reino de Dinamarca, y que Arnaldo hacia burla de sus amorosos disinios; en fin, la rabia de la endemoniada enfermedad de los celos se le apoderó del alma en tal manera, que estuvo por dar voces y pedir venganza de quien en ninguna cosa le habia ofendido; pero viendo la Cenotia cuán sazonado le tenia y cuán pronto para ejecutar todo aquello que más le quisiese aconsejar, le dijo que se sosegase por entónces, y que esperasen á que aquella noche acabase de contar Periandro su historia, porque el tiempo se le diese de pensar lo que más convenia.

Agradecióselo Policarpo, y ella, cruel y enamorada, daba trazas en su pensamiento cómo cumpliese el deseo del Rey y el suyo. Llegóse en esto la noche, juntáronse á conversacion como la vez pasada; volvió Periandro á repetir algunas palabras ántes dichas, para que viniese con concierto á anudar el hilo de su historia, que la habia dejado en el certámen de las barcas.

CAPITULO XIII.

Prosigue Periandro su agradable historia y el robo de Auristela.

La que con más gusto escuchaba á Periandro era la bella Sinforosa, estando pendiente de sus palabras, como con las cadenas que salian de la boca de Hércules: tal era la gracia y donaire con que Periandro contaba sus sucesos. Finalmente, los volvió á anudar, como se ha dicho, prosiguiendo desta manera: «Al Amor, al Interes y á la Diligencia dejó atras la buena Fortuna, que sin ella vale poco la diligencia, no es de provecho el interes, ni el amor puede usar de sus fuerzas. La fiesta de mis pescadores, tan regocijada como pobre, excedió á las de los triunfos romanos, que tal vez en la llaneza y en la humildad suelen esconderse los regocijos más aventajados. Pero, como las venturas humanas estén por la mayor parte pendientes de hilos delgados, y los de la mudanza fácilmente se quiebran y desbaratan, como se quebraron las de mis pescadores, y se retorcieron y fortificaron mis desgracias, aquella noche la pasamos todos en una isla pequeña que en la mitad del rio se hacia, convidados del verde sitio y apacible lugar. Holgábanse los desposados, sin muestras de parecer que lo eran, con honestidad y diligencia de dar gusto á quien se le habia dado tan grande, poniéndolos en aquel deseado y venturoso estado; y así ordenaron que en aquella isla del rio se renovasen las fiestas y se continuasen por tres dias: la sazon del tiempo, que era la del verano, la comodidad del sitio, el resplandor de la luna, el susurro de las fuentes, la fruta de los árboles, el olor de las flores, cada cosa destas de por sí, y todas juntas, convidaban á tener por acertado el parecer de que allí estuviésemos el tiempo que las fiestas durasen. Pero apénas nos habiamos reducido á la isla, cuando de entre un pedazo de bosque que en ella estaba, salieron hasta cincuenta salteadores armados á la ligera, bien como aquellos que quieren robar y huir, todo á un mismo punto; y como los descuidados acometidos suelen ser vencidos con su mismo descuido, casi sin ponernos en defensa, turbados con el sobresalto, ántes nos pusimos á mirar que á acometer á los ladrones, los cuales como hambrientos lobos arremetieron al rebaño de las simples ovejas, y se llevaron, si no en la boca, en los brazos, á mi hermana Auristela, á Cloelia, su ama, y á Selviana y á Leoncia, como si solamente vinieran á ofendellas, porque se dejaron otras muchas mujeres á quien la naturaleza habia dotado de singular hermosura.

»Yo, á quien el extraño caso más colérico que suspenso me puso, me arrojé tras los salteadores, los seguí con los ojos y con las voces, afrentándolos, como si ellos fueran capaces de sentir afrentas, solamente para irritarlos á que mis injurias les moviesen á volver á tomar venganza de ellas; pero ellos, atentos á salir con su intento, ó no oyeron, ó no quisieron vengarse; y así se desaparecieron, y luego los desposados y yo, con algunos de los principales pescadores, nos juntamos, como suele decirse, á consejo sobre qué hariamos para enmendar nuestro yerro y cobrar nuestras prendas. Uno dijo: «No es posible sino que alguna nave de salteadores está en la mar, y en parte donde con facilidad ha echado esta gente en tierra, quizá sabidores de nuestra junta y de nuestras fiestas; si esto es ansí, como sin duda lo imagino, el mejor remedio es que salgan algunos barcos de los nuestros y les ofrezcan todo el rescate que por la presa quisieren, sin detenerse en el tanto más cuanto; que las prendas de esposas hasta las mismas vidas de sus mismos esposos merecen en rescate.

»—Yo seré, dije entónces, el que haré esa diligencia; que para conmigo tanto vale la prenda de mi hermana como si fuera la vida de todos los del mundo.» Lo mismo dijeron Carino y Solercio, ellos llorando en público, y yo muriendo en secreto.

»Cuando tomamos esta resolucion, comenzaba á anochecer; pero, con todo eso, nos entramos en un barco los desposados y yo, con seis remeros; pero cuando salimos al mar descubierto habia acabado de cerrar la noche, por cuya escuridad no vimos bajel alguno. Determinamos de esperar el venidero dia, por ver si con la claridad descubriamos algun navío, y quiso la suerte que descubriésemos dos, el uno que salia del abrigo de la tierra, y el otro que venia á tomarla. Conocí que el que dejaba la tierra era el mismo de quien habiamos salido á la isla, así en las banderas como en las velas, que venian cruzadas con una cruz roja; los que venian de fuera las traian verdes, y los unos y los otros eran cosarios. Pues, como yo imaginé que el navío que salia de la isla era el de los salteadores de la presa, hice poner en una lanza una bandera blanca de seguro; vine arrimado al costado del navío, para tratar del rescate, llevando cuidado de que no me prendiesen. Asomóse el capitan al borde, y cuando quise alzar la voz para hablarle, puedo decir que me la turbó y suspendió y cortó en la mitad del camino un espantoso trueno que formó el disparar de un tiro de artillería de la nave de fuera, en señal que desafiaba á la batalla al navío de tierra; al mismo punto le fué respondido con otro no ménos poderoso, y en un instante se comenzaron á cañonear las dos naves, como si fueran de dos conocidos y irritados enemigos.

»Desvióse nuestro barco de en mitad de la furia, y desde léjos estuvimos mirando la batalla; y habiendo jugado la artillería casi una hora, se aferraron los dos navíos con una no vista furia: los del navío de fuera, ó más venturosos, ó por mejor decir, más valientes, saltaron en el navío de tierra, y en un instante desembarazaron toda la cubierta, quitando la vida á sus enemigos, sin dejar á ninguno con ella. Viéndose, pues, libres de sus ofensores, se dieron á saquear el navío de las cosas más preciosas que tenia, que por ser de cosarios no era mucho, aunque en mi estimacion eran las mejores del mundo, porque se llevaron de las primeras á mi hermana, á Selviana, á Leoncia y á Cloelia, con que enriquecieron su nave, pareciéndoles que en la hermosura de Auristela llevaban un precioso y nunca visto rescate. Quise llegar con mi barca á hablar con el capitan de los vencedores; pero, como mi ventura andaba siempre en los aires, uno de tierra sopló y hizo apartar el navío. No pude llegar á él, ni ofrecer imposibles por el rescate de la presa, y así fué forzoso el volvernos sin ninguna esperanza de cobrar nuestra pérdida; y por no ser otra la derrota que el navío llevaba, que aquella que el viento le permitia, no pudimos por entónces juzgar el camino que haria, ni señal que nos diese á entender quiénes fuesen los vencedores, para juzgar siquiera, sabiendo su patria, las esperanzas de nuestro remedio. El voló, en fin, por el mar adelante, y nosotros, desmayados y tristes, nos encontramos en el rio, donde todos los barcos de los pescadores nos estaban esperando.

»No sé si os diga, señores, lo que es forzoso deciros: un cierto espíritu se entró entónces en mi pecho, que sin mudarme el sér, me pareció que le tenia más que de hombre; y así, levantándome en pié sobre la barca, hice que la rodeasen todas las demas, y estuviesen atentos á estas ó otras semejantes razones que les dije: «La baja fortuna jamas se enmendó con la ociosidad ni con la pereza; en los ánimos encogidos nunca tuvo lugar la buena dicha; nosotros mismos nos fabricamos nuestra ventura, y no hay alma que no sea capaz de levantarse á su asiento; los cobardes, aunque nazcan ricos, siempres son pobres, como los avaros, mendigos. Esto os digo ¡oh amigos mios! para moveros y incitaros á que mejoreis vuestra suerte, y á que dejeis el pobre ajuar de unas redes y de unos estrechos barcos, y busqueis los tesoros que tiene en sí encerrados el generoso trabajo; llamo generoso al trabajo del que se ocupa en cosas grandes. Si suda el cavador rompiendo la tierra, y apénas saca premio que le sustente más que un dia, sin ganar fama alguna, ¿por qué no tomará, en lugar de la azada, una lanza, y sin temor del sol ni de todas las inclemencias del cielo, procurará ganar con el sustento, fama que le engrandezca sobre los demas hombres? La guerra, así como es madrastra de los cobardes, es madre de los valientes, y los premios que por ella se alcanzan, se pueden llamar ultramundanos. Ea pues, amigos, juventud valerosa, poned los ojos en aquel navío que se lleva las caras prendas de vuestros parientes, encerrándonos en estotro que en la ribera nos dejaron, casi, á lo que creo, por ordenacion del cielo. Vamos tras él y hagámonos piratas, no codiciosos como son los demas, sino justicieros, como lo seremos nosotros. A todos se nos entiende el arte de la marinería; bastimentos hallaremos en el navío, con todo lo necesario á la navegacion, porque sus contrarios no le despojaron más que de las mujeres; y si es grande el agravio que hemos recebido, grandísima es la ocasion que para vengarle se nos ofrece. Sígame, pues, el que quisiere; que yo os suplico, y Carino y Solercio os lo ruegan; que bien sé que no me han de dejar en esta valerosa empresa.»

»Apénas hube acabado de decir estas razones, cuando se oyó un murmúreo por todas las barcas, procedido de que unos con otros se aconsejaban de lo que harian, y entre todos salió una voz que dijo: «Embárcate, generoso huésped, y sé nuestro capitan y nuestra guía; que todos te seguiremos.» Esta tan improvisa resolucion de todos me sirvió de felice auspicio, y por temer que la dilacion de poner en obra mi buen pensamiento no les diese ocasion de madurar su discurso, me adelanté con mi barco, al cual siguieron otros casi cuarenta. Llegué á reconocer el navío, entré dentro, escudriñéle todo, miré lo que tenia y lo que le faltaba, y hallé todo lo que me pudo pedir el deseo que fuese necesario para el viaje; aconsejéles que ninguno volviese á tierra, por quitar la ocasion de que el llanto de las mujeres y el de los queridos hijos no fuese parte para dejar de poner en efeto resolucion tan gallarda. Todos lo hicieron así, y desde allí se despidieron con la imaginacion de sus padres, hijos y mujeres; caso extraño y que ha menester que la cortesía ayude á darle crédito : ninguno volvió á tierra, ni se acomodó de más vestidos de aquellos con que habia entrado en el navío, en el cual, sin repartir los oficios, todos servian de marineros y de pilotos, excepto yo, que fuí nombrado por capitan por gusto de todos, y encomendándome á Dios, comencé luego á ejercer mi oficio, y lo primero que mandé fué desembarazar el navío de los muertos que habian sido en la pasada refriega, y limpiarle de la sangre de que estaba lleno; ordené que se buscasen todas las armas, ansí ofensivas como defensivas, que en él habia, y repartiéndolas entre todos, dí á cada uno la que, á mi parecer, mejor le estaba; requerí los bastimentos, y conforme á la gente, tanteé para cuántos dias serian bastantes, poco más ó ménos. Hecho esto, y hecha oracion al cielo, suplicándole encaminase nuestro viaje y favoreciese nuestros tan honrados pensamientos, mandé izar las velas, que áun se estaban atadas á las entenas, y que las diéramos al viento, que, como se ha dicho, soplaba de la tierra, y tan alegres como atrevidos, y tan atrevidos como confiados, comenzamos á navegar por la misma derrota que nos pareció que llevaba el navío de la presa.

»Veisme aquí, señores que me estáis escuchando, hecho pescador y casamentero, rico con mi querida hermana, y pobre sin ella, robado de salteadores, y subido al grado de capitan contra ellos; que las vueltas de mi fortuna no tienen un punto donde paren, ni términos que las encierren.

—No más, dijo á esta sazon Arnaldo, no más, Periandro amigo; que puesto que tú no te canses de contar tus desgracias, á nosotros nos fatiga el oirlas, por ser tantas.» A lo que respondió Periandro: «Yo, señor Arnaldo, soy hecho como esto que se llama lugar, que es donde todas las cosas caben, y no hay ninguna fuera del lugar, y en mí le tienen todas las que son desgraciadas, aunque, por haber hallado á mi hermana Auristela, las juzgo por dichosas; que el mal que se acaba sin acabar la vida, no lo es.» A esto dijo Transila: «Yo por mí digo, Periandro, que no entiendo esa razon; sólo entiendo que lo será muy grande si no cumplis el deseo que todos tenemos de saber los sucesos de vuestra historia, que me van pareciendo ser tales, que han de dar ocasion á muchas lenguas que las cuenten, y muchas ingeniosas plumas que las escriban. Suspensa me tiene el veros capitan de salteadores; juzgué merecer este nombre vuestros pescadores valientes, y estaré esperando tambien suspensa cuál fué la primera hazaña que hicistes y la aventura primera con que encontrastes.

—Esta noche, señora, respondió Periandro, daré fin, si fuere posible, al cuento, que áun hasta agora se está en sus principios.» Quedando todos de acuerdo que aquella noche volviesen á la misma plática, por entónces dió fin Periandro á la suya.

CAPITULO XIV.

Da cuenta Periandro de un notable caso que le sucedió en el mar.

La salud del hechizado Antonio volvió su gallardía á su primera entereza, y con ella se volvieron á renovar en Cenotia sus mal nacidos deseos, los cuales tambien renovaron en su corazon los temores de verse de él ausente; que los desahuciados de tener en sus males remedio, nunca acaban de desengañarse que lo están en tanto que ven presente la causa de donde nacen; y así, procuraba con todas las trazas que podia imaginar su agudo entendimiento de que no saliesen de la ciudad ninguno de aquellos huéspedes, y así volvió á aconsejar á Policarpo que en ninguna manera dejase sin castigo el atrevimiento del bárbaro homicida, y que por lo ménos, ya que no le diese la pena conforme al delito, le debia prender y castigarle siquiera con amenazas, dando lugar que el favor se opusiese por entónces á la justicia, como tal vez se suele hacer en más importantes ocasiones. No la quiso tomar Policarpo en la que este consejo le ofrecia, diciendo á la Cenotia que era agraviar la autoridad del Príncipe Arnaldo, que debajo de su amparo le traia, y enfadar á su querida Auristela, que como á su hermano le trataba, y más, que aquel delito fué accidental y forzoso, y nacido más de desgracia que de malicia, y más, que no tenia parte que le pidiese, y que todos cuantos le conocian afirmaban que aquella pena era condigna de su culpa, por ser el mayor maldiciente que se conocia.

«¿Cómo es esto, señor, replicó la Cenotia, que habiendo quedado el otro dia entre nosotros de acuerdo de prenderle, con cuya ocasion la tomases de detener á Auristela, agora estás tan léjos de tomarle? Ellos se te irán, ella no volverá; tú llorarás entónces tu perplejidad y tu mal discurso á tiempo cuando ni te aprovechen las lágrimas, ni enmendar en la imaginacion lo que ahora con nombre de piadoso quieres hacer. Las culpas que comete el enamorado en razon de cumplir su deseo, no lo son, en razon de que no es suyo, ni es él el que las comete, sino el amor, que manda su voluntad: rey eres, y de los reyes las injusticias y rigores son bautizados con nombre de severidad. Si prendes á este mozo, darás lugar á la justicia, y soltándole, á la misericordia, y en lo uno y en lo otro confirmarás el nombre que tienes de bueno.»

Desta manera aconsejaba la Cenotia á Policarpo, el cual á solas y en todo lugar iba y venia con el pensamiento en el caso, sin saber resolverse de qué modo podia detener á Auristela sin ofender á Arnaldo, de cuyo valor y poder era razon temiese; pero en medio de estas consideraciones, y en el de las que tenia Sinforosa, que por no estar tan recatada ni tan cruel como la Cenotia, deseaba la partida de Periandro por entrar en la esperanza de la vuelta, se llegó el término de que Periandro volviese á proseguir su historia, que la siguió en esta manera:

«Ligera volaba mi nave por donde el viento queria llevarla, sin que se le opusiese á su camino la voluntad de ninguno de los que íbamos en ella, dejando todos en el albedrío de la fortuna nuestro viaje, cuando desde lo alto de la gavia vimos caer á un marinero, que ántes que llegase á la cubierta del navío quedó suspenso de un cordel que traia anudado á la garganta; llegué con priesa y cortésele, con que estorbé no se le acortase la vida. Quedó como muerto, y estuvo fuera de sí casi dos horas, al cabo de las cuales volvió en sí, y preguntándole la causa de su desesperacion, dijo: «Dos hijos tengo, el uno de tres y el otro de cuatro años, cuya madre no pasa de los veinte y dos, y cuya pobreza pasa de lo posible, pues sólo se sustentaba del trabajo destas manos, y estando yo agora encima de aquella gavia, volví los ojos al lugar donde los dejaba, y casi como si alcanzara á verlos, los vi hincados de rodillas, las manos levantadas al cielo, rogando á Dios por la vida de su padre y llamándome con palabras tiernas; vi ansimismo llorar á su madre, dándome nombre de cruel sobre todos los hombres. Esto imaginé con tan gran vehemencia, que me fuerza á decir que lo vi, para no poner duda en ello; y el ver que esta nave vuela y me aparta dellos, y que no sé dónde vamos, y la poca ó ninguna obligacion que me obligó á entrar en ella, me trastornó el sentido, y la desesperacion me puso este cordel en las manos, y yo le dí á mi garganta, por acabar en un punto los siglos de pena que me amenazaba.»

»Este suceso movió á lástima á cuantos le escuchábamos, y habiéndole consolado y casi asegurado que presto daríamos la vuelta contentos y ricos, le pusimos dos hombres de guarda, que le estorbasen volver á poner en ejecucion su mal intento, y ansí le dejamos; y yo, porque este suceso no despertase en la imaginacion de alguno de los demas el querer imitarle, les dije que la mayor cobardía del mundo era el matarse, porque el homicida de sí mismo es señal que le falta el ánimo para sufrir los males que teme, y ¿qué mayor mal puede venir á un hombre que la muerte? Y siendo esto así, no es locura el dilatarla; con la vida se enmiendan y mejoran las malas suertes, y con la muerte desesperada, no sólo no se acaban y se mejoran, pero se empeoran y comienzan de nuevo. «Digo esto, compañeros mios, porque no os asombre el suceso que habeis visto deste nuestro desesperado; que áun hoy comenzamos á navegar, y el ánimo me está diciendo que nos aguardan y esperan mil felices sucesos.»

»Todos dieron la voz á uno para responder por todos, el cual desta manera dijo: «Valeroso capitan, en las cosas que mucho se consideran, siempre se hallan muchas dificultades, y en los hechos valerosos que se acometen, alguna parte se ha de dar á la razon y muchas á la ventura, y en la buena que hemos tenido en haberte elegido por nuestro capitan, vamos seguros y confiados de alcanzar los buenos sucesos que dices. Quédense nuestras mujeres, quédense nuestros hijos, lloren nuestros ancianos padres, visite la pobreza á todos; que los cielos, que sustentan los gusarapos del agua, tendrán cuidado de sustentar los hombres de la tierra. Manda, señor, izar las velas; pon centinelas en las gavias por ver si descubren en qué podamos mostrar que no temerarios, sino atrevidos, son los que aquí vamos á servirte.»

»Agradecíles la respuesta, hice izar todas las velas, y habiendo navegado aquel dia, al amanecer del siguiente la centinela de la gavia mayor dijo á grandes voces: «¡Navío, navío!» Preguntáronle qué derrota llevaba, y que de qué tamaño parecia. Respondió que era tan grande como el nuestro, y que le teniamos por la proa.

»—Alto pues, dije, amigos, tomad las armas en las manos, y mostrad con éstos, si son cosarios, el valor que os ha hecho dejar vuestras redes.» Hice luego cargar las velas, y en poco más de dos horas descubrimos y alcanzamos el navío, al cual embestimos de golpe, y sin hallar defensa alguna saltaron en él mas de cuarenta de mis soldados, que no tuvieron en quién ensangrentar las espadas, porque solamente traia algunos marineros y gente de servicio; y mirándolo bien todo, hallaron en un apartamiento, puestos en un cepo de hierro por la garganta, desviados uno de otro casi dos varas, á un hombre de muy buen parecer y á una mujer más que medianamente hermosa, y en otro aposento hallaron tendido en un rico lecho á un venerable anciano, de tanta autoridad, que obligó su presencia á que todos le tuviésemos respeto. No se movió del lecho, porque no podia, pero levantándose un poco, alzó la cabeza y dijo: «Envainad, señores, vuestras espadas; que en este navío no hallareis ofensores en quien ejercitarlas; y si la necesidad os hace y fuerza á usar este oficio de buscar vuestra ventura á costa de las ajenas, á parte habeis llegado que os hará dichosos, no porque en este navío haya riquezas ni alhajas que os enriquezcan, sino porque yo voy en él, que soy Leopoldio, el rey de los danaos.»

»Este nombre de rey me avivó el deseo de saber qué sucesos habian traido á un rey á estar tan solo y tan sin defensa alguna; lleguéme á él y preguntéle si era verdad lo que decia, porque, aunque su grave presencia prometia serlo, el poco aparato con que navegaba hacia poner en duda el creerle.

»—Manda, señor, respondió el anciano, que esta gente se sosiegue, y escúchame un poco; que en breves razones te contaré cosas grandes.» Sosegáronse mis compañeros, y ellos y yo estuvimos atentos á lo que decir queria, que fué esto:

»—El cielo me hizo rey del reino de Danea, que heredé de mis padres, que tambien fueron reyes, y lo heredaron de sus antepasados, sin haberles introducido á serlo la tiranía ni otra negociacion alguna; caséme en mi mocedad con una mujer mi igual; murióse sin dejarme sucesion alguna, corrió el tiempo, y muchos años me contuve en los límites de una honesta viudez; pero al fin, por culpa mia (que de los pecados que se cometen nadie ha de echar la culpa á otro, sino á sí mismo), digo que por culpa mia tropecé y caí en la de enamorarme de una dama de mi mujer, que, á ser ella la que debia, hoy fuera el dia que fuera reina, y no se viera atada y puesta en un cepo, como ya debeis de haber visto. Esta pues, pareciéndole no ser injusto anteponer los rizos de un criado mio á mis canas, se envolvió con él, y no solamente tuvo gusto de quitarme la honra, sino que procuró, junto con ella, quitarme la vida, maquinando contra mi persona con tan extrañas trazas, con tales embustes y rodeos, que, á no ser avisado con tiempo, mi cabeza estuviera fuera de mis hombros en una escarpia al viento, y las suyas coronadas del reino de Danea. Finalmente, yo descubrí sus intentos á tiempo, cuando ellos tambien tuvieron noticia de que yo lo sabia.

»Una noche, en un pequeño navío que estaba con las velas en alto para partirse, por huir del castigo de su culpa y de la indignacion de mi furia, se embarcaron; súpelo, volé á la marina en las alas de mi cólera, y hallé que habria veinte horas que habian dado las suyas al viento, y yo, ciego del enojo y turbado con el deseo de la venganza, sin hacer algun prudente discurso, me embarqué en este navío y los seguí, no con autoridad y aparato de rey, sino como particular enemigo. Halléos á cabo de diez dias en una isla que llaman del Fuego, y cogílos descuidados, y puestos en ese cepo que habreis visto, los llevaba á Danea para darles por justicia y procesos fulminados la debida pena á su delito. Esta es la pura verdad; los delincuentes ahí están, que aunque no quieran, la acreditan: yo soy el rey de Danea, que os prometo cien mil monedas de oro, no porque las traiga aquí, sino porque os doy mi palabra de ponéroslas y enviároslas donde quisiéredes, para cuya seguridad, si no basta mi palabra, llevadme con vosotros en vuestro navío, y dejad que en este mio, ya vuestro, vaya alguno de los mios á Danea, y traiga este dinero donde le ordenárades; y no tengo más que deciros.»

»Mirábanse mis compañeros unos á otros, y diéronme la vez de responder por todos, aunque no era menester, pues yo, como capitan, lo podia y debia hacer; con todo eso, quise tomar parecer con Carino y con Solercio y con alguno de los demas, porque no entendiesen que me queria alzar de hecho con el mando que de su voluntad ellos me tenian dado; y así la respuesta que dí al Rey fué decirle: «Señor, á los que aquí venimos no nos puso la necesidad las armas en las manos, ni ninguno otro deseo que de ambiciosos tenga semejanza: buscando vamos ladrones, á castigar vamos salteadores y á destruir piratas; y pues tú estás tan léjos de ser persona deste género, segura está tu vida de nuestras armas; ántes, si has menester que con ellas te sirvamos, ninguna cosa habrá que nos lo impida; y aunque agradecemos la rica promesa de tu rescate, soltamos la promesa; que, pues no estás cautivo, no estás obligado al cumplimiento della. Sigue en paz tu camino, y en recompensa que vas de nuestro encuentro mejor de lo que pensaste, te suplicamos perdones á tus ofensores; que la grandeza del rey algun tanto resplandece más en ser misericordioso que justiciero.»

»Quisiérase humillar Leopoldio á mis piés, pero no lo consintió ni mi cortesía ni su enfermedad: pedíle me diese alguna pólvora si llevaba, y partiese con nosotros de sus bastimentos, lo cual se hizo al punto; aconsejéle asimismo que si no perdonaba á sus dos enemigos, los dejase en mi navío; que yo los pondria en parte donde no la tuviesen más de ofenderle. Dijo que sí haria, porque la presencia del ofensor suele renovar la injuria en el ofendido. Ordené que luego nos volviésemos á nuestro navío con la pólvora y bastimentos que el Rey partió con nosotros; y queriendo pasar á los dos prisioneros, ya sueltos y libres del pesado cepo, no dió lugar un recio viento que de improviso se levantó, de modo que apartó los dos navíos, sin dejar que otra vez se juntasen. Desde el borde de mi nave me despedí del Rey á voces, y él en los brazos de los suyos salió de su lecho y se despidió de nosotros, y yo me despido agora, porque la segunda hazaña me fuerza á descansar para entrar en ella.»

CAPITULO XV.

Refiere lo que le pasó con Sulpicia, sobrina de Cratilo, rey de Lituania.

A todos dió general gusto de oir el modo con que Periandro contaba su extraña peregrinacion, sino fué á Mauricio, que llegándose al oido de Transila, su hija, le dijo: «Paréceme, Transila, que con ménos palabras y más sucintos discursos pudiera Periandro contar los de su vida, porque no habia para qué detenerse en decirnos tan por extenso las fiestas de las barcas, ni áun los casamientos de los pescadores, porque los episodios que para ornato de las historias se ponen, no han de ser tan grandes como la misma historia; pero yo sin duda creo que Periandro nos quiere mostrar la grandeza de su ingenio y la elegancia de sus palabras.

—Así debe de ser, respondió Transila; pero lo que yo sé decir es, que ora se dilate ó se sucinte en lo que dice, todo es bueno y todo da gusto.» Pero ninguno le recebia mayor, como ya creo que otra vez se ha dicho, como Sinforosa, que cada palabra que Periandro decia, así le regalaba el alma, que la sacaba de sí misma. Los revueltos pensamientos de Policarpo no le dejaban estar muy atento á los razonamientos de Periandro, y quisiera que no le quedara más que decir, porque le dejara á él más que hacer; que las esperanzas propíncuas de alcanzar el bien que se desea, fatigan mucho más que las remotas y apartadas; y era tanto el deseo que Sinforosa tenia de oir el fin de la historia de Periandro, que solicitó el volverse á juntar otro dia, en el cual Periandro prosiguió su cuento en esta forma:

«Contemplad, señores, á mis marineros, compañeros y soldados más ricos de fama que de oro, y á mí con algunas sospechas de que no les hubiese parecido bien mi liberalidad; y puesto que nació tan de su voluntad como de la mia en la libertad de Leopoldio, como no son todas unas las condiciones de los hombres, bien podia yo temer no estuviesen todos contentos, y que les pareciese que sería difícil recompensar la pérdida de cien mil monedas de oro, que tantas eran las que prometió Leopoldio por su rescate; y esta consideracion me movió á decirles: «Amigos mios, nadie esté triste por la perdida ocasion de alcanzar el gran tesoro que nos ofreció el Rey, porque os hago saber que una onza de buena fama vale más que una libra de perlas, y esto no lo puede saber sino el que comienza á gustar de la gloria que da el tener buen nombre. El pobre á quien la virtud enriquece, suele llegar á ser famoso, como el rico, si es vicioso, puede venir y viene á ser infame; la liberalidad es una de las más agradables virtudes, de quien se engendra la buena fama; y es tan verdad esto, que no hay liberal mal puesto, como no hay avaro que no lo sea.»

»Más iba á decir, pareciéndome que me daban todos tan gratos oidos como mostraban sus alegres semblantes, cuando me quitó las palabras de la boca el descubrir un navío que no léjos del nuestro, á orza por delante de nosotros pasaba. Hice tocar al arma, y díle caza con todas las velas tendidas, y en breve rato me le puse á tiro de cañon, y disparando uno sin bala, en señal de que amainase, lo hizo así, soltando las velas de alto abajo. Llegando más cerca, vi en él uno de los más extraños espectáculos del mundo: vi que pendientes de las entenas y de las jarcias venian más de cuarenta hombres ahorcados. Admiróme el caso, y abordando con el navío, saltaron mis soldados en él, sin que nadie se lo defendiese; hallaron la cubierta llena de sangre y de cuerpos de hombres semivivos, unos con las cabezas partidas, y otros con las manos cortadas; tal vomitando sangre, y tal vomitando el alma; éste gimiendo dolorosamente, y aquel gritando sin paciencia alguna. Esta mortandad y fracaso daba señales de haber sucedido sobre mesa, porque los manjares nadaban entre la sangre, y los vasos, mezclados con ella, guardaban el olor del vino; en fin, pisando muertos y hollando heridos, pasaron los mios adelante, y en el castillo de popa hallaron puestas en escuadron hasta doce hermosísimas mujeres, y delante dellas una, que mostraba ser su capitana, armada de un coselete blanco y tan terso y limpio, que pudiera servir de espejo, á quererse mirar en él. Traia puesta la gola, pero no las escarcelas ni los brazaletes; el morrion sí, que era de hechura de una enroscada sierpe, á quien adornaban infinitas y diversas piedras de varios colores; tenia un venablo en sus manos, tachonado de arriba abajo con clavos de oro, con una gran cuchilla de agudo y luciente acero forjada, con que se mostraba tan briosa y tan gallarda, que bastó á detener su vista la furia de mis soldados, que con admirada atencion se pusieron á mirarla.

»Yo, que de mi nave la estaba mirando, por verla mejor pasé á su navío, á tiempo cuando ella estaba diciendo: «Bien creo ¡oh soldados! que os pone más admiracion que miedo este pequeño escuadron de mujeres que á la vista se os ofrece; el cual, despues de la venganza que hemos tomado de nuestros agravios, no hay cosa que pueda engendrar en nosotras temor alguno: embestid, si venis sedientos de sangre, y derramad la nuestra, quitándonos las vidas; que, como no nos quiteis las honras, las daremos por bien empleadas. Sulpicia es mi nombre, sobrina soy de Cratilo, rey de Lituania; casóme mi tio con el gran Lampidio, tan famoso por linaje como rico de los bienes de naturaleza y de los de la fortuna. Ibamos los dos á ver al Rey mi tio, con la seguridad que nos podia ofrecer ir entre nuestros vasallos y criados, todos obligados por las buenas obras que siempre les hicimos; pero la hermosura y el vino, que suelen trastornar los más vivos entendimientos, les borró las obligaciones de la memoria, y en su lugar les puso los gustos de la lascivia. Anoche bebieron de modo, que les sepultó en profundo sueño, y algunos, medio dormidos, acudieron á poner las manos en mi esposo, y quitándole la vida, dieron principio á su abominable intento; pero, como es cosa natural defender cada uno su vida, nosotras, por morir vengadas siquiera, nos pusimos en defensa, aprovechándonos del poco tiento y borrachez con que nos acometian; y con algunas armas que les quitamos, y con cuatro criados que libres del humo de Baco nos acudieron, hicimos en ellos lo que muestran esos muertos que están sobre esa cubierta; y pasando adelante con nuestra venganza, habemos hecho que esos árboles y esas entenas produzcan el fruto que de ellas veis pendiente. Cuarenta son los ahorcados, y si fueran cuarenta mil, tambien murieran, porque su poca ó ninguna defensa y nuestra cólera á toda esta crueldad, si por ventura lo es, se extendia. Riquezas traigo que poder repartir, aunque mejor diria que vosotros podeis tomar; sólo puedo añadir que os las entregaré de buena gana. Tomadlas, señores, y no toqueis en nuestras honras, pues con ellas ántes quedareis infames que ricos.»

»Pareciéronme tan bien las razones de Sulpicia, que, puesto que yo fuera verdadero cosario, me ablandara. Uno de mis pescadores dijo á este punto: «Que me maten si no se nos ofrece aquí hoy otro rey Leopoldio, con quien nuestro valeroso capitan muestre su general condicion. Ea, señor Periandro, vaya libre Sulpicia; que nosotros no queremos más de la gloria de haber vencido nuestros naturales apetitos.

»—Así será, respondí yo, pues vosotros, amigos, lo quereis; y entended que obras tales nunca las deja el cielo sin buena paga, como á las que son malas sin castigo. Despojad esos árboles de tan mal fruto y limpiad esa cubierta, y entregad á esas señoras, junto con la libertad, la voluntad de servirlas.»

»Púsose en efeto mi mandamiento, y llena de admiracion y de espanto, se me humilló Sulpicia, la cual, como persona que no acertaba á saber lo que le habia sucedido, tampoco acertaba á responderme, y lo que hizo fué mandar á una de sus damas le hiciese traer los cofres de sus joyas y de sus dineros. Hízolo así la dama, y en un instante, como aparecidos ó llovidos del cielo, me pusieron delante cuatro cofres llenos de joyas y dineros. Abriólos Sulpicia, y hizo muestras de aquel tesoro á los ojos de mis pescadores, cuyo resplandor quizá, y áun sin quizá, cegó en algunos la intencion que de ser liberales tenian, porque hay mucha diferencia de dar lo que se posee y se tiene en las manos, á dar lo que está en esperanzas de poseerse. Sacó Sulpicia un rico collar de oro, resplandeciente por las ricas piedras que en él venian engastadas, y diciendo: «Toma, capitan valeroso, esta prenda, rica no por otra cosa que por serlo la voluntad con que se te ofrece; dádiva es de una pobre viuda, que ayer se vió en la cumbre de la buena fortuna, por verse en poder de su esposo, y hoy se ve sujeta á la discrecion destos soldados que te rodean, entre los cuales puedes repartir estos tesoros, que, segun se dice, tienen fuerzas para quebrantar las peñas.» A lo que yo respondí: «Dádivas de tan gran señora se han de estimar como si fuesen mercedes»; y tomando el collar, me volví á mis soldados y les dije: «Esta joya es ya mia, soldados y amigos mios, y así puedo disponer de ella como cosa propia, cuyo precio, por ser, á mi parecer, inestimable, no conviene que se dé á uno solo. Tómele y guárdele el que quisiere; que en hallando quien le compre, se dividirá el precio entre todos, y quédese sin tocar lo que la gran Sulpicia os ofrece, porque vuestra fama quede con este hecho frisando con el cielo.» A lo que uno respondió: «Quisiéramos ¡oh buen capitan! que no nos hubieras prevenido con el consejo que nos has dado, porque vieras que de nuestra voluntad correspondiamos á la tuya; vuelve el collar á Sulpicia: la fama que nos prometes no hay collar que la ciña ni límite que la contenga.»

»Quedé contentísimo de la respuesta de mis soldados, y Sulpicia admirada de su poca codicia; finalmente, ella me pidió que le diese doce soldados de los mios, que le sirviesen de guarda y de marineros, para llevar su nave á Lituania; hízose así, contentísimos los doce que escogí sólo por saber que iban á hacer bien. Proveyónos Sulpicia de generosos vinos y de muchas conservas, de que careciamos. Soplaba el viento próspero para el viaje de Sulpicia y para el nuestro, que no llevaba determinado paradero: despedímonos de ella; supo mi nombre y el de Carino y Solercio, y dándonos á los tres sus brazos, con los ojos abrazó á todos los demas; ella llorando lágrimas de placer y tristeza nacidas, de tristeza por la muerte de su esposo, de alegría por verse libre de las manos que pensó ser de salteadores, nos dividimos y apartamos.

»Olvidaba de deciros cómo volví el collar á Sulpicia, y ella le recibió á fuerza de mis importunaciones, y casi tuvo á afrenta que le estimase yo en tan poco, que se le volviese. Entré en consulta con los mios sobre qué derrota tomariamos, y concluyóse que la que el viento llevase, pues por ella habian de caminar los demas navíos que por el mar navegasen, ó por lo ménos, si el viento no hiciese á su propósito, harian bordos hasta que les viniese á cuento. Llegó en esto la noche clara y serena, y yo, llamando á un pescador marinero que nos servia de maestro y piloto, me senté en el castillo de popa y con ojos atentos me puse á mirar el cielo.

—Apostaré, dijo á esta sazon Mauricio á Transila, su hija, que se pone agora Periandro á describirnos toda la celeste esfera, como si importase mucho á lo que va contando el declararnos los movimientos del cielo; yo, por mí, deseando estoy que acabe, porque el deseo que tengo de salir de esta tierra no da lugar á que me entretenga ni ocupe en saber cuáles son fijas ó cuáles erráticas estrellas, cuanto más que yo sé de sus movimientos más de lo que él me puede decir.»

En tanto que Mauricio y Transila esto con sumisa voz hablaban, cobró aliento Periandro para proseguir su historia en esta forma:

CAPITULO XVI.

Prosigue Periandro sus acaecimientos y cuenta un extraño sueño.

«Comenzaba á tomar posesion el sueño y el silencio de los sentidos de mis compañeros, y yo me acomodaba á preguntar al que estaba conmigo muchas cosas necesarias para saber usar el arte de la marinería, cuando de improviso comenzaron á llover, no gotas, sino nubes enteras de agua sobre la nave, de modo que no parecia sino que el mar todo se habia subido á la region del viento, y desde allí se dejaba descolgar sobre el navío. Alborotámonos todos, y puestos en pié, mirando á todas partes, por unas vimos el cielo claro, sin dar muestras de borrasca alguna; cosa que nos puso en miedo y en admiracion. En esto, el que estaba conmigo dijo: «Sin duda alguna esta lluvia procede de la que derraman por las ventanas que tienen más abajo de los ojos aquellos monstruosos pescados que se llaman náufragos; y si esto es así, en gran peligro estamos de perdernos; menester es disparar toda la artillería, con cuyo ruido se espantan.»

»En esto vi alzar y poner en el navío un cuello como de serpiente terrible, que arrebatando un marinero, se le engulló y tragó de improviso, sin tener necesidad de mascarle.

»—Náufragos son, dijo el piloto; disparen con balas ó sin ellas; que el ruido, y no el golpe, como tengo dicho, es el que ha de librarnos.»

»Traia el miedo confusos y agazapados los marineros, que no osaban levantarse en pié, por no ser arrebatados de aquellos vestiglos; con todo eso, se dieron priesa á disparar la artillería, y á dar voces unos, y á acudir otros á la bomba para volver el agua al agua; tendimos todas las velas, y como si huyéramos de alguna gruesa armada de enemigos, huimos del sobrestante peligro, que fué el mayor en que hasta entónces nos habiamos visto. Otro dia al crepúsculo de la noche nos hallamos en la ribera de una isla no conocida por ninguno de nosotros, y con disinio de hacer agua en ella, quisimos esperar el dia sin apartarnos de su ribera. Amainamos las velas, arrojamos las áncoras, y entregamos al reposo y al sueño los trabajados cuerpos, de quien el sueño tomó posesion blanda y suavemente; en fin, nos desembarcamos todos y pisamos la amenísima ribera, cuya arena (vaya fuera todo encarecimiento) la formaban granos de oro y de menudas perlas. Entrando más adentro, se nos ofrecieron á la vista prados cuyas yerbas no eran verdes por ser yerbas, sino por ser esmeraldas, en el cual verdor las tenian, no cristalinas aguas, como suele decirse, sino corrientes de líquidos diamantes formadas, que cruzando por todo el prado, sierpes de cristal parecian.

»Descubrimos luego una selva de árboles de diferentes géneros, tan hermosos, que nos suspendieron las almas y alegraron los sentidos; de algunos pendian ramos de rubíes que parecian guindas, ó guindas que parecian granos de rubíes; de otros pendian camuesas, cuyas mejillas, la una era de rosa, la otra de finísimo topacio; en aquel se mostraban las peras, cuyo olor era de ámbar, y cuyo color, de los que se forman en el cielo cuando el sol se traspone; en resolucion, todas las frutas de quien tenemos noticia estaban allí en su sazon, sin que las diferencias del año las estorbasen; todo allí era primavera, todo verano, todo estío sin pesadumbre, y todo otoño agradable con extremo increible. Satisfacia á todos nuestros cinco sentidos lo que mirábamos: á los ojos, con la belleza y la hermosura; á los oidos, con el ruido manso de las fuentes y arroyos y con el són de los infinitos pajarillos, con no aprendidas voces formado, los cuales, saltando de árbol en árbol y de rama en rama, parecia que en aquel distrito tenian cautiva su libertad, y que no querian ni acertaban á cobrarla; al olfato, con el olor que de sí despedian las yerbas, las flores y los frutos; al gusto, con la prueba que hicimos de la suavidad dellos; al tacto, con tenerlos en las manos, con que nos parecia tener en ellas las perlas del Sur, los diamantes de las Indias y el oro del Tíbar.

—Pésame, dijo á esta sazon Ladislao á su suegro Mauricio, que se haya muerto Clodio; que á fe que le habria dado bien que decir Periandro en lo que va diciendo.

—Callad, señor, dijo Transila, su esposa; que por más que digais, no podreis decir que no prosigue bien su cuento Periandro»; el cual, como se ha dicho, cuando algunas razones se entremetian de los circunstantes, él tomaba aliento para proseguir en las suyas; que cuando son largas, aunque sean buenas, ántes enfadan que alegran.

«No es nada lo que hasta aquí he dicho, prosiguió Periandro, porque á lo que resta por decir falta entendimiento que lo perciba y áun cortesías que lo crean. Volved, señores, los ojos, y haced cuenta que veis salir del corazon de una peña, como nosotros lo vimos, sin que la vista nos pudiese engañar, digo que vimos salir de la abertura de la peña, primero un suavísimo són, que hirió nuestros oidos y nos hizo estar atentos, de diversos instrumentos de música formado; luego salió un carro, que no sabré decir de qué materia, aunque diré su forma, que era de una nave rota, que escapaba de alguna gran borrasca: tirábanla doce poderosísimos jimios, animales lascivos; sobre el carro venia una hermosísima dama, vestida de una rozagante ropa de várias y diversas colores adornada, coronada de amarillas y amargas adelfas; venia arrimada á un baston negro, y en él fija una tablachina ó escudo, donde venian estas letras: SENSUALIDAD. Tras ella salieron otras muchas hermosas mujeres con diferentes instrumentos en las manos, formando una música, ya alegre y ya triste, pero todas singularmente regocijadas.

»Todos mis compañeros y yo estábamos atónitos, como si fuéramos estatuas sin voz, de dura piedra formados. Llegóse á mí la Sensualidad, y con voz entre airada y suave me dijo: «Costarte ha, generoso mancebo, el ser mi enemigo, si no la vida, á lo ménos el gusto»; y diciendo esto, pasó adelante, y las doncellas de la música arrebataron, que así se puede decir, siete ó ocho de mis marineros, y se los llevaron consigo y volvieron á entrarse, siguiendo á su señora, por la abertura de la peña. Volvíme yo entónces á los mios para preguntarles qué les parecia de lo que habian visto; pero estorbólo otra voz ó voces que llegaron á nuestros oidos, bien diferentes que las pasadas, porque eran más suaves y regaladas; formábanlas un escuadron de hermosísimas, al parecer, doncellas, y segun la guía que traian, éranlo sin duda, porque venia delante mi hermana Auristela, que á no tocarme tanto, gastara algunas palabras en alabanza de su más que humana hermosura. ¿Qué me pidieran á mí entónces, que no diera, en albricias de tan rico hallazgo? que á pedirme la vida, no la negara, si no fuera por no perder el bien tan sin pensarlo hallado.

»Traia mi hermana á sus dos lados dos doncellas, de las cuales la una me dijo: «La Continencia y la Pudicicia, amigas y compañeras, acompañamos perpetuamente á la Castidad, que en figura de tu querida hermana Auristela hoy ha querido disfrazarse; ni la dejaremos hasta que con dichoso fin le dé á sus trabajos y peregrinaciones en la alma ciudad de Roma.» Entónces yo, á tan felices nuevas atento, y de tan hermosa vista admirado, y de tan nuevo y extraño acontecimiento, por su grandeza y por su novedad, mal seguro, alcé la voz para mostrar con la lengua la gloria que en el alma tenia, y queriendo decir: «¡Oh únicas consoladoras de mi alma, oh ricas prendas por mi bien halladas, dulces y alegres en este y en otro cualquier tiempo!», fué tanto el ahinco que puse en decir esto, que rompí el sueño, y la vision hermosa desapareció, y yo me hallé en mi navío con todos los mios, sin que faltase alguno dellos.» A lo que dijo Constanza: «¿Luego, señor Periandro, dormíades?

—Sí, respondió, porque todos mis bienes son soñados.

—En verdad, replicó Constanza, que ya queria preguntar á mi señora Auristela adónde habia estado el tiempo que no habia parecido.

—De tal manera, respondió Auristela, ha contado su sueño mi hermano, que me iba haciendo dudar si era verdad ó no lo que decia.» A lo que añadió Mauricio: «Esas son fuerzas de la imaginacion, en quien suelen representarse las cosas con tanta vehemencia, que se aprenden de la memoria, de manera que quedan en ella, siendo mentiras, como si fueran verdades.»

A todo esto callaba Arnaldo, y consideraba los afectos y demostraciones con que Periandro contaba su historia, y de ninguno dellos podia sacar en limpio las sospechas que en su alma habia infundido el ya muerto maldiciente Clodio, de no ser Auristela y Periandro verdaderos hermanos.

«Con todo eso, dijo, prosigue, Periandro, tu cuento, sin repetir sueños, porque los ánimos trabajados siempre los engendran muchos y confusos, y porque la sin par Sinforosa está esperando que llegues á decir de dónde venias la primera vez que á esta isla llegaste, de dónde saliste coronado de vencedor de las fiestas que por la eleccion de su padre cada año en ellas se hacen.

—El gusto de lo que soñé, respondió Periandro, me hizo no advertir de cuán poco fruto son las digresiones en cualquiera narracion, cuando ha de ser sucinta, y no dilatada.» Callaba Policarpo, ocupando la vista en mirar á Auristela, y el pensamiento en pensar en ella; y así para él importaba muy poco ó nada que callase ó que hablase Periandro, el cual, advertido ya de que algunos se cansaban de su larga plática, determinó de proseguirla abreviándola y siguiéndola en las ménos palabras que pudiese; y así dijo:

CAPITULO XVII.

Prosigue Periandro su historia.

«Desperté del sueño, como he dicho; tomé consejo con mis compañeros qué derrota tomariamos, y salió decretado que por donde el viento nos llevase; que pues íbamos en busca de cosarios, los cuales nunca navegan contra viento, era cierto el hallarlos; y habia llegado á tanto mi simpleza, que pregunté á Carino y á Solercio si habian visto á sus esposas en compañía de mi hermana Auristela cuando yo la vi soñando. Riéronse de mi pregunta, y obligáronme y áun forzáronme á que les contase mi sueño. Dos meses anduvimos por el mar, sin que nos sucediese cosa de consideracion alguna, puesto que le escombramos de más de sesenta navíos de cosarios, que por serlo verdaderos, adjudicamos sus robos á nuestro navío, y le llenamos de inumerables despojos, con que mis compañeros iban alegres y no les pesaba de haber trocado el oficio de pescadores en el de piratas, porque ellos no eran ladrones sino de ladrones, ni robaban sino lo robado.

»Sucedió, pues, que un porfiado viento nos salteó una noche, que sin dar lugar á que amainásemos algun tanto ó templásemos las velas, en aquel término que las halló las tendió y acosó de modo, que, como he dicho, más de un mes navegamos por una misma derrota, tanto, que tomando mi piloto el altura del polo donde nos tomó el viento, y tanteando las aguas que haciamos por hora y los dias que habiamos navegado, hallamos ser cuatrocientas leguas, poco más ó ménos. Volvió el piloto á tomar la altura, y vió que estaba debajo del Norte, en el paraje de Noruega, y con voz grande y mayor tristeza dijo: «Desdichados de nosotros, que si el viento no nos concede dar la vuelta para seguir otro camino, en éste se acabará el de nuestra vida, porque estamos en el mar Glacial, digo, en el mar helado, y si aquí nos saltea el hielo, quedarémos empedrados en estas aguas.»

»Apénas hubo dicho esto, cuando sentimos que el navío tocaba por los lados y por la quilla como en movibles peñas, por donde se conoció que ya el mar se comenzaba á helar; cuyos montes de hielo, que por dentro se formaban, impedian el movimiento del navío. Amainamos de golpe, porque topando en ellos no se abriese, y en todo aquel dia y aquella noche se congelaron las aguas tan duramente y se apretaron de modo, que cogiéndonos en medio, dejaron al navío engastado en ellas, como lo suele estar la piedra en el anillo. Casi como en un instante comenzó el hielo á entumecer los cuerpos y á entristecer nuestras almas, y haciendo el miedo su oficio, considerando el manifiesto peligro, no nos dimos más dias de vida que los que pudiese sustentar el bastimento que en el navío hubiese, en el cual bastimento desde aquel punto se puso tasa y se repartió por órden, tan miserable y estrechamente, que desde luego comenzó á matarnos la hambre. Tendimos la vista por todas partes, y no topamos con ella en cosa que pudiese alentar nuestra esperanza, si no fué con un bulto negro, que á nuestro parecer estaria de nosotros seis ó ocho millas; pero luego imaginamos que debia de ser algun navío á quien la comun desgracia del hielo tenia aprisionado. Este peligro sobrepuja y se adelanta á los infinitos en que de perder la vida me he visto, porque un miedo dilatado y un temor no vencido fatiga más el alma que una repentina muerte; que en el acabar súbito se ahorran los miedos y los temores que la muerte trae consigo, que suelen ser tan malos como la misma muerte.

»Esta, pues, que nos amenazaba, tan hambrienta como larga, nos hizo tomar una resolucion, si no desesperada, temeraria por lo ménos, y fué, que consideramos que si los bastimentos se nos acababan, el morir de hambre era la más rabiosa muerte que puede caber en la imaginacion humana; y así determinamos de salirnos del navío y caminar por encima del hielo, y ir á ver si en el que se parecia habria alguna cosa de que aprovecharnos, ó ya de grado ó ya por fuerza. Púsose en obra nuestro pensamiento, y en un instante vieron las aguas sobre sí formado con piés enjutos un escuadron pequeño, pero de valentísimos soldados, y siendo yo la guía, resbalando, cayendo y levantando, llegamos al otro navío, que lo era casi tan grande como el nuestro. Habia gente en él, que puesta sobre el borde, adevinando la intencion de nuestra venida, á voces comenzó uno á decirnos: «¿A qué venis, gente desesperada? ¿qué buscais? ¿venis por ventura á apresurar nuestra muerte y á morir con nosotros? Volveos á vuestro navío, y si os faltan bastimentos, roed las jarcias y encerrad en vuestros estómagos los embreados leños, si es posible; porque pensar que os hemos de dar acogida, será pensamiento vano y contra los preceptos de la caridad, que ha de comenzar de sí mismo. Dos meses dicen que suele durar este hielo que nos detiene: para quince dias tenemos sustento; si es bien que le repartamos con vosotros, á vuestra consideracion lo dejo.» A lo que yo le respondí: «En los apretados peligros toda razon se atropella, no hay respeto que valga ni buen término que se guarde. Acogednos en vuestro navío de grado, y juntaremos en él el bastimento que en el nuestro queda, y comámoslo amigablemente, ántes que la precisa necesidad nos haga mover las armas y usar de la fuerza.»

»Esto le respondí yo, creyendo no decian verdad en la cantidad del bastimento que señalaban; pero ellos, viéndose superiores y aventajados en el puesto, no temieron nuestras amenazas ni admitieron nuestros ruegos, ántes arremetieron á las armas y se pusieron en órden de defenderse. Los nuestros, á quien la desesperacion, de valientes, hizo valentísimos, añadiendo á la temeridad nuevos bríos, arremetieron al navío, y casi sin recebir herida le entraron y le ganaron, y alzóse una voz entre nosotros que á todos les quitásemos la vida, por ahorrar de bocas y de estómagos por donde se fuese el bastimento que en el navío hallásemos. Yo fuí de parecer contrario, y quizá por tenerle bueno en esto nos socorrió el cielo, como despues diré, aunque primero quiero deciros que este navío era el de los cosarios que habian robado á mi hermana y á las dos recien desposadas pescadoras. Apénas le hube reconocido, cuando dije á voces: «¿Adónde teneis, ladrones, nuestras almas? ¿adónde están las vidas que nos robasteis? ¿Qué habeis hecho de mi hermana Auristela, y de las dos Selviana y Leoncia, partes mitades de los corazones de mis buenos amigos Carino y Solercio?» A lo que uno me respondió: «Esas mujeres pescadoras que decis, las vendió nuestro capitan, que ya es muerto, á Arnaldo, Príncipe de Dinamarca.

—Así es la verdad, dijo á esta sazon Arnaldo; que yo compré á Auristela y á Cloelia, su ama, y á otras dos hermosísimas doncellas, de unos piratas que me las vendieron, y no por el precio que ellas merecian.

—¡Válame Dios, dijo Rutilio en esto, y por qué rodeos y con qué eslabones se viene á engarzar la peregrina historia tuya, oh Periandro!

—Por lo que debes al deseo que todos tenemos de servirte, añadió Sinforosa, que abrevies tu cuento, ¡oh historiador tan verdadero como gustoso!

—Sí haré, respondió Periandro, si es posible que grandes cosas en breves términos puedan encerrarse.»

CAPITULO XVIII.

Traicion de Policarpo por consejo de Cenotia. Quítanle á él el reino sus vasallos, y á ella la vida. Salen de la isla los huéspedes, y van á parar á la isla de las Ermitas.

Toda esta tardanza del cuento de Periandro se declaraba tan en contrario del gusto de Policarpo, que ni podia estar atento para escucharle, ni le daba lugar á pensar maduramente lo que debia hacer para quedarse con Auristela, sin perjuicio de la opinion que tenia de generoso y de verdadero. Ponderaba la calidad de sus huéspedes, entre los cuales se le ponia delante Arnaldo, Príncipe de Dinamarca, no por eleccion, sino por herencia; descubria en el modo de proceder de Periandro, en su gentileza y brío algun gran personaje, y en la hermosura de Auristela el de alguna gran señora; quisiera buenamente lograr sus deseos á pié llano, sin rodeos ni invenciones, cubriendo toda dificultad y todo parecer contrario con el velo del matrimonio, que puesto que su mucha edad no lo permitia, todavía podia disimularlo, porque en cualquier tiempo es mejor casarse que abrasarse; acuciaba y solicitaba sus pensamientos con los que solicitaban y aquejaban á la embaidora Cenotia, con la cual se concertó que ántes de dar otra audiencia á Periandro, se pusiese en efeto su disinio, que fué que de allí á dos noches tocasen una arma fingida en la ciudad, y se pegase fuego al palacio por tres ó cuatro partes, de modo que obligase á los que en él asistian á ponerse en cobro, donde era forzoso que interviniese la confusion y el alboroto, en medio del cual previno gente que robasen al bárbaro mozo Antonio y á la hermosa Auristela; y asimismo ordenó á Policarpa, su hija, que conmovida de lástima cristiana, avisase á Arnaldo y á Periandro el peligro que los amenazaba, sin descubrilles el robo, pero mostrándoles el modo de salvarse, que era que acudiesen á la marina, donde en el puerto hallarian una saetía que los acogiese.

Llegóse la noche, y á las tres horas della comenzó el arma, que puso en confusion y alborotó á toda la gente de la ciudad; comenzó á resplandecer el fuego, en cuyo ardor se aumentaba el que Policarpo en su pecho tenia. Acudió su hija, no alborotada, sino con reposo, á dar noticia á Arnaldo y á Periandro de los disinios de su traidor y enamorado padre, que se extendian á quedarse con Auristela y con el bárbaro mozo, sin quedar con indicios que le infamasen. Oyendo lo cual Arnaldo y Periandro, llamaron á Auristela, á Mauricio, Transila, Ladislao, á los bárbaros padre y hijo, á Ricla, á Constanza y á Rutilio, y agradeciendo á Policarpa su aviso, se hicieron todos un monton, y puestos delante los varones, siguiendo el consejo de Policarpa, hallaron paso desembarazado hasta el puerto y segura embarcacion en la saetía, cuyo piloto y marineros estaban avisados y cohechados de Policarpa, que en el mismo punto que aquella gente al parecer huida se embarcase, se hiciesen al mar, y no parasen con ella hasta Inglaterra ó hasta otra parte más léjos de aquella isla.

Entre la confusa gritería y contínuo vocear ¡al arma! ¡al arma! entre los estallidos del fuego abrasador, que como si supiera que tenia licencia del dueño de aquellos palacios para que los abrasase, hacia el mayor estrago, andaba encubierto Policarpo, mirando si salia cierto el robo de Auristela, y asimismo solicitaba el de Antonio la hechicera Cenotia; pero viendo que se habian embarcado todos, sin quedar ninguno, como la verdad se lo decia y el alma se lo pronosticaba, acudió á mandar que todos los baluartes y todos los navíos que estaban en el puerto disparasen la artillería contra el navío de los que en él huian, con lo cual de nuevo se aumentó el estruendo, y el miedo discurrió por los ánimos de todos los moradores de la ciudad, que no sabian qué enemigos los asaltaban ó qué intempestivos acontecimientos les acometian. En esto, la enamorada Sinforosa, ignorante del caso, puso el remedio en sus piés y su esperanza en su inocencia, y con pasos desconcertados y temerosos se subió á una alta torre de palacio, á su parecer parte segura del fuego, que lo demas del palacio iba consumiendo. Acertó á encerrarse con ella su hermana Policarpa, que le contó, como si lo hubiera visto, la huida de sus huéspedes; cuyas nuevas quitaron el sentido á Sinforosa, y en Policarpa pusieron el arrepentimiento de haberlas dado.

Amanecia en esto el alba risueña para todos los que con

ella esperaban descubrir la causa ó causas de la presente calamidad, y en el pecho de Policarpo anochecia la noche de la mayor tristeza que pudiera imaginarse; mordíase las manos Cenotia, y maldecia su engañadora ciencia y las promesas de sus malditos maestros: sola Sinforosa se estaba aún en su desmayo, y sola su hermana lloraba su desgracia, sin descuidarse de hacerle los remedios que ella podia para hacerla volver en su acuerdo. Volvió en fin, tendió la vista por el mar, vió volar la saetía donde iba la mitad de su alma, ó la mejor parte della, y como si fuera otra engañada y nueva Dido que de otro fugitivo Enéas se quejaba, enviando suspiros al cielo, lágrimas á la tierra y voces al aire, dijo estas ó otras semejantes razones:

«¡Oh hermoso huésped, venido por mi mal á estas riberas, no engañador por cierto, que áun no he sido yo tan dichosa, que me dijeses palabras amorosas para engañarme! amaina esas velas ó témplalas algun tanto, para que se dilate el tiempo de que mis ojos vean ese navío, cuya vista sólo, porque vas en él, me consuela. Mira, señor, que huyes de quien te sigue, que te alejas de quien te busca, y das muestras de que aborreces á quien te adora. Hija soy de un rey, y me contento con ser esclava tuya; y si no tengo hermosura que pueda satisfacer á tus ojos, tengo deseos que puedan llenar los vacíos de los mejores que el amor tiene. No repares en que se abrase toda esta ciudad; que si vuelves, habrá servido este incendio de luminarias por la alegría de tu vuelta. Riquezas tengo, acelerado fugitivo mio, y puestas en parte donde no las hallará el fuego, aunque más las busque, porque las guarda el cielo para tí solo.» A esta sazon volvió á hablar con su hermana y le dijo: «¿No te parece, hermana mia, que ha amainado algun tanto las velas? ¿No te parece que no camina tanto? ¡Ay Dios, si se habrá arrepentido! ¡Ay Dios, si la rémora de mi voluntad le detiene el navío!

—Ay hermana, respondió Policarpa, no te engañes; que los deseos y los engaños suelen andar juntos. El navío vuela, sin que le detenga la rémora de tu voluntad, como tú dices, sino que le impele el viento de tus muchos suspiros.»

Salteólas en esto el Rey, su padre, que quiso ver de la alta torre, tambien como su hija, no la mitad, sino toda su alma, que se le ausentaba, aunque ya no se descubria; los hombres que tomaron á su cargo encender el fuego de palacio, le tuvieron tambien de apagarle. Supieron los ciudadanos la causa del alboroto, y el mal nacido deseo de su rey Policarpo, y los embustes y consejos de la hechicera Cenotia; y aquel mismo dia le depusieron del reino, y colgaron á Cenotia de una entena. Sinforosa y Policarpa fueron respetadas como quien eran, y la ventura que tuvieron fué tal, que correspondió á sus merecimientos; pero no en modo que Sinforosa alcanzase el fin felice de sus deseos, porque la suerte de Periandro mayores venturas le tenia guardadas. Los del navío, viéndose todos juntos y todos libres, no se hartaban de dar gracias al cielo de su buen suceso; de ellos supieron otra vez los traidores disinios de Policarpo; pero no les parecieron tan traidores, que no hallase en ellos disculpa el haber sido por el amor forjados; disculpa bastante de mayores yerros; que cuando ocupa á un alma la pasion amorosa, no hay discurso con que acierte ni razon que no atropelle.

Hacíales el tiempo claro, y aunque el viento era largo,

estaba el mar tranquilo; llevaban la mira de su viaje puesta en Inglaterra, adonde pensaban tomar el disinio que más les conviniese, y con tanto sosiego navegaban, que no les sobresaltaba ningun recelo ni miedo de ningun suceso adverso. Tres dias duró la apacibilidad del mar, y tres dias sopló próspero el viento, hasta que al cuarto, al poner del sol, se comenzó á turbar el viento y á desasosegarse el mar, y el recelo de alguna gran borrasca comenzó á turbar á los marineros; que la inconstancia de nuestras vidas y la del mar simbolizan en no prometer seguridad ni firmeza alguna largo tiempo; pero quiso la buena suerte que cuando les apretaba este temor descubriesen cerca de sí una isla, que luego de los marineros fué conocida, y dijeron que se llamaba la de las Ermitas, de que no poco se alegraron, porque en ella sabian que estaban dos calas capaces de guarecerse en ellas de todos vientos más de veinte navíos; tales en fin, que pudieran servir de abrigados puertos. Dijeron tambien que en una de las ermitas servia de ermitaño un caballero principal, frances, llamado Renato, y en la otra ermita servia de ermitaña una señora francesa, llamada Eusebia, cuya historia de los dos era la más peregrina que se hubiese visto.

El deseo de saberla, y el de repararse de la tormenta, si viniese, hizo á todos que encaminasen allá la proa; hízose así con tanto acertamiento, que dieron luego con una de las calas, donde dieron fondo sin que nadie se lo impidiese; y estando informado Arnaldo de que en la isla no habia otra persona alguna que la del ermitaño y ermitaña referidos, por dar contento á Auristela y á Transila, que fatigadas del mar venian, con parecer de Mauricio, Ladislao, Rutilio y Periandro, mandó echar el esquife al agua, y que saliesen todos á tierra á pasar la noche en sosiego, libres de los vaivenes del mar; y aunque se hizo así, fué parecer del bárbaro Antonio que él y su hijo, Ladislao y Rutilio se quedasen en el navío guardándole, pues la fe de sus marineros, poco experimentada, no les debia asegurar de modo que se fiasen dellos. Y en efeto, los que se quedaron en el navío fueron los dos Antonios, padre y hijo, con todos los marineros; que la mejor tierra para ellos es las tablas embreadas de sus naves; mejor les huele la pez, la brea y la resina de sus navíos, que á la demas gente las rosas, las flores y los amarantos de los jardines. A la sombra de una peña los de la tierra se repararon del viento, y á la claridad de mucha lumbre, que de ramas cortadas en un instante hicieron, se defendieron del frio; y ya como acostumbrados á pasar muchas veces calamidades semejantes, pasaron la desta noche sin pesadumbre alguna, y más con el alivio que Periandro les causó con volver, por ruego de Transila, á proseguir su historia, que puesto que él lo rehusaba, añadiendo ruegos Arnaldo, Ladislao y Mauricio, ayudándoles Auristela, la ocasion y el tiempo, la hubo de proseguir en esta forma:

CAPITULO XIX.

Del buen acogimiento que hallaron en la isla de las Ermitas.

«Si es verdad, como lo es, ser dulcísima cosa contar en tranquilidad la tormenta, y en la paz presente los peligros de la pasada guerra, y en la salud la enfermedad padecida, dulce me ha de ser á mí agora contar mis trabajos en este sosiego; que puesto que no puedo decir que estoy libre de ellos todavía, segun han sido grandes y muchos, puedo afirmar que estoy en descanso, por ser condicion de la humana suerte que cuando los bienes comienzan á crecer, parece que unos se van llamando á otros, y que no tienen fin donde parar, y los males por el mismo consiguiente. Los trabajos que yo hasta aquí he padecido, imagino que han llegado al último paradero de la miserable fortuna, y que es forzoso que declinen; que cuando en el extremo de los trabajos no sucede el de la muerte, que es el último de todos, ha de seguirse la mudanza, no de mal á mal, sino de mal á bien, y de bien á más bien, y éste en que estoy, teniendo á mi hermana conmigo, verdadera y precisa causa de todos mis males y mis bienes, me asegura y promete que tengo de llegar á la cumbre de los más felices que acierte á desearme; y así, con este dichoso pensamiento digo que quedé en la nave de mis contrarios ya rendidos, donde supe, como ya he dicho, la venta que habian hecho de mi hermana y de las dos recien desposadas pescadoras y de Cloelia, al Príncipe Arnaldo, que aquí está presente.

»En tanto que los mios andaban escudriñando y tanteando los bastimentos que habia en el empedrado navío, á deshora y de improviso de la parte de tierra descubrimos que sobre los hielos caminaba un escuadron de armada gente, de más de cuatro mil personas formado. Dejónos más helados que el mismo mar vista semejante, aprestando las armas, más por muestra de ser hombres que con pensamiento de defenderse. Caminaban sobre solo un pié, dándose con el derecho sobre el calcaño izquierdo, con que se impelian y resbalaban sobre el mar grandísimo trecho, y luego, volviendo á reiterar el golpe, tornaban á resbalar otra gran pieza de camino, y desta suerte en un instante fueron con nosotros y nos rodearon por todas partes; y uno de ellos, que, como despues supe, era el capitan de todos, llegándose cerca de nuestro navío, á trecho que pudo ser oido, asegurando la paz con un paño blanco que volteaba sobre el brazo, en lengua polaca con voz clara dijo: «Cratilo, rey de Lituania y señor destos mares, tiene por costumbre de requerirlos con gente armada y sacar dellos los navíos que del hielo están detenidos, á lo ménos la gente y la mercancía que tuvieren, por cuyo beneficio se paga con tomarla por suya. Si vosotros gustáredes de aceptar este partido sin defenderos, gozareis de las vidas y de la libertad, que no se os ha de cautivar en ningun modo. Miradlo; y si no, aparejáos á defenderos de nuestras armas, de contínuo vencedoras.»

»Contentóme la brevedad y la resolucion del que nos hablaba. Respondíle que me dejase tomar parecer con nosotros mismos, y fué el que mis pescadores me dieron, decir que el fin de todos los males, y el mayor de ellos, era el acabar la vida, la cual se habia de sustentar por todos los medios posibles, como no fuesen por los de la infamia; y que, pues en los partidos que nos ofrecian no intervenia ninguna, y del perder la vida estábamos tan ciertos, como dudosos de la defensa, sería bien rendirnos y dar lugar á la mala fortuna que entónces nos perseguia, pues podria ser que nos guardase para mejor ocasion. Casi esta misma respuesta dí al capitan del escuadron, y al punto, más con apariencia de guerra que con muestras de paz, arremetieron al navío, y en un instante le desbalijaron todo, y trasladaron cuanto en él habia, hasta la misma artillería y jarcias, á unos cueros de bueyes que sobre el hielo tendieron, y liándolos por encima, aseguraron poderlos llevar, tirándolos con cuerdas, sin que se perdiese cosa alguna. Robaron ansimismo lo que hallaron en el otro nuestro navío, y poniéndonos á nosotros sobre otras pieles, alzando una alegre vocería, nos tiraron y nos llevaron á tierra, que debia de estar desde el lugar del navío como veinte millas. Paréceme á mí que debia de ser cosa de ver, caminar tanta gente por cima de las aguas á pié enjuto, sin usar allí el cielo alguno de sus milagros; en fin, aquella noche llegamos á la ribera, de la cual no salimos hasta otro dia por la mañana, que la vimos coronada de infinito número de gente, que á ver la presa de los helados y yertos habian venido.

»Venia entre ellos sobre un hermoso caballo el rey Cratilo, que por las insignias reales con que se adornaba conocimos ser quien era; venia á su lado, asimismo á caballo, una hermosísima mujer, armada de unas armas blancas, á quien no podia acabar de encubrir un velo negro con que venian cubiertas. Llevóme tras sí la vista, tanto su buen parecer como la gallardía del rey Cratilo, y mirándola con atencion, conocí ser la hermosa Sulpicia, á quien la cortesía de mis compañeros pocos dias há habia dado la libertad que entónces gozaba. Acudió el Rey á ver los rendidos, y llevándome el capitan asido de la mano, le dijo: «En este solo mancebo, ¡oh valeroso rey Cratilo! me parece que te presento la más rica presa que en razon de persona humana hasta agora humanos ojos han visto. —¡Santos cielos! dijo á esta sazon la hermosa Sulpicia, arrojándose del caballo al suelo; ó yo no tengo vista en los ojos, ó es éste mi libertador Periandro»; y el decir esto y añudarme el cuello con sus brazos fué todo uno; cuyas extrañas y amorosas muestras obligaron tambien á Cratilo á que del caballo se arrojase y con las mismas señales de alegría me recibiese. Entónces la desmayada esperanza de algun buen suceso estaba léjos de los pechos de mis pescadores; pero cobrando aliento en las muestras alegres con que vieron recebirme, les hizo brotar por los ojos el contento, y por las bocas las gracias que dieron á Dios del no esperado beneficio, que ya le contaban, no por beneficio, sino por singular y conocida merced.

»Sulpicia dijo á Cratilo: «Este mancebo es un sugeto donde tiene su asiento la suma cortesía, y su albergue la misma liberalidad; y aunque yo tengo hecha esta experiencia, quiero que tu discrecion la acredite, sacando por su gallarda presencia (y en esto bien se ve que hablaba como agradecida y áun como engañada) en limpio esta verdad que te digo. Este fué el que me dió libertad despues de la muerte de mi marido; éste el que no despreció mis tesoros, sino el que no los quiso; éste fué el que, despues de recebidas mis dádivas, me las volvió mejoradas, con el deseo de dármelas mayores si pudiera; éste fué, en fin, el que, acomodándose, ó por mejor decir, haciendo acomodar á su gusto el de sus soldados, dándome doce que me acompañasen, me tiene ahora en tu presencia.» Yo entónces, á lo que creo, rojo el rostro con las alabanzas, ó ya aduladoras ó demasiadas, que de mí oia, no supe más que hincarme de rodillas ante Cratilo, pidiéndole las manos, que no me las dió para besárselas, sino para levantarme del suelo. En este entretanto los doce pescadores que habian venido en guarda de Sulpicia andaban entre la demas gente, buscando á sus compañeros, abrazándose unos á otros, y llenos de contento y regocijo, se contaban sus buenas y malas suertes; los del mar exageraban su hielo, y los de la tierra sus riquezas. «A mí, decia el uno, me ha dado Sulpicia esta cadena de oro.—A mí, decia otro, esta joya, que vale por dos de esas cadenas.—A mí, replicaba éste, me dió tanto dinero»; y aquel repetia: «Más me ha dado á mí en este solo anillo de diamantes, que á todos vosotros juntos.»

»A todas estas pláticas puso silencio un gran rumor que se levantó entre la gente, causado del que hacia un poderosísimo caballo bárbaro, á quien dos valientes lacayos traian del freno, sin poderse averiguar con él. Era de color morcillo, pintado todo de moscas blancas, que sobremanera le hacian hermoso; venia en pelo, porque no consentia ensillarse sino del mismo Rey; pero no le guardaba este respeto despues de puesto encima, no siendo bastantes á detenerle mil montes de embarazos que ante él se pusieran; de lo que el Rey estaba tan pesaroso, que diera una ciudad á quien sus malos siniestros le quitara. Todo esto me contó el Rey breve y sucintamente, y yo me resolví con mayor brevedad á hacer lo que agora os diré.»

Aquí llegaba Periandro con su plática, cuando á un lado de la peña donde estaban recogidos los del navío, oyó Arnaldo un ruido como de pasos de personas que hácia ellos se encaminaban; levantóse en pié, puso mano á su espada, y con esforzado denuedo estuvo esperando el suceso. Calló asimismo Periandro, y las mujeres con miedo, y los varones con ánimo, especialmente Periandro, atendian lo que sería. Y á la escasa luz de la luna, que cubierta de nubes, no dejaba verse, vieron que hácia ellos venian dos bultos, que no pudieran diferenciar lo que eran, si uno dellos con voz clara no dijera: «No os alborote, señores, quien quiera que seais, nuestra improvisa llegada, pues sólo venimos á serviros. Esta estancia que teneis, desierta y sola, la podeis mejorar, si quisiéredes, en la nuestra, que en la cima desta montaña está puesta; luz y lumbre hallareis en ella, y manjares, que, si no delicados y costosos, son por lo ménos necesarios y de gusto.» Yo le respondí: «¿Sois por ventura Renato y Eusebia, los limpios y verdaderos amantes en quien la fama ocupa sus lenguas, diciendo el bien que en ellos se encierra?

—Si dijérades los desdichados, respondió el bulto, acertárades en ello; pero, en fin, nosotros somos los que decis y los que os ofrecemos con voluntad sincera el acogimiento que puede daros nuestra estrecheza.» Arnaldo fué de parecer que se tomase el consejo que se les ofrecia, pues el rigor del tiempo que amenazaba les obligaba á ello.

Levantáronse todos, y siguiendo á Renato y á Eusebia, que les sirvieron de guías, llegaron á la cumbre de una montañuela, donde vieron dos ermitas, más cómodas para pasar la vida en su pobreza que para alegrar la vista con su rico adorno. Entraron dentro, y en la que parecia algo mayor hallaron luces que de dos lámparas procedian, con que podian distinguir los ojos lo que dentro estaba, que era un altar con tres devotas imágenes: la una del Autor de la vida, ya muerto y crucificado; la otra de la Reina de los cielos y de la Señora de la alegría, triste y puesta al pié del que tiene los piés sobre todo el mundo; y la otra del amado discípulo, que vió más estando durmiendo, que vieron cuantos ojos tiene el cielo en sus estrellas. Hincáronse de rodillas, y hecha la debida oracion con devoto respeto, les llevó Renato á una estancia que estaba junto á la ermita, á quien se entraba por una puerta que junto al altar se hacia; finalmente, pues las menudencias no piden ni sufren relaciones largas, se dejarán de contar las que allí pasaron, ansí de la pobre cena como del estrecho regalo, que sólo se alargaba en la bondad de los ermitaños, de quien se notaron los pobres vestidos, la edad que tocaba en los márgenes de la vejez, y la hermosura de Eusebia, donde todavía resplandecian las muestras de haber sido rara en todo extremo. Auristela, Transila y Constanza se quedaron en aquella estancia, á quien sirvieron de camas secas espadañas con otras yerbas, más para dar gusto al olfato que á otro sentido alguno. Los hombres se acomodaron en la ermita en diferentes puestos, tan frios como duros, y tan duros como frios. Corrió el tiempo como suele, voló la noche, y amaneció el dia claro y sereno; descubrióse la mar tan cortés y bien criada, que parecia que estaba convidando á que la gozasen, volviéndose á embarcar, y sin duda alguna se hiciera así, si el piloto de la nave no subiera á decir que no se fiasen de las muestras del tiempo, que puesto que prometian serenidad tranquila, los efetos habian de ser muy contrarios. Salió con su parecer, pues todos se atuvieron á él; que en el arte de la marinería más sabe el más simple marinero que el mayor letrado del mundo. Dejaron sus herbosos lechos las damas, y los varones sus duras piedras, y salieron á ver desde aquella cumbre la amenidad de la pequeña isla, que sólo podia bojar hasta doce millas, pero tan llena de árboles frutíferos, tan fresca por muchas aguas, tan agradable por las yerbas verdes y tan olorosa por las flores, que en un igual grado y á un mismo tiempo podia satisfacer á todos cinco sentidos.

Pocas horas se habia entrado por el dia, cuando los dos venerables ermitaños llamaron á sus huéspedes, y tendiendo dentro de la ermita verdes y secas espadañas, formaron sobre el suelo una agradable alfombra, quizá más vistosa que las que suelen adornar los palacios de los reyes; luego tendieron sobre ella diversidad de frutas, así verdes como secas, y pan no tan reciente, que no semejase bizcocho; coronando la mesa asimismo de vasos de corcho con maestría labrados, de frios y líquidos cristales llenos. El adorno, las frutas, las puras y limpias aguas, que á pesar de la parda color de los corchos mostraban su claridad, y la necesidad juntamente, obligó á todos, y áun les forzó, por mejor decir, á que al rededor de la mesa se sentasen; hiciéronlo así, y despues de la tan breve como sabrosa comida, Arnaldo suplicó á Renato que les contase su historia, y la causa que á la estrecheza de tan pobre vida le habia conducido; el cual, como era caballero, á quien es aneja siempre la cortesía, sin que segunda vez se lo pidiesen, desta manera comenzó el cuento de su verdadera historia:

CAPITULO XX.

Cuenta Renato la ocasion que tuvo para irse á la isla de las Ermitas.

«Cuando los trabajos pasados se cuentan en prosperidades presentes, suele ser mayor el gusto que se recibe en contarlos, que fué el pesar que se recibió en sufrirlos; esto no podré decir de los mios, pues no los cuento fuera de la borrasca, sino en mitad de la tormenta. Nací en Francia, engendráronme padres nobles, ricos y bien intencionados, criéme en los ejercicios de caballero, medí mis pensamientos con mi estado; pero, con todo eso, me atreví á ponerlos en la señora Eusebia, dama de la reina de Francia, á quien sólo con los ojos la dí á entender que la adoraba, y ella, ó ya descuidada, ó no advertida, ni con sus ojos ni con su lengua me dió á entender que me entendia; y aunque el disfavor y los desdenes suelen matar al amor en sus principios, faltándole el arrimo de la esperanza, con quien suele crecer, en mí fué al contrario, porque del silencio de Eusebia tomaba alas mi esperanza con que subir hasta el cielo de merecerla. Pero la invidia, ó la demasiada curiosidad de Libsomiro, caballero asimismo frances, no ménos rico que noble, alcanzó á saber mis pensamientos, y sin ponerlos en el punto que debia, me tuvo más invidia que lástima, habiendo de ser al contrario, porque hay dos males en el amor que llegan á todo extremo: el uno es querer y no ser querido, el otro querer y ser aborrecido, y á este mal no se iguala el de la ausencia ni el de los celos. En resolucion, sin haber yo ofendido á Libsomiro, un dia se fué al Rey y le dijo cómo yo tenia trato ilícito con Eusebia, en ofensa de la majestad real y contra la ley que debia guardar como caballero; cuya verdad la acreditaria con sus armas, porque no queria que la mostrase la pluma ni otros testigos, por no turbar la decencia de Eusebia, á quien una y mil veces acusaba de impúdica y mal intencionada. Con esta informacion alborotado el Rey, me mandó llamar, y me contó lo que Libsomiro de mí le habia contado; disculpé mi inocencia, volví por la honra de Eusebia, y por el más comedido medio que pude, desmentí á mi enemigo. Remitióse la prueba á las armas; no quiso el Rey darnos campo en ninguna tierra de su reino, por no ir contra la ley católica, que lo prohibe; diónosle una de las ciudades libres de Alemania. Llegóse el dia de la batalla, parecí en el puesto con las armas que se habian señalado, que eran espada y rodela, sin otro artificio alguno; hicieron los padrinos y los jueces las ceremonias que en tales casos se acostumbran; partiéronnos el sol, y dejáronnos.

»Entré yo confiado y animoso, por saber indubitablemente que llevaba la razon conmigo y la verdad de mi parte; de mi contrario bien sé yo que entró animoso, y más soberbio y arrogante que seguro de su conciencia. ¡Oh soberanos cielos! ¡Oh juicios de Dios inescrutables! yo hice lo que pude, yo puse mis esperanzas en Dios y en la limpieza de mis no ejecutados deseos; sobre mí no tuvo poder el miedo, ni la debilidad de los brazos, ni la puntualidad de los movimientos, y con todo eso, y no saber decir el cómo, me hallé tendido en el suelo, y la punta de la espada de mi enemigo puesta sobre mis ojos, amenazándome de presta inevitable muerte. «Aprieta, dije yo entónces, ¡oh más venturoso que valiente vencedor mio! esa punta desa espada, y sácame el alma, pues tan mal ha sabido defender su cuerpo; no esperes á que me rinda, que no ha de confesar mi lengua la culpa que no tengo; pecados sí tengo yo, que merecen mayores castigos, pero no quiero añadirles éste de levantarme testimonio á mí mismo; y así, más quiero morir con honra que vivir deshonrado.

»—Si no te rindes, Renato, respondió mi contrario, esta punta llegará hasta el celebro, y hará que con tu sangre firmes y confirmes mi verdad y tu pecado.» Llegaron en esto los jueces, y tomáronme por muerto, y dieron á mi enemigo el lauro de la vitoria; sacáronle del campo en hombros de sus amigos, y á mí me dejaron solo en poder del quebranto y la confusion, con más tristeza que heridas, y no con tanto dolor como yo pensaba, pues no fué bastante á quitarme la vida, ya que no me la quitó la espada de mi enemigo. Recogiéronme mis criados, volvíme á la patria.

»Ni en el camino ni en ella tenia atrevimiento para alzar los ojos al cielo, que me parecia que sobre sus párpados cargaba el peso de la deshonra y la pesadumbre de la infamia; de los amigos que me hablaban pensaba que me ofendian; el claro cielo para mí estaba cubierto de oscuras tinieblas. Ni un corrillo acaso se hacia en las calles de los vecinos del pueblo, de quien no pensase que sus pláticas no naciesen de mi deshonra; finalmente, yo me hallé tan apretado de mis melancolías, pensamientos y confusas imaginaciones, que por salir dellas, ó á lo ménos aliviarlas, ó acabar con la vida, determiné salir de mi patria; y renunciando mi hacienda en otro hermano menor que tengo, en un navío con algunos de mis criados quise desterrarme, y venir á estas septentrionales partes, á buscar lugar donde no me alcanzase la infamia de mi infame vencimiento, y donde el silencio sepultase mi nombre. Hallé esta isla acaso, contentóme el sitio, y con el ayuda de mis criados levanté esta ermita y encerréme en ella; despedílos, díles órden que cada un año viniesen á verme para que enterrasen mis huesos; el amor que me tenian, las promesas que les hice y los dones que les dí, les obligaron á cumplir mis ruegos, que no los quiero llamar mandamientos. Fuéronse, y dejáronme entregado á mi soledad, donde hallé tan buena compañía en estos árboles, en estas yerbas y plantas, en estas claras fuentes, en estos bulliciosos y frescos arroyuelos, que de nuevo me tuve lástima á mí mismo de no haber sido vencido muchos tiempos ántes, pues con aquel trabajo hubiera venido ántes al descanso de gozallos.

»¡Oh soledad alegre, compañía de los tristes! ¡Oh silencio, voz agradable á los oidos donde llegas, sin que la adulacion ni la lisonja te acompañen! ¡Oh, qué de cosas dijera, señores, en alabanza de la santa soledad y del sabroso silencio! pero estórbamelo el deciros primero cómo dentro de un año volvieron mis criados, y trajeron consigo á mi adorada Eusebia, que es esta señora ermitaña que veis presente, á quien mis criados dijeron en el término que yo quedaba, y ella, agradecida á mis deseos y condolida de mi infamia, quiso, ya que no en la culpa, serme compañera en la pena, y embarcándose con ellos, dejó su patria y padres, sus regalos y sus riquezas, y lo más que dejó fué la honra, pues la dejó al vano discurso del vulgo, casi siempre engañado, pues con su huida confirmaba su yerro y el mio. Recebíla como ella esperaba que yo la recibiese, y la soledad y la hermosura, que habian de encender nuestros comenzados deseos, hicieron el efeto contrario, merced al cielo y á la honestidad suya. Dímonos las manos de legítimos esposos, enterramos el fuego en la nieve, y en paz y en amor, como dos estatuas movibles, há que vivimos en este lugar casi diez años, en los cuales no se ha pasado ninguno en que mis criados no vuelvan á verme, proveyéndome de algunas cosas que en esta soledad es forzoso que me falten. Traen alguna vez consigo algun religioso que nos confiese; tenemos en la ermita suficientes ornamentos para celebrar los divinos oficios; dormimos aparte, comemos juntos, hablamos del cielo, menospreciamos la tierra, y confiados en la misericordia de Dios, esperamos la vida eterna.»

Con esto dió fin á su plática Renato, y con esto dió ocasion á que todos los circunstantes se admirasen de su suceso, no porque les pareciese nuevo dar castigos el cielo contra la esperanza de los pensamientos humanos, pues se sabe que por una de dos causas vienen los que parecen males á las gentes: á los malos por castigo, y á los buenos por mejora, y en el número de los buenos pusieron á Renato, con el cual gastaron algunas palabras de consuelo, y ni más ni ménos con Eusebia, que se mostró prudente en los agradecimientos y consolada en su estado.

«¡Oh vida solitaria! dijo á esta sazon Rutilio, que sepultado en silencio habia estado escuchando la historia de Renato. ¡Oh vida solitaria, dijo, santa, libre y segura, que infunde el cielo en las regaladas imaginaciones! ¡quién te amara, quién te abrazara, quién te escogiera, y quién, finalmente, te gozara!

—¡Ah! dices bien, dijo Mauricio, amigo Rutilio; pero esas consideraciones han de caer sobre grandes sugetos; porque no nos ha de causar maravilla que un rústico pastor se retire á la soledad del campo, ni nos ha de admirar que un pobre, que en la ciudad muere de hambre, se recoja á la soledad, donde no le ha de faltar el sustento. Modos hay de vivir que los sustenta la ociosidad y la pereza, y no es pequeña pereza dejar yo el remedio de mis trabajos en las ajenas, aunque misericordiosas manos. Si yo viera á un Aníbal cartagines encerrado en una ermita, como vi á un Cárlos V encerrado en un monasterio, suspendiérame y admirárame; pero que se retire un plebeyo, que se recoja un pobre, ni me admira ni me suspende. Fuera va deste cuento Renato, que le trajeron á estas soledades, no la pobreza, sino la fuerza que nació de su buen discurso; aquí tiene en la carestía abundancia, y en la soledad compañía, y el no tener más que perder le hace vivir más seguro»; á lo que añadió Periandro: «Si como tengo pocos, tuviera muchos años, en trances y ocasiones me ha puesto mi fortuna, que tuviera por suma felicidad que la soledad me acompañara, y en la sepultura del silencio se sepultara mi nombre; pero no me dejan resolver mis deseos, ni mudar de vida la priesa que me da el caballo de Cratilo, en quien quedé de mi historia.» Todos se alegraron oyendo esto, por ver que queria Periandro volver á su tantas veces comenzado y no acabado cuento, que fué así:

CAPITULO XXI.

Cuenta lo que le sucedió con el caballo, tan estimado de Cratilo, como famoso.

«La grandeza, la ferocidad y la hermosura del caballo que os he descrito, tenian tan enamorado á Cratilo, y tan deseoso de verle manso, como á mí de mostrar que deseaba servirle, pareciéndome que el cielo me presentaba ocasion para hacerme agradable á los ojos de quien por señor tenia, y á poder acreditar con algo las alabanzas que la hermosa Sulpicia de mí al Rey habia dicho; y así, no tan maduro como presuroso, fuí donde estaba el caballo, y subí en él sin poner el pié en el estribo, pues no le tenia, y arremetí con él, sin que el freno fuese parte para detenerle, y llegué á la punta de una peña que sobre la mar pendia, y apretándole de nuevo las piernas, con tan mal grado suyo como gusto mio, le hice volar por el aire, y dar con entrambos en la profundidad del mar; y en la mitad del vuelo me acordé que pues el mar estaba helado, me habia de hacer pedazos con el golpe, y tuve mi muerte y la suya por cierta. Pero no fué así, porque el cielo, que para otras cosas que él sabe me debe de tener guardado, hizo que las piernas y brazos del poderoso caballo resistiesen el golpe, sin recebir yo otro daño que haberme sacudido de sí el caballo, y echado á rodar, resbalando por gran espacio. Ninguno hubo en la ribera que no pensase y creyese que yo quedaba muerto; pero cuando me vieron levantar en pié, aunque tuvieron el suceso á milagro, juzgaron á locura mi atrevimiento.»

Duro se le hizo á Mauricio el terrible salto del caballo tan sin lision; que quisiera él, por lo ménos, que se hubiera quebrado tres ó cuatro piernas, porque no dejara Periandro tan á la cortesía de los que le escuchaban la creencia de tan desaforado salto; pero el crédito que todos tenian de Periandro les hizo no pasar adelante con la duda del no creerle; que así como es pena del mentiroso que cuando diga verdad no se le crea, así es gloria del bien acreditado el ser creido cuando diga mentira; y como no pudieron estorbar los pensamientos de Mauricio la plática de Periandro, prosiguió la suya diciendo:

«Volví á la ribera con el caballo, volví asimismo á subir en él, y por los mismos pasos que primero, le incité á saltar segunda vez; pero no fué posible, porque puesto en la punta de la levantada peña, hizo tanta fuerza por no arrojarse, que puso las ancas en el suelo y rompió las riendas, quedándose clavado en la tierra. Cubrióse luego de un sudor de piés á cabeza, tan lleno de miedo, que le volvió de leon en cordero, y de animal indomable en generoso caballo; de manera que los muchachos se atrevieron á manosearle, y los caballerizos del Rey, enjaezándole, subieron en él y le corrieron á más seguridad, y él mostró su ligereza y su bondad, hasta entónces jamas vista; de lo que el Rey quedó contentísimo y Sulpicia alegre, por ver que mis obras habian respondido á sus palabras.

»Tres meses estuvo en su rigor el hielo, y éstos se tardaron en acabar un navío que el Rey tenia comenzado para correr en convenible tiempo aquellos mares, limpiándolos de cosarios, enriqueciéndose con sus robos. En este entretanto le hice algunos servicios en la caza, donde me mostré sagaz y experimentado y gran sufridor de trabajos; porque ningun ejercicio corresponde así al de la guerra como el de la caza, á quien es anejo el cansancio, la sed y la hambre, y áun á veces la muerte. La liberalidad de la hermosa Sulpicia se mostró conmigo y con los mios extremada, y la cortesía de Cratilo le corrió parejas; los doce pescadores que trajo consigo Sulpicia estaban ya ricos, y los que conmigo se perdieron estaban ganados. Acabóse el navío, mandó el Rey aderezarle y pertrecharle de todas las cosas necesarias largamente, y luego me hizo capitan dél á toda mi voluntad, sin obligarme á que hiciese cosa más de aquella que fuese de mi gusto; y despues de haberle besado las manos por tan gran beneficio, le dije que me diese licencia de ir á buscar á mi hermana Auristela, de quien tenia noticia que estaba en poder del rey de Dinamarca. Cratilo me la dió para todo aquello que quisiese hacer, diciéndome que á más le tenia obligado mi buen término, hablando como rey, á quien es anejo tanto el hacer mercedes como la afabilidad, y si se puede decir la buena crianza, ésta tuvo Sulpicia en todo extremo, acompañándola con la liberalidad, con la cual ricos y contentos, yo y los mios nos embarcamos, sin que quedase ninguno.

»La primer derrota que tomamos fué á Dinamarca, donde creí hallar á mi hermana, y lo que hallé fueron nuevas de que de la ribera del mar á ella y á otras doncellas las habian robado cosarios; renováronse mis trabajos y comenzaron de nuevo mis lástimas, á quien acompañaron las de Carino y Solercio, los cuales creyeron que en la desgracia de mi hermana y en su prision se debia de comprender la de sus esposas.

—Sospecharon bien», dijo á esta sazon Arnaldo; y prosiguiendo Periandro, dijo: «Barrimos todos los mares, rodeamos todas ó las más islas destos contornos, preguntando siempre por nuevas de mi hermana, pareciéndome á mí, con paz sea dicho de todas las hermosas del mundo, que la luz de su rostro no podia estar encubierta, por ser escuro el lugar donde estuviese, y que la suma discrecion suya habia de ser el hilo que la sacase de cualquier laberinto. Prendimos cosarios, soltamos prisioneros, restituimos haciendas á sus dueños, alzámonos con las mal ganadas de otros, y con esto, colmando nuestro navío de mil diferentes bienes de fortuna, quisieron los mios volver á sus redes y á sus casas y á los brazos de sus hijos, imaginando Carino y Solercio ser posible hallar á sus esposas en su tierra, ya que en las ajenas no las hallaban. Antes desto llegamos á aquella isla, que, á lo que creo, se llama Scinta, donde supimos las fiestas de Policarpo, y á todos nos vino voluntad de hallarnos en ellas. No pudo llegar nuestra nave, por ser el viento contrario, y así en traje de marineros bogadores nos entramos en aquel barco luengo, como ya queda dicho; allí gané los premios, allí fuí coronado por vencedor de todas las contiendas, y de allí tomó ocasion Sinforosa de desear saber quién yo era, como se vió por las diligencias que para ello hizo.

»Vuelto al navío, y resueltos los mios de dejarme, los rogué que me dejasen el barco como en premio de los trabajos que con ellos habia pasado. Dejáronmele, y áun me dejaran el navío, si yo le quisiera, diciéndome que si me dejaban solo, no era otra la ocasion sino porque les parecia ser solo mi deseo, y tan imposible de alcanzarle como lo habia mostrado la experiencia en las diligencias que habiamos hecho para conseguirle. En resolucion, con seis pescadores que quisieron seguirme, llevados del premio que les dí y del que les ofrecí, abrazando á mis amigos, me embarqué, y puse la proa en la isla Bárbara, de cuyos moradores sabia ya la costumbre y la falsa profecía que los tenia engañados, la cual no os refiero porque sé que la sabeis. Dí al traves en aquella isla, fuí preso y llevado donde estaban los vivos enterrados, sacáronme otro dia para ser sacrificado; sucedió la tormenta del mar, desbaratáronse los leños que servian de barcas, salí al mar ancho en un pedazo dellas con cadenas que me rodeaban el cuello y esposas que me ataban las manos; caí en las misericordiosas del Príncipe Arnaldo, que está presente, por cuya órden entré en la isla para ser espía que investigase si estaba en ella mi hermana, no sabiendo que yo fuese hermano de Auristela, la cual otro dia vino en traje de varon á ser sacrificada; conocíla, dolióme su dolor, previne su muerte con decir que era hembra, como ya lo habia dicho Cloelia, su ama, que la acompañaba; y el modo como allí las dos vinieron, ella lo dirá cuando quisiere. Lo que en la isla nos sucedió ya lo sabeis; y con esto y con lo que á mi hermana le queda por decir, quedareis satisfechos de casi todo aquello que acertáre á pediros el deseo en la certeza de nuestros sucesos.»

CAPITULO XXII.

Llega Sinibaldo, hermano de Renato, con noticias favorables de Francia. Trata de volver á aquel reino con Renato y Eusebia. Llevan en su navío á Arnaldo, Mauricio, Transila y Ladislao; y en el otro se embarcan para España Periandro, Auristela, los dos Antonios, Ricla y Constanza; y Rutilio se queda allí por ermitaño.

No sé si tenga por cierto, de manera que ose afirmar, que Mauricio y algunos de los más oyentes se holgaron de que Periandro pusiese fin en su plática, porque las más veces, las que son largas, aunque sean de importancia, suelen ser desabridas. Este pensamiento pudo tener Auristela, pues no quiso acreditarle con comenzar por entónces la historia de sus acontecimientos; que puesto que habian sido pocos desde que fué robada del poder de Arnaldo hasta que Periandro la halló en la isla Bárbara, no quiso añadirlos hasta mejor coyuntura; ni aunque quisiera, tuviera lugar para hacerlo, porque se lo estorbara una nave que vieron venir por alta mar, encaminada á la isla, con todas las velas tendidas, de modo que en breve rato llegó á una de las calas de la isla, y luego fué de Renato conocida, el cual dijo: «Esta es, señores, la nave donde mis criados y mis amigos suelen visitarme algunas veces.»

Ya en esto, hecha la zaloma y arrojado el esquife al agua, se llenó de gente, que salió á la ribera, donde ya estaban para recebirle Renato y todos los que con él estaban. Hasta veinte serian los desembarcados, entre los cuales salió uno de gentil presencia, que mostró ser señor de todos los demas; el cual, apénas vió á Renato, cuando con los brazos abiertos se vino á él, diciéndole: «Abrázame, hermano, en albricias de que te traigo las mejores nuevas que pudieras desear.» Abrazóle Renato, porque conoció ser su hermano Sinibaldo, á quien dijo: «Ningunas nuevas me pueden ser más agradables ¡oh hermano mio! que ver tu presencia; que puesto que en el siniestro estado en que me veo ninguna alegría seria bien que me alegrase, el verte pasa adelante y tiene excepcion en la comun regla de mis desgracias.» Sinibaldo se volvió luego á abrazar á Eusebia y le dijo: «Dadme tambien vos los brazos, señora, que tambien me debeis las albricias de las nuevas que traigo, las cuales no será bien dilatarlas, porque no se dilate más vuestra pena. Sabed, señores, que vuestro enemigo es muerto de una enfermedad, que habiendo estado seis dias ántes que muriese sin habla, se la dió el cielo seis horas ántes que despidiese el alma; en el cual espacio, con muestras de un grande arrepentimiento, confesó la culpa en que habia caido de haberos acusado falsamente, confesó su envidia, declaró su malicia, y finalmente hizo todas las demostraciones bastantes á manifestar su pecado. Puso en los secretos juicios de Dios el haber salido vencedora su maldad contra la bondad vuestra, y no sólo se contentó con decirlo, sino que quiso que quedase por instrumento público esta verdad, la cual sabida por el Rey, tambien por público instrumento os volvió vuestra honra, y os declaró á tí ¡oh hermano! por vencedor, y á Eusebia por honesta y limpia, y ordenó que fuésedes buscados, y que hallados, os llevasen á su presencia para recompensaros con su magnanimidad y grandeza las estrechezas en que os debeis de haber visto. Si éstas son nuevas dignas de que os den gusto, á vuestra buena consideracion lo dejo.

—Son tales, dijo entónces Arnaldo, que no hay acrecentamiento de vida que las aventaje, ni posesion de no esperadas riquezas que las lleguen, porque la honra perdida y vuelta á cobrar con extremo, no tiene bien alguno la tierra que se le iguale. Gocéisle luengos años, señor Renato, y gócele en vuestra compañía la sin par Eusebia, hiedra de vuestro muro, olmo de vuestra hiedra, espejo de vuestro gusto y ejemplo de bondad y agradecimiento.»

Este mismo parabién, aunque con palabras diferentes, les dieron todos, y luego pasaron á preguntarle por nuevas de lo que en Europa pasaba y en otras partes de la tierra, de quien ellos, por andar en el mar, tenian poca noticia. Sinibaldo respondió que de lo que más se trataba era de la calamidad en que estaba puesto por el rey de los danaos, Leopoldio, el rey antiguo de Dinamarca, y por otros allegados que á Leopoldio favorecian. Contó asimismo cómo se murmuraba que por la ausencia de Arnaldo, príncipe heredero de Dinamarca, estaba su padre tan á pique de perderse; del cual príncipe decian que cual mariposa se iba tras la luz de unos bellos ojos de una su prisionera, tan no conocida por linaje, que no se sabia quién fuesen sus padres.

Contó, con esto, guerras del de Transilvania, movimientos del turco, enemigo comun del género humano; dió nuevas de la gloriosa muerte de Cárlos V, rey de España y emperador romano, terror de los enemigos de la Iglesia y asombro de los secuaces de Mahoma; dijo asimismo otras cosas más menudas, que unas alegraron y otras suspendieron, y las unas y las otras dieron gusto á todos, sino fué al pensativo Arnaldo, que desde el punto que oyó la opresion de su padre, puso los ojos en el suelo y la mano en la mejilla, y al cabo de un buen espacio que así estuvo, quitó los ojos de la tierra, y poniéndolos en el cielo, exclamando en voz alta, dijo: «¡Oh amor, oh honra, oh compasion paterna, y cómo me apretais el alma! Perdóname, amor, que no porque me aparto te dejo; espérame, ¡oh honra! que no porque tenga amor dejaré de seguirte; consuélate, ¡oh padre! que ya vuelvo; esperadme, vasallos, que el amor nunca hizo ningun cobarde, ni lo he de ser yo en defenderos, pues soy el mejor y el más bien enamorado del mundo. Para la sin par Auristela quiero ir á ganar lo que es mio, y para poder merecer por ser rey lo que no merezco por ser amante; que el amante pobre, si la ventura á manos llenas no le favorece, casi no es posible que llegue á felice fin su deseo. Rey la quiero pretender, rey la he de servir, amante la he de adorar; y si con todo esto no la pudiere merecer, culparé más á mi suerte que á su conocimiento.»

Todos los circunstantes quedaron suspensos oyendo las razones de Arnaldo; pero el que más lo quedó de todos fué Sinibaldo, á quien Mauricio habia dicho cómo aquel era el Príncipe de Dinamarca, y aquella, mostrándole á Auristela, la prisionera que decian que le traia rendido. Puso algo más de propósito los ojos en Auristela Sinibaldo, y luego juzgó á discrecion la que en Arnaldo parecia locura, porque la belleza de Auristela, como otras veces se ha dicho, era tal, que cautivaba los corazones de cuantos la miraban, y hallaban en ella disculpa todos los errores que por ella se hicieran.

Es pues el caso que aquel mismo dia se concertó que Renato y Eusebia se volviesen á Francia, llevando en su navío á Arnaldo para dejalle en su reino; el cual quiso llevar consigo á Mauricio y á Transila, su hija, y á Ladislao, su yerno; y que en el navío de la huida, prosiguiendo su viaje, fuesen á España Periandro, los dos Antonios, Auristela, Ricla y la hermosa Constanza. Rutilio, viendo este repartimiento, estuvo esperando á qué parte le echarian; pero ántes que la declarasen, puesto de rodillas ante Renato, le suplicó le hiciese heredero de sus alhajas y le dejase en aquella isla, siquiera para que no faltase en ella quien encendiese el farol que guiase á los perdidos navegantes, porque él queria acabar bien la vida, hasta entónces mala. Reforzaron todos su cristiana peticion, y el buen Renato, que era tan cristiano como liberal, le concedió todo cuanto pedia, diciéndole que quisiera que fueran de importancia las cosas que le dejaba, puesto que eran todas las necesarias para cultivar la tierra y pasar la vida humana; á lo que añadió Arnaldo que él le prometia, si se viese pacífico en su reino, de enviarle cada un año un bajel que le socorriese. A todos hizo señales de besar los piés Rutilio, y todos le abrazaron, y los más de ellos lloraron de ver la santa resolucion del nuevo ermitaño; que aunque la nuestra no se enmiende, siempre da gusto ver enmendar la ajena vida, si no es que llega á tanto la protervidad nuestra, que querriamos ser el abismo que á otros abismos llamase.

Dos dias tardaron en disponerse y acomodarse para seguir cada uno su viaje, y al punto de la partida hubo corteses comedimientos, especialmente entre Arnaldo, Periandro y Auristela; y aunque entre ellos se mezclaron amorosas razones, todas fueron honestas y comedidas, pues no alborotaron el pecho de Periandro. Lloró Transila, no tuvo enjutos los ojos Mauricio, ni lo estuvieron los de Ladislao; gimió Ricla, enternecióse Constanza, y su padre y su hermano tambien se mostraron tiernos. Andaba Rutilio de unos en otros, ya vestido con los hábitos de ermitaño de Renato, despidiéndose destos y de aquellos, mezclando sollozos y lágrimas, todo á un tiempo; finalmente, convidándoles el sosegado tiempo y un viento que podia servir á diferentes viajes, se embarcaron y le dieron las velas, y Rutilio mil bendiciones, puesto en lo alto de las ermitas. Y aquí dió fin á este segundo libro el autor desta peregrina historia.

LIBRO TERCERO.

CAPITULO PRIMERO.

Llegan á Portugal, desembarcan en Belen; pasan por tierra á Lisboa, de donde al cabo de diez dias salen en traje de peregrinos.

Como están nuestras almas siempre en contínuo movimiento, y no pueden parar ni sosegar sino en su centro, que es Dios, para quien fueron criadas, no es maravilla que nuestros pensamientos se muden, que éste se tome, aquel se deje, uno se prosiga y otro se olvide, y el que más cerca anduviere de su sosiego, ése será el mejor, cuando no se mezcle con error de entendimiento. Esto se ha dicho en disculpa de la ligereza que mostró Arnaldo en dejar en un punto el deseo que tanto tiempo habia mostrado de servir á Auristela; pero no se puede decir que le dejó, sino que le entretuvo, en tanto que el de la honra, que sobrepuja al de todas las acciones humanas, se apoderó de su alma; el cual deseo se le declaró Arnaldo á Periandro una noche ántes de la partida, hablándole aparte en la isla de las Ermitas. Allí le suplicó (que quien pide lo que ha menester, no ruega, sino suplica) que mirase por su hermana Auristela, y que la guardase para reina de Dinamarca, y que aunque la ventura no se le mostrase á él buena en cobrar su reino, y en tan justa demanda perdiese la vida, se estimase Auristela por viuda de un príncipe, y como tal supiese escoger esposo, puesto que ya él sabia, y muchas veces lo habia dicho, que por sí sola, sin tener dependencia de otra grandeza alguna, merecia ser señora del mayor reino del mundo, que no del de Dinamarca. Periandro le respondió que le agradecia su buen deseo, y que él tendria cuidado de mirar por ella como por cosa que tanto le tocaba y que tan bien le venia.

Ninguna destas razones dijo Periandro á Auristela, porque las alabanzas que se dan á la persona amada, halas de decir el amante como propias, y no como que se dicen de persona ajena. No ha de enamorar el amante con las gracias de otro; suyas han de ser las que mostráre á su dama: si no canta bien, no le traiga quien la cante; si no es demasiado gentil hombre, no se acompañe con Ganimédes; y finalmente, soy de parecer que las faltas que tuviere no las enmiende con ajenas sobras. Estos consejos no se dan á Periandro, que de los bienes de la naturaleza se llevaba la gala, y en los de la fortuna era inferior á pocos.

En esto iban las naves con un mismo viento por diferentes caminos, que éste es uno de los que parecen misterios en el arte de la navegacion: iban rompiendo, como digo, no claros cristales, sino azules; mostrábase el mar colchado, porque el viento, tratándole con respeto, no se atrevia á tocarle á más de la superficie, y la nave suavemente le besaba los labios, y se dejaba resbalar por él con tanta ligereza, que apénas parecia que le tocaba. Desta suerte y con la misma tranquilidad y sosiego navegaron diez y siete dias, sin ser necesario subir ni bajar ni llegar á templar las velas, cuya felicidad en los que navegan, si no tuviese por descuentos el temor de borrascas venideras, no habria gusto con que igualalle.

Al cabo destos ó pocos más dias, al amanecer de uno, dijo un grumete que desde la gavia mayor iba descubriendo la tierra: «Albricias, señores, albricias pido y albricias merezco; tierra, tierra, aunque mejor diria cielo, cielo, porque sin duda estamos en el paraje de la famosa Lisboa»; cuyas nuevas sacaron de los ojos de todos tiernas y alegres lágrimas, especialmente de Ricla, de los dos Antonios y de su hija Constanza, porque les pareció que ya habian llegado á la tierra de promision que tanto deseaban. Echóle los brazos Antonio al cuello, diciéndole: «Agora sabrás, bárbara mia, del modo que has de servir á Dios, con otra relacion más copiosa, aunque no diferente de la que yo te he hecho; agora verás los ricos templos en que es adorado, verás juntamente las católicas ceremonias con que se sirve, y notarás cómo la caridad cristiana está en su punto. Aquí en esta ciudad verás cómo son verdugos de la enfermedad muchos hospitales que la destruyen, y el que en ellos pierde la vida, envuelto en la eficacia de infinitas indulgencias, gana la del cielo; aquí el amor y la honestidad se dan las manos y se pasean juntos; la cortesía no deja que se le llegue la arrogancia, y la braveza no consiente que se le acerque la cobardía. Todos sus moradores son agradables, son corteses, son liberales y son enamorados, porque son discretos; la ciudad es la mayor de Europa y la de mayores tratos: en ella se descargan las riquezas del Oriente, y desde ella se reparten por el universo; su puerto es capaz, no sólo de naves que se puedan reducir á número, sino de selvas movibles de árboles que los de las naves forman. La hermosura de las mujeres admira y enamora, la bizarría de los hombres pasma, como ellos dicen; finalmente, ésta es la tierra que da al cielo santo y copiosísimo tributo.

—No digas más, dijo á esta sazon Periandro: deja, Antonio, algo para nuestros ojos; que las alabanzas no lo han de decir todo; algo ha de quedar para la vista, para que con ella nos admiremos de nuevo; y así, creciendo el gusto por puntos, vendrá á ser mayor en sus extremos.»

Contentísima estaba Auristela de ver que se le acercaba la hora de poner pié en tierra firme, sin andar de puerto en puerto y de isla en isla, sujeta á la inconstancia del mar y la movible voluntad de los vientos, y más cuando supo que desde allí á Roma podia ir á pié enjuto, sin embarcarse otra vez, si no quisiese. Mediodia sería cuando llegaron á Sangian, donde se registró el navío, y donde el castellano del castillo y los que con él entraron en la nave se admiraron de la hermosura de Auristela, de la gallardía de Periandro, del traje bárbaro de los dos Antonios, del buen aspecto de Ricla y de la agradable belleza de Constanza. Supieron ser extranjeros y que iban peregrinando á Roma; satisfizo Periandro á los marineros que los habian traido, magníficamente con el oro que sacó Ricla de la isla Bárbara, ya vuelto en moneda corriente en la isla de Policarpo; los marineros quisieron llegar á Lisboa á granjearlo con alguna mercancía. El castellano de Sangian envió al Gobernador de Lisboa, que entónces era el Arzobispo de Braga, por ausencia del Rey, que no estaba en la ciudad, la nueva de la venida de los extranjeros y de la sin par belleza de Auristela, añadiendo la de Constanza, que con el traje de bárbara, no solamente no la encubria, pero la realzaba; exageróle asimismo la gallarda disposicion de Periandro, y juntamente la discrecion de todos, que no bárbaros, sino cortesanos parecian. Llegó el navío á la ribera de la ciudad, y en la de Belen desembarcaron, porque quiso Auristela, enamorada y devota de la fama de aquel santo monasterio, visitarle primero y adorar en él al verdadero Dios, libre y desembarazadamente, sin las torcidas ceremonias de su tierra. Habia salido á la marina infinita gente á ver los extranjeros desembarcados en Belen; corrieron allá todos por ver la novedad, que siempre se lleva tras sí los deseos y los ojos.

Ya salia de Belen el nuevo escuadron de la nueva hermosura; Ricla medianamente hermosa, pero extremadamente á lo bárbaro vestida; Constanza hermosísima y rodeada de pieles; Antonio el padre, brazos y piernas desnudas, pero con pieles de lobos cubierto lo demas del cuerpo; Antonio el hijo iba del mismo modo, pero con el arco en la mano y la aljaba de las saetas á las espaldas; Periandro con casaca de terciopelo verde y calzones de lo mismo á lo marinero, un bonete estrecho y puntiagudo en la cabeza, que no le podia cubrir las sortijas de oro que sus cabellos formaban; Auristela traia toda la gala del setentrion en el vestido, la más bizarra gallardía en el cuerpo y la mayor hermosura del mundo en el rostro. En efeto, todos juntos y cada uno de por sí causaban espanto y maravilla á quien los miraba, pero sobre todos campeaba la sin par Auristela y el gallardo Periandro. Llegaron por tierra á Lisboa, rodeados de plebeya y cortesana gente; lleváronlos al Gobernador, que despues de admirado de verlos, no se cansaba de preguntarles quiénes eran, de dónde venian y á dónde iban. A lo que respondió Periandro, que ya traia estudiada la respuesta que habia de dar á semejantes preguntas, viendo que se le habian de hacer muchas veces; y así, cuando queria ó le parecia que le convenia, relataba su historia á lo largo, encubriendo siempre sus padres, de modo que satisfaciendo á los que le preguntaban, en breves razones cifraba, si no toda, á lo ménos gran parte de su historia. Mandólos el Visorey alojar en uno de los mejores alojamientos de la ciudad, que acertó á ser la casa de un magnífico caballero portugues, donde era tanta la gente que concurria para ver á Auristela, de quien sola habia salido la fama de lo que habia que ver en todos, que fué parecer de Periandro mudasen los trajes de bárbaros en los de peregrinos, porque la novedad de los que traian era la causa principal de ser tan seguidos, que ya parecian perseguidos del vulgo; ademas que para el viaje que ellos llevaban de Roma, ninguno les venia más á cuento. Hízose así, y de allí á dos dias se vieron peregrinamente peregrinos.

Acaeció, pues, que al salir un dia de casa, un hombre portugues se arrojó á los piés de Periandro, llamándole por su nombre, y abrazándole por las piernas, le dijo: «¿Qué ventura es ésta, señor Periandro, que la des á esta tierra con tu presencia? No te admires en ver que te nombro por tu nombre, que uno soy de aquellos veinte que cobraron libertad en la abrasada isla Bárbara, donde tú la tenias perdida. Halléme á la muerte de Manuel de Sousa Coutiño, el caballero portugues; apartéme de tí y de los tuyos en el hospedaje donde llegó Mauricio y Ladislao en busca de Transila, esposa del uno y hija del otro; trájome la buena suerte á mi patria, conté aquí á sus parientes la enamorada muerte, creyéronla, y aunque yo no se la afirmara de vista, la creyeran por tener casi en costumbre el morir de amores los portugueses. Un hermano suyo, que heredó su hacienda, ha hecho sus obsequias, y en una capilla de su linaje le puso en una piedra de mármol blanco, como si debajo della estuviera enterrado, un epitafio que quiero que vengais á ver todos así como estáis, porque creo que os ha de agradar por discreto y por gracioso.» Por las palabras bien conoció Periandro que aquel hombre decia verdad, pero por el rostro no se acordaba haberle visto en su vida; con todo eso, se fueron al templo que decia, y vieron la capilla y la losa sobre la cual estaba escrito en lengua portuguesa este epitafio, que leyó casi en castellano Antonio el padre, que decia así:

AQUÍ YACE VIVA LA MEMORIA
DEL YA MUERTO
MANUEL DE SOUSA COUTIÑO,
CABALLERO PORTUGUES,
QUE Á NO SER PORTUGUES ÁUN FUERA VIVO.
NO MURIÓ Á LAS MANOS
DE NINGUN CASTELLANO,
SINO Á LAS DE AMOR, QUE TODO LO PUEDE.
PROCURA SABER SU VIDA,
Y ENVIDIARÁS SU MUERTE,
PASAJERO.

Vió Periandro que habia tenido razon el portugues de alabarle el epitafio, en el escribir de los cuales tiene gran primor la nacion portuguesa. Preguntó Auristela al portugues qué sentimiento habia hecho la monja, dama del muerto, de la muerte de su amante; el cual la respondió que dentro de pocos dias que la supo pasó desta á mejor vida, ó ya por la estrecheza de la que hacia siempre, ó ya por el sentimiento del no pensado suceso. Desde allí se fueron en casa de un famoso pintor, donde ordenó Periandro que en un lienzo grande le pintase todos los más principales casos de su historia; á un lado pintó la isla Bárbara ardiendo en llamas, y allí junto la isla de la prision, y un poco más desviado la balsa ó enmaderamiento donde le halló Arnaldo cuando le llevó á su navío. En otra parte estaba la isla nevada, donde el enamorado portugues perdió la vida; luego la nave que los soldados de Arnaldo taladraron; allí junto pintó la division del esquife y de la barca; allí se mostraba el desafío de los amantes de Taurisa, y su muerte; acá estaban serrando por la quilla la nave que habia servido de sepultura á Auristela y á los que con ella venian; acullá estaba la agradable isla donde vió en sueños Periandro los dos escuadrones de virtudes y vicios, y allí junto la nave donde los peces náufragos pescaron á los dos marineros y les dieron en su vientre sepultura. No se olvidó de que pintase verse empedrados en el mar helado, el asalto y combate del navío, ni el entregarse á Cratilo; pintó asimismo la temeraria carrera del poderoso caballo, cuyo espanto, de leon le hizo cordero, que los tales con un asombro se amansan; pintó como en rasguño y en estrecho espacio las fiestas de Policarpo, coronándose á sí mismo por vencedor en ellas; resolutamente no quedó paso principal en que no hiciese labor en su historia, que allí no pintase, hasta poner la ciudad de Lisboa y su desembarcacion en el mismo traje en que habian venido. Tambien se vió en el mismo lienzo arder la isla de Policarpo, á Clodio traspasado con la saeta de Antonio, y á Cenotia colgada de una entena; pintóse tambien la isla de las Ermitas, y á Rutilio con apariencias de santo. Este lienzo servia de una recopilacion, que les excusaba de contar su historia por menudo, porque Antonio el mozo declaraba las pinturas y los sucesos cuando le apretaban á que los dijese; pero en lo que más se aventajó el pintor famoso, fué en el retrato de Auristela, en quien decian se habia mostrado á saber pintar una hermosa figura, puesto que la dejaba agraviada; pues á la belleza de Auristela, si no era llevado de pensamiento divino, no habia pincel humano que alcanzase.

Diez dias estuvieron en Lisboa, todos los cuales gastaron en visitar los templos y en encaminar sus almas por la derecha senda de su salvacion; al cabo de los cuales, con licencia del Visorey y con patentes verdaderas y firmes de quiénes eran y á dónde iban, se despidieron del caballero portugues su huésped, y del hermano del enamorado difunto, de quien recibieron grandes caricias y beneficios; y se pusieron en camino de Castilla, y esta partida fué menester hacerla de noche, temerosos que, si de dia la hicieran, la gente que les seguiria la estorbara, puesto que la mudanza del traje habia hecho ya que amainase la admiracion.

CAPITULO II.

Empiezan los peregrinos su viaje por España; sucédenles nuevos y extraños casos.

Pedian los tiernos años de Auristela y los más tiernos de Constanza, con los entreverados de Ricla, coches, estruendo y aparato para el largo viaje en que se ponian; pero la devocion de Auristela, que habia prometido de ir á pié hasta

Roma, desde la parte do llegase en tierra firme, llevó tras sí las demas devociones, y todos de un parecer, así varones como hembras, votaron el viaje á pié, añadiendo, si fuese necesario, mendigar de puerta en puerta. Con esto cerró la del dar Ricla, y Periandro se excusó de no disponer de la cruz de diamantes que Auristela traia, guardándola, con las inestimables perlas, para mejor ocasion; solamente compraron un bagaje que sobrellevase las cargas que no pudieran sufrir las espaldas; acomodáronse de bordones, que servian de arrimo y defensa, y de vainas de unos agudos estoques. Con este cristiano y humilde aparato salieron de Lisboa, dejándola sin su belleza, y pobre sin la riqueza de su discrecion, como lo mostraron los infinitos corrillos de gente que en ella se hicieron, donde la fama no trataba de otra cosa sino del extremo de discrecion y belleza de los peregrinos extranjeros.

Desta manera, acomodándose á sufrir el trabajo de hasta dos ó tres leguas de camino cada dia, llegaron á Badajoz, donde ya tenia el Corregidor castellano nuevas de Lisboa cómo por allí habian de pasar los nuevos peregrinos, los cuales, entrando en la ciudad, acertaron á alojarse en un meson do se alojaba una compañía de famosos recitantes, los cuales aquella misma noche habian de dar la muestra, para alcanzar la licencia de representar en público, en casa del Corregidor. Pero apénas vieron el rostro de Auristela y el de Constanza, cuando les sobresaltó lo que solia sobresaltar á todos aquellos que primeramente las veian, que era admiracion y espanto; pero ninguno puso tan en punto el maravillarse, como fué el ingenio de un poeta que de propósito con los recitantes venia, así para enmendar y remendar comedias viejas, como para hacerlas de nuevo; ejercicio más ingenioso que honrado, y más de trabajo que de provecho; pero la excelencia de la poesía es tan limpia como el agua clara, que á todo lo no limpio aprovecha; es como el sol, que pasa por todas las cosas inmundas sin que se le pegue nada; es habilidad que tanto vale cuanto se estima; es un rayo que suele salir de donde está encerrado, no abrasando, sino alumbrando; es instrumento acordado, que dulcemente alegra los sentidos, y al paso del deleite, lleva consigo la honestidad y el provecho. Digo, en fin, que este poeta, á quien la necesidad habia hecho trocar los Parnasos con los mesones, y las Castalias y las Aganipes con los charcos y arroyos de los caminos y ventas, fué el que más se admiró de la belleza de Auristela, y al momento la marcó en su imaginacion y la tuvo por más que buena para ser comedianta, sin reparar si sabia ó no la lengua castellana. Contentóle el talle, dióle gusto el brío, y en un instante la vistió en su imaginacion en hábito corto de varon; desnudóla luego, y vistióla de ninfa, y casi al mismo punto la envistió de la majestad de reina, sin dejar traje de risa ó de gravedad de que no la vistiese, y en todas se le representó grave, alegre, discreta, aguda y sobremanera honesta; extremos que se acomodan mal en una farsanta hermosa.

¡Válame Dios, y con cuánta facilidad discurre el ingenio de un poeta y se arroja á romper por mil imposibles! ¡Sobre cuán flacos cimientos levanta grandes quimeras! Todo se lo halla hecho, todo fácil, todo llano, y esto de manera, que las esperanzas le sobran cuando la ventura le falta, como lo mostró este nuestro moderno poeta cuando vió descoger acaso el lienzo donde venian pintados los trabajos de Periandro. Allí se vió él en el mayor que en su vida se habia visto, por venirle á la imaginacion un grandísimo deseo de componer de todos ellos una comedia; pero no acertaba en qué nombre la pondria, si la llamaria comedia ó tragedia ó tragicomedia; porque si sabia el principio, ignoraba el medio y el fin, pues áun todavía iban corriendo las vidas de Periandro y de Auristela, cuyos fines habian de poner nombre á lo que dellos se representase.

Pero lo que más le fatigaba era pensar cómo podria encajar un lacayo consejero y gracioso en el mar y entre tantas islas, fuego y nieves; y con todo esto, no se desesperó de hacer la comedia y de encajar el tal lacayo, á pesar de todas las reglas de la poesía y á despecho del arte cómico; y en tanto que en esto iba y venia, tuvo lugar de hablar á Auristela y de proponerla su deseo, y aconsejarla cuán bien la estaria si se hiciese recitanta. Díjole que á dos salidas al teatro la lloverian minas de oro á cuestas, porque los príncipes de aquella edad eran como hechos de alquimia, que llegada al oro es oro, y llegada al cobre es cobre; pero que por la mayor parte rendian su voluntad á las ninfas de los teatros, á las diosas enteras y á las semideas, á las reinas de estudio y á las fregonas de apariencia. Díjole que si alguna fiesta real acertase á hacerse en su tiempo, que se diese por cubierta de faldellines de oro, porque todas ó las más libreas de los caballeros habian de venir á su casa rendidas á besarla los piés. Representóla el gusto de los viajes, y el llevarse tras sí dos ó tres disfrazados caballeros, que la servirian tan de criados como de amantes; y sobre todo, encarecia y puso sobre las nubes la excelencia y la honra que la darian en encargarla las primeras figuras; en fin, la dijo que si en alguna cosa se verificaba la verdad de un antiguo refran castellano, era en las hermosas farsantas, donde la honra y provecho cabian en un saco. Auristela le respondió que no habia entendido palabra de cuantas le habia dicho, porque bien se veia que ignoraba la lengua castellana, y que puesto que la supiera, sus pensamientos eran otros, que tenian puesta la mira en otros ejercicios, si no tan agradables, á lo ménos más convenientes. Desesperóse el poeta con la resoluta respuesta de Auristela, miróse á los piés de su ignorancia, y deshizo la rueda de su vanidad y locura.

Aquella noche fueron á dar muestra en casa del Corregidor, el cual, como hubiese sabido que la hermosa junta peregrina estaba en la ciudad, los envió á buscar y á convidar viniesen á su casa á ver la comedia, y á recebir en ella muestras del deseo que tenia de servirles, por las que de su valor le habian escrito de Lisboa. Aceptólo Periandro, con parecer de Auristela y de Antonio el padre, á quien obedecian como á su mayor. Juntas estaban muchas damas de la ciudad con la Corregidora, cuando entraron Auristela, Ricla y Constanza con Periandro y los dos Antonios, admirando, suspendiendo, alborotando la vista de los presentes, que á sentir tales efectos les forzaba la sin par bizarría de los nuevos peregrinos, los cuales, acrecentando con su humildad y buen parecer la benevolencia de los que los recebieron, dieron lugar á que les diesen casi el más honrado en la fiesta, que fué la representacion de la fábula de *Céfalo* y de *Prócris*, cuando ella celosa más de lo que debia, y él con ménos discurso que fuera necesario, disparó el dardo que á ella la quitó la vida, y á él el gusto para siempre. El verso tocó los extremos de bondad posibles, como compuesto, segun se dijo, por Juan de Herrera de Gamboa, á quien, por mal nombre, llamaron el Maganto, cuyo ingenio tocó asimismo las más altas rayas de la poética esfera. Acabada la comedia, desmenuzaron las damas la hermosura de Auristela parte por parte, y hallaron todas un todo á quien dieron por nombre *perfeccion sin tacha*, y los varones dijeron lo mismo de la gallardía de Periandro, y de recudida se alabó tambien la belleza de Constanza y la bizarría de su hermano Antonio.

Tres dias estuvieron en la ciudad, donde en ellos mostró el Corregidor ser caballero liberal, y tener la Corregidora condicion de reina, segun fueron las dádivas y presentes que hizo á Auristela y á los demas peregrinos, los cuales, mostrándose agradecidos y obligados, prometieron de tener cuenta de darla de sus sucesos, de donde quiera que estuviesen. Partidos, pues, de Badajoz, se encaminaron á Nuestra Señora de Guadalupe, y habiendo andado tres dias, y en ellos cinco leguas, les tomó la noche en un monte poblado de infinitas encinas y de otros rústicos árboles. Tenia suspenso el cielo el curso y sazon del tiempo en la balanza igual de los dos equinocios: ni el calor fatigaba, ni el frio ofendia; y á necesidad, tambien se podia pasar la noche en el campo como en el aldea; y á esta causa, y por estar léjos un pueblo, quiso Auristela que se quedasen en unas majadas de pastores boyeros que á los ojos se les ofrecieron.

Hízose lo que Auristela quiso, y apénas habian entrado por el bosque doscientos pasos, cuando se cerró la noche con tanta escuridad, que los detuvo, y les hizo mirar atentamente la lumbre de los boyeros, porque su resplandor les sirviese de norte para no errar el camino; las tinieblas de la noche y un ruido que sintieron les detuvo el paso, y hizo que Antonio el mozo se apercebiese de su arco, perpétuo compañero suyo. Llegó en esto un hombre á caballo, cuyo rostro no vieron, el cual les dijo: «¿Sois desta tierra, buena gente?

—No por cierto, respondió Periandro, sino de bien léjos della; peregrinos extranjeros somos, que vamos á Roma, y primero á Guadalupe.

—Sí, que tambien, dijo el de á caballo, hay en las extranjeras tierras caridad y cortesía, tambien hay almas compasivas donde quiera.

—¿Pues no? respondió Antonio; mirad, señor, quien quiera que seais, si habeis menester algo de nosotros, y vereis cómo sale verdadera vuestra imaginacion.

—Tomad, dijo, pues, el caballero; tomad, señores, esta cadena de oro, que debe de valer doscientos escudos, y tomad asimismo esta prenda, que no debe de tener precio, á lo ménos yo no se le hallo, y darle heis en la ciudad de Trujillo á uno de dos caballeros que en ella y en todo el mundo son bien conocidos. Llámase el uno don Francisco Pizarro y el otro don Juan de Orellana, ambos mozos, ambos libres, ambos ricos y ambos en todo extremo generosos (y en esto puso en las manos de Ricla, que, como mujer compasiva, se adelantó á tomarlo, una criatura que ya comenzaba á llorar, envuelta, ni se supo por entónces si en ricos ó en pobres paños); y direis á cualquiera dellos que la guarden, que presto sabrán quién es, y las desdichas que á ser dichoso le habrán llevado si llega á su presencia; y perdonadme, que mis enemigos me siguen, los cuales si aquí llegaren, y preguntaren si me habeis visto, direis que no, pues os importa poco el decir esto; ó si ya os pareciere mejor, decid que por aquí pasaron tres ó cuatro hombres de á caballo, que iban diciendo: «¡A Portugal, á Portugal!» y á Dios quedad, que no puedo detenerme; que puesto que el miedo pone espuelas, más agudas las pone la honra»; y arrimando las que traia al caballo, se apartó como un rayo dellos; pero casi al mismo punto volvió el caballero y dijo: «No está bautizado»; y tornó á seguir su camino.

Veis aquí á nuestros peregrinos, á Ricla con la criatura en los brazos, á Periandro con la cadena al cuello, á Antonio el mozo sin dejar de tener flechado el arco, y al padre en postura de desenvainar el estoque que de bordon le servia, y á Auristela confusa y atónita del extraño suceso, y á todos juntos admirados del extraño acontecimiento, cuya salida fué por entónces, que aconsejó Auristela que como mejor pudiesen llegasen á la majada de los boyeros, donde podria ser hallasen remedios para sustentar aquella recien nacida criatura, que por su pequeñez y la debilidad de su llanto mostraba ser de pocas horas nacida. Hízose así, y apénas llegaron á la majada de los pastores, á costa de muchos tropiezos y caidas, cuando ántes que los peregrinos les preguntasen si eran servidos de darles alojamiento aquella noche, llegó á la majada una mujer llorando triste, pero no reciamente, porque mostraba en sus gemidos que se esforzaba á no dejar salir la voz del pecho. Venia medio desnuda, pero las ropas que la cubrian eran de rica y principal persona; la lumbre y luz de las hogueras, á pesar de la diligencia que ella hacia para encubrirse el rostro, la descubrieron, y vieron ser tan hermosa como niña, y tan niña como hermosa, puesto que Ricla, que sabia más de edades, la juzgó por de diez y seis á diez y siete años. Preguntáronle los pastores si la seguia álguien, ó si tenia otra necesidad que pidiese presto remedio; á lo que respondió la dolorosa muchacha: «Lo primero, señores, que habeis de hacer, es ponerme debajo de la tierra; quiero decir, que me encubrais de modo que no me halle quien me buscáre. Lo segundo, que me deis algun sustento, porque desmayos me van acabando la vida.

—Nuestra diligencia, dijo un pastor viejo, mostrará que tenemos caridad»; y aguijando con presteza á un hueco de un árbol que en una valiente encina se hacia, puso en él algunas pieles blandas de ovejas y cabras que entre el ganado mayor se criaban; hizo un modo de lecho, bastante por entónces á suplir aquella necesidad precisa; tomó luego á la mujer en los brazos y encerróla en el hueco, adonde le dió lo que pudo, que fueron sopas en leche, y le dieran vino si ella quisiera beberlo. Colgó luego delante del hueco otras pieles, como para enjugarse. Ricla, viendo hecho esto, habiendo conjeturado que aquella sin duda habia de ser la madre de la criatura que ella tenia, se llegó al pastor caritativo, diciéndole: «No pongais, buen señor, término á vuestra caridad, y usadla con esta criatura que tengo en los brazos, ántes que perezca de hambre»; y en breves razones le contó cómo se la habian dado. Respondióla el pastor á la intencion, y no á sus razones, llamando á uno de los demas pastores, á quien mandó que tomando aquella criatura, la llevase al aprisco de las cabras y hiciese de modo como de alguna de ellas tomase el pecho. Apénas hubo hecho esto, y tan apénas, que casi se oian los últimos acentos del llanto de la criatura, cuando llegaron á la majada un tropel de hombres á caballo, preguntando por la mujer desmayada y por el caballero de la criatura; pero, como no les dieron nuevas ni noticia de lo que pedian, pasaron con extraña priesa adelante, de que no poco se alegraron sus remediadores; y aquella noche pasaron con más comodidad que los peregrinos pensaron, y con más alegría de los ganaderos, por verse tan bien acompañados.

CAPITULO III.

La doncella encerrada en el árbol da razon de quién era.

Preñada estaba la encina, digámoslo así, preñadas estaban las nubes, cuya escuridad la puso en los ojos de los que por la prisionera del árbol preguntaron; pero al compasivo pastor que era mayoral del hato ninguna cosa le pudo turbar para que dejase de acudir á proveer lo que fuese necesario al recebimiento de sus huéspedes; la criatura tomó los pechos de la cabra, la encerrada el rústico sustento, y los peregrinos el nuevo y agradable hospedaje. Quisieron todos saber luego qué causas habian traido allí á la lastimada y al parecer fugitiva, y á la desamparada criatura; pero fué parecer de Auristela que no le preguntasen nada hasta el venidero dia, porque los sobresaltos no suelen dar licencia á la lengua áun á que cuente venturas alegres, cuanto más desdichas tristes; y puesto que el anciano pastor visitaba á menudo el árbol, no preguntando nada al depósito que tenia, sino solamente por su salud, fuéle respondido que aunque tenia mucha ocasion para no tenerla, le sobraria como ella se viese libre de los que la buscaban, que era su padre y hermanos. Cubrióla y encubrióla el pastor, y dejóla, y volvióse á los peregrinos, que aquella noche la pasaron con más claridad de las hogueras y fuego de los pastores que con aquella que ella les concedia, y ántes que el cansancio les obligase á entregar los sentidos al sueño, quedó concertado que el pastor que habia llevado la criatura á procurar que las cabras fuesen sus amas, la llevase y entregase á una hermana del anciano ganadero, que casi dos leguas de allí en una pequeña aldea vivia; diéronle que llevase la cadena, con órden de darla á criar en la misma aldea, diciendo ser de otra algo apartada. Todo esto se hizo así; con que se aseguraron y apercibieron á desmentir las espías, si acaso volviesen, ó viniesen otras de nuevo á buscar los perdidos, á lo ménos los que perdidos parecian.

En tratar desto, y en satisfacer la hambre, y en un breve rato que se apoderó de sus ojos el sueño, y de sus lenguas el silencio, se pasó el de la noche, y se vino á más andar el dia, alegre para todos, y no para la temerosa, que encerrada en el árbol, apénas osaba ver del sol la claridad hermosa. Con todo eso, habiendo puesto primero, cerca y léjos del rebaño, de trecho en trecho centinelas que avisasen si alguna gente venia, la sacaron del árbol para que la diese el aire y para saber della lo que deseaban, y con la luz del dia vieron que la de su rostro era admirable, de modo que puso en duda á cuál darian, della y de Costanza, despues de Auristela, el segundo lugar de hermosa, porque donde quiera se llevó el primero Auristela, á quien no quiso dar igual la naturaleza. Muchas preguntas la hicieron, y muchos ruegos precedieron ántes, todos encaminados á que su suceso les contase, y ella, de puro cortés y agradecida, pidiendo licencia á su flaqueza, con aliento debilitado así comenzó á decir:

«Puesto, señores, que en lo que deciros quiero tengo de descubrir faltas que me han de hacer perder el crédito de honrada, todavía quiero más parecer cortés por obedeceros, que desagradecida por no contentaros. Mi nombre es Feliciana de la Voz; mi patria, una villa no léjos deste lugar; mis padres son nobles mucho más que ricos, y mi hermosura, en tanto que no ha estado tan marchita como agora, ha sido de algunos estimada y celebrada. Junto á la villa que me dió el cielo por patria vivia un hidalgo riquísimo, cuyo trato y cuyas muchas virtudes le hacian ser caballero en la opinion de las gentes; éste tiene un hijo, que desde agora muestra ser tan heredero de las virtudes de su padre, que son muchas, como de su hacienda, que es infinita. Vivia ansimismo en la misma aldea un caballero con otro hijo suyo, más nobles que ricos, en una tan honrada medianía, que ni los humillaba, ni los ensoberbecia; con este segundo mancebo noble ordenaron mi padre y dos hermanos que tengo de casarme, echando á las espaldas los ruegos con que me pedia por esposa el rico hidalgo; pero yo, á quien los cielos guardaban para esta desventura en que me veo y para otras en que pienso verme, me dí por esposo al rico, y me entregué por suya á hurto de mi padre y de mis hermanos; que madre no la tengo, por mayor desgracia mia. Vímonos muchas veces solos y juntos; que para semejantes casos nunca la ocasion vuelve las espaldas, ántes en la mitad de las imposibilidades ofrece su guedeja.

»Destas juntas y destos hurtos amorosos se acortó mi vestido y creció mi infamia, si es que se puede llamar infamia la conversacion de los desposados amantes. En este tiempo, sin hacerme sabidora, concertaron mis padres y hermanos de casarme con el mozo noble, con tanto deseo de efetuarlo, que anoche le trajeron á casa, acompañado de dos cercanos parientes suyos, con propósito de que luego luego nos diésemos las manos. Sobresaltéme cuando vi entrar á Luis Antonio, que éste es el nombre del mancebo noble, y más me admiré cuando mi padre me dijo que me entrase en mi aposento y me aderezase algo más de lo ordinario, porque en aquel punto habia de dar la mano de esposa á Luis Antonio. Dos dias habia que habia entrado en los términos que la naturaleza pide en los partos, y con el sobresalto y no esperada nueva quedé como muerta, y diciendo entraba á aderezarme á mi aposento, me arrojé en los brazos de una mi doncella, depositaria de mis secretos, á quien dije, hechos fuentes mis ojos: «¡Ay, Leonora mia, y cómo creo que es llegado el fin de mis dias! Luis Antonio está en esa antesala, esperando que yo salga á darle la mano de esposa. Mira si es éste trance riguroso y la más apretada ocasion en que pueda verse una mujer desdichada. Pásame, hermana mia, si tienes con qué, este pecho; salga primero mi alma destas carnes, que no la desvergüenza de mi atrevimiento. ¡Ay, amiga mia, que me muero, que se me acaba la vida!» Y diciendo esto y dando un gran suspiro, arrojé una criatura en el suelo; cuyo nunca visto caso suspendió á mi doncella, y á mí me cegó el discurso de manera, que sin saber qué hacer, estuve esperando á que mi padre ó mis hermanos entrasen, y en lugar de sacarme á desposar, me sacasen á la sepultura.»

Aquí llegaba Feliciana de su cuento, cuando vieron que los centinelas que habian puesto para asegurarse hacian señal de que venia gente, y con diligencia no vista el pastor anciano queria volver á depositar á Feliciana en el árbol, seguro asilo de su desgracia; pero habiendo vuelto las centinelas á decir que se asegurasen, porque un tropel de gente que habian visto cruzaba por otro camino, todos se aseguraron, y Feliciana de la Voz volvió á su cuento, diciendo: «Considerad, señores, el apretado peligro en que me vi anoche; el desposado en la sala esperándome, y el adúltero, si así se puede decir, en un jardin de mi casa atendiéndome para hablarme, ignorante del estrecho en que yo estaba y de la venida de Luis Antonio; yo sin sentido por el no esperado suceso, mi doncella turbada con la criatura en los brazos, mi padre y hermanos dándome priesa que saliese á los desdichados desposorios: aprieto fué éste que pudiera derribar á más gallardos entendimientos que el mio, y oponerse á toda buena razon y buen discurso. No sé qué os diga más, sino que sentí, estando sin sentido, que entró mi padre, diciendo: «Acaba, muchacha; sal como quiera que estuvieres; que tu hermosura suplirá tu desnudez y te servirá de riquísimas galas.» Dióle, á lo que creo, en esto á los oidos el llanto de la criatura, que mi doncella, á lo que imagino, debia de ir á poner en cobro ó á dársela á Rosanio, que éste es el nombre del que yo quise escoger por esposo. Alborotóse mi padre, y con una vela en la mano me miró el rostro, y coligió por mi semblante mi sobresalto y mi desmayo; volvióle á herir en los oidos el eco del llanto de la criatura, y echando mano á la espada, fué siguiendo á donde la voz le llevaba; el resplandor del cuchillo me dió en la turbada vista, y el miedo en la mitad del alma, y como sea natural cosa el desear conservar la vida cada uno, del temor de perderla salió en mí el ánimo de remediarla, y apénas hubo mi padre vuelto las espaldas, cuando yo, así como estaba, bajé por un caracol á unos aposentos bajos de mi casa, y dellos con facilidad me puse en la calle, y de la calle en el campo, y del campo en no sé qué camino; y finalmente, aguijada del miedo y solicitada del temor, como si tuviera alas en los piés, caminé más de lo que prometia mi flaqueza. Mil veces estuve para arrojarme en el camino de algun ribazo que me acabara con acabarme la vida, y otras tantas estuve por sentarme ó tenderme en el suelo y dejarme hallar de quien me buscase; pero alentándome la luz de vuestras cabañas, procuré llegar á ellas á buscar descanso á mi cansancio, y si no remedio, algun alivio á mi desdicha; y así llegué como me vistes, y así me hallo como me veo, merced á vuestra caridad y cortesía. Esto es, señores mios, lo que os puedo contar de mi historia, cuyo fin dejo al cielo, y le remito en la tierra á vuestros buenos consejos.»

Aquí dió fin á su plática la lastimada Feliciana de la Voz, con que puso en los oyentes admiracion y lástima en un mismo grado. Periandro contó luego el hallazgo de la criatura, la dádiva de la cadena, con todo aquello que le habia sucedido con el caballero que se la dió. «¡Ay! dijo Feliciana, ¿si es por ventura esa prenda mia? ¿y si es Rosanio el que la trajo? y si yo la viese, si no por el rostro, pues nunca le he visto, quizá por los paños en que viene envuelta sacaria á luz la verdad de las tinieblas de mi confusion; porque mi doncella, no apercebida, ¿en qué la podia envolver, sino en paños que estuviesen en el aposento, que fuesen de mí conocidos? y cuando esto no sea, quizá la sangre hará su oficio, y por ocultos sentimientos le dará á entender lo que me toca.» A lo que respondió el pastor: «La criatura está ya en mi aldea, en poder de una hermana y de una sobrina mia; yo haré que ellas mismas nos la traigan hoy aquí, donde podrás, hermosa Feliciana, hacer las experiencias que deseas: en tanto sosiega, señora, el espíritu; que mis pastores y este árbol servirán de nubes que se opongan á los ojos que te buscaren.»

CAPITULO IV.

Quiere Feliciana acompañarlos en su peregrinacion; llegan á Guadalupe, habiéndoles acontecido en el camino un notable peligro.

«Paréceme, hermano mio, dijo Auristela á Periandro, que los trabajos y los peligros, no solamente tienen jurisdicion en el mar, sino en toda la tierra; que las desgracias é infortunios así se encuentran con los levantados sobre los montes como con los escondidos en sus rincones; ésta que llaman fortuna, de quien yo he oido hablar algunas veces, de la cual se dice que quita y da los bienes cuando, como y á quien quiere, sin duda alguna debe de ser ciega y antojadiza, pues á nuestro parecer levanta los que habian de estar por el suelo, y derriba los que están sobre los montes de la luna. No sé, hermano, lo que me voy diciendo; pero sé que quiero decir que no es mucho que nos admire ver esta señora, que dice que se llama Feliciana de la Voz, que apénas la tiene para contar su desgracia. Contémplola yo pocas horas há en su casa, acompañada de su padre, hermanos y criados, esperando poner con sagacidad remedio á sus arrojados deseos, y agora puedo decir que la veo escondida en lo hueco de un árbol, temiendo los mosquitos del aire y áun las lombrices de la tierra; bien es verdad que la suya no es caida de príncipes, pero es un caso que puede servir de ejemplo á las recogidas doncellas que le quisieren dar bueno de sus vidas. Todo esto me mueve á suplicarte ¡oh hermano! mires por mi honra, que desde el punto que salí del poder de mi padre y del de tu madre la deposité en tus manos, y aunque la experiencia con certidumbre grandísima tiene acreditada tu bondad ansí en la soledad de los desiertos como en la compañía de las ciudades, todavía temo que la mudanza de las horas no mude los que de suyo son fáciles pensamientos. A tí te va en esto lo que sabes; mi honra es la tuya; un solo deseo nos gobierna y una misma esperanza nos sustenta; el camino en que nos hemos puesto es largo, pero no hay ninguno que no se acabe, como no se le oponga la pereza y la ociosidad. Ya los cielos, á quien doy mil gracias por ello, nos han traido á España sin la compañía peligrosa de Arnaldo; ya podemos tender los pasos, seguros de naufragios, de tormentas y de salteadores, porque segun la fama que sobre todas las regiones del mundo, de pacífica y de santa tiene ganada España, bien nos podemos prometer seguro viaje.

—¡Oh hermana! respondió Periandro, y ¡cómo por puntos vas mostrando los extremados de tu discrecion! Bien veo que temes como mujer y que te animas como discreta. Yo quisiera, por aquietar tus bien nacidos recelos, buscar nuevas experiencias que me acreditasen contigo; que puesto que las hechas pueden convertir el temor en esperanza, y la esperanza en firme seguridad, y desde luego en posesion alegre, quisiera que nuevas ocasiones me acreditaran. En el rancho destos pastores no nos queda que hacer, ni en el caso de

Feliciana podemos servir más que de compadecernos de ella; procuremos llevarnos esta criatura á Trujillo, como nos lo encargó el que con ella nos dió la cadena, al parecer por paga.»

En esto estaban los dos, cuando llegó el pastor anciano con su hermana y con la criatura, que habia enviado por ella á la aldea por ver si Feliciana la reconocia, como ella lo habia pedido. Lleváronsela, miróla y remiróla, quitóle las fajas, pero en ninguna cosa pudo conocer ser la que habia parido, ni áun, lo que más es de considerar, el natural cariño no le movia los pensamientos á reconocer el niño; que era varon el recien nacido. «No, decia Feliciana, no son éstas las mantillas que mi doncella tenia diputadas para envolver lo que de mí naciese, ni esta cadena (que se la enseñaron) la vi yo jamas en poder de Rosanio; de otra debe ser esta prenda, que no mia; que á serlo, no fuera yo tan venturosa, teniéndola una vez perdida, tornar á cobrarla; aunque yo oí decir muchas veces á Rosanio que tenia amigos en Trujillo, pero de ninguno me acuerdo el nombre.

—Con todo eso, dijo el pastor, que pues el que dió la criatura mandó que la llevasen á Trujillo, sospecho que el que la dió á estos peregrinos fué Rosanio, y así soy de parecer, si es que en ello os hago algun servicio, que mi hermana, con la criatura y con otros dos destos mis pastores, se ponga en camino de Trujillo, á ver si la recibe alguno desos dos caballeros á quien va dirigida.» A lo que Feliciana respondió con sollozos y con arrojarse á los piés del pastor, abrazándolos estrechamente; señales que la dieron de que aprobaba su parecer. Todos los peregrinos le aprobaron asimismo, y con darle la cadena lo facilitaron todo.

Sobre una de las bestias del hato se acomodó la hermana del pastor, que estaba recien parida, como se ha dicho, con órden que se pasase por su aldea y dejase en cobro su criatura, y con la otra se partiese á Trujillo, que los peregrinos que iban á Guadalupe con más espacio la seguirian. Todo se hizo como lo pensaron, y luego, porque la necesidad del caso no admitia tardanza alguna. Feliciana callaba, y con silencio se mostraba agradecida á los que tan de véras sus cosas tomaban á su cargo. Añadióse á todo esto que Feliciana, habiendo sabido cómo los peregrinos iban á Roma, aficionada á la hermosura y discrecion de Auristela, á la cortesía de Periandro, á la amorosa conversacion de Constanza y de Ricla, su madre, y al agradable trato de los dos Antonios, padre y hijo, que todo lo miró, notó y ponderó en aquel poco espacio que los habia comunicado, y lo principal por volver las espaldas á la tierra donde quedaba enterrada su honra, pidió que consigo la llevasen como peregrina á Roma; que pues habia sido peregrina en culpas, queria procurar serlo en gracias, si el cielo se las concedia en que con ellos la llevasen.

Apénas descubrió su pensamiento, cuando Auristela acudió á satisfacer su deseo, compasiva y deseosa de sacar á Feliciana de entre los sobresaltos y miedos que la perseguian; sólo dificultó el ponerla en camino estando tan recien parida, y así se lo dijo; pero el anciano pastor dijo que no habia más diferencia del parto de una mujer que del de una res, y que así como la res, sin otro regalo alguno, despues de su parto se quedaba á las inclemencias del cielo, ansí la mujer podia sin otro regalo alguno acudir á sus ejercicios, sino que el uso habia introducido entre las mujeres los regalos y todas aquellas prevenciones que suelen hacer con las recien paridas. «Yo aseguro, dijo más, que cuando Eva parió el primer hijo, que no se echó en el lecho, ni se guardó del aire, ni usó de los melindres que agora se usan en los partos. Esforzáos, señora Feliciana, y seguid vuestro intento, que desde aquí le apruebo casi por santo, pues es tan cristiano»; á lo que añadió Auristela: «No quedará por falta de hábito de peregrina; que mi cuidado me hizo hacer dos cuando hice éste, el cual daré yo á la señora Feliciana de la Voz, con condicion que me diga qué misterio tiene el llamarse de la Voz, si ya no es el de su apellido.

—No me le ha dado, respondió Feliciana, mi linaje, sino el ser comun opinion de todos cuantos me han oido cantar, que tengo la mejor voz del mundo, tanto, que por excelencia me llaman comunmente Feliciana de la Voz, y á no estar en tiempo más de gemir que de cantar, con facilidad os mostrara esta verdad; pero si los tiempos se mejoran y dan lugar á que mis lágrimas se enjuguen, yo cantaré, si no canciones alegres, á lo ménos endechas tristes, que cantándolas encanten, y llorándolas alegren.»

Por esto que Feliciana dijo, nació en todos un deseo de oirla cantar luego luego; pero no osaron rogárselo, porque, como ella habia dicho, los tiempos no lo permitian. Otro dia se despojó Feliciana de los vestidos no necesarios que traia, y se cubrió con los que le dió Auristela de peregrina; quitóse un collar de perlas y dos sortijas, y si los adornos son parte para acreditar calidades, estas piezas pudieran acreditarla de rica y noble. Tomólas Ricla, como tesorera general de la hacienda de todos, y quedó Feliciana segunda peregrina, como primera Auristela y tercera Constanza, aunque este parecer se dividió en pareceres, y algunos le dieron el segundo lugar á Constanza; que el primero no hubo hermosura en aquella edad que á la de Auristela se le quitase.

Apénas se vió Feliciana en el nuevo hábito, cuando le nacieron alientos nuevos y deseos de ponerse en camino. Conoció esto Auristela, y con consentimiento de todos, despidiéndose del pastor caritativo y de los demas de la majada, se encaminaron á Cáceres, hurtando el cuerpo con su acostumbrado paso al cansancio; y si alguna vez alguna de las mujeres le tenia, le suplia el bagaje donde iba el repuesto, ó ya el márgen de algun arroyuelo ó fuente, do se sentaban, ó la verdura de algun prado que á dulce reposo las convidaba, y así andaban á una con ellos el reposo y el cansancio, junto con la pereza y la diligencia, la pereza en caminar poco, la diligencia en caminar siempre; pero, como por la mayor parte nunca los buenos deseos llegan á fin dichoso sin estorbos que los impidan, quiso el cielo que el de este hermoso escuadron, que aunque dividido en todos, era sólo uno en la intencion, fuese impedido con el estorbo que agora oireis.

Dábales asiento la verde yerba de un deleitoso pradecillo; refrescábales los rostros el agua clara y dulce de un pequeño arroyuelo que por entre las yerbas corria; servíanles de muralla y de reparo muchas zarzas cambroneras, que casi por todas partes los rodeaba, sitio agradable y necesario para su descanso, cuando de improviso, rompiendo por las intricadas matas, vieron salir al verde sitio un mancebo vestido de camino, con una espada hincada por las espaldas, cuya punta le salia al pecho. Cayó de ojos, y al caer dijo: «Dios sea conmigo»; y el fin desta palabra y el arrancársele el alma fué todo á un tiempo; y aunque todos, con el extraño espectáculo, se levantaron alborotados, el que primero llegó á socorrerle fué Periandro, y por hallarle ya muerto, se atrevió á sacar la espada. Los dos Antonios saltaron las zarzas, por ver si vieran quién hubiese sido el cruel y alevoso homicida, que por ser la herida por las espaldas, se mostraba que traidoras manos la habian hecho. No vieron á nadie; volviéronse á los demas, y la poca edad del muerto y su gallardo talle y parecer les acrecentó la lástima. Miráronle todo, y halláronle debajo de una ropilla de terciopelo pardo, sobre el jubon, puesta una cadena de cuatro vueltas de menudos eslabones de oro, de la cual pendia un devoto crucifijo asimismo de oro; allá entre el jubon y la camisa le hallaron, dentro de una caja de ébano ricamente labrada, un hermosísimo retrato de mujer, pintado en la lisa tabla, al rededor del cual, de menudísima y clara letra, vieron que traia escritos estos versos :

> Hiela, enciende, mira y habla,
> Milagros de la hermosura.
> ¡Que tenga vuestra figura
> Tanta fuerza en una tabla!

Por estos versos conjeturó Periandro, que los leyó primero, que de causa amorosa debia de haber nacido su muerte; miráronle las faldriqueras y escudriñáronle todo, pero no hallaron cosa que les diese indicio de quién era; y estando haciendo este escrutinio, parecieron, como si fueran llovidos, cuatro hombres con ballestas armadas, por cuyas insignias conoció luego Antonio el padre que eran cuadrilleros de la Santa Hermandad; uno de los cuales dijo á voces : «Tenéos, ladrones, homicidas y salteadores; no le acabeis de despojar;

que á tiempo sois venidos en que os llevaremos á donde pagueis vuestro pecado.

—Eso no, bellacos, respondió Antonio el mozo; aquí no hay ladron ninguno, porque todos somos enemigos de los que lo son.

—Bien se os parece por cierto, replicó el cuadrillero, el hombre muerto, sus despojos en vuestro poder, y su sangre en vuestras manos, que sirve de testigos á vuestra maldad. Ladrones sois, salteadores sois, homicidas sois, y como tales ladrones, salteadores y homicidas, presto pagareis vuestros delitos, sin que os valga la capa de virtud cristiana con que procurais encubrir vuestras maldades, vistiéndoos de peregrinos.» A esto le dió respuesta Antonio el mozo con poner una flecha en su arco y pasarle con ella un brazo, puesto que quisiera pasarle de parte á parte el pecho; los demas cuadrilleros, ó escarmentados del golpe, ó por hacer la prision más al seguro, volvieron las espaldas, y entre huyendo y esperando, á grandes voces apellidaron: «¡Aquí de la Santa Hermandad! ¡Favor á la Santa Hermandad!» Y mostróse ser santa la hermandad que apellidaban, porque en un instante, como por milagro, se juntaron más de veinte cuadrilleros, los cuales, encarando sus ballestas y sus saetas á los que no se defendian, los prendieron y aprisionaron, sin respetar la belleza de Auristela ni las demas peregrinas, y con el cuerpo del muerto las llevaron á Cáceres, cuyo corregidor era un caballero del hábito de Santiago, el cual, viendo el muerto, y el cuadrillero herido, y la informacion de los demas cuadrilleros, con el indicio de ver ensangrentado á Periandro, con el parecer de su teniente, quisiera luego ponerlos á cuestion de tormento, puesto que Periandro se defendia con la verdad, mostrándole en su favor los papeles que para seguridad de su viaje y licencia de su camino habia tomado en Lisboa. Mostróle asimismo el lienzo de la pintura de su suceso, que la relató y declaró muy bien Antonio el mozo; cuyas pruebas hicieron poner en opinion la ninguna culpa que los peregrinos tenian. Ricla, la tesorera, que sabia muy poco ó nada de la condicion de escribanos y procuradores, ofreció á uno de secreto, que andaba allí en público dando muestras de ayudarlas, no sé qué cantidad de dineros porque tomase á cargo su negocio. Lo echó á perder del todo, porque en oliendo los sátrapas de la pluma que tenian lana los peregrinos, quisieron trasquilarlos, como es uso y costumbre, hasta los huesos; y sin duda alguna fuera así, si las fuerzas de la inocencia no permitiera el cielo que sobrepujaran á las de la malicia.

Fué el caso, pues, que un huésped ó mesonero del lugar, habiendo visto el cuerpo muerto que habian traido, y reconocídole muy bien, se fué al Corregidor y le dijo: «Señor, este hombre que han traido muerto los cuadrilleros, ayer de mañana partió de mi casa en compañía de otro, al parecer caballero; poco ántes que se partiese, se encerró conmigo en mi aposento y con recato me dijo: «Señor huésped, por lo que debeis á ser cristiano, os ruego que si yo no vuelvo por aquí dentro de seis dias, abrais este papel que os doy, delante de la justicia»; y diciendo esto, me dió éste, que entrego á vuesa merced, donde imagino que debe de venir alguna cosa que toque á este tan extraño suceso.» Tomó el papel el Corregidor, y abriéndole, vió que en él estaban escritas estas mismas razones:

«Yo, don Diego Parráces, salí de la córte de su Majestad

»tal dia (y venia puesto el dia), en compañía de don Sebas-
»tian de Soranzo, mi pariente, que me pidió que le acompa-
»ñase en cierto viaje, donde le iba la honra y la vida; yo, por
»no querer hacer verdaderas ciertas sospechas falsas que de
»mí tenia, fiándome en mi inocencia, dí lugar á su malicia
»y acompañéle; creo que me lleva á matar. Si esto sucediere,
»y mi cuerpo se halláre, sépase que me mataron á traicion y
»que morí sin culpa.» Y firmaba: *Don Diego de Parráces*.

Este papel á toda diligencia despachó el Corregidor á Madrid, donde con la justicia se hicieron las diligencias posibles, buscando al matador, el cual llegó á su casa la misma noche que le buscaban, y entreoyendo el caso, sin apearse de la cabalgadura volvió las riendas y nunca más pareció. Quedóse el delito sin castigo, el muerto se quedó por muerto, quedaron libres los prisioneros, y la cadena que tenia Ricla se deslabonó para gastos de justicia. El retrato se quedó para gusto de los ojos del Corregidor; satisfízose la herida del cuadrillero; volvió Antonio el mozo á relatar el lienzo, y dejando admirado al pueblo, y habiendo estado en él todo este tiempo de las averiguaciones Feliciana de la Voz en el lecho, fingiendo estar enferma por no ser vista, se partieron la vuelta de Guadalupe, cuyo camino entretuvieron tratando del caso extraño, y deseando que sucediese ocasion donde se cumpliese el deseo que tenian de oir cantar á Feliciana, la cual sí cantará, pues no hay dolor que no se mitigue con el tiempo ó se acabe con acabar la vida; pero, por guardar ella á su desgracia el decoro que á sí misma debia, sus cantos eran lloros y su voz gemidos.

Estos se aplacaron un tanto con haber topado en el camino la hermana del compasivo pastor, que volvia de Trujillo, donde dijo que dejaba el niño en poder de don Francisco Pizarro y de don Juan de Orellana, los cuales habian conjeturado no poder ser de otro aquella criatura sino de su amigo Rosanio, segun el lugar donde le hallaron, pues por todos aquellos contornos no tenian ellos algun conocido que aventurase á fiarse dellos. «Sea, en fin, lo que fuere, dijo la labradora; que no ha de quedar defraudado de sus buenos pensamientos el que se ha fiado de nosotros; ansí que, señores, el niño queda en Trujillo en poder de los que he dicho; si algo me queda que hacer por serviros, aquí estoy con la cadena, que áun no me he deshecho de ella, pues la que me pone á la voluntad el ser yo cristiana, me enlaza y me obliga á más que la de oro.» A lo que respondió Feliciana que la gozase muchos años, sin que se le ofreciese necesidad de deshacella, pues las ricas prendas de los pobres no permanecen largo tiempo en sus casas, porque ó se empeñan para no quitarse, ó se venden para nunca volverlas á comprar. La labradora se despidió aquí, y dieron mil encomiendas para su hermano y los demas pastores, y nuestros peregrinos llegaron poco á poco á las santísimas sierras de Guadalupe.

CAPITULO V.

Tiene fin en Guadalupe la desgracia de Feliciana, y se vuelve contenta á su casa con su esposo, padre y hermano.

Apénas hubieron puesto los piés los devotos peregrinos en una de las dos entradas que guian al valle que forman y cierran las altísimas sierras de Guadalupe, cuando con cada paso que daban, nacian en sus corazones nuevas ocasiones de admirarse; pero allí llegó la admiracion á su punto, cuando vieron el grande y suntuoso monasterio, cuyas murallas encierran la santísima imágen de la Emperatriz de los cielos; la santísima imágen, otra vez, que es libertad de los cautivos, lima de sus hierros y alivio de sus prisiones; la santísima imágen que es salud de las enfermedades, consuelo de los afligidos, madre de los huérfanos y reparo de las desgracias. Entraron en su templo, y donde pensaron hallar por sus paredes, pendientes por adorno, las púrpuras de Tiro, los damascos de Siria, los brocados de Milan, hallaron en lugar suyo muletas que dejaron los cojos, ojos de cera que dejaron los ciegos, brazos que colgaron los mancos, mortajas de que se desnudaron los muertos, todos despues de haber caido en el suelo de las miserias, ya vivos, ya sanos, ya libres y ya contentos, merced á la larga misericordia de la Madre de las misericordias, que en aquel pequeño lugar hace campear á su benditísimo Hijo con el escuadron de sus infinitas misericordias. De tal manera hicieron aprension estos milagrosos adornos en los corazones de los devotos peregrinos, que volvieron los ojos á todas las partes del templo, y les parecia ver venir por el aire volando los cautivos, envueltos en sus cadenas, á colgarlas de las santas murallas, y á los enfermos arrastrar las muletas, y á los muertos mortajas, buscando lugar donde ponerlas, porque ya en el sacro templo no cabian: tan grande es la suma que las paredes ocupan.

Esta novedad, no vista hasta entónces de Periandro ni de Auristela, ni ménos de Ricla, de Constanza ni de Antonio, los tenia como asombrados, y no se hartaban de mirar lo que veian, ni de admirar lo que imaginaban; y así, con devotas y cristianas muestras, hincados de rodillas se pusieron á adorar á Dios Sacramentado y á suplicar á su Santísima Madre que en crédito y honra de aquella imágen fuese servida de mirar por ellos; pero lo que más es de ponderar, fué que puesta de hinojos y las manos puestas y junto al pecho, la hermosa Feliciana de la Voz, lloviendo tiernas lágrimas, con sosegado semblante, sin mover los labios, ni hacer otra demostracion ni movimiento que diese señal de ser viva criatura, soltó la voz á los vientos y levantó el corazon al cielo, y cantó unos versos que ella sabia de memoria, los cuales dió despues por escrito, con que suspendió los sentidos de cuantos la escuchaban, y acreditó las alabanzas que ella misma de su voz habia dicho, y satisfizo de todo en todo los deseos que sus peregrinos tenian de escucharla.

Cuatro estancias habia cantado, cuando entraron por la puerta del templo unos forasteros, á quien la devocion y la costumbre puso luego de rodillas, y la voz de Feliciana, que todavía cantaba, puso tambien en admiracion; y uno de ellos, que de anciana edad parecia, volviéndose á otro que estaba á su lado, díjole: «O aquella voz es de algun ángel de los confirmados en gracia, ó es de mi hija Feliciana de la Voz.

—¿Quién lo duda? respondió el otro; ella es, y la que no será, si no yerra el golpe este mi brazo»; y diciendo esto, echó mano á una daga, y con descompasados pasos, perdido el color y turbado el sentido, se fué hácia donde Feliciana estaba. El venerable anciano se arrojó tras él y le abrazó por las espaldas, diciéndole: «No es éste ¡oh hijo! teatro de miserias ni lugar de castigos; da tiempo al tiempo; que pues no se nos puede huir esta traidora, no te precipites, y pensando castigar el ajeno delito, te eches sobre tí la pena de la culpa propia.»

Estas razones y alboroto selló la boca de Feliciana, y alborotó á los peregrinos y á todos cuantos en el templo estaban, los cuales no fueron parte para que su padre y hermano de Feliciana no la sacasen del templo á la calle, donde en un instante se juntó casi toda la gente del pueblo, con la justicia, que se la quitó á los que parecian más verdugos que hermano y padre. Estando en esta confusion, el padre dando voces por su hija y su hermano por su hermana, y la justicia defendiéndola hasta saber el caso, por una parte de la plaza entraron hasta seis de á caballo, que los dos dellos fueron luego conocidos de todos, por ser el uno don Francisco Pizarro y el otro don Juan de Orellana, los cuales, llegándose al tumulto de la gente, y con ellos otro caballero que con un velo de tafetan negro traia cubierto el rostro, preguntaron la causa de aquellas voces. Fuéles respondido que no se sabia otra cosa sino que la justicia queria defender aquella peregrina, á quien querian matar dos hombres que decian ser su hermano y su padre. Esto estaban oyendo don Francisco Pizarro y don Juan de Orellana, cuando el caballero embozado, arrojándose del caballo abajo sobre quien venia, poniendo mano á su espada y descubriéndose el rostro, se puso al lado de Feliciana y á grandes voces dijo: «En mí, en mí debeis, señores, tomar la enmienda del pecado de Feliciana, vuestra hija, si es tan grande que merezca muerte el casarse una doncella contra la voluntad de sus padres. Feliciana es mi esposa, y yo soy Rosanio, como veis, no de tan poca calidad, que no merezca que me deis por concierto lo que yo supe escoger por industria. Noble soy, de cuya nobleza os podré presentar testigos; riquezas tengo que la sustenten, y no será bien que lo que he ganado por ventura, me lo quite Luis Antonio por vuestro gusto; y si os parece que os he hecho ofensa de haber llegado á este punto de teneros por señores sin sabiduría vuestra, perdonadme; que las fuerzas poderosas de amor suelen turbar los ingenios más entendidos, y el veros yo tan inclinados á Luis Antonio me hizo no guardar el decoro que se os debia, de lo cual otra vez os pido perdon.»

Mientras Rosanio esto decia, Feliciana estaba pegada con él, teniéndole asido por la pretina con la mano, toda temblando, toda temerosa y toda triste, y toda hermosa juntamente; pero ántes que su padre y hermano respondiesen palabra, don Francisco Pizarro se abrazó con su padre, y don Juan de Orellana con su hermano, que eran sus grandes amigos. Don Francisco dijo al padre: «¿Dónde está vuestra discrecion, señor don Pedro Tenorio? ¡Cómo! y ¿es posible que vos mismo querais confesar vuestra ofensa? ¿No veis que estos agravios, ántes que la pena, traen la disculpa consigo? ¿Qué tiene Rosanio, que no merezca á Feliciana, ó qué le quedará á Feliciana de aquí adelante si pierde á Rosanio?»

Casi estas mismas ó semejantes razones decia don Juan de Orellana á su hermano, añadiendo más, porque le dijo: «Señor don Sancho, nunca la cólera prometió buen fin de sus ímpetus; ella es pasion del ánimo, y el ánimo apasionado pocas veces acierta en lo que emprende. Vuestra hermana supo escoger buen marido; tomar venganza de que no se guardaron las debidas ceremonias y respetos no será bien hecho, porque os pondreis á peligro de derribar y echar por tierra todo el edificio de vuestro sosiego. Mirad, señor don Sancho, que tengo una prenda vuestra en mi casa; un sobrino os tengo, que no le podreis negar si no os negais á vos mismo: tanto es lo que os parece.»

La respuesta que dió el padre á don Francisco fué llegarse á su hijo don Sancho y quitalle la daga de las manos, y luego fué á abrazar á Rosanio, el cual, dejándose derribar á los piés del que ya conoció ser su suegro, se los besó mil veces. Arrodillóse tambien ante su padre Feliciana, derramó lágrimas, envió suspiros, vinieron desmayos, la alegría discurrió por todos los circunstantes; ganó fama de prudente el padre, de prudente el hijo, y los amigos de discretos y bien hablados. Llevólos el Corregidor á su casa, regalólos el Prior del santo monasterio abundantísimamente; visitaron las reliquias los peregrinos, que son muchas, santísimas y ricas; confesaron sus culpas, recibieron los sacramentos; y en este tiempo, que fué el de tres dias, envió don Francisco por el niño que le habia llevado la labradora, que era el mismo que Rosanio dió á Periandro la noche que le dió la cadena, el cual era tan lindo, que el abuelo, puesta en olvido toda injuria, dijo, viéndole: «Que mil bienes haya la madre que te parió y el padre que te engendró»; y tomándole en sus brazos tiernamente, le bañó el rostro con lágrimas, y se las enjugó con besos y las limpió con sus canas. Pidió Auristela á Feliciana le diese el traslado de los versos que habia cantado delante de la santísima imágen; la cual respondió que solamente habia cantado cuatro estancias, y que todas eran doce, dignas de ponerse en la memoria; y así las escribió, que eran éstas:

> Antes que de la mente eterna fuera
> Saliesen los espíritus alados,
> Y ántes que la veloz ó tarda esfera

Tuviese movimientos señalados,
Y ántes que aquella escuridad primera
Los cabellos del sol viese dorados,
Fabricó para sí Dios una casa
De santísima, limpia y pura masa.
　Los altos y fortísimos cimientos
Sobre humildad profunda se fundaron,
Y miéntras más á la humildad atentos,
Más la fábrica régia levantaron;
Pasó la tierra, pasó el mar, los vientos
Atras, como más bajos, se quèdaron;
El fuego pasa, y con igual fortuna
Debajo de sus piés tiene la luna.
　De fe son los pilares, de esperanza
Los muros: esta fábrica bendita
Ciñe la caridad, por quien se alcanza
Duracion, como Dios, siempre infinita:
Su recreo se aumenta en su templanza,
Su prudencia los grados facilita
Del bien que ha de gozar, por la grandeza
De su mucha justicia y fortaleza.
　Adornan este alcázar soberano
Profundos pozos, perenales fuentes,
Huertos cerrados, cuyo fruto sano
Es bendicion y gloria de las gentes.
Están á la siniestra y diestra mano
Cipreses altos, palmas eminentes,
Altos cedros, clarísimos espejos,
Que dan lumbre de gracia cerca y léjos.
　El cinamomo, el plátano y la rosa
De Hiericó se halla en sus jardines,
Con aquella color, y áun más hermosa,
De los más abrasados querubines;
Del pecado la sombra tenebrosa
Ni llega ni se acerca á sus confines:
Todo es luz, todo es gloria, todo es cielo,
Este edificio que hoy se muestra al suelo.
　De Salomon el templo se nos muestra
Hoy con la perfecion á Dios posible,
Donde no se oyó golpe que la diestra
Mano diese á la obra convenible:

Hoy haciendo de sí gloriosa muestra,
Salió la luz del sol inaccesible;
Hoy nuevo resplandor ha dado al dia
La clarísima estrella de María.
 Antes que el sol la estrella hoy da su lumbre,
Prodigiosa señal, pero tan buena,
Que sin guardar de agüeros la costumbre,
Deja el alma de gozo y bienes llena:
Hoy la humildad se vió puesta en la cumbre,
Hoy comenzó á romperse la cadena
Del hierro antiguo, y sale al mundo aquella
Prudentísima Ester, que el sol más bella.
 Niña de Dios, por nuestro bien nacida,
Tierna, pero tan fuerte, que la frente,
En soberbia maldad endurecida,
Quebrado habeis de la infernal serpiente;
Brinco de Dios, de nuestra muerte vida,
Pues vos fuisteis el medio conveniente
Que redujo á pacífica concordia
De Dios y el hombre la mortal discordia.
 La justicia y la paz hoy se han juntado
En vos, Vírgen Santísima, y con gusto
El dulce beso de la paz se han dado,
Arra y señal del venidero Augusto:
Del claro amanecer, del sol sagrado
Sois la primera aurora, sois del justo
Gloria, del pecador firme esperanza,
De la borrasca antigua la bonanza.
 Sois la paloma que abeterno fuistes
Llamada desde el cielo; sois la esposa
Que al sacro Verbo limpia carne distes,
Por quien de Adan la culpa fué dichosa;
Sois el brazo de Dios, que detuvistes
De Abrahan la cuchilla rigurosa,
Y para el sacrificio verdadero
Nos distes el mansísimo Cordero.
 Creced, hermosa planta, y dad el fruto
Presto en sazon, por quien el alma espera
Cambiar en ropa rozagante el luto
Que la gran culpa le vistió primera:
De aquel inmenso y general tributo

La paga conveniente y verdadera
En vos se ha de fraguar: creced, Señora,
Que sois universal remediadora.
    Ya en las empíreas sacrosantas salas
El paraninfo alígero se apresta,
O casi mueve las doradas alas,
Para venir con la embajada honesta;
Que el olor de virtud que de tí exhalas,
Vírgen bendita, sirve de recuesta
Y apremio á que se vea en tí muy presto
Del gran poder de Dios echado el resto.

Estos fueron los versos que comenzó á cantar Feliciana, y los que dió por escrito despues, que fueron de Auristela más estimados que entendidos. En resolucion, las paces de los desavenidos se hicieron; Feliciana, esposo, padre y hermano se volvieron á su lugar, dejando órden á don Francisco Pizarro y don Juan de Orellana les enviasen el niño; pero no quiso Feliciana pasar el disgusto que da el esperar, y así se le llevó consigo; con cuyo suceso quedaron todos alegres.

CAPITULO VI.

Prosiguen su viaje; encuentran una vieja peregrina, y un polaco que les cuenta su vida.

Cuatro dias se estuvieron los peregrinos en Guadalupe, en los cuales comenzaron á ver las grandezas de aquel santo monasterio; digo comenzaron, porque acabarlas de ver es imposible. Desde allí se fueron á Trujillo, adonde asimismo fueron agasajados de los dos nobles caballeros don Francisco Pizarro y don Juan de Orellana, y allí de nuevo refirieron el suceso de Feliciana, y ponderaron, al par de su voz, su discrecion y el buen proceder de su hermano y de su padre, exagerando Auristela los corteses ofrecimientos que Féliciana le habia hecho al tiempo de su partida. La ida de Trujillo fué de allí á dos dias la vuelta de Talavera, donde hallaron que se preparaba para celebrar la gran fiesta de la Monda, que trae su orígen de muchos años ántes que Cristo naciese, reducida por los cristianos á tan buen punto y término, que si entónces se celebraba en honra de la diosa Vénus por la gentilidad, ahora se celebra en honra y alabanza de la Vírgen de las vírgenes. Quisieran esperar á verla; pero por no dar más espacio á su espacio, pasaron adelante, y se quedaron sin satisfacer su deseo.

Seis leguas se habrian alongado de Talavera, cuando delante de sí vieron que caminaba una peregrina, tan peregrina, que iba sola; y excusóles el darla voces á que se detuviese, el haberse ella sentado sobre la verde yerba de un pradecillo, ó ya convidada del ameno sitio, ó ya obligada del cansancio. Llegaron á ella, y hallaron ser de tal talle, que nos obliga á describirle: la edad, al parecer, salia de los términos de la mocedad y tocaba en las márgenes de la vejez; el rostro daba en rostro, porque la vista de un lince no alcanzara á verle las narices, porque no las tenia sino tan chatas y llanas, que con unas pinzas no le pudieran asir una brizna de ellas. Los ojos les hacian sombra, porque más salian fuera de la cara que ella; el vestido era una esclavina rota, que le besaba los calcañares, sobre la cual traia una muceta, la mitad guarnecida de cuero, que por roto y despedazado no se podia distinguir si de cordoban ó si de badana fuese; ceñíase con un cordon de esparto, tan abultado y poderoso, que más parecia gúmena de galera que cordon de peregrina; las tocas eran bastas, pero limpias y blancas. Cubríale la cabeza un sombrero viejo, sin cordon ni toquilla, y los piés unos alpargates rotos, y ocupábale la mano un bordon hecho á manera de cayado, con una punta de acero al fin; pendíale del lado izquierdo una calabaza de más que mediana estatura, y apesgábale el cuello un rosario, cuyos padrenuestros eran mayores que algunas bolas de las con que juegan los muchachos al argolla. En efeto, toda ella era rota y toda penitente, y como despues se echó de ver, toda de mala condicion.

Saludáronla en llegando, y ella les volvió las saludes con la voz que podia prometer la chatedad de sus narices, que fué más gangosa que suave. Preguntáronla dónde iba y qué peregrinacion era la suya, y diciendo y haciendo, convidados, como ella, del ameno sitio, se le sentaron á la redonda, dejaron pacer el bagaje, que les servia de recámara, de despensa y botillería, y satisfaciendo á la hambre, alegremente la convidaron, y ella, respondiendo á la pregunta que la habian hecho, dijo: «Mi peregrinacion es la que usan algunos peregrinos, quiero decir, que siempre es la que más cerca les viene á cuento para disculpar su ociosidad, y así me parece que será bien deciros que por ahora voy á la gran ciudad de Toledo á visitar á la devota imágen del Sagrario, y desde allí me iré al Niño de la Guardia, y dando una punta, como halcon noruego, me entretendré con la Santa Verónica de Jaen, hasta hacer tiempo de que llegue el último domingo de Abril, en cuyo dia se celebra en las entrañas de Sierra Morena, tres leguas de la ciudad de Andújar, la fiesta de Nuestra Señora de la Cabeza, que es una de las fiestas que en todo lo descubierto de la tierra se celebra tal, segun he oido decir; que ni las pasadas fiestas de la gentilidad, á quien imita la de la Monda de Talavera, no le han hecho ni le pueden hacer ventaja. Bien quisiera yo, si fuera posible, sacarla de la imaginacion, donde la tengo fija, y pintárosla con palabras y ponérosla delante de la vista, para que, comprendiéndola, viérades la mucha razon que tengo de alabárosla; pero ésta es carga para otro ingenio no tan estrecho como el mio. En el rico palacio de Madrid, morada de los reyes, en una galería está retratada esta fiesta con la puntualidad posible: allí está el monte, ó por mejor decir, peñasco, en cuya cima está el monasterio, que deposita en sí una santa imágen llamada de la Cabeza, que tomó el nombre de la peña donde habita, que antiguamente se llamó el Cabezo, por estar en la mitad de un llano libre y desembarazado, solo y señero de otros montes ni peñas que lo rodeen, cuya altura será de hasta un cuarto de legua, y cuyo circuito debe de ser poco más de media. En este espacioso y ameno sitio tiene su asiento, siempre verde y apacible por el humor que le comunican las aguas del rio Jandula, que de paso, como en reverencia, le besa las faldas. El lugar, la peña, la imágen, los milagros, la infinita gente que acude de cerca y léjos, el solemne dia que he dicho, le hacen famoso en el mundo y célebre en España, sobre cuantos lugares las más extendidas memorias se acuerdan.»

Suspensos quedaron los peregrinos de la relacion de la nueva, aunque vieja, peregrina, y casi les comenzó á bullir en el alma la gana de irse con ella á ver tantas maravillas; pero la que llevaban de acabar su camino no dió lugar á que nuevos deseos lo impidiesen. «Desde allí, prosiguió la peregrina, no sé qué viaje será el mio, aunque sé que no me ha de faltar dónde ocupe la ociosidad y entretenga el tiempo, como lo hacen, como ya he dicho, algunos peregrinos que se usan.» A lo que dijo Antonio el padre: «Paréceme, señora peregrina, que os da en el rostro la peregrinacion.

—Eso no, respondió ella; que bien sé que es justa, santa y loable, y que siempre la ha habido y la ha de haber en el mundo; pero estoy mal con los malos peregrinos, como son los que hacen granjería de la santidad, y ganancia infame de la virtud loable: con aquellos, digo, que saltean la limosna de los verdaderos pobres; y no digo más, aunque pudiera.»

En esto, por el camino real que junto á ellos estaba vieron venir á un hombre á caballo, que llegando á igualar con ellos, al quitarles el sombrero para saludarles y hacerles cortesía, habiendo puesto la cabalgadura, como despues pareció, la mano en un hoyo, dió consigo y con su dueño al traves una gran caida. Acudieron todos luego á socorrer al caminante, que pensaron hallar muy mal parado. Arrendó Antonio el mozo la cabalgadura, que era un poderoso macho, y al dueño le abrigaron lo mejor que pudieron, y le socorrieron con el remedio más ordinario que en tales casos se usa, que fué darle á beber un golpe de agua; y hallando que su mal no era tanto como pensaban, le dijeron que bien podia volver á subir y á seguir su camino; el cual hombre les dijo: «Quizá, señores peregrinos, ha permitido la suerte que yo haya caido en este llano para poder levantarme de los riesgos donde la imaginacion me tiene puesta el alma. Yo, señores, aunque no querais saberlo, quiero que sepais que soy extranjero y de nacion polaco; muchacho salí de mi tierra, y vine á España como á centro de extranjeros y á madre comun de las naciones; serví á españoles, aprendí la lengua castellana de la manera que veis que la hablo, y llevado del general deseo que todos tienen de ver tierras, vine á Portugal á ver la gran ciudad de Lisboa, y la misma noche que entré en ella me sucedió un caso, que si lo creyéredes, hareis mucho, y si no, no importa nada, puesto que la verdad ha de tener siempre su asiento, aunque sea en sí misma.»

Admirados quedaron Periandro y Auristela y los demas compañeros de la improvisa y concertada narracion del caido caminante, y con gusto de escuchalle, le dijo Periandro que prosiguiese en lo que decir queria; que todos le darian crédito, porque todos eran corteses y en las cosas del mundo experimentados. Alentado con esto el caminante, prosiguió diciendo: «Digo que la primera noche que entré en Lisboa, yendo por una de sus principales calles, ó *ruas*, como ellos las llaman, por mejorar de posada, que no me habia parecido bien una donde me habia apeado, al pasar de un lugar estrecho y no muy limpio, un embozado portugues con quien encontré me desvió de sí con tanta fuerza, que tuve necesidad de arrimarme al suelo. Despertó el agravio la cólera, remití mi venganza á mi espada, puse mano, púsola el portugues con gallardo brío y desenvoltura, y la ciega noche y la fortuna, más ciega á la luz de mi mejor suerte, sin saber yo á dónde, encaminó la punta de mi espada á la vista de mi contrario, el cual, dando de espaldas, dió el cuerpo al suelo y el alma á donde Dios sabe. Luego me representó el temor lo que habia hecho: pasméme, puse en el huir mi remedio; quise huir, pero no sabia á dónde; mas el rumor de la gente que me pareció que acudia me puso alas en los piés, y con pasos desconcertados volví la calle abajo, buscando dónde esconderme ó adónde tener lugar de limpiar mi espada, porque si la justicia me cogiese, no me hallase con manifiestos indicios de mi delito. Yendo pues así, ya del temor desmayado, vi una luz en una casa principal, y arrojéme á ella, sin saber con qué disinio: hallé una sala baja abierta y muy bien aderezada; alargué el paso y entré en otra cuadra tambien bien aderezada, y llevado de la luz que en otra cuadra parecia, hallé en un rico lecho echada una señora, que, alborotada, sentándose en él, me preguntó quién era, qué buscaba y á dónde iba, y quién me habia dado licencia de entrar hasta allí con tan poco respeto. Yo le respondí: «Señora, á tantas preguntas no os puedo responder sino sólo con deciros que soy un hombre extranjero, que, á lo que creo, dejo muerto á otro en esa calle, más por su desgracia y su soberbia que por mi culpa. Suplícoos por Dios y por quien sois que me escapeis del rigor de la justicia, que pienso que me viene siguiendo.

»—¿Sois castellano? me preguntó en su lengua portuguesa.

»—No, señora, le respondí yo, sino forastero, y bien léjos desta tierra.

»— Pues aunque fuérades mil veces castellano, replicó ella, os librara yo si pudiera, y os libraré si puedo. Subid por cima deste lecho, y entráos debajo deste tapiz, y entráos en un hueco que aquí hallareis, y no os movais; que si la justicia viniere, me tendrá respeto, y creerá lo que yo quisiere decirles.»

»Hice luego lo que me mandó: alcé el tapiz, hallé el

hueco, estrechéme en él, recogí el aliento y comencé á encomendarme á Dios lo mejor que pude; y estando en esta confusa afliccion, entró un criado de casa, diciendo casi á gritos: «Señora, á mi señor don Duarte han muerto; aquí le traen pasado de una estocada de parte á parte por el ojo derecho, y no se sabe el matador ni la ocasion de la pendencia, en la cual apénas se oyeron los golpes de las espadas; solamente hay un muchacho que dice que vió entrar un hombre huyendo en esta casa.

»—Este debe de ser el matador sin duda, respondió la señora, y no podrá escaparse. ¡Cuántas veces temia yo ¡ay desdichada! ver que traian á mi hijo sin vida, porque de su arrogante proceder no se podian esperar sino desgracias!»

»En esto, en hombros de otros cuatro entraron al muerto, y le tendieron en el suelo delante de los ojos de la afligida madre, la cual con voz lamentable comenzó á decir: «¡Ay venganza, y cómo me estás llamando á las puertas del alma! pero no consiente que responda á tu gusto el que yo tengo de guardar mi palabra. ¡Ay, con todo esto, dolor, que me aprietas mucho!» Considerad, señores, cuál estaria mi corazon oyendo las apretadas razones de la madre, á quien la presencia del muerto hijo me parecia á mí que le ponia en las manos mil géneros de muertes con que de mí se vengase; que bien estaba claro que habia de imaginar que yo era el matador de su hijo. Pero ¿qué podia yo hacer entónces, sino callar y esperar en la misma desesperacion? y más cuando entró en el aposento la justicia, que con comedimiento dijo á la señora: «Guiados por la voz de un muchacho, que dice que se entró en esta casa el homicida deste caballero, nos hemos atrevido á entrar en ella.» Entónces yo abrí los oidos, y estuve atento á las respuestas que daria la afligida madre, la cual respondió, llena el alma de generoso ánimo y de piedad cristiana: «Si ese tal hombre ha entrado en esta casa, no á lo ménos en esta estancia; por allá le pueden buscar, aunque plegue á Dios que no le hallen, porque mal se remedia una muerte con otra, y más cuando las injurias no proceden de malicia.»

»Volvióse la justicia á buscar la casa, y volvieron en mí los espíritus que me habian desamparado; mandó la señora quitar delante de sí el cuerpo muerto del hijo, y que le amortajasen y desde luego diesen órden en su sepultura; mandó asimismo que la dejasen sola, porque no estaba para recebir consuelos y pésames de infinitos que venian á dárselos, así de parientes como de amigos y conocidos. Hecho esto, llamó á una doncella suya, que, á lo que pareció, debió de ser de la que más se fiaba, y habiéndola hablado al oido, la despidió, mandándole cerrase tras sí la puerta; ella lo hizo así, y la señora, sentándose en el lecho, tentó el tapiz, y á lo que pienso, me puso las manos sobre el corazon, el cual, palpitando apriesa, daba indicios del temor que le cercaba; ella viendo lo cual, me dijo con baja y lastimada voz: «Hombre, quien quiera que seas, ya ves que me has quitado el aliento de mi pecho, la luz de mis ojos, y finalmente la vida que me sustentaba; pero, porque entiendo que ha sido sin culpa tuya, quiero que se oponga mi palabra á mi venganza; y así, en cumplimiento de la promesa que te hice de librarte cuando aquí entraste, has de hacer lo que ahora te diré. Ponte las manos en el rostro, porque si yo me descuido en abrir los ojos no me obligues á que te conozca, y sal de ese encerramiento, y sigue á una mi doncella, que ahora vendrá aquí, la cual te pondrá en la calle y te dará cien escudos de oro con que facilites tu remedio. No eres conocido, no tienes ningun indicio que te manifieste; sosiega el pecho, que el alboroto demasiado suele descubrir el delincuente.»

»En esto volvió la doncella, yo salí detras del paño, cubierto el rostro con la mano, y en señal de agradecimiento, hincado de rodillas, besé el pié de la cama muchas véces, y luego seguí los de la doncella, que, asimismo callando, me asió del brazo, y por la puerta falsa de un jardin, á escuras, me puso en la calle. En viéndome en ella, lo primero que hice fué limpiar la espada, y con sosegado paso salí acaso á una calle principal, de donde reconocí mi posada, y me encontré en ella como si por mí no hubiera pasado ni próspero suceso ni adverso; contóme el huésped la desgracia del recien muerto caballero, y así exageró la grandeza de su linaje como la arrogancia de su condicion, de la cual se creia le habria granjeado algun enemigo secreto que á semejante término le hubiese conducido. Pasé aquella noche dando gracias á Dios de las recebidas mercedes, y ponderando el valeroso y nunca visto ánimo cristiano y admirable proceder de doña Guiomar de Sosa, que así supe se llamaba mi bienhechora. Salí por la mañana al rio, y hallé en él un barco lleno de gente, que se iba á embarcar en una gran nave que en Sangian estaba de partida para las Indias Orientales; volvíme á mi posada, vendí á mi huésped la cabalgadura, y cerrando todos mis discursos en el puño, volví al rio y al barco, y otro dia me hallé en el gran navío fuera del puerto, dadas las velas al viento, siguiendo el camino que se deseaba.

»Quince años he estado en las Indias, en los cuales, sirviendo de soldado con valentísimos portugueses, me han sucedido cosas de que quizá pudiera hacer una gustosa y verdadera historia, especialmente de las hazañas de la en aquellas partes invencible nacion portuguesa, dignas de perpétua alabanza en los presentes y venideros siglos; allí granjeé algun oro y algunas perlas, y cosas más de valor que de bulto, con las cuales, y con la ocasion de volverse mi general á Lisboa, volví á ella, y de allí me puse en camino para volverme á mi patria, determinando ver primero todas las mejores y más principales ciudades de España. Reduje á dineros mis riquezas, y á pólizas lo que me pareció ser necesario para mi camino, que fué el que primero intenté venir á Madrid, donde estaba recien venida la córte del gran Felipe III; pero ya mi suerte, cansada de llevar la nave de mi ventura con próspero viento por el mar de la vida humana, quiso que diese en un bajío que la destrozase toda, y ansí hizo que en llegando una noche á Talavera, un lugar que no está léjos de aquí, me apeé en un meson, que no me sirvió de meson, sino de sepultura, pues en el hallé la de mi honra.

»¡Oh fuerzas poderosas de amor; de amor, digo, inconsiderado, presuroso y lascivo y mal intencionado, y con cuánta facilidad atropellas disinios buenos, intentos castos, proposiciones discretas! Digo, pues, que estando en este meson, entró en él acaso una doncella de hasta diez y seis años, á lo ménos á mí no me pareció de más, puesto que despues supe que tenia veinte y dos; venia en cuerpo y en tranzado, vestida de paño, pero limpísima, y al pasar junto á mí, me pareció que olia á un prado lleno de flores por el mes de mayo, cuyo olor en mis sentidos dejó atras las aromas de Arabia; llegóse la cual á un mozo del meson, y hablándole al oido, alzó una gran risa, y volviendo las espaldas, salió del meson y se entró en una casa frontera. El mozo mesonero corrió tras ella, y no la pudo alcanzar sino fué con una coz que le dió en las espaldas, que la hizo entrar cayendo de ojos en su casa; esto vió otra moza del mismo meson, y llena de cólera, dijo al mozo: «Por Dios, Alonso, que lo haces mal; que no merece Luisa que la santigües á coces.

»—Como ésas le daré yo si vivo, respondió el Alonso. Calla, Martina amiga; que estas mocitas sobresalientes, no solamente es menester ponerles la mano, sino los piés y todo»; y con esto, nos dejó solos á mí y á Martina, á la cual le pregunté que qué Luisa era aquella, y si era casada ó no.

»—No es casada, respondió Martina; pero serálo presto con este mozo Alonso que habeis visto; y en fe de los tratos que andan entre los padres della y los dél, de esposa, se atreve Alonso á molella á coces todas las veces que se le antoja, aunque muy pocas son sin que ella las merezca; porque, si va á decir la verdad, señor huésped, la tal Luisa es algo atrevidilla y algun tanto libre y descompuesta. Harto se lo he dicho yo, mas no aprovecha; no dejará de seguir su gusto si la sacan los ojos. Pues en verdad, en verdad, que una de las mejores dotes que puede llevar una doncella es la honestidad; que buen siglo haya la madre que me parió, que fué persona que no me dejó ver la calle ni áun por un agujero, cuanto más salir al umbral de la puerta; sabia bien, como ella decia, que la mujer y la gallina, etc.

»—Dígame, señora Martina, le repliqué yo: ¿cómo de

la estrecheza dese noviciado vino á hacer profesion en la anchura de un meson?

»—Hay mucho que decir en eso», dijo Martina; y áun yo tuviera más que decir destas menudencias, si el tiempo lo pidiera ó el dolor que traigo en el alma lo permitiera.»

CAPITULO VII.

Donde el polaco da fin á la narracion de su historia.

Con atencion escuchaban los peregrinos el peregrino cuento del polaco, y deseaban saber qué dolor traia en el alma, como sabian el que debia tener en el cuerpo; á quien dijo Periandro: «Contad, señor, lo que quisiéredes y con las menudencias que quisiéredes; que muchas veces el contarlas suele acrecentar gravedad al cuento; que no parece mal estar en la mesa de un banquete, junto á un faisan bien aderezado, un plato de una fresca, verde y sabrosa ensalada. La salsa de los cuentos es la propiedad del lenguaje en cualquiera cosa que se diga; así que, señor, seguid vuestra historia, contad de Alonso y de Martina, acocead á vuestro gusto á Luisa, casadla ó no la caseis, séase ella libre y desenvuelta como un cernícalo; que el toque no está en sus desenvolturas, sino en sus sucesos, segun lo hallo yo en mi astrología.

—Digo pues, señores, respondió el polaco, que usando de esa buena licencia, no me quedará cosa en el tintero, que no la ponga en la plana de vuestro juicio. Con todo el que entónces tenia, que no debia de ser mucho, fuí y vine una y muchas veces aquella noche á pensar en el donaire, en la gracia y en la desenvoltura de la sin par, á mi parecer, ni sé si la llame vecina, moza ó conocida de mi huéspeda. Hice mil disinios, fabriqué mil torres de viento, caséme, tuve hijos y dí dos higas al qué dirán, y finalmente, me resolví de dejar el primer intento de mi jornada, y quedarme en Talavera, casado con la diosa Vénus, que no ménos hermosa me pareció la muchacha, aunque acoceada por el mozo del mesonero. Pasóse aquella noche, tomé el pulso á mi gusto, y halléle tal, que á no casarme con ella, en poco espacio de tiempo habia de perder, perdiendo el gusto, la vida, que ya habia depositado en los ojos de mi labradora; y atropellando por todo género de inconvenientes, determiné de hablar á su padre, pidiéndosela por mujer. Enseñéle mis perlas, manifestéle mis dineros, díjele alabanzas de mi ingenio y de mi industria, no sólo para conservarlos, sino para aumentarlos; y con estas razones y con el alarde que le habia hecho de mis bienes, vino, más blando que un guante, á condescender con mi deseo, y más cuando vió que yo no reparaba en dote, pues con sola la hermosura de su hija me tenia por pagado, contento y satisfecho deste concierto.

»Quedó Alonso despechado; Luisa, mi esposa, rostrituerta, como lo dieron á entender los sucesos que de allí á quince dias acontecieron con dolor mio y sin vergüenza suya; que fueron acomodarse mi esposa con algunas joyas y dineros mios, con los cuales, y con ayuda de Alonso, que le puso alas en la voluntad y en los piés, desapareció de Talavera, dejándome burlado y arrepentido, y dando ocasion al pueblo á que de su inconstancia y bellaquería en corrillos hablasen. Hízome el agravio acudir á la venganza, pero no hallé en quién tomarla sino en mí propio, que con un lazo estuve mil veces para ahorcarme; pero la suerte, que quizá para satisfacerme de los agravios que me tiene hechos me guarda, ha ordenado que mis enemigos hayan parecido presos en la cárcel de Madrid, de donde he sido avisado que vaya á ponerles la demanda y á seguir mi justicia; y así voy con voluntad determinada de sacar con su sangre las manchas de mi honra, y con quitarles las vidas, quitar de sobre mis hombros la pesada carga de su delito, que me trae aterrado y consumido. Vive Dios, que han de morir; vive Dios, que me he de vengar; vive Dios, que ha de saber el mundo que no sé disimular agravios, y más los que son tan dañosos, que se entran hasta las médulas del alma. A Madrid voy, ya estoy mejor de mi caida, no hay sino ponerme á caballo, y guárdense de mí hasta los mosquitos del aire, y no me lleguen á los oidos ni ruegos de frailes, ni llantos de personas devotas, ni promesas de bien intencionados corazones, ni dádivas de ricos, ni imperios, ni mandamientos de grandes, ni toda la caterva que suele proceder á semejantes acciones; que mi honra ha de andar sobre su delito, como el aceite sobre el agua.» Y diciendo esto, se iba á levantar muy ligero, para volver á subir y á seguir su viaje; viendo lo cual Periandro, asiéndole del brazo, le detuvo y le dijo: «Vos, señor, ciego de vuestra cólera, no echais de ver que vais á dilatar y á extender vuestra deshonra; hasta agora no estáis más deshonrado de entre los que os conocen en Talavera, que deben de ser bien pocos, y agora vais á serlo de los que os conocerán en Madrid. Quereis ser como el labrador que crió la víbora ó serpiente en el seno todo el invierno, y por merced del cielo, cuando llegó el verano, donde ella pudiera aprovecharse de su ponzoña, no la halló, porque se habia ido; el cual, sin agradecer esta merced al cielo, quiso irla á buscar y á volverla á anidar en su casa y en su seno, no mirando ser suma prudencia no buscar el hombre lo que no le está bien hallar, y á lo que comunmente se dice, que al enemigo que huye puente de plata, y el mayor que el hombre tiene, suele decirse que es la mujer propia. Pero esto debe de ser en otras religiones que en la cristiana, entre las cuales los matrimonios son una manera de concierto y conveniencia, como lo es el de alquilar una casa ú otra alguna heredad; pero en la religion católica el casamiento es sacramento que sólo se desata con la muerte ó con otras cosas que son más duras que la misma muerte, las cuales pueden excusar la cohabitacion de los dos casados, pero no deshacer el nudo con que ligados fueron. ¿Qué pensais que os sucederá cuando la justicia os entregue á vuestros enemigos atados y rendidos, encima de un teatro público, á la vista de infinitas gentes, y á vos blandiendo el cuchillo encima del cadalso, amenazando el segarles las gargantas, como si pudiera su sangre limpiar, como vos decis, vuestra honra? ¿Qué os puede suceder, como digo, sino hacer más público vuestro agravio? porque las venganzas castigan, pero no quitan las culpas; y las que en estos casos se cometen, como la enmienda no proceda de la voluntad, siempre se están en pié y siempre están vivas en las memorias de las gentes, á lo ménos en tanto que vive el agraviado. Así que, señor, volved en vos, y dando lugar á la misericordia, no corrais tras la justicia. Y no os aconsejo por esto á que perdoneis á vuestra mujer para volvella á vuestra casa, que á esto no hay ley que os obligue; lo que os aconsejo es que la dejeis, que es el mayor castigo que podreis darle: vivid léjos della, y vivireis, lo que no hareis estando juntos, porque morireis contínuo. La ley del repudio fué muy usada entre los romanos; y puesto que sería mayor caridad perdonarla, recogerla, sufrirla y aconsejarla, es menester tomar el pulso á la paciencia, y poner en un punto extremado á la discrecion, de la cual pocos se pueden fiar en esta vida, y más cuando la contrastan inconvenientes tantos y tan pesados; y finalmente, quiero que considereis que vais á hacer un pecado mortal en quitarles las vidas, que no se ha de cometer por todas las ganancias que la honra del mundo ofrezca.»

Atento estuvo á estas razones de Periandro el colérico polaco, y mirándole de hito en hito, respondió: «Tú, señor, has hablado sobre tus años: tu discrecion se adelanta á tus dias, y la madurez de tu ingenio á tu verde edad; un ángel te ha movido la lengua, con la cual has ablandado mi voluntad, pues ya no es otra la que tengo, sino es la de volverme á mi tierra á dar gracias al cielo por la merced que me ha hecho. Ayúdame á levantar; que si la cólera me volvió las fuerzas, no es bien que me las quite mi bien considerada paciencia.

—Eso haremos todos de muy buena gana», dijo Antonio el padre; y ayudándole á subir en el macho, abrazándoles á todos primero, dijo que queria volver á Talavera á cosas que á su hacienda tocaban, y que desde Lisboa volveria por la mar á su patria. Díjoles su nombre, que se llamaba Ortel Banedre, que respondia en castellano Martin Banedre, y ofreciéndoseles de nuevo á su servicio, volvió las riendas hácia Talavera, dejando á todos admirados de sus sucesos y del buen donaire con que los habia contado.

Aquella noche la pasaron los peregrinos en aquel mismo lugar, y de allí á dos dias, en compañía de la antigua peregrina, llegaron á la Sagra de Toledo y á vista del celebrado Tajo, famoso por sus arenas y claro por sus líquidos cristales.

CAPITULO VIII.

De cómo los peregrinos llegaron á la villa de Ocaña, y el agradable suceso que les avino en el camino.

No es la fama del rio Tajo tal, que la cierren límites ni la ignoren las más remotas gentes del mundo; que á todos se extiende y á todos se manifiesta, y en todos hace nacer un deseo de conocerle; y como es uso de los setentrionales ser toda la gente principal versada en la lengua latina y en los antiguos poetas, éralo asimismo Periandro, como uno de los más principales de aquella nacion; y así por esto, como por haber mostrádose á la luz del mundo, aquellos dias, las famosas obras del jamas alabado como se debe poeta Garcilaso de la Vega, y haberlas él visto, leido, mirado y admirado, así como vió al claro rio, dijo: «No dirémos: *Aquí dió fin á su cantar Salicio*; sino: Aquí dió principio á su cantar Salicio, aquí sobrepujó en sus églogas á sí mismo, aquí resonó su zampoña, á cuyo són se detuvieron las aguas deste rio, no se movieron las hojas de los árboles, y parándose los vientos, dieron lugar á que la admiracion de su canto fuese de lengua en lengua y de gente en gente por todas las de la tierra. ¡Oh venturosas, pues, cristalinas aguas, doradas arenas, ¿qué digo yo doradas? ántes de puro oro nacidas! Recoged á este pobre peregrino, que como desde léjos os adora, os piensa reverenciar desde cerca.» Y poniendo la vista en la gran ciudad de Toledo, fué esto lo que dijo: «¡Oh peñascosa pesadumbre, gloria de España y luz de sus ciudades, en cuyo seno han estado guardadas por infinitos siglos las reliquias de los valientes godos, para volver á resucitar su muerta gloria, y á ser claro espejo y depósito de católicas ceremonias! Salve, pues, ¡oh ciudad santa! y da lugar que en tí le tengan éstos que venimos á verte.»

Esto dijo Periandro, que lo dijera mejor Antonio el padre, si tan bien como él lo supiera, porque las lecciones de los libros muchas veces hacen más cierta experiencia de las cosas, que no la tienen los mismos que las han visto, á causa que el que lee con atencion repara una y muchas veces en lo que va leyendo, y el que mira sin ella no repara en nada, y con esto excede la leccion á la vista. Casi en este mismo instante resonó en sus oidos el són de infinitos y alegres instrumentos, que por los valles que la ciudad rodean se extendian, y vieron venir hácia donde ellos estaban, escuadrones no armados de infantería, sino montones de doncellas sobre el mismo sol hermosas, vestidas á lo villano, llenas de sartas y patenas los pechos, en quien los corales y la plata tenian su lugar y asiento, con más gala que las perlas y el oro, que aquella vez se hurtó de los pechos y se acogió á los cabellos, que todos eran luengos y rubios como el mismo oro. Venian, aunque sueltos por las espaldas, recogidos en la cabeza con verdes guirnaldas de olorosas flores; campeó aquel dia y en ellas, ántes la palmilla de Cuenca que el damasco de Milan y el raso de Florencia; finalmente, la rusticidad de sus galas se aventajaba á las más ricas de la córte, porque si en ellas se mostraba la honesta medianía, se descubria asimismo la extremada limpieza. Todas eran flores, todas rosas, todas donaire, y todas juntas componian un honesto movimiento, aunque de diferentes bailes formado, el cual movimiento era incitado del són de los diferentes instrumentos ya referidos.

Al rededor de cada escuadron andaban por de fuera, de blanquísimo lienzo vestidos, y con paños labrados rodeadas las cabezas, muchos zagales, ó ya sus parientes, ó ya sus conocidos, ó ya vecinos de sus mismos lugares. Uno tocaba el tamboril y la flauta, otro el salterio; éste las sonajas, y aquel los albogues, y de todos estos sones redundaba uno solo, que alegraba con la concordancia, que es el fin de la música; y al pasar uno destos escuadrones ó junta de bailadoras doncellas por delante de los peregrinos, uno, que, á lo que despues pareció, era el alcalde del pueblo, asió á una de aquellas doncellas del brazo, y mirándola muy bien de arriba abajo, con voz alterada y de mal talante le dijo: «¡Ah Tozuelo, Tozuelo, y qué de poca vergüenza os acompaña! ¿bailes son éstos para ser profanados? ¿fiestas son éstas para no llevarlas sobre las niñas de los ojos? No sé yo cómo consienten los cielos semejantes maldades. Si esto ha sido con sabiduría de mi hija Clementa Cobeña, por Dios que nos han de oir los sordos.»

Apénas acabó de decir esta palabra el Alcalde, cuando llegó otro alcalde y le dijo: «Pedro Cobeño, si os oyesen los sordos, sería hacer milagros; contentáos con que nosotros nos oigamos á nosotros, y sepamos en que os ha ofendido mi hijo Tozuelo; que si él ha delinquido contra vos, justicia soy yo, que le podré y sabré castigar»; á lo que respondió Cobeño: «El delinquimiento ya se ve, pues siendo varon va vestido de hembra, y no de hembra como quiera, sino de doncella de su Majestad en sus fiestas, porque veais, Alcalde Tozuelo, si es mocosa la culpa. Témome que mi hija Cobeña anda por aquí, porque estos vestidos de vuestro hijo me parecen suyos, y no querria que el diablo hiciese de las suyas, y sin nuestra sabiduría los juntase sin las bendiciones de la Iglesia; que ya sabeis que estos casorios hechos á hurtadillas por la mayor parte pararon en mal, y dan de comer á los de la audiencia clerical, que es muy carera.»

A esto respondió por Tozuelo una doncella labradora, de muchas que se pararon á oir la plática: «Si va á decir la verdad, señores alcaldes, tan marida es Mari Cobeña de Tozuelo, y él marido della, como lo es mi madre de mi padre, y mi padre de mi madre; ella está en cinta, y no está para danzar ni bailar: cásenlos, y váyase el diablo para malo, y á quien Dios se la dió, San Pedro se la bendiga.

—Par Dios, hija, respondió Tozuelo, vos decis muy bien; entrambos son iguales, no es más cristiano viejo el uno que el otro; las riquezas se pueden medir con una misma vara.

—Agora bien, replicó Cobeño, llamen aquí á mi hija, que ella lo deslindará todo, que no es nada muda.»

Vino Cobeña, que no estaba léjos, y lo primero que dijo fué: «Ni yo he sido la primera, ni seré la postrera que haya tropezado y caido en estos barrancos; Tozuelo es mi esposo, y yo su esposa, y perdónenos Dios á entrambos, cuando nuestros padres no quisieren.

—Eso sí, hija, dijo su padre, la vergüenza por los cerros de Ubeda ántes que en la cara; pero, pues esto está ya hecho, bien será que el Alcalde Tozuelo se sirva de que este caso pase adelante, pues vosotros no le habeis querido dejar atras.

—Par diez, dijo la doncella primera, que el señor Alcalde Cobeño ha hablado como un viejo; dénse estos niños las manos, si es que no se las han dado hasta agora, y queden para en uno, como lo manda la Santa Iglesia nuestra madre, y vamos con nuestro baile al olmo; que no se ha de estorbar nuestra fiesta por niñerías.» Vino Tozuelo con el parecer de la moza, diéronse las manos los donceles, acabóse el pleito, y pasó el baile adelante; que si con esta brevedad se acabaran todos los pleitos, secas y peladas estuvieran las solícitas plumas de los escribanos. Quedaron Periandro, Auristela y los demas peregrinos contentísimos de haber visto la pendencia de los dos amantes, y admirados de ver la hermosura de las labradoras doncellas, que parecian todas á una mano, que eran principio, medio y fin de la humana belleza.

No quiso Periandro que entrasen en Toledo, porque así se lo pidió Antonio el padre, á quien aguijaba el deseo que tenia de ver á su patria y á sus padres, que no estaban léjos, diciendo que para ver las grandezas de aquella ciudad, convenia más tiempo que el que su priesa les ofrecia. Por esta misma razon tampoco quisieron pasar por Madrid, donde á la sazon estaba la córte, temiendo algun estorbo que su camino les impidiese. Confirmóles en este parecer la antigua peregrina, diciéndoles que andaban en la córte ciertos pequeños que tenian fama de ser hijos de grandes, que aunque pájaros noveles, se abatian al señuelo de cualquier mujer hermosa, de cualquiera calidad que fuese; que el amor antojadizo no busca calidades, sino hermosuras; á lo que añadió Antonio el padre: «Desa manera, será menester que usemos de la industria que usan las grullas cuando, mudando regiones, pasan por el monte Limabo, en el cual las están aguardando unas aves de rapiña para que les sirvan de pasto; pero ellas, previniendo este peligro, pasan de noche, y llevan una piedra cada una en la boca para que les impida el canto y excusen de ser sentidas; cuanto más, que la mejor industria que podemos tener es seguir la ribera deste famoso rio, y dejando la ciudad á mano derecha, guardando para otro tiempo el verla, nos vamos á Ocaña, y desde allí al Quintanar de la Orden, que es mi patria.»

Viendo la peregrina el disinio del viaje que habia hecho Antonio, dijo que ella queria seguir el suyo, que le venia más á cuento; la hermosa Ricla le dió dos monedas de oro en limosna, y la peregrina se despidió de todos, cortés y agradecida. Nuestros peregrinos pasaron por Aranjuez, cuya vista, por ser en tiempo de primavera, en un mismo punto les puso la admiracion y la alegría. Vieron iguales y extendidas calles, á quien servian de espaldas y arrimos los verdes y infinitos árboles, tan verdes, que las hacian parecer de finísimas esmeraldas; vieron la junta, los besos y abrazos que se daban los dos famosos rios Jarama y Tajo; contemplaron sus sierras de agua, y admiraron el concierto de sus jardines y de la diversidad de sus flores; vieron sus estanques con más peces que arenas, y sus exquisitos frutales, que por aliviar el peso á los árboles tendian las ramas por el suelo; finalmente, Periandro tuvo por verdadera la fama que deste sitio por todo el mundo se esparcia. Desde allí fueron á la villa de Ocaña, donde supo Antonio que sus padres vivian, y se informó de otras cosas que le alegraron, como luego se dirá.

CAPITULO IX.

Llegan al Quintanar de la Orden, donde sucede un notable caso. Halla Antonio el bárbaro á sus padres: quédanse con ellos él y Ricla, su mujer; pero Antonio el mozo y Constanza prosiguen la peregrinacion en compañía de Periandro y Auristela.

Con los aires de su patria se regocijaron los espíritus de Antonio, y con el visitar á Nuestra Señora de Esperanza, á todos se les alegró el alma. Ricla y sus dos hijos se alborozaron con el pensamiento de que habian de ver presto, ella á sus suegros, y ellos á sus abuelos, de quien ya se habia informado Antonio que vivian, á pesar del sentimiento que la ausencia de su hijo les habia causado. Supo asimismo cómo su contrario habia heredado el estado de su padre, y que habia muerto en amistad de su padre de Antonio, á causa que con infinitas pruebas, nacidas de la intrincada seta del duelo, se habia averiguado que no fué afrenta la que Antonio le hizo, porque las palabras que en la pendencia pasaron fueron con la espada desnuda, y la luz de las armas quita la fuerza á las palabras, y las que se dicen con las espadas desnudas no afrentan, puesto que agravian; y así, el que quiere tomar venganza dellas no se ha de entender que satisface su afrenta, sino que castiga su agravio, como se mostrará en este ejemplo. Presupongamos que yo digo una verdad manifiesta; respóndeme un desalumbrado que miento y mentiré todas las veces que lo dijere, y poniendo mano á la espada, sustenta aquella desmentida; yo, que soy el desmentido, no tengo necesidad de volver por la verdad que dije, la cual no puede ser desmentida en ninguna manera;

pero tengo necesidad de castigar el poco respeto que se me tuvo, de modo que el desmentido desta suerte puede entrar en campo con otro, sin que se le ponga por objecion que está afrentado, y que no puede entrar en campo con nadie hasta que se satisfaga; porque, como tengo dicho, es grande la diferencia que hay entre agravio y afrenta. En efeto, digo que supo Antonio la amistad de su padre y de su contrario, y que pues ellos habian sido amigos, se habria bien mirado su causa.

Con estas buenas nuevas, con más sosiego y más contento se puso otro dia en camino con sus camaradas, á quien contó todo aquello que de su negocio sabia, y que un hermano del que pensó ser su enemigo le habia heredado, y quedado en la misma amistad con su padre que su hermano el muerto. Fué parecer de Antonio que ninguno saliese de su órden, porque pensaba darse á conocer á su padre, no de improviso, sino por algun rodeo que le aumentase el contento de haberle conocido, advirtiendo que tal vez mata una súbita alegría, como suele matar un improviso pesar.

De allí á tres dias llegaron, al crepúsculo de la noche, á su lugar y á la casa de su padre, el cual con su madre, segun despues pareció, estaba sentado á la puerta de la calle, tomando, como dicen, el fresco, por ser el tiempo de los calurosos del verano. Llegaron todos juntos, y el primero que habló fué Antonio á su mismo padre: «¿Hay por ventura, señor, en este lugar hospital de peregrinos?

—Segun es cristiana la gente que le habita, respondió su padre, todas las casas dél son hospital de peregrinos, y cuando otra no hubiera, esta mia, segun su capacidad, sirviera por todas; prendas tengo yo por esos mundos adelante, que no sé si andarán agora buscando quien las acoja.

—¿Por ventura, señor, replicó Antonio, este lugar no se llama el Quintanar de la Orden, y en él no vive un apellido de unos hidalgos que se llaman Villaseñores? Dígolo, porque he conocido yo un tal Villaseñor bien léjos desta tierra; que si él estuviera en ésta, no nos faltara posada á mí ni á mis camaradas.

—Y ¿cómo se llamaba, hijo, dijo su madre, ese Villaseñor que decis?

—Llamábase Antonio, replicó Antonio, y su padre, segun me acuerdo, me dijo que se llamaba Diego de Villaseñor.

—¡Ay, señor, dijo la madre, levantándose de donde estaba, que ese Antonio es mi hijo, que por cierta desgracia há al pié de diez y seis años que falta desta tierra! Comprado le tengo á lágrimas, pesado á suspiros y granjeado con oraciones; plegue á Dios que mis ojos le vean ántes que les cubra la noche de la eterna sombra. Decidme, dijo: ¿há mucho que le vistes? ¿há mucho que le dejastes? ¿tiene salud? ¿piensa volver á su patria? ¿acuérdase de sus padres? á quien podrá venir á ver, pues no hay enemigos que se lo impidan; que ya no son sino amigos los que le hicieron desterrar de su tierra.»

Todas estas razones escuchaba el anciano padre de Antonio, y llamando á grandes voces á sus criados, les mandó encender luces y que metiesen dentro de casa á aquellos honrados peregrinos; y llegándose á su no conocido hijo, le abrazó estrechamente, diciéndole: «Por vos solo, señor, sin que otras nuevas os hiciesen el aposento, os le diera yo en mi casa, llevado de la costumbre que tengo de agasajar en ella á todos cuantos peregrinos por aquí pasan; pero agora con las regocijadas nuevas que me habeis dado ensancharé la voluntad, y sobrepujarán los servicios que os hiciere á mis mismas fuerzas.»

En esto ya los sirvientes habian encendido luces y guiado los peregrinos dentro de la casa, y en mitad de un gran patio que tenia, salieron dos hermosas y honestas doncellas, hermanas de Antonio, que habian nacido despues de su ausencia, las cuales, viendo la hermosura de Auristela y la gallardía de Constanza, su sobrina, con el buen parecer de Ricla, su cuñada, no se hartaban de besarlas y de bendecirlas; y cuando esperaban que sus padres entrasen dentro de casa con el nuevo huésped, vieron entrar con ellos un confuso monton de gente, que traian en hombros, sobre una silla sentado, un hombre como muerto, que luego supieron ser el Conde que habia heredado al enemigo que solia ser de su hermano. El alboroto de la gente, la confusion de sus padres, el cuidado de recebir los nuevos huéspedes, las turbó de manera, que no sabian á quién acudir ni á quién preguntar la causa de aquel alboroto; los padres de Antonio acudieron al Conde, herido de una bala por las espaldas, que en una revuelta que dos compañías de soldados que estaban en el pueblo alojadas habian tenido con los del lugar, le habian pasado por las espaldas el pecho; el cual, viéndose herido, mandó á sus criados que le trajesen en casa de Diego de Villaseñor, su amigo, y el traerle fué al tiempo que comenzaba á hospedar á su hijo, á su nuera y á sus dos nietos, y á Periandro y á Auristela; la cual, asiendo de las manos á las hermanas de Antonio, les pidió que la quitasen de aquella confusion y la llevasen á algun aposento donde nadie la viese. Hiciéronlo ellas así, siempre admirándose de nuevo de la sin par belleza de Auristela. Constanza, á quien la sangre del parentesco bullia en el alma, ni queria ni podia apartarse de sus tias, que todas eran de una misma edad y casi de una igual hermosura; lo mismo le aconteció al mancebo Antonio, el cual, olvidado de los respetos de la buena crianza y de la obligacion del hospedaje, se atrevió, honesto y regocijado, á abrazar á una de sus tias, viendo lo cual un criado de casa, le dijo: «Por vida del señor peregrino, que tenga quédas las manos; que el señor desta casa no es hombre de burlas; si no, á fe que se las haga tener quédas á despecho de su desvergonzado atrevimiento.

—Por Dios, hermano, respondió Antonio, que es muy poco lo que he hecho para lo que pienso hacer, si el cielo favorece mis deseos, que no son otros que servir á estas señoras y á todos los desta casa.» Ya en esto habian acomodado al Conde herido en un rico lecho, y llamado á dos cirujanos que le tomasen la sangre y mirasen la herida, los cuales declararon ser mortal, sin que por via humana tuviese remedio alguno.

Estaba todo el pueblo puesto en arma contra los soldados, que en escuadron formado se habian salido al campo, y esperaban, si fuesen acometidos del pueblo, darles la batalla. Valia poco para ponerlos en paz la solicitud y la prudencia de los capitanes, ni la diligencia cristiana de los sacerdotes y religiosos del pueblo, el cual, por la mayor parte, se alborota de livianas ocasiones, y crece, bien así como van creciendo las olas del mar de blando viento movidas, hasta que tomando el regañon el blando soplo del céfiro, le mezcla con su huracan y las levanta al cielo; el cual dándose priesa á entrar el dia, la prudencia de los capitanes hizo marchar á sus soldados á otra parte, y los del pueblo se quedaron en sus límites, á pesar del rigor y mal ánimo que contra los soldados tenian concebido. En fin, por términos y pausas espaciosas, con sobresaltos agudos, poco á poco vino Antonio á descubrirse á sus padres, haciéndoles presente de sus nietos y de su nuera, cuya presencia sacó lágrimas de los ojos de los viejos; la belleza de Auristela y gallardía de Periandro les sacó el pasmo al rostro y la admiracion á todos los sentidos. Este placer tan grande como improviso, esta llegada de sus hijos tan no esperada, se la aguó, turbó y casi deshizo la desgracia del Conde, que por momentos iba empeorando; con todo eso, le hizo presente de sus hijos, y de nuevo le hizo ofrecimiento de su casa y de cuanto en ella habia que para su salud fuese conveniente, porque, aunque quisiera moverse y llevarle á la de su estado, no fuera posible: tales eran las pocas esperanzas que tenian de su salud.

No se quitaban de la cabecera del Conde, obligadas de su natural condicion, Auristela y Constanza, que con la compasion cristiana y solicitud posible eran sus enfermeras, puesto que iban contra el parecer de los cirujanos, que ordenaban le dejasen solo, ó á lo ménos no acompañado de mujeres; pero la disposicion del cielo, que con causas á nosotros secretas ordena y dispone las cosas de la tierra, ordenó y quiso que el Conde llegase al último de su vida; y un dia, ántes que della se despidiese, cierto ya de que no podia vivir, llamó á Diego de Villaseñor, y quedándose con él solo, le dijo de esta manera:

«Yo salí de mi casa con intencion de ir á Roma este año,

en el cual el Sumo Pontífice ha abierto las arcas del tesoro de la Iglesia, y comunicádonos, como en año santo, las infinitas gracias que en él suelen ganarse; iba á la ligera, más como peregrino pobre que como caballero rico. En este pueblo hallé trabada una pendencia, como ya, señor, habeis visto, entre los soldados que en él estaban alojados y entre los vecinos dél; mezcléme en ella, y por reparar las ajenas vidas, he venido á perder la mia, porque esta herida que á traicion, si así se puede decir, me dieron, me la va quitando por momentos. No sé quién me la dió, porque las pendencias del vulgo traen consigo á la misma confusion; no me pesa de mi muerte, sino es por las que ha de costar si por justicia ó por venganza quisiere castigarse; con todo esto, por hacer lo que en mí es, y todo aquello que de mi parte puedo, como caballero y cristiano, digo que perdono á mi matador y á todos aquellos que con él tuvieron culpa; y es mi voluntad asimismo de mostrar que soy agradecido al bien que en vuestra casa me habeis hecho, y la muestra que he de dar deste agradecimiento no será así como quiera, sino con el más alto extremo que pueda imaginarse. En esos dos baúles que ahí están, donde llevaba recogida mi recámara, creo que van hasta veinte mil ducados en oro y en joyas, que no ocupan mucho lugar; y si como esta cantidad es poca, fuera la grande que encierran las entrañas de Potosí, hiciera della lo mismo que desta hacer quiero: tomalda, señor, en vida, ó haced que la tome la señora doña Constanza, vuestra nieta; que yo se la doy en arras y para su dote, y más, que la pienso dar esposo de mi mano, tal, que aunque presto quede viuda, quede viuda honradísima, juntamente con quedar doncella honrada. Llamadla aquí, y traed quien me despose con ella; que su valor, su cristiandad, su hermosura merecian hacerla señora del universo. No os admire, señor, lo que ois; creed lo que os digo, que no será novedad disparatada casarse un título con una doncella hijadalgo, en quien concurren todas las virtuosas partes que pueden hacer á una mujer famosa. Esto quiere el cielo, á esto me inclina mi voluntad; por lo que debeis al ser discreto, que no lo estorbe la vuestra: id luego, y sin replicar palabra, traed quien me despose con vuestra nieta y quien haga las escrituras tan firmes, así de la entrega destas joyas y dineros, y de la mano que de esposo la he de dar, que no haya calumnia que la deshaga.»

Pasmóse á estas razones Villaseñor, y creyó sin duda alguna que el Conde habia perdido el juicio y que la hora de su muerte era llegada, pues en tal punto, por la mayor parte, ó se dicen grandes sentencias, ó se hacen grandes disparates; y así, lo que le respondió fué: «Señor, yo espero en Dios que tendreis salud, y entónces con ojos más claros, y sin que algun dolor os turbe los sentidos, podreis ver las riquezas que dais y la mujer que escogeis. Mi nieta no es vuestra igual, ó á lo ménos no está en potencia propíncua, sino muy remota, de merecer ser vuestra esposa, y yo no soy tan codicioso, que quiera comprar esta honra que quereis hacerme con lo que dirá el vulgo, casi siempre mal intencionado, del cual ya me parece que dice que os tuve en mi casa, que os trastorné el sentido, y que por via de la solicitud codiciosa os hice hacer esto.

—Diga lo que quisiere, dijo el Conde; que si el vulgo siempre se engaña, tambien quedará engañado en lo que de vos pensáre.

—Alto, pues, dijo Villaseñor; no quiero ser tan ignorante, que no quiera abrir á la buena suerte que está llamando á las puertas de mi casa. Y con esto, se salió del aposento, y comunicó lo que el Conde le habia dicho con su mujer, con sus nietos y con Periandro y Auristela, los cuales fueron de parecer que sin perder punto asiesen á la ocasion por los cabellos que les ofrecia, y trajesen quien llevase al cabo aquel negocio. Hízose así, y en ménos de dos horas ya estaba Constanza desposada con el Conde, y los dineros y joyas en su posesion, con todas las circunstancias y revalidaciones que fueron posible hacerse. No hubo músicas en el desposorio, sino llantos y gemidos, porque la vida del Conde se iba acabando por momentos; finalmente, otro dia despues del desposorio, recebidos todos los sacramentos, murió el Conde en los brazos de su esposa la Condesa Constanza, la cual, cubriéndose la cabeza con un velo negro, hincada de rodillas y levantando los ojos al cielo, comenzó á decir: «Yo hago voto...» pero apénas dijo esta palabra, cuando Auristela le dijo: «¿Qué voto quereis hacer, señora?

—De ser monja, respondió la Condesa.

—Sedlo, y no le hagais, replicó Auristela; que las obras de servir á Dios no han de ser precipitadas ni que parezcan que las mueven accidentes, y éste de la muerte de vuestro esposo quizá os hará prometer lo que despues, ó no podreis, ó no querreis cumplir. Dejad en las manos de Dios y en las vuestras vuestra voluntad; que así vuestra discrecion como la de vuestros padres y hermanos os sabrá aconsejar y encaminar en lo que mejor os estuviere; y dése agora órden de enterrar á vuestro marido, y confiad en Dios; que quien os hizo condesa tan sin pensarlo, os sabrá y querrá dar otro título que os honre y os engrandezca con más duracion que el presente.»

Rindióse á este parecer la Condesa, y dando trazas al entierro del Conde, llegó un su hermano menor, á quien ya habian ido las nuevas á Salamanca, donde estudiaba; lloró la muerte de su hermano, pero enjugóle presto las lágrimas el gusto de la herencia del estado. Supo el hecho, abrazó á su cuñada, no contradijo á ninguna cosa, depositó á su hermano para llevarle despues á su lugar, partióse á la córte para pedir justicia contra los matadores, anduvo el pleito, degollaron á los capitanes y castigaron muchos de los del pueblo. Quedóse Constanza con las arras y el título de condesa; apercebióse Periandro para seguir su viaje, á quien no quisieron acompañar Antonio el padre ni Ricla, su mujer, cansados de tantas peregrinaciones, que no cansaron á Antonio el hijo ni á la nueva Condesa, que no fué posible dejar la compañía de Auristela ni de Periandro.

A todo esto, nunca habia mostrado á su abuelo el lienzo donde venia pintada su historia; enseñósele un dia Antonio, y dijo que faltaba allí de pintar los pasos por donde Auristela habia venido á la isla Bárbara, cuando se vieron ella y Periandro en los trocados trajes, ella en el de varon, y él en el de hembra; metamorfósis bien extraño; á lo que Auristela dijo que en pocas razones lo diria, que fué, que cuando la robaron los piratas de las riberas de Dinamarca á ella, Cloelia y á las dos pescadoras, vinieron á una isla despoblada á repartir la presa entre ellos; «y no pudiéndose hacer el repartimiento con igualdad, uno de los más principales se contentó con que por su parte le diesen mi persona, y áun añadió dádivas para igualar la demasía. Entré en su poder sola, sin tener quien en mi desventura me acompañase; que de las miserias suele ser alivio la compañía. Este me vistió en los hábitos de varon, temeroso que en los de mujer no me solicitase el viento. Muchos dias anduve con él peregrinando por diversas partes y sirviéndole en todo aquello que á mi honestidad no ofendia; finalmente, un dia llegamos á la isla Bárbara, donde de improviso fuimos presos de los bárbaros, y él quedó muerto en la refriega de mi prision, y yo fuí traida á la cueva de los prisioneros, donde hallé á mi amada Cloelia, que por otros no ménos desventurados pasos allí habia sido traida; la cual me contó la condicion de los bárbaros, la vana supersticion que guardaban, y el asunto ridículo y falso de su profecía. Díjome asimismo que tenia barruntos de que mi hermano Periandro habia estado en aquella sima, á quien no habia podido hablar por la priesa que los bárbaros se daban á sacarle para ponerle en el sacrificio»; y que habia querido acompañarle para certificarse de la verdad, pues se hallaba en hábitos de hombre; y que así, rompiendo por las persuasiones de Cloelia, que se lo estorbaban, salió con su intento, y se entregó de toda su voluntad para ser sacrificada de los bárbaros, persuadiéndose ser bien de una vez acabar la vida, que no de tantas gustar la muerte, con traerla á peligro de perderla por momentos; y que no tenia más que decir, pues sabian lo que desde aquel punto le habia sucedido.

Bien quisiera el anciano Villaseñor que todo esto se añadiera al lienzo; pero todos fueron de parecer que no solamente no se añadiese, sino que áun lo pintado se borrase, porque tan grandes y tan no vistas cosas no eran para andar en lienzos débiles, sino en láminas de bronce escritas y en las memorias de las gentes grabadas. Con todo eso, quiso Villaseñor quedarse con el lienzo, siquiera por ver los bien sacados retratos de sus nietos y la sin igual hermosura y gallardía de Auristela y Periandro. Algunos dias se pasaron poniendo en órden su partida para Roma, deseosos de ver cumplidos los votos de su promesa. Quedóse Antonio el padre, y no quiso quedarse Antonio el hijo, ni ménos la nueva Condesa; que, como queda dicho, la aficion que á Auristela tenia la llevara no solamente á Roma, sino al otro mundo, si para allá se pudiera hacer viaje en compañía. Llegóse el dia de la partida, donde hubo tiernas lágrimas y apretados abrazos y dolientes suspiros, especialmente de Ricla, que en ver partir á sus hijos se le partia el alma. Echóles su bendicion su abuelo á todos; que la bendicion de los ancianos parece que tiene prerogativa de mejorar los sucesos. Llevaron consigo á uno de los criados de casa, para que les sirviese en el camino, y puestos en él, dejaron soledades en su casa y padres, y en compañía entre alegre y triste siguieron su viaje.

CAPITULO X.

De lo que pasó con unos cautivos que encontraron.

Las peregrinaciones largas siempre traen consigo diversos acontecimientos, y como la diversidad se compone de cosas diferentes, es forzoso que los casos lo sean. Bien nos lo muestra esta historia, cuyos acontecimientos nos cortan su hilo, poniéndonos en duda dónde será bien anudarle, porque no todas las cosas que suceden son buenas para contadas, y podrian pasar sin serlo y sin quedar menoscabada la historia. Acciones hay que por grandes deben de callarse, y otras que por bajas no deben decirse, puesto que es excelencia de la historia que cualquiera cosa que en ella se escriba puede pasar al sabor de la verdad que trae consigo; lo que no tiene la fábula, á quien conviene guisar sus acciones con tanta puntualidad y gusto y con tanta verisimilitud, que á despecho y pesar de la mentira, que hace disonancia en el entendimiento, forme una verdadera armonía.

Aprovechándome, pues, desta verdad, digo que el hermoso escuadron de los peregrinos, prosiguiendo su viaje, llegó á un lugar no muy pequeño ni muy grande, de cuyo nombre no me acuerdo, y en mitad de la plaza dél, por quien forzosamente habian de pasar, vieron mucha gente junta, todos atentos mirando y escuchando á dos mancebos, que en traje de recien rescatados de cautivos estaban declarando las figuras de un pintado lienzo que tenian tendido en el suelo. Parecia que se habian descargado de dos pesadas cadenas que tenian junto á sí, insignias y relatoras de su pesada desventura; y uno dellos, que debia de ser de hasta veinticuatro años, con voz clara y en todo extremo experta lengua, crujiendo de cuando en cuando un corbacho, ó por mejor decir, azote, que en la mano tenia, le sacudia de manera, que penetraba los oidos y ponia los estallidos en el cielo; bien así como hace el cochero, que castigando ó amenazando sus caballos, hace resonar su látigo por los aires.

Entre los que la larga plática escuchaban, estaban los dos alcaldes del pueblo, ambos ancianos, pero no tanto el uno como el otro. Por donde comenzó su arenga el libre cautivo, fué diciendo: «Esta, señores, que aquí veis pintada es la ciudad de Argel, gomia y tarasca de todas las riberas del mar Mediterráneo, puerto universal de cosarios, y amparo y refugio de ladrones, que deste pequeñuelo puerto que aquí va pintado salen con sus bajeles á inquietar el mundo, pues se atreven á pasar el *plus ultra* de las colunas de Hércules, y á acometer y robar las apartadas islas, que por estar rodeadas del inmenso mar Océano pensaban estar seguras, á lo ménos de los bajeles turquescos. Este bajel que aquí veis, reducido á pequeño, porque lo pide así la pintura, es una galeota de veintidos bancos, cuyo dueño y capitan es el turco que en la crujía va en pié, con un brazo en la mano, que cortó á aquel cristiano que allí veis, para que les sirva de rebenque ó azote á los demas cristianos que van amarrados á sus bancos, temeroso no le alcancen estas cuatro galeras que aquí veis, que le van entrando y dando caza. Aquel cautivo primero del primer banco, cuyo rostro le desfigura la sangre que se le ha pegado de los golpes del brazo muerto, soy yo, que servia de espalder en esta galeota, y el otro que está junto á mí es este mi compañero, no tan sangriento, porque fué ménos apaleado. Escuchad, señores, y estad atentos: quizá la aprension deste lastimero cuento os llevará á los oidos las amenazadoras y vituperosas voces que ha dado este perro de Dragut, que así se llamaba el arraez de la galeota, cosario tan famoso como cruel, y tan cruel como Falaris ó Busíris, tirano de Sicilia; á lo ménos á mí me suena agora el rospin, el manahora y el de nimaniyoz, que con coraje endiablado va diciendo; que todas éstas son palabras y razones turquescas, encaminadas á la deshonra y vituperio de los cautivos cristianos, llamándolos de judíos, hombres de poco valor, de fe negra y de pensamientos viles, y para mayor horror y espanto, con los brazos muertos azotan los cuerpos vivos.»

Parece ser que uno de los dos alcaldes habia estado cautivo en Argel mucho tiempo, el cual con baja voz dijo á su compañero: «Este cautivo hasta agora parece que va diciendo verdad, y que en lo general no es cautivo falso; pero yo le examinaré en lo particular, y veremos cómo da la cuerda; porque quiero que sepais que yo iba dentro desta galeota, y no me acuerdo de haberle conocido por espalder della, sino fué á un Alonso Moclin, natural de Velez-Málaga»; y volviéndose al cautivo, le dijo: «Decidme, amigo, cúyas eran las galeras que os daban caza, y si conseguisteis por ellas la libertad deseada.

—Las galeras, respondió el cautivo, eran de don Sancho de Leiva; la libertad no la conseguimos, porque no nos alcanzaron; tuvímosla despues, porque nos alzamos con una galeota que desde Sargel iba á Argel, cargada de trigo; venimos á Oran con ella, y desde allí á Málaga, de donde mi compañero y yo nos pusimos en camino de Italia, con intencion de servir á su Majestad, que Dios guarde, en el ejercicio de la guerra.

—Decidme, amigos, replicó el Alcalde: ¿cautivastes juntos, lleváron-os á Argel del primer boleo, ó á otra parte de Berbería?

—No cautivamos juntos, respondió el otro cautivo, porque yo cautivé junto á Alicante, en un navío de lanas que pasaba á Génova; mi compañero en los percheles de Málaga, adonde era pescador. Conocímonos en Tetuan dentro de una mazmorra; hemos sido amigos y corrido una misma fortuna mucho tiempo; y para diez ó doce cuartos que apénas nos han ofrecido de limosna sobre el lienzo, mucho nos aprieta el señor Alcalde.

—No mucho, señor galan, replicó el Alcalde; que áun no están dadas todas las vueltas de la mancuerda. Escúcheme y dígame: ¿cuántas puertas tiene Argel, y cuántas fuentes y cuántos pozos de agua dulce?

—La pregunta es boba, respondió el primer cautivo; tantas puertas tiene como tiene casas, y tantas fuentes, que yo no las sé, y tantos pozos, que no los he visto; y los trabajos que yo en él he pasado me han quitado la memoria de mí mismo, y si el señor Alcalde quiere ir contra la caridad cristiana, recogeremos los cuartos y alzaremos la tienda, y adios aho; que tan buen pan hacen aquí como en Francia.»

Entónces el Alcalde llamó á un hombre de los que estaban en el corro, que al parecer servia de pregonero en el lugar, y tal vez de verdugo cuando se ofrecia, y díjole: «Gil Berrueco, id á la plaza, y traedme aquí luego los primeros dos asnos que topáredes; que por vida del Rey, nuestro señor, que han de pasear las calles en ellos estos dos señores cautivos, que con tanta libertad quieren usurpar la limosna de los verdaderos pobres, contándonos mentiras y embelecos, estando sanos como una manzana y con más fuerzas para tomar una azada en la mano que no un corbacho para dar estallidos en seco. Yo he estado en Argel cinco años esclavo, y sé que no me dais señas dél en ninguna cosa de cuantas habeis dicho.

—¡Cuerpo del mundo! respondió el cautivo, ¿es posible que ha de querer el señor Alcalde que seamos ricos de memoria, siendo tan pobres de dinero, y que por una niñería que no importa tres arditos quiera quitar la honra á dos tan insignes estudiantes como nosotros, y juntamente quitar á su Majestad dos valientes soldados, que íbamos á esas Italias y á esos Flándes á romper, á destrozar, á herir y á matar los enemigos de la santa fe católica que topáramos? Porque, si va á decir verdad, que en fin es hija de Dios, quiero que sepa el señor Alcalde que nosotros no somos cautivos, sino estudiantes de Salamanca, y en la mitad y en lo mejor de nuestros estudios nos vino gana de ver mundo y de saber á qué sabia la vida de la guerra, como sabiamos el gusto de la vida de la paz. Para facilitar y poner en obra este deseo, acertaron á pasar por allí unos cautivos, que tambien lo debian de ser falsos, como nosotros agora; les compramos este lienzo, y nos informamos de algunas cosas de las de Argel, que nos pareció ser bastantes y necesarias para acreditar nuestro embeleco. Vendimos nuestros libros y nuestras alhajas á ménos precio, y cargados con esta mercadería, hemos llegado hasta aquí; pensamos pasar adelante, si es que el señor Alcalde no manda otra cosa.

—Lo que pienso hacer es, replicó el Alcalde, daros cada cien azotes, y en lugar de la pica que vais á arrastrar en Flándes, poneros un remo en las manos, que le cimbreis en el agua en las galeras, con quien quizá hareis más servicio á su Majestad que con la pica.

—Querráse, replicó el mozo hablador, mostrar agora el señor Alcalde ser un legislador de Aténas, y que la riguridad de su oficio llegue á los oidos de los señores del Consejo, donde, acreditándole con ellos, le tengan por severo y justiciero, y le cometan negocios de importancia, donde muestre su severidad y su justicia: pues sepa el señor Alcalde que *summum jus, summa injuria*.

—Mirad cómo hablais, hermano, replicó el segundo Alcalde, que aquí no hay justicia con lujuria; que todos los alcaldes deste lugar han sido, son y serán limpios y castos como el pelo de la masa, y hablad ménos, que os será sano.»

Volvió en esto el pregonero y dijo: «Señor Alcalde, yo no he topado en la plaza asnos ningunos, sino á los dos regidores Berrueco y Crespo, que andan en ella paseándose.

—Por asnos os envié yo, majadero, que no por regidores; pero volved, y traedlos acá por sí ó por no, que se hallen presentes al pronunciar desta sentencia, que ha de ser sin embargo; y no ha de quedar por falta de asnos, que, gracias sean dadas al cielo, hartos hay en este lugar.

—No le tendrá vuesa merced, señor Alcalde, en el cielo, replicó el mozo, si pasa adelante con esa riguridad; por quien Dios es, que vuesa merced considere que no hemos robado tanto, que podemos dar á censo ni fundar ningun mayorazgo; apénas granjeamos el mísero sustento con nuestra industria, que no deja de ser trabajosa, como lo es la de los oficiales y jornaleros. Nuestros padres no nos enseñaron oficio alguno, y así nos es forzoso que remitamos á la industria lo que habiamos de remitir á las manos, si tuviéramos oficio: castíguense los que cohechan, los escaladores de casas, los salteadores de caminos, los testigos falsos por dineros, los mal entretenidos en la república, los ociosos y baldíos en ella, que no sirven de otra cosa que de acrecentar el número de los perdidos; y dejen á los míseros que van su camino derecho á servir á su Majestad con la fuerza de sus brazos y con la agudeza de sus ingenios, porque no hay mejores soldados que los que se trasplantan de la tierra de los estudios en los campos de la guerra. Ninguno salió de estudiante para soldado, que no lo fuese por extremo; porque cuando se avienen y se juntan las fuerzas con el ingenio, y el ingenio con las fuerzas, hacen un compuesto milagroso, con quien Marte se alegra, la paz se sustenta y la república se engrandece.»

Admirado estaba Periandro y todos los más de los circunstantes, así de las razones del mozo, como de la velocidad con que hablaba; el cual, prosiguiendo, dijo: «Espúlguenos el señor Alcalde, mírenos y remírenos, y haga escrutinio de las costuras de nuestros vestidos, y si en todo nuestro poder halláre seis reales, no sólo nos mande dar ciento, sino seis cuentos de azotes; veamos, pues, si la adquisicion de tan pequeña cantidad de intereses merece ser castigada con afrentas y martirizada con galeras; y así, otra vez digo que el señor Alcalde se remire en esto; no se arroje y precipite apasionadamente á hacer lo que despues de hecho quizá le causará pesadumbre. Los jueces discretos castigan, pero no toman venganza de los delitos; los prudentes y los piadosos mezclan la equidad con la justicia, y entre el rigor y la clemencia dan luz de su buen entendimiento.

—Por Dios, dijo el segundo Alcalde, que este mancebo ha hablado bien, aunque ha hablado mucho, y que no solamente no tengo de consentir que los azoten, sino que los tengo de llevar á mi casa y ayudarles para su camino, con condicion que le lleven derecho, sin andar surcando la tierra de una en otras partes, porque si así lo hiciesen, más parecerian viciosos que necesitados.»

Ya el primer Alcalde, manso y piadoso, blando y compasivo, dijo: «No quiero que vayan á vuestra casa, sino á la mia, donde les quiero dar una licion de las cosas de Argel, tal, que de aquí adelante ninguno les coja en mal latin, en cuanto á su fingida historia.» Los cautivos se lo agradecieron, los circunstantes alabaron su honrada determinacion, y los peregrinos recibieron contento del buen despacho del negocio. Volvióse el primer Alcalde á Periandro, y dijo: «Vosotros, señores peregrinos, ¿traeis algun lienzo que enseñarnos? ¿Traeis otra historia que hacernos creer por verdadera, aunque la haya compuesto la misma mentira?» No respondió nada Periandro, porque vió que Antonio sacaba del seno las patentes, licencias y despachos que llevaban para seguir su viaje; el cual los puso en manos del Alcalde, diciéndole: «Por estos papeles podrá ver vuesa merced quién somos y á dónde vamos; los cuales no era menester presentallos, porque ni pedimos limosna, ni tenemos necesidad de pedilla; y así como á caminantes libres nos podian dejar pasar libremente.»

Tomó el Alcalde los papeles, y porque no sabia leer, se los dió á su compañero, que tampoco lo sabia, y así pararon en manos del escribano, que pasando los ojos por ellos brevemente, se los volvió á Antonio, diciendo: «Aquí, señores Alcaldes, tanto valor hay en la bondad destos peregrinos, como hay grandeza en su hermosura; si aquí quisieren hacer noche, mi casa les servirá de meson, y mi voluntad de alcázar donde se recojan.» Volvióle las gracias Periandro; quedáronse allí aquella noche por ser algo tarde, donde fueron agasajados en casa del escribano con amor, con abundancia y con limpieza.

CAPITULO XI.

Donde se cuenta lo que les pasó en un lugar poblado de moriscos.

Llegóse el dia, y con él los agradecimientos del hospedaje, y puestos en camino, al salir del lugar toparon con los cautivos falsos, que dijeron que iban industriados del Alcalde de modo, que de allí adelante no los podian coger en mentira acerca de las cosas de Argel; «que tal vez, dijo el uno (digo, el que hablaba más que el otro), tal vez, dijo, se hurta con autoridad y aprobacion de la justicia: quiero decir, que alguna vez los malos ministros della se hacen á una con los delincuentes, para que todos coman.»

Llegaron todos juntos donde un camino se dividia en dos: los cautivos tomaron el de Cartagena, y los peregrinos el de Valencia; los cuales otro dia al salir de la aurora, que por los balcones del Oriente se asomaba, barriendo el cielo de las estrellas y aderezando el camino por donde el sol habia de hacer su acostumbrada carrera, Bartolomé, que así creo se llamaba el guiador del bagaje, viendo salir el sol tan alegre y regocijado, bordando las nubes de los cielos con diversas colores, de manera que no se podia ofrecer otra cosa más alegre y más hermosa á la vista, con rústica discrecion dijo: «Verdad debió de decir el predicador que predicaba los dias pasados en nuestro pueblo, cuando dijo que los cielos y la tierra anunciaban y declaraban las grandezas dèl Señor. Pardiez, que si yo no conociera á Dios por lo que me han enseñado mis padres y los sacerdotes y ancianos de mi lugar, le viniera á rastrear y conocer viendo la inmensa grandeza destos cielos, que me dicen que son muchos, ó á lo ménos que llegan á once, y por la grandeza deste sol que nos alumbra, que con no parecer mayor que una rodela, es muchas veces mayor que toda la tierra; y más, que con ser tan grande, afirman que es tan ligero, que camina en veinte y cuatro horas más de trescientas mil leguas. La verdad que sea, yo no creo nada desto; pero dícenlo tantos hombres de bien, que aunque hago fuerza al entendimiento, lo creo; pero de lo que más me admiro es, que debajo de nosotros hay otras gentes, á quien llaman *antípodas*, sobre cuyas cabezas los que andamos acá arriba traemos puestos los piés, cosa que me parece imposible; que para tan gran carga como la nuestra fuera menester que tuvieran ellos las cabezas de bronce.»

Rióse Periandro de la rústica astrología del mozo, y díjole: «Buscar querria razones acomodadas ¡oh Bartolomé! para darte á entender el error en que estás, y la verdadera postura del mundo, para lo cual era menester tomar muy de atras sus principios; pero acomodándome con tu ingenio, habré de coartar el mio y decirte sola una cosa, y es, que quiero que entiendas por verdad infalible que la tierra es centro del cielo; llamo centro un punto indivisible, á quien todas las líneas de su circunferencia van á parar. Tampoco me parece que has de entender esto; y así, dejando estos términos, quiero que te contentes con saber que toda la tierra tiene por alto el cielo, y en cualquier parte della donde los hombres estén, han de estar cubiertos con el cielo; así que, como á nosotros el cielo que ves nos cubre, asimismo cubre á los *antípodas* que dicen, sin estorbo alguno y como naturalmente lo ordenó la naturaleza, mayordoma del verdadero

Dios, criador del cielo y de la tierra.» No se descontentó el mozo de oir las razones de Periandro, que tambien dieron gusto á Auristela, á la Condesa y á su hermano.

Con estas y otras cosas iba enseñando y entreteniendo el camino Periandro, cuando á sus espaldas llegó un carro, acompañado de seis arcabuceros á pié; y uno, que venia á caballo con una escopeta pendiente del arzon delantero, llegándose á Periandro, dijo: «Si por ventura, señores peregrinos, llevais en ese repuesto alguna conserva de regalo, que yo creo que sí debeis de llevar, porque vuestra gallarda presencia más de caballeros ricos que de pobres peregrinos os señala; si la llevais, dádmela, para socorrer con ella á un desmayado muchacho que va en aquel carro, condenado á galeras por dos años con otros doce soldados, que por haberse hallado en la muerte de un conde los dias pasados, van condenados al remo, y sus capitanes, por más culpados, creo que están sentenciados á degollar en la córte.» No pudo tener á esta razon las lágrimas la hermosa Constanza, porque en ella se le representó la muerte de su breve esposo; pero pudiendo más su cristiandad que el deseo de su venganza, acudió al bagaje y sacó una caja de conserva, y acudiendo al carro, preguntó: «¿Quién es aquí el desmayado?» á lo que respondió uno de los soldados: «Allí va echado en aquel rincon, untado el rostro con el sebo del timon del carro, porque no quiere que parezca hermosa la muerte cuando él se muera, que será bien presto, segun está pertinaz en no querer comer bocado.» A estas razones alzó el rostro el untado mozo, y alzándose de la frente un roto sombrero que toda se la cubria, se mostró feo y sucio á los ojos de Constanza, y alargando la mano para tomar la caja, la tomó diciendo: «Dios os lo pague, señora»; volvió á encajar el sombrero, y volvió á su melancolía y á arrinconarse en el rincon donde esperaba la muerte. Otras algunas razones pasaron los peregrinos con las guardas del carro, que se acabaron con apartarse por diferentes caminos.

De allí á algunos dias llegó nuestro hermoso escuadron á un lugar de moriscos que estaba puesto como una legua de la marina, en el reino de Valencia. Hallaron en él, no meson en que albergarse, sino todas las casas del lugar con agradable hospicio los convidaban; viendo lo cual Antonio, dijo: «Yo no sé quién dice mal desta gente, que todos me parecen unos santos.

—Con palmas, dijo Periandro, recibieron al Señor en Jerusalen los mismos que de allí á pocos dias le pusieron en una cruz: agora bien, á Dios y á la ventura, como decirse suele, aceptemos el convite que nos hace este buen viejo que con su casa nos convida»; y era así verdad, que un anciano morisco, casi por fuerza, asiéndolos por las esclavinas, los metió en su casa, y dió muestras de agasajarlos, no morisca, sino cristianamente. Salió á servirlos una hija suya, vestida en traje morisco, y en él tan hermosa, que las más gallardas cristianas tuvieran á ventura el parecerla; que en las gracias que naturaleza reparte, tan bien suele favorecer á las bárbaras de Citia como á las ciudadanas de Toledo. Esta, pues, hermosa y mora, en lengua aljamiada, asiendo á Constanza y á Auristela de las manos, se encerró con ellas en una sala baja, y estando solas, sin soltarles las manos, recatadamente miró á todas partes, temerosa de ser escuchada, y despues que hubo asegurado el miedo que mostraba, las dijo:

«¡Ay, señoras, y cómo habeis venido como mansas y simples ovejas al matadero! ¿Veis este viejo, que con vergüenza digo que es mi padre, veisle tan agasajador vuestro? pues sabed que no pretende otra cosa sino ser vuestro verdugo. Esta noche se han de llevar en peso, si así se puede decir, diez y seis bajeles de cosarios berberiscos á toda la gente deste lugar, con todas sus haciendas, sin dejar en él cosa que les mueva á volver á buscarlas. Piensan estos desventurados que en Berbería está el gusto de sus cuerpos y la salvacion de sus almas, sin advertir que de muchos pueblos que allá se han pasado casi enteros, ninguno hay que dé otras nuevas sino de arrepentimiento, el cual les viene juntamente con las quejas de su daño. Los moros de Berbería pregonan glorias de aquella tierra, al sabor de las cuales corren los moriscos desta, y dan en los lazos de su desventura. Si quereis estorbar la vuestra, y conservar la libertad en que vuestros padres os engendraron, salid luego de esta casa, y acogéos á la iglesia, que en ella hallareis quien os ampare, que es el cura; que sólo él y el escribano son en este lugar cristianos viejos. Hallareis tambien allí al jadraque Jarife, que es un tio mio, moro sólo en el nombre, y en las obras cristiano. Contadles lo que pasa, y decid que os lo dijo Rafala, que con esto sereis creidos y amparados; y no lo echeis en burla, si no quereis que las véras os desengañen á vuestra costa; que no hay mayor engaño que venir el desengaño tarde.»

El susto, las acciones con que Rafala esto decia, se asentó en las almas de Auristela y de Constanza de manera, que fué creida, y no le respondieron otra cosa que fuese más que agradecimientos. Llamaron luego á Periandro y á Antonio, y contándoles lo que pasaba, sin tomar ocasion aparente, se salieron de la casa con todo lo que tenian; á Bartolomé, que quisiera más descansar que mudar de posada, pesóle de la mudanza, pero en efeto obedeció á sus señores. Llegaron á la iglesia, donde fueron bien recebidos del cura y del jadraque, á quien contaron lo que Rafala les habia dicho. El cura dijo: «Muchos dias há, señores, que nos dan sobresalto con la venida de esos bajeles de Berbería, y aunque es costumbre suya hacer estas entradas, la tardanza de esta me tenia ya algo descuidado. Entrad, hijos; que buena torre tenemos y buenas ferradas puertas la iglesia, que, si no es muy de propósito, no pueden ser derribadas ni abrasadas.

—¡Ay, dijo á esta sazon el jadraque, si han de ver mis ojos, ántes que se cierren, libre esta tierra destas espinas y malezas que la oprimen! ¡Ay, cuándo llegará el tiempo que tiene profetizado un abuelo mio, famoso en el astrología, donde se verá España de todas partes entera y maciza en la religion cristiana; que ella sola es el rincon del mundo donde está recogida y venerada la verdadera verdad de Cristo! Morisco soy, señores, y ojalá que negarlo pudiera; pero no por esto dejo de ser cristiano; que las divinas gracias las da Dios á quien él es servido; el cual tiene por costumbre, como vosotros mejor sabeis, de hacer salir su sol sobre los buenos y los malos, y llover sobre los justos y los injustos. Digo, pues, que este mi abuelo dejó dicho que cerca destos tiempos reinaria en España un rey de la casa de Austria, en cuyo ánimo cabria la dificultosa resolucion de desterrar los moriscos della, bien así como el que arroja de su seno la serpiente que le está royendo las entrañas, ó bien así como quien aparta la neguilla del trigo, ó escarda ó arranca la mala yerba de los sembrados. Ven ya, ¡oh venturoso mozo y rey prudente! y pon en ejecucion el gallardo decreto de este destierro, sin que se te oponga el temor que ha de quedar esta tierra desierta y sin gente, y el de que no será bien desterrar la que en efeto está en ella bautizada; que, aunque éstos sean temores de consideracion, el efeto de tan grande obra los hará vanos, mostrando la experiencia, dentro de poco tiempo, que con los nuevos cristianos viejos que esta tierra se pobláre, se volverá á fertilizar, y á poner en mucho mejor punto que agora tienen. Tendrán sus señores, si no tantos y tan humildes vasallos, serán los que tuvieren, católicos, con cuyo amparo estarán estos caminos seguros, y la paz podrá llevar en las manos las riquezas, sin que los salteadores se las lleven.» Esto dicho, cerraron bien las puertas, fortaleciéronlas con los bancos de los asientos, subiéronse á la torre, alzaron una escalera levadiza, llevóse el cura consigo el Santísimo Sacramento en su relicario, proveyéronse de piedras, armaron dos escopetas, dejó el bagaje mondo y desnudo á la puerta de la iglesia Bartolomé el mozo, y encerróse con sus amos, y todos con ojo alerta y manos listas y con ánimos determinados estuvieron esperando el asalto, de quien avisados estaban por la hija del morisco.

Pasó la media noche, que la midió por las estrellas el cura: tendia los ojos por todo el mar que desde allí se parecia, y no habia nube que con la luz de la luna se pareciese, que no pensase sino que fuesen los bajeles turquescos, y aguijando á las campanas, comenzó á repicallas tan apriesa y tan recio, que todos aquellos valles y todas aquellas riberas retumbaban; á cuyo són los atajadores de aquellas marinas se juntaron y las corrieron todas, pero no aprovechó su diligencia para que los bajeles no llegasen á la ribera y echasen la gente en tierra. La del lugar, que los esperaba, salió cargada con sus más ricas y mejores alhajas, adonde fueron recebidos de los turcos con grande grita y algazara, al són de muchas dulzainas y de otros instrumentos, que puesto que eran bélicos, eran regocijados. Pegaron fuego al lugar, y asimismo á las puertas de la iglesia, no por esperar entrarla, sino por hacer el mal que pudiesen; dejaron á Bartolomé á pié, porque le dejarretaron el bagaje; derribaron una cruz de piedra que estaba á la salida del pueblo, y llamando á grandes voces el nombre de Mahoma, se entregaron á los turcos, ladrones pacíficos y deshonestos públicos. Desde la lengua del agua, como dicen, comenzaron á sentir la pobreza que les amenazaba su mudanza, y la deshonra en que ponian á sus mujeres y á sus hijos. Muchas veces, y quizá algunas no en vano, dispararon Antonio y Periandro las escopetas; muchas piedras arrojó Bartolomé, y todas á la parte de donde habia dejado el bagaje, y muchas flechas el jadraque; pero muchas más lágrimas echaron Auristela y Constanza, pidiendo á Dios, que presente tenian, que de tan manifiesto peligro los librase, y ansimismo que no ofendiese el fuego á su templo, el cual no ardió, no por milagro, sino porque las puertas eran de hierro, y porque fué poco el fuego que se les aplicó.

Poco faltaba para llegar el dia, cuando los bajeles, cargados con la presa, se hicieron al mar, alzando regocijados lilíes y tocando infinitos atabales y dulzainas; y en esto vieron venir dos personas corriendo hácia la iglesia, la una de la parte de la marina, y la otra de la de la tierra, que llegando cerca, conoció el jadraque que la una era su sobrina Rafala, que

con una cruz de caña en las manos, venia diciendo á voces:
«Cristiana, cristiana, y libre y libre por la gracia y misericordia de Dios.» La otra conocieron ser el escribano, que acaso aquella noche estaba fuera del lugar, y al són del arma de las campanas venia á ver el suceso, que lloró, no por la pérdida de sus hijos y de su mujer, que allí no los tenia, sino por la de su casa, que halló robada y abrasada. Dejaron entrar el dia y que los bajeles se alargasen y que los atajadores tuviesen lugar de asegurar la costa, y entónces bajaron de la torre y abrieron la iglesia, donde entró Rafala, bañada con alegres lágrimas el rostro, y acrecentando con su sobresalto su hermosura; hizo oracion á las imágenes, y luego se abrazó con su tio, besando primero las manos al cura; el escribano ni adoró ni besó las manos á nadie, porque le tenia ocupada el alma el sentimiento de la pérdida de su hacienda.

Pasó el sobresalto, volvieron los espíritus de los retraidos á su lugar, y el jadraque, cobrando aliento nuevo, volviendo á pensar en la profecía de su abuelo, casi como lleno de celestial espíritu, dijo: «Ea, mancebo generoso; ea, rey invencible, atropella, rompe, desbarata todo género de inconvenientes, y déjanos á España tersa, limpia y desembarazada desta mi mala casta, que tanto la aombra y menoscaba; ea, consejero tan prudente como ilustre, nuevo Atlante del peso desta Monarquía, ayuda y facilita con tus consejos á esta necesaria trasmigracion. Llénense estos mares de tus galeras cargadas del inútil peso de la generacion agarena, vayan arrojadas á las contrarias riberas las zarzas, las malezas y las otras yerbas que estorban el crecimiento de la fertilidad y abundancia cristiana; que si los pocos hebreos que pasaron á Egipto multiplicaron tanto, que en su salida se contaron más de seiscientas mil familias, ¿qué se podrá temer de estos, que son más y viven más holgadamente, no los esquilman las religiones, no los entresacan las Indias, no los quitan las guerras, todos se casan, todos ó los más engendran, de do se sigue y se infiere que su multiplicacion y aumento ha de ser innumerable? Ea pues, vuelvo á decir; vayan, vayan, señor, y deja la taza de tu reino resplandeciente como el sol y hermosa como el cielo.» Dos dias estuvieron en aquel lugar los peregrinos, volviendo á enterarse en lo que les faltaba, y Bartolomé se acomodó de bagaje; los peregrinos agradecieron al cura su buen acogimiento y alabaron los buenos pensamientos del jadraque, y abrazando á Rafala, se despidieron de todos y siguieron su camino.

CAPITULO XII.

En que se refiere un extraordinario suceso.

En el cual se fueron entreteniendo en contar el pasado peligro, el buen ánimo del jadraque, la valentía del cura, el celo de Rafala, de la cual se les olvidó de saber cómo se habia escapado del poder de los turcos que asaltaron la tierra, aunque bien consideraron que, con el alboroto, ella se habria escondido en parte que tuviese lugar despues de volver á cumplir su deseo, que era de vivir y morir cristiana. Cerca de Valencia llegaron, en la cual no quisieron entrar por excusar las ocasiones del detenerse; pero no faltó quien les dijo la grandeza de su sitio, la excelencia de sus moradores, la amenidad de sus contornos, y finalmente, todo aquello que la hace hermosa y rica sobre todas las ciudades, no sólo de España, sino de toda Europa; y principalmente les alabaron la hermosura de las mujeres y su extremada limpieza y graciosa lengua, con quien sola la portuguesa puede competir en ser dulce y agradable. Determinaron de alargar sus jornadas, aunque fuese á costa de su cansancio, por llegar á Barcelona, adonde tenian noticia habian de tocar unas galeras, en quien pensaban embarcarse, sin tocar en Francia, hasta Génova; y al salir de Villareal, hermosa y amenísima villa, de traves, de entre una espesura de árboles les salió al encuentro una zagala ó pastora valenciana, vestida á lo del campo, limpia como el sol, y hermosa como él y como la luna, la cual, en su graciosa lengua, sin hablarles alguna palabra primero y sin hacerles ceremonia de comedimiento alguno, dijo: «Señores, ¿pedirlos he, ó darlos he?» A lo que respondió Periandro: «Hermosa zagala, si son celos, ni los pidas ni los des; porque, si los pides, menoscabas tu estimacion, y si los das, tu crédito; y si es que el que te ama tiene entendimiento, conociendo tu valor, te estimará y querrá bien, y si no le tiene, ¿para qué quieres que te quiera?

—Bien has dicho», respondió la villana; y diciendo adios, volvió las espaldas, y se entró en la espesura de los árboles, dejándoles admirados con su pregunta, con su presteza y con su hermosura.

Otras algunas cosas les sucedieron en el camino de Barcelona, no de tanta importancia, que merezcan escritura, si no fué el ver desde léjos las santísimas montañas de Monserrate, que adoraron con devocion cristiana, sin querer subir á ellas, por no detenerse. Llegaron á Barcelona á tiempo cuando llegaban á su playa cuatro galeras españolas, que disparando, haciendo salva á la ciudad con gruesa artillería, arrojaron cuatro esquifes al agua, el uno dellos adornado con ricas alcatifas de Levante y cojines de carmesí, en el cual venia, como despues pareció, una hermosa mujer de poca edad, ricamente vestida, con otra señora anciana y dos doncellas hermosas y honestamente aderezadas. Salió infinita gente de la ciudad, como es costumbre, ansí á ver las galeras como á la gente que de ellas desembarcaba, y la curiosidad de nuestros peregrinos llegó tan cerca de los esquifes, que casi pudieran dar la mano á la dama que dellos desembarcaba, la cual, poniendo los ojos en todos, especialmente en Constanza, despues de haber desembarcado, dijo: «Llegáos acá, hermosa peregrina; que os pienso llevar conmigo á la ciudad, donde quiero pagaros una deuda que os debo, de quien vos creo que teneis poca noticia. Vengan asimismo vuestros camaradas, porque no ha de haber cosa que obligue á dejar tan buena compañía.

—La vuestra, á lo que veo, respondió Constanza, es de tanta importancia, que careceria de entendimiento quien no la aceptase; vamos donde quisiéredes; que mis camaradas me seguirán, que no están acostumbrados á dejarme.»

Asió la señora de la mano á Constanza, y acompañada de muchos caballeros que salieron de la ciudad á recibirla, y de otra gente principal de las galeras, se encaminaron á la ciudad, en cuyo espacio de camino Constanza no quitaba los ojos de ella, sin poder reducir á la memoria haberla visto en tiempo alguno. Aposentáronla en una casa principal á ella y á las que con ella desembarcaron, y no fué posible que dejase ir á los peregrinos á otra parte, con los cuales, así que tuvo comodidad para ello, pasó esta plática: «Sacaros quiero, señores, de la admiracion en que sin duda os debe tener el ver que con particular cuidado procuro serviros; y así, os digo que á mí me llaman Ambrosia Agustina, cuyo nacimiento fué en una ciudad de Aragon, y cuyo hermano es don Bernardo Agustin, cuatralvo de estas galeras que están en la playa. Contarino de Arbolánchez, caballero del hábito de Alcántara, en ausencia de mi hermano y á hurto del recato de mis parientes, se enamoró de mí, y yo, llevada de mi estrella, ó por mejor decir, de mi fácil condicion, viendo que no perdia nada en ello, con título de esposa le hice señor de mi persona y de mis pensamientos, y el mismo dia que le dí la mano, recibió él de la de su Majestad una carta, en que le mandaba viniese luego al punto á conducir un tercio, que bajaba de Lombardía á Génova, de infantería española á la isla de Malta, sobre la cual se pensaba bajaba el turco. Obedeció Contarino con tanta puntualidad lo que se le mandaba, que no quiso coger los frutos del matrimonio con sobresalto, y sin tener cuenta con mis lágrimas, el recebir la carta y el partirse todo fué uno. Parecióme que el cielo se habia caido sobre mí, y que entre él y la tierra me habian apretado el corazon y cogido el alma.

»Pocos dias pasaron, cuando, añadiendo yo imaginaciones á imaginaciones y deseos á deseos, vine á poner en efeto uno, cuyo cumplimiento, así como me quitó la honra por entónces, pudiera tambien quitarme la vida: auserntéme de mi casa sin sabiduría de ninguno della, y en hábitos de hombre, que fueron los que tomé de un pajecillo, asenté por criado de un atambor de una compañía que estaba en un lugar, pienso que ocho leguas del mio. En pocos dias toqué la caja tan bien como mi amo, aprendí á ser chocarrero, como lo son los que usan tal oficio; juntóse otra compañía con la nuestra, y ambas á dos se encaminaron á Cartagena á embarcarse en estas cuatro galeras de mi hermano; en las cuales fué mi disinio pasar á Italia á buscar á mi esposo, de cuya noble condicion esperé que no afearia mi atrevimiento ni culparia mi deseo, el cual me tenia tan ciega, que no reparé en el peligro á que me ponia de ser conocida si me embarcaba en las galeras de mi hermano. Mas como los pechos enamorados no hay inconvenientes que no atropellen, ni dificultades por quien no rompan, ni temores que se les opongan, toda escabrosidad hice llana, venciendo miedos y esperando aún en la misma desesperacion; pero, como los sucesos de las cosas hacen mudar los primeros intentos en ellas, el mio, más mal pensado que fundado, me puso en el término que agora oireis.

»Los soldados de las compañías de aquellos capitanes que os he dicho, trabaron una cruel pendencia con la gente de un pueblo de la Mancha sobre los alojamientos, de la cual salió herido de muerte un caballero, que decian ser conde de no sé qué estado; vino un pesquisidor de la córte, prendió los capitanes, descarriáronse los soldados, y con todo eso, prendió á algunos, y entre ellos á mí, desdichada, que ninguna culpa tenia. Condenólos á galeras por dos años al remo, y á mí tambien, como por añadidura, me tocó la misma suerte. En vano me lamenté de mi desventura, viendo cuán en vano se habian fabricado mis disinios; quisiera darme la muerte, pero el temor de ir á otra peor vida me embotó el cuchillo en la mano y me quitó la soga del cuello; lo que hice fué enlodarme el rostro, afeándole cuanto pude, y encerréme en un carro donde nos metieron, con intencion de llorar tanto y de comer tan poco, que las lágrimas y la hambre hiciesen lo que la soga y el hierro no habian hecho. Llegamos á Cartagena, donde áun no habian llegado las galeras; pusiéronnos en la casa del Rey bien guardados, y allí estuvimos, no esperando, sino temiendo, nuestra desgracia. No sé, señores, si os acordareis de un carro que topasteis junto á una venta, en la cual esta hermosa peregrina (señalando á Constanza) socorrió con una caja de conserva á un desmayado delincuente.

—Sí acuerdo, respondió Constanza.

—Pues sabed que yo era, dijo la señora Ambrosia, el que socorristeis; por entre las esteras del carro os miré á todos y me admiré de todos, porque vuestra gallarda disposicion no puede dejar de admirar, si se mira. En efeto, las galeras llegaron con la presa de un bergantin de moros que las dos habian tomado en el camino; el mismo dia aherrojaron en ellas á los soldados, desnudándolos del traje que traian y vistiéndoles el de remeros: transformacion triste y dolorosa, pero llevadera; que la pena que no acaba la vida, la costumbre de padecerla la hace fácil. Llegaron á mí para desnudarme; hizo el cómitre que me lavasen el rostro, porque yo no tenia aliento para levantar los brazos; miróme el barbero que limpia la chusma, y dijo: «Pocas navajas gastaré yo con esta barba; no sé yo para qué nos envian acá á este muchacho de alfeñique, como si fuesen nuestras galeras de melcocha y sus remeros de alcorza; y ¿qué culpas cometiste tú, rapaz, que mereciesen esta pena? Sin duda alguna creo que el raudal y corriente de otros ajenos delitos te han conducido á este término»; y encaminando su plática al cómitre, le dijo: «En verdad, patron, que me parece que sería bien dejar á que sirviese este muchacho en la popa á nuestro general con una manilla al pié, porque no vale para el remo dos arditos.»

»Estas pláticas, y la consideracion de mi suceso, que parece que entónces se extremó en apretarme el alma, me apretó el corazon de manera, que me desmayé y quedé como muerta; dicen que volví en mí á cabo de cuatro horas, en el cual tiempo se me hicieron muchos remedios para que volviese; y lo que más sintiera yo, si tuviera sentido, fué, que debieron de enterarse que yo no era varon, sino hembra. Volví de mi parasismo, y lo primero con quien topó la vista fué con los rostros de mi hermano y de mi esposo, que entre sus brazos me tenian. No sé yo cómo en aquel punto la sombra de la muerte no cubrió mis ojos; no sé yo cómo la lengua no se me pegó al paladar; sólo sé que no supe lo que me dije, aunque sentí que mi hermano dijo: «¿Qué traje es éste, hermana mia?» y mi esposo dijo: «¿Qué mudanza es ésta, mitad de mi alma? que si tu bondad no estuviera tan de parte de tu honra, yo hiciera luego que trocaras este traje con el de la mortaja.

»—¿Vuestra esposa es ésta? dijo mi hermano á mi esposo; tan nuevo me parece este suceso, como me parece el de verla á ella en este traje; verdad es que si esto es verdad, bastante recompensa sería á la pena que me causa el ver así á mi hermana.»

»A este punto, habiendo yo recobrado en parte mis perdidos espíritus, me acuerdo que dije: «Hermano mio, yo soy Ambrosia Agustina, tu hermana, y soy ansimismo la esposa del señor Contarino de Arbolánchez; el amor y tu ausencia ¡oh hermano! me le dieron por marido, el cual, sin gozarme, me dejó; yo, atrevida, arrojada y mal considerada, en este traje que me veis le vine á buscar»; y con esto, les conté toda la historia que de mí habeis oido; y mi suerte, que por puntos se iba á más andar mejorando, hizo que me diesen crédito y me tuviesen lástima. Contáronme cómo á mi esposo le habian cautivado moros con una de dos chalupas donde se habia embarcado para ir á Génova, y que el cobrar la libertad habia sido el dia ántes al anochecer, sin que le diese lugar el tiempo de haberse visto con mi hermano, sino al punto que me halló desmayada; suceso cuya novedad le podia quitar el crédito, pero todo es así como lo he dicho. En estas galeras pasaba esta señora que viene conmigo, y con estas sus dos nietas, á Italia, donde su hijo en Sicilia tiene el patrimonio Real á su cargo; vistiéronme éstos que traigo, que son sus vestidos, y mi marido y mi hermano, alegres y contentos, nos han sacado hoy á tierra para espaciarnos, y para que los muchos amigos que tienen en esta ciudad se alegren con ellos; si vosotros, señores, vais á Roma, yo haré que mi hermano os ponga en el más cercano puerto de ella. La caja de conserva os la pagaré con llevaros en la mia hasta donde mejor os esté, y cuando yo no pasara á Italia, en fe de mi ruego os llevará mi hermano. Esta es, amigos mios, mi historia; si se os hiciere dura de creer, no me maravillaria, puesto que la verdad bien puede enfermar, pero no morir del todo; y pues que comunmente se dice que el creer es cortesía, en la vuestra, que debe de ser mucha, deposito mi crédito.»

Aquí dió fin la hermosa Agustina á su razonamiento, y aquí comenzó la admiracion de los oyentes á subirse de punto; aquí comenzaron á desmenuzarse las circunstancias del caso, y tambien los abrazos de Constanza y Auristela que á la bella Ambrosia dieron; la cual, por ser así voluntad de su marido, hubo de volverse á su tierra, porque, por hermosa que sea, es embarazosa la compañía de la mujer en la guerra. Aquella noche se alteró el mar de modo, que fué forzoso alargarse las galeras de la playa, que en aquella parte es de contínuo mal segura. Los corteses catalanes, gente enojada, terrible, pacífica, suave, gente que con facilidad da la vida por la honra, y por defenderlas entrambas se adelantan á sí mismos, que es como adelantarse á todas las naciones del mundo, visitaron y regalaron todo lo posible á la señora Ambrosia Agustina, á quien dieron las gracias despues que volvieron su hermano y su esposo. Auristela, escarmentada con tantas experiencias como habia hecho de las borrascas del mar, no quiso embarcarse en las galeras, sino irse por Francia, pues estaba pacífica. Ambrosia se volvió á Aragon, las galeras siguieron su viaje, y los peregrinos el suyo, entrándose por Perpiñan en Francia.

CAPITULO XIII.

Entran en Francia, y dase cuenta de lo que les sucedió con un criado del Duque de Nemurs.

Por la parte de Perpiñan quiso tocar la primera de Francia nuestra escuadra, á quien dió que hablar el suceso de Ambrosia muchos dias, en la cual fueron disculpa sus pocos años de sus muchos yerros, y juntamente halló en el amor que á su esposo tenia, perdon de su atrevimiento; en fin, ella se volvió, como queda dicho, á su patria, las galeras siguieron su viaje, y el suyo nuestros peregrinos, los cuales, llegando á Perpiñan, pararon en un meson, á cuya gran puerta estaba puesta una mesa, y al rededor della mucha gente mirando jugar á dos hombres á los dados, sin que otro alguno jugase. Parecióles á los peregrinos ser novedad que mirasen tantos y jugasen tan pocos; preguntó Periandro la causa, y fuéle respondido que de los dos que jugaban, el perdidoso perdia la libertad y se hacia prenda del Rey, para bogar el remo seis meses, y el que ganaba, ganaba veinte ducados, que los ministros del Rey habian dado al perdidoso para que probase en el juego su ventura. Uno de los dos que jugaban la probó, y no le supo bien, porque la perdió, y al momento le pusieron en una cadena, y al que la ganó le quitaron otra que para seguridad de que no huiria, si perdia, le tenian puesta; miserable juego y miserable suerte, donde no son iguales la pérdida y la ganancia.

Estando en esto, vieron llegar al meson gran golpe de gente, entre la cual venia un hombre en cuerpo, de gentil parecer, rodeado de cinco ó seis criaturas de edad de cuatro á siete años; venia junto á él una mujer amargamente llorando, con un lienzo de dineros en la mano, la cual con lastimada voz venia diciendo: «Tomad, señores, vuestros dineros, y volvedme á mi marido, pues no el vicio, sino la necesidad, le hizo tomar este dinero; él no se ha jugado, sino vendido, porque quiere á costa de su trabajo sustentarme á mí y á sus hijos: ¡amargo sustento y amarga comida para mí y para ellos!

—Callad, señora, dijo el hombre, y gastad ese dinero, que yo le desquitaré con la fuerza de mis brazos, que todavía se amañarán ántes á domeñar un remo que un azadon; no quise ponerme en aventura de perderlos, jugándolos, por no perder juntamente con mi libertad, vuestro sustento.» Casi no dejaba oir el llanto de los muchachos esta dolorida plática que entre marido y mujer pasaba; los ministros que le traian les dijeron que enjugasen las lágrimas, que si lloraran cuantas cabian en el mar, no serian bastantes á darle la libertad que habia perdido. Prevalecian en su llanto los muchachos, diciendo á su padre: «Señor, no nos deje, porque nos morirémos todos si se va.» El nuevo y extraño caso enterneció las entrañas de nuestros peregrinos, especialmente las de la tesorera Constanza, y todos se movieron á rogar á los ministros de aquel cargo fuesen contentos de tomar su dinero, haciendo cuenta que aquel hombre no habia sido en el mundo, y que les conmoviese á no dejar viuda á una mujer, ni huérfanos á tantos niños; en fin, tanto supieron decir y tanto quisieron rogar, que el dinero volvió á poder de sus dueños, y la mujer cobró su marido y los niños á su padre.

La hermosa Constanza, rica despues de condesa, más cristiana que bárbara, con parecer de su hermano Antonio, dió á los pobres perdidos, con que se cobraron, cincuenta escudos de oro, y así se volvieron tan contentos como libres, agradeciendo al cielo y á los peregrinos la tan no vista como no esperada limosna. Otro dia pisaron la tierra de Francia, y pasando por Lenguadoc, entraron en la Provenza, donde en otro meson hallaron tres damas francesas de tan extremada hermosura, que á no ser Auristela en el mundo, pudieran aspirar á la palma de la belleza. Parecian señoras de grande estado, segun el aparato con que se servian; las cuales, viendo los peregrinos, así les admiró la gallardía de Periandro y de Antonio, como la sin igual belleza de Auristela y de Constanza. Llegáronlas á sí, y habláronlas con alegre rostro y cortés comedimiento; preguntáronlas quién eran, en lengua castellana, porque conocieron ser españolas las peregrinas, y en Francia, ni varon ni mujer deja de aprender la lengua castellana.

En tanto que las señoras esperaban la respuesta de Auristela, á quien se encaminaban sus preguntas, se desvió Periandro á hablar con un criado, que le pareció ser de las ilustres francesas; preguntóle quién eran y á dónde iban, y él le respondió, diciendo: «El Duque de Nemurs, que es uno de los que llaman de la sangre en este reino, es un caballero bizarro y muy discreto, pero muy amigo de su gusto; es recien heredado, y ha prosupuesto de no casarse por ajena voluntad, sino por la suya, aunque se le ofrezca aumento de estado y de hacienda, y aunque vaya contra el mandamiento de su rey; porque dice que los reyes bien pueden dar la mujer á quien quisieren de sus vasallos, pero no el gusto de recebilla. Con esta fantasía, locura ó discrecion, ó como mejor debe llamarse, ha enviado á algunos criados suyos á diversas partes de Francia á buscar alguna mujer que, despues de ser principal, sea hermosa, para casarse con ella, sin que reparen en hacienda, porque él se contenta con que la dote sea su calidad y su hermosura. Supo la de estas tres señoras, y envióme á mí, que le sirvo, para que las viese y las hiciese retratar de un famoso pintor, que envió conmigo: todas tres son libres, y todas de poca edad, como habeis visto; la mayor, que se llama Deleasir, es discreta en extremo, pero pobre; la mediana, que Belarminia se llama, es bizarra y de gran donaire, y rica medianamente; la más pequeña, cuyo nombre es Feliz Flora, hace gran ventaja á las dos en ser rica. Ellas tambien han sabido el deseo del Duque, y querrian, segun á mí se me ha traslucido, ser cada una la venturosa de alcanzarle por esposo; y con ocasion de ir á Roma á ganar el jubileo de este año, que es como el centésimo que se usaba, han salido de su tierra, y quieren pasar por París y verse con el Duque, fiadas en el quizá que trae consigo la buena esperanza; pero despues, señores peregrinos, que aquí entrastes, he determinado de llevar un presente á mi amo, que borre del pensamiento todas y cualesquier esperanzas que estas señoras en el suyo hubieren fabricado, porque le pienso llevar el retrato de esta vuestra peregrina, única y general señora de la humana belleza; y si ella fuese tan principal como es hermosa, los criados de mi amo no tendrian más que hacer, ni el Duque más que desear. Decidme, por vida vuestra, señor, si es casada esta peregrina, cómo se llama y qué padres la engendraron.» A lo que, temblando, respondió Periandro: «Su nombre es Auristela, su viaje á Roma, sus padres nunca ella los ha dicho, y de que sea libre os aseguro, porque lo sé sin duda alguna; pero hay otra cosa en ello, que es tan libre y tan señora de su voluntad, que no la rendirá á ningun príncipe de la tierra, porque dice que la tiene rendida al que lo es del cielo; y para enteraros en que sepais ser verdad todo lo que os he dicho, sabed que yo soy su hermano y el que sabe lo escondido de sus pensamientos; así que, no os servirá de nada el retratalla, sino de alborotar el ánimo de vuestro señor, si acaso quisiese atropellar por el inconveniente de la bajeza de mis padres.

—Con todo eso, respondió el otro, tengo de llevar su retrato, siquiera por curiosidad, y porque se dilate por Francia este nuevo milagro de hermosura.»

Con esto se despidieron, y Periandro quiso partirse luego de aquel lugar, por no dársele al pintor para retratar á Auristela. Bartolomé volvió luego á aderezar el bagaje, y á no estar bien con Periandro por la priesa que daba á la partida. El criado del Duque, viendo que Periandro queria partirse luego, se llegó á él y le dijo: «Bien quisiera, señor, rogaros que os detuviérades un poco en este lugar, siquiera hasta la noche, porque mi pintor con comodidad y de espacio pudiera sacar el retrato del rostro de vuestra hermana; pero bien os podeis ir á la paz de Dios, porque el pintor me ha dicho que de sola una vez que la ha visto la tiene tan aprendida en la imaginacion, que la pintará á sus solas tan bien como si siempre la estuviera mirando.» Maldijo Periandro entre sí la rara habilidad del pintor; pero no dejó por esto de partirse, despidiéndose luego de las tres gallardas francesas, que abrazaron á Auristela y á Constanza estrechamente, y les ofrecieron de llevarlas hasta París en su compañía, si dello gustaban. Auristela se lo agradeció con las más corteses palabras que supo, diciéndoles que su voluntad obedecia á la de su hermano Periandro, y que así no podian detenerse ella ni Constanza, pues Antonio, hermano de Constanza, y el suyo se iban; y con esto, se partieron, y de allí á seis dias llegaron á un lugar de la Provenza, donde les sucedió lo que se dirá en el capítulo siguiente.

CAPITULO XIV.

De los nuevos y nunca vistos peligros en que se vieron.

La historia, la poesía y la pintura simbolizan entre sí, y se parecen tanto, que cuando escribes historia, pintas, y cuando pintas, compones. No siempre va en un mismo peso la historia, ni la pintura pinta cosas grandes y magníficas, ni la poesía conversa siempre por los cielos; bajezas admite la historia, la pintura yerbas y retamas en sus cuadros, y la poesía tal vez se realza cantando cosas humildes: esta verdad nos la muestra bien Bartolomé, bagajero del escuadron peregrino, el cual tal vez habla y es escuchado en nuestra historia. Este, revolviendo en su imaginacion el cuento del que vendió su libertad por sustentar á sus hijos, una vez dijo, hablando con Periandro: «Grande debe de ser, señor, la fuerza que obliga á los padres á sustentar á sus hijos; si no, dígalo aquel hombre que no quiso jugarse por no perderse, sino empeñarse por sustentar á su pobre familia; la libertad, segun yo he oido decir, no debe de ser vendida por ningun dinero, y éste la vendió por tan poco, que lo llevaba la mujer en la mano. Acuérdome tambien de haber oido decir á mis mayores que llevando á ahorcar á un hombre anciano, y ayudándole los sacerdotes á bien morir, les dijo: «Vuesas mercedes se sosieguen, y déjenme morir despacio, que, aunque es terrible este paso en que me veo, muchas veces me he visto en otros más terribles.» Preguntáronle cuáles eran; respondióles que el amanecer Dios y el rodealle seis hijos pequeños pidiéndole pan, y no teniendo para dárselo;

«la cual necesidad me puso la ganzúa en la mano y fieltros en los piés, con qué facilité mis hurtos, no viciosos, sino necesitados.» Estas razones llegaron á los oidos del señor que le habia sentenciado al suplicio, que fueron parte para volver la justicia en misericordia, y la culpa en gracia.»

A lo que respondió Periandro: «El hacer el padre por su hijo, es hacer por sí mismo, porque mi hijo es otro yo, en el cual se dilata y se continúa el sér del padre; y así como es cosa natural y forzosa el hacer cada uno por sí mismo, así lo es el hacer por sus hijos; lo que no es tan natural ni tan forzoso hacer los hijos por los padres, porque el amor que el padre tiene á su hijo deciende, y el decender es caminar sin trabajo, y el amor del hijo con el padre aciende y sube, que es caminar cuesta arriba, de donde ha nacido aquel refran: *Un padre para cien hijos, ántes que cien hijos para un padre.*» Con estas pláticas y otras entretenian el camino por Francia, la cual es tan poblada, tan llana y apacible, que á cada paso se hallan casas de placer, adonde los señores de ellas están casi todo el año, sin que se les dé algo por estar en las villas ni en las ciudades. A una de estas llegaron nuestros viandantes, que estaba un poco desviada del camino real.

Era la hora del mediodía; herian los rayos del sol derechamente á la tierra; entraba el calor, y la sombra de una gran torre de la casa les convidó á que allí esperasen á pasar la siesta, que con calor riguroso amenazaba. El solícito Bartolomé desembarazó el bagaje, y tendiendo un tapete en el suelo, se sentaron todos á la redonda, y de los manjares, de quien tenia cuidado de hacer Bartolomé su repuesto, satisfacieron la hambre, que ya comenzaba á fatigarles; pero apénas habian alzado las manos para llevarlo á la boca, cuando alzando Bartolomé los ojos, dijo á grandes voces: «Apartáos, señores; que no sé quién baja volando del cielo, y no será bien que os coja debajo.» Alzaron todos la vista, y vieron bajar por el aire una figura, que ántes que distinguiesen lo que era, ya estaba en el suelo, junto casi á los piés de Periandro; la cual figura era de una mujer hermosísima, que habiendo sido arrojada desde lo alto de la torre, sirviéndole de campana y de alas sus mismos vestidos, la puso de piés en el suelo sin daño alguno: cosa posible, sin ser milagro.

Dejóla el suceso atónita y espantada, como lo quedaron los que volar la habian visto; oyeron en la torre gritos que los daba otra mujer, abrazada con un hombre, que parecia que pugnaban por derribarse el uno al otro: «Socorro, socorro, decia la mujer; socorro, señores; que este loco quiere despeñarme de aquí abajo.» La mujer voladora, vuelta algun tanto en sí, dijo: «Si hay alguno que se atreva á subir por aquella puerta, señalándoles una que al pié de la torre estaba, librará del peligro mortal á mis hijos y á otras gentes flacas que allí arriba están.» Periandro, impelido de la generosidad de su ánimo, se entró por la puerta, y á poco rato le vieron en la cumbre de la torre abrazado con el hombre que mostraba ser loco, del cual, quitándole un cuchillo de las manos, procuraba defenderse; pero la suerte, que queria concluir con la tragedia de su vida, ordenó que entrambos á dos viniesen al suelo, cayendo al pié de la torre, el loco pasado el pecho con el cuchillo que Periandro en la mano traia, y Periandro vertiendo por los ojos, narices y boca cantidad de sangre; que como no tuvo vestidos anchos que le sustentasen, hizo el golpe su efeto, y dejóle casi sin vida. Auristela, que ansí le vió, creyendo indubitablemente que estaba muerto, se arrojó sobre él, y sin respeto alguno, puesta la boca con la suya, esperaba á recoger en sí alguna reliquia, si del alma le hubiese quedado; pero aunque le hubiera quedado, no pudiera recebilla, porque los traspillados dientes le negaran la entrada. Constanza, dando lugar á la pasion, no le pudo dar á mover el paso para ir á socorrerla, y quedóse en el mismo sitio donde la halló el golpe, pegada los piés al suelo como si fueran raíces, ó como si ella fuera estatua de duro mármol formada. Antonio, su hermano, acudió á apartar los semivivos y á dividir los que ya pensaba ser cadáveres; sólo Bartolomé fué el que mostró con los ojos el grave dolor que en el alma sentia, llorando amargamente.

Estando todos en la amarga afliccion que he dicho, sin que hasta entónces ninguna lengua hubiese publicado su sentimiento, vieron que hácia ellos venia un gran tropel de gente, la cual desde el camino real habia visto el vuelo de los caidos, y venian á ver el suceso; y era el tropel que venia, las hermosas damas francesas Deleasir, Belarminia y Feliz Flora. Luego como llegaron, conocieron á Auristela y á Periandro, como á aquellos que por su singular belleza quedaban impresos en la imaginacion del que una vez los miraba. Apénas la compasion les habia hecho apear para socorrer, si fuese posible, la desventura que miraban, cuando fueron asaltados de seis ó ocho hombres armados, que por las espaldas les acometieron. Este asalto puso en las manos de Antonio su arco y sus flechas, que siempre las tenia á punto, ó ya para ofender ó ya para defenderse; uno de los armados, con descortés movimiento, asió á Feliz Flora del brazo, y la puso en el arzon delantero de su silla, y dijo, volviéndose á los demas compañeros: «Esto es hecho; ésta me basta; demos la vuelta.» Antonio, que nunca se pagó de descortesías, pospuesto todo temor, puso una flecha en el arco, tendió cuanto pudo el brazo izquierdo, y con la derecha estiró la cuerda hasta que llegó al diestro oido, de modo que las dos puntas y extremos del arco casi se juntaron; y tomando por blanco el robador de Feliz Flora, disparó tan derechamente la flecha, que sin tocar á Feliz Flora, sino en una parte del velo con que se cubria la cabeza, pasó al salteador el pecho de parte á parte. Acudió á su venganza uno de sus compañeros, y sin dar lugar á que otra vez Antonio el arco armase, le dió una herida en la cabeza, tal, que dió con él en el suelo, más muerto que vivo; visto lo cual de Constanza, dejó de ser estatua, y corrió á socorrer á su hermano; que el parentesco calienta la sangre, que suele helarse en la mayor amistad, y lo uno y lo otro son indicios y señales de demasiado amor.

Ya en esto habian salido de la casa gente armada, y los criados de las tres damas apercebidos de piedras, digo, los que no tenian armas, se pusieron en defensa de su señora; los salteadores, que vieron muerto á su capitan, y que segun los defensores acudian, podian ganar poco en aquella empresa, especialmente considerando ser locura aventurar las vidas por quien ya no podia premiarles, volvieron las espaldas y dejaron el campo solo. Hasta aquí de esta batalla pocos golpes de espada hemos oido, pocos instrumentos bélicos han sonado; el sentimiento que por los muertos suelen hacer los vivos no ha salido á romper los aires, las lenguas en amargo silencio tienen depositadas sus quejas; sólo algunos ayes entre roncos gemidos andan envueltos, especialmente en los pechos de las lastimadas Auristela y Constanza, cada cual abrazada con su hermano, sin poder aprovecharse de las quejas con que se alivian los lastimados corazones; pero, en fin, el cielo, que tenia determinado de no dejarlas morir tan apriesa y tan sin quejarse, les despegó las lenguas que al paladar pegadas tenian, y la de Auristela prorumpió en razones semejantes:

«No sé yo, desdichada, cómo busco aliento en un muerto, y cómo, ya que le tuviese, puedo sentirle, si estoy tan sin él, que ni sé si hablo ni si respiro. ¡Ay hermano, y qué caida ha sido ésta, que así ha derribado mis esperanzas, como si la grandeza de vuestro linaje no se hubiera opuesto á vuestra desventura! mas ¿cómo podria ella ser grande, si vos no lo fuérades? En los montes más levantados caen los rayos, y adonde hallan más resistencia hacen más daño. Monte érades vos, pero monte humilde, que con las sombras de vuestra industria y de vuestra discrecion os encubríades á los ojos de las gentes. Ventura íbades á buscar en la mia, pero la muerte ha atajado el paso, encaminando el mio á la sepultura. ¡Cuán cierta la tendrá la Reina, vuestra madre, cuando á sus oidos llegue vuestra no pensada muerte! ¡Ay de mí, otra vez sola y en tierra ajena, bien así como verde hiedra, á quien ha faltado su verdadero arrimo!»

Estas palabras, de reina, de montes y grandezas, tenian atentos los oidos de los circunstantes que las escuchaban, y aumentóles la admiracion las que tambien decia Constanza, que en sus faldas tenia á su mal herido hermano, apretándole la herida y tomándole la sangre. La compasiva Feliz Flora, que con un lienzo suyo blandamente se la exprimia, obligada de haberla el herido librado de su deshonra, «¡Ay, digo, decia, amparo mio! ¿de qué ha servido haberme levantado la fortuna al título de señora, si me habia de derribar al de desdichada? Volved, hermano, en vos, si quereis que yo vuelva en mí; ó si no, haced ¡oh piadosos cielos! que una misma muerte nos cierre los ojos y una misma sepultura nos cubra los cuerpos; que el bien que sin pensar me habia venido, no podia traer otro descuento que la presteza de acabarse.» Con esto, se quedó desmayada, y Auristela ni más ni ménos; de modo que tan muertas parecian ellas, y áun más, que los heridos. La dama que cayó de la torre, causa principal de la caida de Periandro, mandó á sus criados, que ya habian venido muchos de la casa, que le llevasen al lecho del Conde Domicio, su señor; mandó tambien llevar á Domicio, su marido, para dar órden en sepultalle. Bartolomé tomó en brazos á su señor Antonio; á Constanza se los dió Feliz Flora, y á Auristela, Belarminia y Deleasir; y en escuadron doloroso y con amargos pasos se encaminaron á la casi real casa.

CAPITULO XV.

Sanan de sus heridas Periandro y Antonio; prosiguen todos su viaje, en compañía de las tres damas francesas. Libra Antonio de un gran peligro á Feliz Flora.

Poco aprovechaban las discretas razones que las tres damas francesas daban á las dos lastimadas Constanza y Auristela; porque en las recientes desventuras no hallan lugar consolatorias persuasiones; el dolor y el desastre que de repente sucede, no de improviso admite consolacion alguna, por discreta que sea; la postema duele miéntras no se ablanda, y el ablandarse requiere tiempo, hasta que llegue el de abrirse; y así, miéntras se llora, miéntras se gime, miéntras se tiene delante quien mueva al sentimiento á quejas y á suspiros, no es discrecion demasiada acudir al remedio con agudas medicinas. Llore, pues, algun tanto más Auristela, gima algun espacio más Constanza, y cierren entrambas los oidos á toda consolacion, en tanto que la hermosa Claricia nos cuenta la causa de la locura de Domicio, su esposo, que fué, segun ella dijo á las damas francesas, que ántes que Domicio con ella se desposase, andaba enamorado de una parienta suya, la cual tuvo casi indubitables esperanzas de casarse con él. «Salióle en blanco la suerte, para que ella, dijo Claricia, la tuviese siempre negra; porque, disimulando Lorena, que así se llamaba la parienta de Domicio, el enojo que habia recebido del casamiento de mi esposo, dió en regalarle con muchos y diversos presentes, puesto que más bizarros y de buen parecer que costosos, entre los cuales le envió una vez (bien así como envió la falsa Deyanira la camisa á Hércules), digo que le envió unas camisas, ricas por el lienzo, y por la labor vistosas. Apénas se puso una, cuando perdió los sentidos, y estuvo dos dias como muerto, puesto que luego se la quitaron, imaginando que una esclava de Lorena, que estaba en opinion de maga, la habria hechizado. Volvió á la vida mi esposo, pero con sentidos tan turbados y tan trocados, que ninguna accion hacia que no fuese de loco, y no de loco manso, sino de cruel, furioso y desatinado, tanto, que era necesario tenerle en cadenas»; y que aquel dia, estando ella en aquella torre, se habia soltado el loco de las prisiones, y viniendo á la torre, la habia echado por las ventanas abajo; á quien el cielo socorrió con la anchura de sus vestidos, ó por mejor decir, con la acostumbrada misericordia de Dios, que mira por los inocentes. Dijo cómo aquel peregrino habia subido á la torre á librar á una doncella á quien el loco queria derribar al suelo, tras la cual tambien despeñara á otros dos pequeños hijos que en la torre estaban; pero el suceso fué tan contrario, que el Conde y el peregrino se estrellaron en la dura tierra, el Conde, herido de una mortal herida, y el peregrino con un cuchillo en la mano, que al parecer se le habia quitado á Domicio; cuya herida era tal, que no fuera menester servir de añadidura para quitarle la vida, pues bastaba la caida.

En esto Periandro estaba sin sentido en el lecho, á donde acudieron maestros á curarle y á concertarle los deslocados huesos. Diéronle bebidas apropiadas al caso, halláronle pulsos y algun tanto de conocimiento de las personas que al rededor de sí tenia, especialmente de Auristela, á quien con voz desmayada, que apénas podia entenderse, dijo: «Hermana, yo muero en la fe católica cristiana y en la de quererte bien»; y no habló ni pudo hablar más palabra por entónces. Tomaron la sangre á Antonio, y tentándole los cirujanos la herida, pidieron albricias á su hermana de que era más grande que mortal, y de que presto tendria salud, con ayuda del cielo. Dióselas Feliz Flora, adelantándose á Constanza, que se las iba á dar, y áun se las dió; y los cirujanos las tomaron de entrambas, por no ser nada escrupulosos.

Un mes, ó poco más, estuvieron los enfermos curándose, sin querer dejarlos las señoras francesas: tanta fué la amistad que trabaron y el gusto que sintieron de la discreta conversacion de Auristela y de Constanza, y de los dos sus hermanos, especialmente Feliz Flora, que no acertaba á quitarse de la cabecera de Antonio, amándole con un tan comedido amor, que no se extendia á más que á ser benevolencia y á ser como agradecimiento del bien que dél habia recebido cuando su saeta la libró de las manos de Rubertino, que, segun Feliz Flora contaba, era un caballero, señor de un castillo que cerca de otro suyo tenia; el cual Rubertino, llevado no de perfecto, sino de vicioso amor, habia dado en seguirla y perseguirla, y en rogarla le diese la mano de esposa; pero que ella, que por mil experiencias y por la fama, que pocas veces miente, habia conocido ser Rubertino de áspera y cruel condicion y de mudable y antojadiza voluntad, no habia querido conceder con su demanda, y que imaginaba que, acosado de sus desdenes, habria salido al camino á roballa y hacer de ella por fuerza lo que la voluntad no habia podido; pero que la flecha de Antonio habia cortado todos sus crueles y mal fabricados disinios, y esto le movia á mostrarse agradecida.

Todo esto que Feliz Flora dijo, pasó así, sin faltar punto, y cuando se llegó el de la sanidad de los enfermos, y sus fuerzas comenzaron á dar muestras della, volvieron á renovarse sus deseos, á lo ménos los de volver á su camino, y así lo pusieron por obra, acomodándose de todas las cosas necesarias, sin que, como está dicho, quisiesen las señoras francesas dejar á los peregrinos, á quien ya trataban con admiracion y con respeto, porque las razones del llanto de Auristela les habian hecho concebir en sus ánimos que debian de ser grandes señores; que tal vez la majestad suele cubrirse de buriel, y la grandeza vestirse de humildad. En efeto, con perplejos pensamientos los miraban: el pobre acompañamiento suyo les hacia tener en estima de condicion mediana, el brío de sus personas y la belleza de sus rostros levantaban su calidad al cielo, y así entre el sí y el no andaban dudosas.

Ordenaron las damas francesas que fuesen todos á caballo, porque la caida de Periandro no consentia que se fiase de sus piés. Feliz Flora, agradecida al golpe de Antonio el bárbaro, no sabia quitarse de su lado, y tratando del atrevimiento de Rubertino, á quien dejaban muerto y enterrado, y de la extraña historia del Conde Domicio, á quien las joyas de su prima, juntamente con quitarle el juicio, le habian quitado la vida, y del vuelo milagroso de su mujer, más para ser admirado que creido, llegaron á un rio que se vadeaba con algun trabajo. Periandro fué de parecer que se buscase la puente, pero todos los demas no vinieron en él; y bien así como cuando al represado rebaño de mansas ovejas, puestas en lugar estrecho, hace camino la una, á quien las demas al momento siguen, Belarminia se arrojó al agua, á quien todos siguieron, sin quitarse del lado de Auristela Periandro, ni del de Feliz Flora Antonio, llevando tambien junto á sí á su hermana Constanza.

Ordenó, pues, la suerte que no fuese buena la de Feliz Flora, porque la corriente del agua le desvaneció la cabeza de modo, que sin poder tenerse, dió consigo en mitad de la corriente, tras quien se abalanzó con no creida presteza el cortés Antonio, y sobre sus hombros, como á otra nueva Europa, la puso en la seca arena de la contraria ribera. Ella, viendo el presto beneficio, le dijo: «Muy cortés eres, español.» A quien Antonio respondió: «Si mis cortesías no nacieran de tus peligros, estimáralas en algo; pero, como nacen de ellos, ántes me descontentan que alegran.» Pasó, en fin, el, como he dicho otras veces, hermoso escuadron, y llegaron al anochecer á una casería, que, junto con serlo, era meson, en el cual se alojaron á toda su voluntad; y lo que en él les sucedió, nuevo estilo y nuevo capítulo pide.

CAPITULO XVI.

De cómo encontraron con Luisa, la mujer del polaco, y lo que les contó un escudero de la Condesa Ruperta.

Cosas y casos suceden en el mundo, que si la imaginacion ántes de suceder pudiera hacer que así sucedieran, no acertara á trazarlos; y así muchos, por la raridad con que acontecen, pasan plaza de apócrifos, y no son tenidos por tan verdaderos como lo son, y así es menester que les ayuden juramentos, ó á lo ménos el buen crédito de quien los cuenta; aunque yo digo que mejor sería no contarlos, segun lo aconsejan aquellos antiguos versos castellanos que dicen:

> Las cosas de admiracion
> No las digas ni las cuentes;
> Que no saben todas gentes
> Cómo son.

La primera persona con quien encontró Constanza fué con una moza de gentil parecer, de hasta veinte y dos años, vestida á la española, limpia y aseadamente, la cual, llegándose á Constanza, le dijo en lengua castellana: «Bendito sea Dios, que veo gente, si no de mi tierra, á lo ménos de mi nacion española; bendito sea Dios, digo otra vez, que oiré decir *vuesa merced*, y no *señoría* hasta los mozos de cocina.

—Desa manera, respondió Constanza, vos, señora, española debeis de ser.

—Y ¡cómo si lo soy! respondió ella, y áun de la mejor tierra de Castilla.

—¿De cuál? replicó Constanza.

—De Talavera de la Reina», respondió ella.

Apénas hubo dicho esto, cuando á Constanza le vinieron barruntos que debia de ser la esposa de Ortel Banedre, el polaco, que por adúltera quedaba presa en Madrid; cuyo marido, persuadido de Periandro, la habia dejado presa y ídose á su tierra; y en un instante fabricó en su imaginacion un monton de cosas, que puestas en efeto, le sucedieron casi como las habia pensado. Tomóla por la mano, y fuése donde estaba Auristela, y apartándola aparte con Periandro, les dijo: «Señores, vosotros estáis dudosos de si la ciencia que yo tengo de adevinar es falsa ó verdadera; la cual ciencia no se acredita con decir las cosas que están por venir, porque solo Dios las sabe, y si algun humano las acierta, es acaso, ó por algunas premisas á quien la experiencia de otras semejantes tiene acreditadas: si yo os dijese cosas pasadas, que no hubiesen llegado ni pudiesen llegar á mi noticia, ¿qué diríades? ¿Quereislo ver? Esta buena hija que tenemos delante es de Talavera de la Reina, que casó con un extranjero polaco, que se llamaba, si mal no me acuerdo, Ortel Banedre, á quien ella ofendió con alguna desenvoltura con un mozo de meson que vivia frontero de su casa; la cual, llevada de sus ligeros pensamientos y en los brazos de sus pocos años, se salió de casa de sus padres con el referido mozo, y fué presa en Madrid con el adúltero, donde debe de haber pasado muchos trabajos, así en la prision como en el haber llegado hasta aquí, que quiero que ella nos los cuente, porque, aunque yo los adivine, ella nos los contará con más puntualidad y con más gracia.

—¡Ay cielos santos! dijo la moza, ¿y quién es esta señora, que me ha leido mis pensamientos? Quién es esta adivina, que ansí sabe la desvergonzada historia de mi vida? Yo, señora, soy esa adúltera, yo soy esa presa y condenada á destierro de diez años, porque no tuve parte que me siguiese, y soy la que aquí estoy en poder de un soldado español que va á Italia, comiendo el pan con dolor, y pasando la vida que por momentos me hace desear la muerte. Mi amigo, el primero, murió en la cárcel; éste, que no sé en qué número ponga, me socorrió en ella, de donde me sacó, y como he dicho, me lleva por esos mundos, con gusto suyo y con pesar mio; que no soy tan tonta, que no conozca el peligro en que traigo el alma en este vagamundo estado. Por quien Dios es, señores, pues sois españoles, pues sois cristianos y pues sois principales, segun lo da á entender vuestra presencia, que me saqueis del poder deste español, que será como sacarme de las garras de los leones.»

Admirados quedaron Periandro y Auristela de la discrecion sagaz de Constanza, y concediendo con ella, la reforzaron y acreditaron, y áun se movieron á favorecer con todas sus fuerzas á la perdida moza, la cual dijo que el español soldado no iba siempre con ella, sino una jornada adelante ó atras, por deslumbrar á la justicia.

«Todo eso está muy bien, dijo Periandro, y aquí daremos traza en vuestro remedio; que la que ha sabido adivinar vuestra vida pasada, tambien sabrá acomodaros en la venidera. Sed vos buena; que sin el cimiento de la bondad no se puede cargar ninguna cosa que lo parezca. No os desvieis por agora de nosotros; que vuestra edad y vuestro rostro son los mayores contrarios que podeis tener en las tierras extrañas.» Lloró la moza, enternecióse Constanza, y Auristela mostró los mismos sentimientos, con que obligó á Periandro á que el remedio de la moza buscase.

En esto estaban, cuando llegó Bartolomé y dijo: «Señores, acudid á ver la más extraña vision que habreis visto en vuestra vida.» Dijo esto tan asustado y tan como espantado, que pensando ir á ver alguna maravilla extraña, le siguieron, y en un apartamiento algo desviado de aquel donde estaban alojados los peregrinos y damas, vieron por entre unas esteras un aposento, todo cubierto de luto, cuya lóbrega escuridad no les dejó ver particularmente lo que en él habia; y estándole así mirando, llegó un hombre anciano, todo asimismo cubierto de luto, el cual les dijo: «Señores, de aquí á dos horas, que habrá entrado una de la noche, si gustais de ver á la señora Ruperta sin que ella os vea, yo haré que la veais; cuya vista os dará ocasion de que os admireis, así de su condicion como de su hermosura.

—Señor, respondió Periandro, este nuestro criado que aquí está nos convidó á que viniésemos á ver una maravilla, y hasta ahora no hemos visto otra que la deste aposento cubierto de luto, que no es maravilla ninguna.

—Si volveis á la hora que digo, respondió el enlutado, tendreis de qué maravillaros; porque habreis de saber que en este aposento se aloja la señora Ruperta, mujer que fué, apénas hace un año, del conde Lamberto de Escocia, cuyo matrimonio á él le costó la vida, y á ella verse en términos de perderla á cada paso, á causa que Claudino Rubicón, caballero de los principales de Escocia, á quien las riquezas y el linaje hicieron soberbio, y la condicion algo enamorado, quiso bien á mi señora siendo doncella, de la cual, si no fué aborrecido, á lo ménos fué desdeñado, como lo mostró el casarse con el Conde, mi señor. Esta presta resolucion de mi señora la bautizó Rubicón en deshonra y menosprecio suyo, como si la hermosa Ruperta no hubiera tenido padres que se lo mandaran y obligaciones precisas que le obligaran á ello, junto con ser más acertado ajustarse las edades entre los que se casan; que si puede ser, siempre los años del esposo con el número de diez han de llevar ventaja á los de la mujer, ó con algunos más, porque la vejez los alcance en un mismo tiempo.

»Era Rubicón varon viudo y que tenia un hijo de casi veinte y un años, gentil hombre en extremo y de mejores condiciones que el padre; tanto, que si él se hubiera opuesto á la cátedra de mi señora, hoy viviera mi señor el Conde, y mi señora estuviera más alegre. Sucedió, pues, que yendo mi señora Ruperta á holgarse con su esposo á una villa suya, acaso y sin pensar, en un despoblado encontramos á Rubicón, con muchos criados suyos que le acompañaban. Vió á mi señora, y su vista despertó el agravio que á su parecer se le habia hecho, y fué de suerte, que en lugar del amor, nació la ira, y de la ira, el deseo de hacer pesar á mi señora; y como las venganzas de los que bien se han querido sobrepujan á las ofensas hechas, Rubicón, despechado, impaciente y atrevido, desenvainando la espada, corrió al Conde, mi señor, que estaba inocente deste caso, sin que tuviese lugar de prevenirse del daño que no temia; y envainándosela en el pecho, dijo: «Tú me pagarás lo que no me debes; y si ésta es crueldad, mayor la usó tu esposa para conmigo, pues no una vez sola, sino cien mil, me quitan la vida sus desdenes.»

»A todo esto me hallé yo presente; oí las palabras, y vi con mis ojos y tenté con las manos la herida, escuché los llantos de mi señora, que penetraron los cielos. Volvimos á dar sepultura al Conde, y al enterrarle, por órden de mi señora se le cortó la cabeza, que en pocos dias, con cosas que se le aplicaron, quedó descarnada y en solamente los huesos; mandóla mi señora poner en una caja de plata, sobre la cual puestas sus manos, hizo este juramento... Pero olvídaseme por decir cómo el cruel Rubicón, ó ya por menosprecio, ó ya por más crueldad, ó quizá con la turbacion descuidado, se dejó la espada envainada en el pecho de mi señor, cuya sangre áun hasta agora muestra estar casi reciente en ella. Digo, pues, que dijo estas palabras: «Yo, la desdichada Ruperta, á quien han dado los cielos sólo nombre de hermosa, hago juramento al cielo, puestas las manos sobre estas dolorosas reliquias, de vengar la muerte de mi esposo con mi poder y con mi industria, si bien aventurase en ello una y mil veces esta miserable vida que tengo, sin que me espanten trabajos, sin que me falten ruegos hechos á quien pueda favorecerme; y en tanto que no llegáre á efeto este mi justo, si no cristiano, deseo, juro que mi vestido será negro, mis aposentos lóbregos, mis manteles tristes, y mi compañía la misma soledad; á la mesa estarán presentes estas reliquias, que me atormenten el alma; esta cabeza, que me diga sin lengua que vengue su agravio; esta espada, cuya no enjuta sangre me parece que veo, y la que, alterando la mia, no me deje sosegar hasta vengarme.» Esto dicho, parece que templó sus contínuas lágrimas y dió algun vado á sus dolientes suspiros. Hase puesto en camino de Roma, para pedir en Italia á sus príncipes favor y ayuda contra el matador de su esposo, que áun todavía la amenaza, quizá temeroso que suele ofender un mosquito más de lo que puede favorecer un águila. Esto, señores, vereis, como he dicho, de aquí á dos horas; y si no os dejáre admirados, ó yo no habré sabido contarlo, ó vosotros tendreis el corazon de mármol.» Aquí dió fin á su plática el enlutado escudero, y los peregrinos, sin ver á Ruperta, desde luego se comenzaron á admirar del caso.

CAPITULO XVII.

Del dichoso fin que tuvo el rencor de la Condesa Ruperta.

La ira, segun se dice, es una revolucion de la sangre que está cerca del corazon, la cual se altera en el pecho con la vista del objeto que agravia, y tal vez con la memoria; tiene por último fin y paradero suyo la venganza, que como la tome el agraviado, sin razon ó con ella, sosiega. Esto nos lo dará á entender la hermosa Ruperta, agraviada y airada, y con tanto deseo de vengarse de su contrario, que aunque sabia que era ya muerto, dilataba su cólera por todos sus descendientes, sin querer dejar, si pudiera, vivo ninguno dellos; que la cólera de la mujer no tiene límite.

Llegóse la hora de que la fueron á ver los peregrinos, sin que ella los viese, y viéronla hermosa en todo extremo, con blanquísimas tocas, que desde la cabeza casi le llegaban á los piés, sentada delante de una mesa, sobre la cual tenia la cabeza de su esposo en la caja de plata, la espada con que le habian quitado la vida, y una camisa, que ella se imaginaba que áun no estaba enjuta de la sangre de su esposo. Todas estas insignias dolorosas dispertaron su ira, la cual no tenia necesidad que nadie la despertase, porque nunca dormia. Levantóse en pié, y puesta la mano derecha sobre la cabeza del marido, comenzó á hacer y á revalidar el voto y juramento que dijo el enlutado escudero. Llovian lágrimas de sus ojos, bastantes á bañar las reliquias de su pasion; arrancaba suspiros del pecho, que condensaban el aire cerca y léjos; añadia al ordinario juramento razones que le agravaban, y tal vez parecia que arrojaba por los ojos, no lágrimas, sino fuego, y por la boca, no suspiros, sino humo: tan sujeta la tenia su pasion y el deseo de vengarse. ¿Veisla llorar, veisla suspirar, veisla no estar en sí, veisla blandir la espada matadora, veisla besar la camisa ensangrentada, y que rompe las palabras con sollozos? pues esperad no más de hasta mañana, y vereis cosas que os den sujeto para hablar en ellas mil siglos, si tantos tuviésedes de vida.

En mitad de la fuga de su dolor estaba Ruperta, y casi en los umbrales de su gusto, porque miéntras se amenaza, descansa el amenazador, cuando se llegó á ella uno de sus criados, como si se llegara una sombra negra, segun venia cargado de luto, y en mal pronunciadas palabras le dijo: «Señora, Croriano el galan, el hijo de tu enemigo, se acaba de apear agora con algunos criados; mira si quieres encubrirte, ó si quieres que te conozca, ó lo que será bien que hagas, pues tienes lugar para pensarlo.

—Que no me conozca, respondió Ruperta, y avisad á todos mis criados, que por descuido no me nombren, ni por cuidado me descubran.» Y esto diciendo, recogió sus prendas, y mandó cerrar el aposento y que ninguno entrase á hablalla. Volviéronse los peregrinos al suyo; quedó ella sola y pensativa, y no sé cómo se supo que habia hablado á solas estas ó otras semejantes razones: «Advierte ¡oh Ruperta! que los piadosos cielos te han traido á las manos, como simple víctima al sacrificio, al alma de tu enemigo; que los hijos, y más los únicos, pedazos del alma son de los padres. Ea, Ruperta, olvídate de que eres mujer, y si no quieres olvidarte desto, mira que eres mujer y agraviada; la sangre de tu marido te está dando voces, y en aquella cabeza sin lengua te está diciendo: «¡Venganza, dulce esposa mia; que me mataron sin culpa!» Sí, que no espantó la braveza de Holofernes á la humildad de Judit. Verdad es que la causa suya fué muy diferente que la mia: ella castigó á un enemigo de Dios, y yo quiero castigar á un enemigo que no sé si lo es mio; á ella le puso el hierro en las manos el amor de su patria, y á mí me lo pone el de mi esposo. Pero ¿para qué hago yo tan disparatadas comparaciones? ¿Qué tengo que hacer más, sino cerrar los ojos y envainar el acero en el pecho deste mozo? que tanto será mi venganza mayor, cuanto fuere menor su culpa. Alcance yo renombre de vengadora, y venga lo que viniere. Los deseos que se quieren cumplir no reparan en inconvenientes, aunque sean mortales; cumpla yo el mio, y tenga la salida por mi misma muerte.»

Esto dicho, dió traza y órden en cómo aquella noche se encerrase en la estancia de Croriano, donde le dió fácil entrada un criado suyo, traidor por dádivas, aunque él no pensó sino que hacia un gran servicio á su amo, llevándole al lecho una tan hermosa mujer como Ruperta, la cual, puesta en parte donde no pudo ser vista ni sentida, ofreciendo su suerte al disponer del cielo, sepultada en maravilloso silencio, estuvo esperando la hora de su contento, que le tenia puesto en la de la muerte de Croriano. Llevó, para ser instrumento del cruel sacrificio, un agudo cuchillo, que por ser arma mañera y no embarazosa, le pareció ser más á propósito; llevó asimismo una lanterna bien cerrada, en la cual ardia una vela de cera; recogió los espíritus de manera, que apénas osaba enviar la respiracion al aire. ¿Qué no hace una mujer enojada? ¿qué montes de dificultades no atropella en sus desinios? ¿qué enormes crueldades no le parecen blandas y pacíficas? No más, porque lo que en este caso se podia decir es tanto, que será mejor dejarlo en su punto, pues no se han de hallar palabras con que encarecerlo. Llegóse, en fin, la hora; acostóse Croriano, durmióse con el cansancio del camino, y entregóse, sin pensamiento de su muerte, al reposo.

Con atentos oidos estaba escuchando Ruperta si daba alguna señal Croriano de que durmiese; y asegurándola que dormia, así el tiempo que habia pasado desde que se acostó hasta entónces, como algunos dilatados alientos, que no los dan sino los dormidos; viendo lo cual, sin santiguarse, ni invocar ninguna deidad que la ayudase, abrió la lanterna, con que quedó claro el aposento, y miró dónde pondria los piés para que sin tropezar la llevasen al lecho. Ea, bella matadora, dulce enojada, verdugo agradable, ejecuta tu ira, satisface tu enojo, borra y quita del mundo tu agravio; que delante tienes en quien puedes hacerlo; pero mira, ¡oh hermosa Ruperta! si quieres, que no mires á ese hermoso Cupido que vas á descubrir; que se deshará en un punto toda la máquina de tus pensamientos. Llegó, en fin, y temblándole la mano, descubrió el rostro de Croriano, que profundamente dormia, y halló en él la propiedad del escudo de Medusa, que la convirtió en mármol; halló tanta hermosura, que fué bastante á hacerle caer el cuchillo de la mano, y á que diese lugar la consideracion del enorme caso que cometer queria. Vió que la belleza de Croriano, como hace el sol á la niebla, ahuyentaba las sombras de la muerte que darle queria, y en un instante no le escogió para víctima del cruel sacrificio, sino para holocausto santo de su gusto.

«¡Ay, dijo entre sí, generoso mancebo, y cuán mejor eres tú para ser mi esposo que para ser objeto de mi venganza! ¿Qué culpa tienes tú de la que cometió tu padre? y ¿qué pena se ha de dar á quien no tiene culpa? Gózate, gózate, jóven ilustre, y quédese en mi pecho mi venganza y mi crueldad encerrada; que cuando se sepa, mejor nombre me dará el ser piadosa que vengativa.» Esto diciendo, ya turbada y arrepentida, se le cayó la lanterna de las manos sobre el pecho de Croriano, que despertó con el calor de la vela. Hallóse á escuras; quiso Ruperta salirse de la estancia, y no acertó por dónde; dió voces Croriano, tomó la espada y saltó del lecho, y andando por el aposento, topó con Ruperta, que toda temblando, le dijo: «No me mates, ¡oh Croriano! puesto que soy una mujer que no há una hora que quise y pude matarte, y agora me veo en términos de rogarte que no me quites la vida.»

En esto entraron sus criados, al rumor, con luces, y vió Croriano y conoció á la bellísima viuda, como quien ve á la resplandeciente luna, de nubes blancas rodeada. «¿Qué es esto, señora Ruperta? le dijo; ¿son los pasos de la venganza los que hasta aquí os han traido, ó quereis que os pague yo los desafueros que mi padre os hizo? Que este cuchillo que aquí veo, ¿qué otra señal es, sino de que habeis venido á ser verdugo de mi vida? Mi padre es ya muerto, y los muertos no pueden dar satisfaccion de los agravios que dejan hechos; los vivos sí que pueden recompensarlos; y así, yo, que represento agora la persona de mi padre, quiero recompensaros la ofensa que él os hizo, lo mejor que pudiere y supiere; pero dejadme primero honestamente tocaros; que quiero ver si sois fantasma que aquí ha venido, ó á matarme, ó á engañarme, ó á mejorar mi suerte.

—Empeoróse la mia, respondió Ruperta, si es que halla modo el cielo como empeorarla. Sí: entré este dia pasado en este meson con alguna memoria tuya; veniste tú á él; no te vi cuando entraste; oí tu nombre, el cual despertó mi cólera y me movió á la venganza; concerté con un criado tuyo que me encerrase esta noche en este aposento; hícele que callase, sellándole la boca con algunas dádivas; entré en él; apercebíme deste cuchillo, y acrecenté el deseo de quitarte la vida; sentí que dormias, salí de donde estaba, y á la luz de una lanterna que conmigo traia te descubrí y vi tu rostro, que me movió á respeto y á reverencia; de manera que los filos del cuchillo se embotaron, el deseo de mi venganza se deshizo, cayóseme la vela de las manos, despertóte su fuego, diste voces, quedé yo confusa; de donde ha sucedido lo que has visto. Yo no quiero más venganzas ni más memoria de agravios. Vive en paz; que yo quiero ser la primera que haga mercedes por ofensas, si ya no lo son el perdonarte la culpa que no tienes.

—Señora, respondió Croriano, mi padre quiso casarse contigo; tú no quisiste; él, despechado, mató á tu esposo; murióse llevando al otro mundo esta ofensa. Yo he quedado, como parte tan suya, para hacer bien por su alma. Si quieres que te entregue la mia, recíbeme por tu esposo, si ya, como he dicho, no eres fantasma que me engañas; que las grandes venturas que vienen de improviso, siempre traen consigo alguna sospecha.

—Dame esos brazos, respondió Ruperta, y verás, señor, cómo este mi cuerpo no es fantástico, y que el alma que en él te entrego es sencilla, pura y verdadera.»

Testigos fueron destos abrazos y de las manos que por esposos se dieron, los criados de Croriano, que habian entrado con las luces; triunfó aquella noche la blanda paz desta dura guerra, volviéndose el campo de batalla en tálamo de desposorio; nació la paz de la ira, de la muerte la vida, y del disgusto el contento; amaneció el dia, y halló á los recien desposados cada uno en los brazos del otro. Leventáronse los peregrinos con deseo de saber qué habria hecho la lastimada Ruperta con la venida del hijo de su enemigo, de cuya historia estaban ya bien informados; salió el rumor del nuevo desposorio, y haciendo de los cortesanos, entraron á dar los parabienes á los novios, y al entrar en el aposento vieron salir del de Ruperta el anciano escudero que su historia les habia contado, cargado con la caja donde iba la calavera de su primero esposo, y con la camisa y espada que tantas veces habia renovado las lágrimas de Ruperta, y dijo que lo llevaba á donde no renovasen otra vez en las glorias presentes, pasadas desventuras; murmuró de la facilidad de Ruperta, y en general de todas las mujeres, y el menor vituperio que dellas dijo fué llamarlas antojadizas.

Levantáronse los novios ántes que entrasen los peregrinos; regocijáronse los criados, así de Ruperta como de Croriano, y volvióse aquel meson en alcázar real, digno de tan altos desposorios. En fin, Periandro y Auristela, Constanza y Antonio, su hermano, hablaron á los desposados y se dieron parte de sus vidas, á lo ménos la que convenia que se diesen.

CAPITULO XVIII.

Incendio en el meson; saca de él á todos un judiciario llamado Soldino; llévalos á su cueva, donde les pronostica felices sucesos.

En esto estaban, cuando entró por la puerta del meson un hombre, cuya larga y blanca barba más de ochenta años le daba de edad; venia vestido ni como peregrino ni como religioso, puesto que lo uno y lo otro parecia. Traia la cabeza descubierta, rasa y calva en el medio, y por los lados luengas y blanquísimas canas le pendian; sustentaba al agobiado cuerpo sobre un retorcido cayado, que de báculo le servia. En efeto, todo él y todas las partes representaban un venerable anciano digno de todo respeto, al cual apénas hubo visto la dueña del meson, cuando, hincándose ante él de rodillas, le dijo: «Contaré yo este dia, padre Soldino, entre los venturosos de mi vida, pues he merecido verte en mi casa; que nunca vienes á ella sino para bien mio»; y volviéndose á los circunstantes, prosiguió diciendo: «Este monton de nieve y está estatua de mármol blanco que se mueve, que aquí veis, señores, es la del famoso Soldino, cuya fama, no sólo en Francia, sino en todas partes de la tierra, se extiende.

—No me alabeis, buena señora, respondió el anciano; que tal vez la buena fama se engendra de la mala mentira; no la entrada, sino la salida, hace á los hombres venturosos: la virtud que tiene por remate el vicio, no es virtud, sino vicio; pero, con todo esto, quiero acreditarme con vos en la opinion que de mí teneis. Mirad hoy por vuestra casa, porque destas bodas y destos regocijos que en ella se preparan se ha de engendrar un fuego que casi toda la consuma.» A lo que dijo Croriano, hablando con Ruperta, su esposa: «Este sin duda debe de ser mágico ó adivino, pues predice lo por venir.»

Entreoyó esta razon el anciano, y respondió: «No soy mago ni adivino, sino judiciario, cuya ciencia, si bien se sabe, casi enseña á adivinar. Creedme, señores, por esta vez siquiera, y dejad esta estancia, y vamos á la mia, que en una cercana selva que aquí está, os dará, si no tan capaz, más seguro alojamiento.» Apénas hubo dicho esto, cuando entró Bartolomé, criado de Antonio, y dijo á voces: «Señores, las cocinas se abrasan, porque en la infinita leña que junto á ellas estaba se ha encendido tal fuego, que muestra no poder apagarle todas las aguas del mar.» Tras esta voz acudieron las de otros criados, y comenzaron á acreditarlas los estallidos del fuego. La verdad tan manifiesta acreditó las palabras de Soldino; y asiendo en brazos Periandro á Auristela, sin querer ir primero á averiguar si el fuego se podia atajar ó no, dijo á Soldino: «Señor, guíanos á tu estancia; que el peligro desta ya está manifiesto.» Lo mismo hizo Antonio con su hermana Constanza y con Feliz Flora, la dama francesa, á quien siguieron Deleasir y Belarminia, y la moza arrepentida de Talavera se asió del cinto de Bartolomé, y él del cabestro de su bagaje, y todos juntos, con los desposados y con la huéspeda, que conocia bien las adivinanzas de Soldino, le siguieron, aunque con tardo paso los guiaba. Las demas gentes del meson, que no habian estado presentes á las razones de Soldino, quedaron ocupados en matar el fuego; pero presto su furor les dió á entender que trabajaban en vano, ardiendo la casa todo aquel dia; que á cogerles el fuego de noche, fuera milagro escapar alguno que contara su furia.

Llegaron, en fin, á la selva, donde hallaron una ermita no muy grande, dentro de la cual vieron una puerta, que parecia serlo de una cueva escura. Antes de entrar en la ermita, dijo Soldino á todos los que le habian seguido: «Estos árboles con su apacible sombra os servirán de dorados techos, y la yerba deste amenísimo prado, si no de muy blancas, á lo ménos de muy blandas camas; yo llevaré conmigo á mi cueva á estos señores, porque les conviene, y no porque los mejore en la estancia»; y luego llamó á Periandro, á Auristela, á Constanza, á las tres damas francesas, á Ruperta, á Antonio y á Croriano, y dejando otra mucha gente fuera, se encerró con éstos en la cueva, cerrando tras sí la puerta de la ermita y de la cueva. Viéndose pues Bartolomé y la de Talavera no ser de los escogidos ni llamados de Soldino, ó ya de despecho, ó ya llevados de su ligera condicion, se concertaron los dos, viendo ser tan para en uno, de dejar Bartolomé á sus amos, y la moza sus arrepentimientos; y así aliviaron el bagaje de dos hábitos de peregrinos, y la moza á caballo y el galan á pié, dieron cantonada, ella á sus compasivas señoras, y él á sus honrados dueños, llevando en la intencion de ir tambien á Roma, como iban todos.

Otra vez se ha dicho que no todas las acciones verisímiles ni probables se han de contar en las historias, porque si no se les da crédito, pierden de su valor; pero al historiador no le conviene más de decir la verdad, parézcalo ó no lo parezca. Con esta máxima pues, el que escribió esta historia dice que Soldino con todo aquel escuadron de damas y caballeros bajó por las gradas de la escura cueva, y á ménos de ochenta gradas se descubrió el cielo luciente y claro, y se vieron unos amenos y tendidos prados, que entretenian la vista y alegraban las almas; y haciendo Soldino rueda de los que con él habian bajado, les dijo: «Señores, esto no es encantamento, y esta cueva por donde aquí hemos venido no sirve sino de atajo para llegar desde allá arriba á este valle que veis, que una legua de aquí tiene más fácil, más llana y más apacible entrada; yo levanté aquella ermita, y con mis brazos y con mi contínuo trabajo cavé la cueva y hice mio este valle, cuyas aguas y cuyos frutos con prodigalidad me sustentan. Aquí, huyendo de la guerra, hallé la paz; la hambre que en ese mundo de allá arriba, si así se puede decir, tenia, halló aquí á la hartura; aquí, en lugar de los príncipes y monarcas que mandaban en el mundo, á quien yo servia, he hallado á estos árboles mudos, que aunque altos y pomposos, son humildes; aquí no suena en mis oidos el desden de los emperadores, el enfado de sus ministros; aquí no veo dama que me desdeñe, ni criado que mal me sirva; aquí soy yo señor de mí mismo; aquí tengo mi alma en mi palma, y aquí por via recta encamino mis pensamientos y mis deseos al cielo; aquí he dado fin al estudio de las matemáticas, he contemplado el curso de las estrellas y el movimiento del sol y de la luna; aquí he hallado causas para alegrarme y causas para entristecerme, que aunque están por venir, serán ciertas, segun yo pienso; que corren parejas con la misma verdad. Agora, agora como presente, veo quitar la cabeza á un valiente pirata un valeroso mancebo, de la casa de Austria nacido. ¡Oh, si le viésedes, como yo le veo, arrastrando estandartes por el agua, bañando con menosprecio sus medias lunas, pelando sus luengas colas de caballos, abrasando bajeles, despedazando cuerpos y quitando vidas! Pero ¡ay de mí, que me hace entristecer otro coronado jóven, tendido en la seca arena, de mil moras lanzas atravesado, el uno nieto, y el otro hijo del rayo espantoso de la guerra, jamas como se debe alabado Cárlos Quinto, á quien yo serví muchos años, y serviria hasta que la vida se me acabara, si no lo estorbara el querer mudar la milicia mortal en la divina! Aquí estoy, donde sin libros, con sola la experiencia que he adquirido con el tiempo de mi soledad, te digo ¡oh Croriano! (y en saber yo tu nombre sin haberte visto jamas me acreditaré contigo) que gozarás de tu Ruperta largos años; y á tí, Periandro, te aseguro buen suceso de tu peregrinacion; tu hermana Auristela no lo será presto, y no porque ha de perder la vida con brevedad; á tí, ¡oh Constanza! subirás de condesa á duquesa, y tu hermano Antonio al grado que su valor merece. Estas señoras francesas, aunque no consigan los deseos que agora tienen, conseguirán otros que las honren y contenten. El haber pronosticado el fuego, el saber vuestros nombres sin haberos visto jamas, las muertes que he dicho que he visto ántes que vengan, os podrán mover, si quereis, á creerme, y más cuando halleis ser verdad que vuestro mozo Bartolomé con el bagaje y con la moza castellana se ha ido y os ha dejado á pié. No le sigais, porque no le alcanzareis; la moza es más del suelo que del cielo, y quiere seguir su inclinacion, á despecho y pesar de vuestros consejos. Español soy, que me obliga á ser cortés y á ser verdadero; con la cortesía os ofrezco cuanto estos prados me ofrecen, y con la verdad á la experiencia de todo cuanto os he dicho. Si os maravilláre de ver á un español en esta ajena tierra, advertid que hay sitios y lugares en el mundo saludables más que otros, y éste en que estamos lo es para mí más que ninguno; las alquerías, caserías y lugares que hay por estos contornos las habitan gentes católicas y santas; cuando conviene, recibo los sacramentos, y busco lo que no pueden ofrecer los campos para pasar la humana vida. Esta es la que tengo, de la cual pienso salir á la siempre duradera; y por agora no más, sino vámonos arriba; daremos sustento á los cuerpos, como aquí abajo le hemos dado á las almas.»

CAPITULO XIX.

Salen de la cueva de Soldino; prosiguen su jornada, pasando por Milan, y llegan á Luca.

Aderezóse la pobre más que limpia comida, aunque fué muy limpia, cosa no muy nueva para los cuatro peregrinos, que se acordaron entónces de la isla Bárbara y de las Ermitas, donde quedó Rutilio y adonde ellos comieron de los ya sazonados, y ya no, frutos de los árboles. Tambien se les vino á la memoria la profecía falsa de los isleños, y las muchas de Mauricio, con las moriscas del Jadraque, y últimamente con las del español Soldino; parecíanles que andaban rodeados de adivinanzas y metidos hasta el alma en la judiciaria astrología, que á no ser acreditada con la experiencia, con dificultad le dieran crédito. Acabóse la breve comida, salió Soldino con todos los que con él estaban, al camino, para despedirse dellos, y en él echaron ménos á la moza castellana y á Bartolomé el del bagaje, cuya falta no dió poca pesadumbre á los cuatro, porque les faltaba el dinero y la repostería. Mostró congojarse Antonio, y quiso adelantarse á buscarle, porque bien se imaginó que la moza le llevaba, ó él llevaba á la moza, ó por mejor decir, el uno se llevaba al otro; pero Soldino le dijo que no tuviese pena, ni se moviese á buscarlos, porque otro dia volveria su criado, arrepentido del hurto, y entregaria cuanto habia llevado. Creyéronlo, y así no curó Antonio de buscarle, y más, que Feliz Flora ofreció á Antonio de prestarle cuanto hubiese menester para su gasto y el de sus compañeros desde allí á Roma; á cuya liberal oferta se mostró Antonio agradecido lo posible, y áun se ofreció de darle prenda que cupiese en el puño, y en el valor pasase de cincuenta mil ducados; y esto fué pensando de darle una de las dos perlas de Auristela, que, con la cruz de diamantes, guardadas siempre consigo las traia. No se atrevió Feliz Flora á creer la cantidad del valor de la prenda; pero atrevióse á volver á hacer el ofrecimiento hecho.

Estando en esto, vieron venir por el camino y pasar por delante dellos hasta ocho personas á caballo, entre las cuales iba una mujer, sentada en un rico sillon y sobre una mula, vestida de camino, toda de verde, hasta el sombrero, que con ricas y várias plumas azotaba el aire, con un antifaz, asimismo verde, cubierto el rostro. Pasaron por delante dellos, y con bajar las cabezas, sin hablar palabra alguna, los saludaron y pasaron de largo. Los del camino tampoco hablaron palabra, y al mismo modo les saludaron. Quedábase atras uno de los de la compañía, y llegándose á ellos, pidió por cortesía un poco de agua; diéronsela, y preguntáronle qué gente era la que iba allí adelante, y qué dama la de lo verde. A lo que el caminante respondió: «El que allí adelante va es el señor Alejandro Castrucho, gentilhombre capuano, y uno de los ricos varones, no sólo de Capua, sino de todo el reino de Nápoles; la dama es su sobrina, la señora Isabela Castrucho, que nació en España, donde deja enterrado á su padre, por cuya muerte su tio la lleva á casar á Capua, y á lo que yo creo, no muy contenta.

—Eso será, respondió el escudero enlutado de Ruperta, no porque va á casarse, sino porque el camino es largo; que yo para mí tengo que no hay mujer que no desee enterrarse con la mitad que le falta, que es la del marido.

—No sé esas filosofías, respondió el caminante; sólo sé que va triste, y la causa ella se la sabe, y adios quedad, que es mucha la ventaja que mis dueños me llevan»; y picando apriesa, se les fué de la vista, y ellos, despidiéndose de Soldino, le abrazaron y le dejaron.

Olvidábase de decir cómo Soldino habia aconsejado á las damas francesas que siguiesen el camino derecho de Roma, sin torcerle para entrar en París, porque así les convenia. Este consejo fué para ellas como si se le dijera un oráculo; y así, con parecer de los peregrinos determinaron de salir de Francia por el Delfinado, y atravesando el Piamonte y el estado de Milan, ver á Florencia y luego á Roma. Tanteado, pues, este camino, con propósito de alargar algun tanto más las jornadas que hasta allí caminaron, otro dia, al romper del alba, vieron venir hácia ellos al tenido por ladron, Bartolomé el bagajero, detras de su bagaje, y él vestido como peregrino; todos gritaron cuando le conocieron, y los más le preguntaron qué huida habia sido la suya, qué traje aquel y qué vuelta aquella. A lo que él, hincado de rodillas delante de Constanza, casi llorando, respondió á todos: «Mi huida no sé cómo fué, mi traje ya veis que es de peregrino, mi vuelta es á restituir lo que quizá y sin quizá en vuestras imaginaciones me tenia confirmado por ladron. Aquí, señora Constanza, viene el bagaje con todo aquello que en él estaba, excepto dos vestidos de peregrinos, que el uno es éste que yo traigo, y el otro queda haciendo romera á la ramera de Talavera, que doy yo al diablo al amor y al bellaco que me lo enseñó; y es lo peor que lo conozco, y determino ser soldado debajo de su bandera, porque no siento fuerzas que se opongan á las que hace el gusto con los que poco saben. Echeme vuesa merced su bendicion, y déjeme volver, que me espera Luisa; y advierta que vuelvo sin blanca, fiado en el donaire de mi moza más que en la ligereza de mis manos, que nunca fueron ladronas ni lo serán, si Dios me guarda el juicio, si viviese mil siglos.»

Muchas razones le dijo Periandro para estorbarle su mal propósito, muchas le dijo Auristela, y muchas más Constanza y Antonio; pero todo fué, como dicen, dar voces al viento y predicar en desierto. Limpióse Bartolomé sus lágrimas, dejó su bagaje, volvió las espaldas y partió en un vuelo, dejando á todos admirados de su amor y de su simpleza.

Antonio, viéndole partir tan de carrera, puso una flecha en su arco, que jamas la disparó en vano, con intencion de atravesarle de parte á parte y sacarle del pecho el amor y la locura; mas Feliz Flora, que pocas veces se le apartaba del lado, le trabó del arco, diciéndole : «Déjale, Antonio; que harta mala ventura lleva en ir á poder y á sujetarse al yugo de una mujer loca.

—Bien dices, señora, respondió Antonio; y pues tú le das la vida, ¿quién ha de ser poderoso á quitársela?» Finalmente, muchos dias caminaron sin sucederles cosa digna de ser contada; entraron en Milan, admiróles la grandeza de la ciudad, su infinita riqueza, sus oros, que allí no solamente hay oro, sino oros; sus bélicas herrerías, que no parece sino que allí ha pasado las suyas Vulcano; la abundancia infinita de sus frutos, la grandeza de sus templos, y finalmente, la agudeza del ingenio de sus moradores. Oyeron decir á un huésped suyo que lo más que habia que ver en aquella ciudad era la academia de los Entronados, que estaba adornada de eminentísimos académicos, cuyos sutiles entendimientos daban qué hacer á la fama á todas horas y por todas las partes del mundo. Dijo tambien que aquel dia era de academia, y que se habia de disputar en ella si podia haber amor sin celos.

—Sí puede, dijo Periandro; y para probar esta verdad, no es menester gastar mucho tiempo.

—Yo, replicó Auristela, no sé qué es amor, aunque sé lo que es querer bien.»

A lo que dijo Belarminia : «No entiendo ese modo de hablar, ni la diferencia que hay entre amor y querer bien.

—Está, replicó Auristela, en que el querer bien puede

ser sin causa vehemente que os mueva la voluntad, como se puede querer á una criada que os sirve, ó á una estatua ó pintura que bien os parece ó que mucho os agrada, y éstas no dan celos, ni los pueden dar; pero aquello que dicen que se llama amor, que es una vehemente pasion del ánimo, como dicen, ya que no dé celos, puede dar temores, que lleguen á quitar la vida, del cual temor á mí me parece que no puede estar libre el amor en ninguna manera.

—Mucho has dicho, señora, respondió Periandro, porque no hay ningun amante que esté en posesion de la cosa amada, que no tema el perderla; no hay ventura tan firme, que tal vez no dé vaivenes; no hay clavo tan fuerte, que pueda detener la rueda de la fortuna; y si el deseo que nos lleva á acabar presto nuestro camino no lo estorbara, quizá mostrara yo hoy en la academia que puede haber amor sin celos, pero no sin temores.»

Cesó esta plática, estuvieron cuatro dias en Milan, en los cuales comenzaron á ver sus grandezas, porque á acabarlas de ver no dieran tiempo cuatro años. Partiéronse de allí, y llegaron á Luca, ciudad pequeña, pero hermosa y libre, que debajo de alas del imperio y de España se descuella y mira exenta á las ciudades de los príncipes que la desean; allí mejor que en otra parte ninguna son bien vistos y recebidos los españoles, y es la causa, que en ella no mandan ellos, sino ruegan, y como en ella no hacen estancia de más de un dia, no dan lugar á mostrar su condicion, tenida por arrogante. Aquí aconteció á nuestros pasajeros una de las más extrañas aventuras que se han contado en todo el discurso deste libro.

CAPITULO XX.

De lo que contó Isabela Castrucho acerca de haberse fingido endemoniada por los amores de Andrea Marulo.

Las posadas de Luca son capaces para alojar una compañía de soldados, en una de las cuales se alojó nuestro escuadron, siendo guiado de las guardas de las puertas de la ciudad, que se los entregaron al huésped por cuenta, para que á la mañana, ó cuando se partiesen, la habia de dar dellos. Al entrar vió la señora Ruperta que salia un médico, que tal le pareció en el traje, diciendo á la huéspeda de la casa, que tambien le pareció no podia ser otra: «Yo, señora, no me acabo de desengañar si esta doncella está loca ó endemoniada, y por no errar, digo que está endemoniada y loca, y con todo eso, tengo esperanza de su salud, si es que su tio no se da priesa á partirse.

—¡Ay Jesus! dijo Ruperta, ¿y en casa de endemoniados y locos nos apeamos? en verdad que si se toma mi parecer, no hemos de poner los piés dentro»; á lo que dijo la huéspeda: «Sin escrúpulo puede vuesa señoría (que éste es el merced de Italia) apearse, porque de cien leguas se puede venir á ver lo que está en esta posada.»

Apeáronse todos, y Auristela y Constanza, que habian oido las razones de la huéspeda, le preguntaron qué habia en aquella posada, que tanto encarecia el verla. «Vénganse conmigo, respondió la huéspeda, y verán lo que verán, y dirán lo que yo digo.» Guió, y siguiéronla, donde vieron echada en un lecho dorado á una hermosísima muchacha, de edad, al parecer, de diez y seis ó diez y siete años. Tenia los brazos aspados y atados con unas vendas á los balaustres de la cabecera del lecho, como que le querian estorbar el moverlos á ninguna parte; dos mujeres, que debian de servirla de enfermeras, andaban buscándole las piernas para atárselas tambien, á lo que la enferma dijo: «Basta que se me aten los brazos, que todo lo demas las ataduras de mi honestidad lo tienen ligado»; y volviéndose á las peregrinas, con levantada voz dijo: «Figuras del cielo, ángeles de carne, sin duda creo que venis á darme salud, porque de tan hermosa presencia y de tan cristiana visita no se puede esperar otra cosa. Por lo que debeis á ser quien sois, que sois mucho, que mandeis que me desaten, que con cuatro ó cinco bocados que me dé en el brazo quedaré harta, y no me haré más mal; porque no estoy tan loca como parezco, ni el que me atormenta es tan cruel, que dejará que me muerda.

—Pobre de tí, sobrina, dijo un anciano que habia entrado en el aposento, y ¡cuál te tiene ése que dices que no ha de dejar que te muerdas! Encomiéndate á Dios, Isabela, y procura comer, no de tus hermosas carnes, sino de lo que te diere este tu tio, que bien te quiere; lo que cria el aire, lo que mantiene el agua, lo que sustenta la tierra, te traeré; que tu mucha hacienda y mi voluntad mucha te lo ofrece todo.» La doliente moza respondió: «Déjenme sola con estos ángeles; quizá mi enemigo el demonio huirá de mí por no estar con ellos»; y señalando con la cabeza que se quedasen con ella Auristela, Constanza, Ruperta y Feliz Flora, dijo que los demas se saliesen, como se hizo con voluntad y áun con ruegos de su anciano y lastimado tio, del cual supieron ser aquella la gentil dama de lo verde, que al salir de la cueva del sabio español habian visto pasar por el camino, que el criado que se quedó atras les dijo que se llamaba Isabela Castrucho, y que se iba á casar al reino de Nápoles.

Apénas se vió sola la enferma, cuando, mirando á todas partes, dijo que mirasen si habia otra persona en el aposento, que aumentase el número de los que ella dijo que se quedasen. Mirólo Ruperta y escudriñólo todo, y aseguró no haber otra persona que ellos. Con esta seguridad, sentóse Isabela como pudo en el lecho, y dando muestras de que queria hablar de propósito, rompió la voz con un tan grande suspiro, que pareció que con él se le arrancaba el alma; el fin del cual fué tenderse otra vez en el lecho, y quedar desmayada con señales tan de muerte, que obligó á los circunstantes á dar voces, pidiendo un poco de agua para bañar el rostro de Isabela, que á más andar se iba al otro mundo. Entró el mísero tio, llevando una cruz en la una mano, y en la otra un hisopo bañado en agua bendita; entraron asimismo con él dos sacerdotes, que creyendo ser el demonio quien la fatigaba, pocas veces se apartaban della. Entró asimismo la huéspeda con el agua, rociáronle el rostro, y volvió en sí, diciendo: «Excusadas son por agora estas prevenciones; yo saldré presto, pero no ha de ser cuando vosotros quisiéredes, sino cuando á mí me parezca, que será cuando viniere á esta ciudad Andrea Marulo, hijo de Juan Bautista Marulo, caballero desta ciudad; el cual Andrea agora está estudiando en Salamanca, bien descuidado destos sucesos.»

Todas estas razones acabaron de confirmar en los oyentes

la opinion que tenian de estar Isabela endemoniada, porque no podian pensar cómo pudiese saber ella Juan Bautista Marulo quién fuese, y su hijo Andrea, y no faltó quien fuese luego á decir al ya nombrado Juan Bautista Marulo lo que la bella endemoniada dél y de su hijo habia dicho. Tornó á pedir que la dejasen sola con los que ántes habia escogido; dijéronle los sacerdotes los Evangelios, y hicieron su gusto, llevándole todos de la señal que habia dicho que daria cuando el demonio la dejase libre, que indubitablemente la juzgaron por endemoniada. Feliz Flora hizo de nuevo la pesquisa de la estancia, y cerrando la puerta della, dijo á la enferma: «Solas estamos; mira, señora, lo que quieres.

—Lo que quiero es, respondió Isabela, que me quiten estas ligaduras, que, aunque son blandas, me fatigan, porque me impiden.» Hiciéronlo así con mucha diligencia, y sentándose Isabela en el lecho, asió de la una mano á Auristela y de la otra á Ruperta, y hizo que Constanza y Feliz Flora se sentasen junto á ella en el mismo lecho, y así apiñadas en un hermoso monton, con voz baja y lágrimas en los ojos dijo:

«Yo, señoras, soy la infelice Isabela Castrucho, cuyos padres me dieron nobleza, la fortuna hacienda, y los cielos algun tanto de hermosura. Nacieron mis padres en Capua, pero engendráronme en España, donde nací, y me crié en casa deste mi tio que aquí está, que en la córte del Emperador la tenia. ¡Válame Dios! y ¿para qué tomo yo tan de atras la corriente de mis desventuras? Estando, pues, yo en casa deste mi tio, ya huérfana de mis padres, que á él me dejaron encomendada y por tutor mio, llegó á la córte un mozo, á quien yo vi en una iglesia, y le miré tan de propósito... y no os parezca esto, señoras, desenvoltura, que no parecerá si considuráredes que soy mujer; digo que le miré en la iglesia de tal modo, que en casa no podia estar sin mirarle, porque quedó su presencia tan impresa en mi alma, que no podia apartarla de mi memoria; finalmente, no me faltaron medios para entender quién él era y la calidad de su persona, y qué hacia en la córte, ó dónde iba; y lo que saqué en limpio fué que se llamaba Andrea Marulo, hijo de Juan Bautista Marulo, caballero desta ciudad, más noble que rico, y que iba á estudiar á Salamanca. En seis dias que allí estuvo, tuve órden de escribirle quién yo era y la mucha hacienda que tenia, y que de mi hermosura se podia certificar viéndome en la iglesia. Escribíle asimismo que entendia que este mi tio me queria casar con un primo mio, porque la hacienda se quedase en casa, hombre no de mi gusto ni de mi condicion, como es verdad. Díjele asimismo que la ocasion en mí le ofrecia sus cabellos, que los tomase, y que no diese lugar, en no hacello, al arrepentimiento, y que no tomase de mi facilidad ocasion para no estimarme.

»Respondió, despues de haberme visto no sé cuántas veces en la iglesia, que por mi persona sola, sin los adornos de la nobleza y de la riqueza, me hiciera señora del mundo si pudiera, y que me suplicaba durase firme algun tiempo en mi amorosa intencion, lo ménos hasta que él dejase en Salamanca á un amigo suyo, que con él desta ciudad habia partido á seguir el estudio. Respondíle que sí haria, porque en mí no era el amor importuno ni indiscreto, que presto nace y presto se muere. Dejóme entónces por honrado, pues no quiso faltar á su amigo, y con lágrimas como enamorado, que yo se las vi verter, pasando por mi calle el dia que se partió sin dejarme, y yo me fuí con él sin partirme. Otro dia, ¡quién podrá creer esto! ¡qué de rodeos tienen las desgracias para alcanzar más presto á los desdichados! digo que otro dia concertó mi tio que volviésemos á Italia, sin poderme excusar ni valerme el fingirme enferma, porque el pulso y la color me hacian sana; mi tio no quiso creer que de enferma, sino de mal contenta del casamiento, buscaba trazas para no partirme. En este tiempo le tuve para escribir á Andrea de lo que me habia sucedido, y que era forzoso el partirme, pero que yo procuraria pasar por esta ciudad, donde pensaba fingirme endemoniada, y dar lugar con esta traza á que él le tuviese de dejar á Salamanca y venir á Luca, adonde, á pesar de mi tio y áun de todo el mundo, sería mi esposo; así que, en su diligencia estaba mi ventura y áun la suya, si queria mostrarse agradecido. Si las cartas llegaron á sus manos, que sí debieron de llegar, porque los portes las hacen ciertas, ántes de tres dias ha de estar aquí; yo por mi parte he hecho lo que he podido: una legion de demonios tengo en el cuerpo, que lo mismo es tener una onza de amor en el alma, cuando la esperanza desde léjos la anda haciendo cocos. Esta es, señoras mias, mi historia, ésta mi locura, ésta mi enfermedad: mis amorosos pensamientos son los demonios que me atormentan; paso hambre, porque espero hartura; pero con todo eso, la desconfianza me persigue, porque, como dicen en Castilla, *á los desdichados se les suelen helar las migas entre la boca y la mano.* Haced, señoras, de modo que acrediteis mi mentira y fortalezcais mis discursos, haciendo con mi tio que puesto que yo no sane, no me ponga en camino por algunos dias; quizá permitirá el cielo que llegue el de mi contento con la venida de Andrea.»

No habrá para qué preguntar si se admiraron ó no los oyentes de la historia de Isabela, pues la historia misma se trae consigo la admiracion, para ponerla en las almas de los que la escuchan. Ruperta, Auristela, Constanza y Feliz Flora le ofrecieron de fortalecer sus disinios, y de no partirse de aquel lugar hasta ver el fin dellos, pues á buena razon no podia tardar mucho.

CAPITULO XXI.

Llega Andrea Marulo; descúbrese la ficcion de Isabela, y quedan casados.

Priesa se daba la hermosa Isabela Castrucho á revalidar su demonio, y priesa se daban las cuatro, ya sus amigas, á fortalecer su enfermedad, afirmando con todas las razones que podian, de que verdaderamente era el demonio el que hablaba en su cuerpo; porque se vea quién es el amor, pues hace parecer endemoniados á los amantes. Estando en esto, que sería casi al anochecer, volvió el médico á hacer la segunda visita, y acaso trajo con él á Juan Bautista Marulo, padre de Andrea el enamorado, y al entrar del aposento de la enferma dijo: «Vea vuesa merced, señor Juan Bautista Marulo, la lástima desta doncella, y si merece que en su cuerpo de ángel se ande esparciendo el demonio; pero una esperanza nos consuela, y es, que nos ha dicho que presto saldrá de aquí, y dará por señal de su salida la venida del señor Andrea, vuestro hijo, que por instantes aguarda.

—Así me lo han dicho, respondió el señor Juan Bautista, y holgaríame yo que cosas mias fuesen paraninfos de tan buenas nuevas.

—Gracias á Dios y á mi diligencia, dijo Isabela, que si no fuera por mí, él se estuviera agora quédo en Salamanca, haciendo lo que Dios se sabe. Créame, señor Juan Bautista, que está presente, que tiene un hijo más hermoso que santo, y ménos estudiante que galan; que mal hayan las galas y las atildaduras de los mancebos que tanto daño hacen en la república, y mal hayan juntamente las espuelas que no son de rodaja, y los acicates que no son puntiagudos, y las mulas de alquiler que no se aventajan á las postas.»

Con éstas fué ensartando otras razones equívocas, conviene á saber, de dos sentidos, que de una manera las entendian sus secretarias, y de otra los demas circunstantes; ellas las interpretaban verdaderamente, y los demas como desconcertados disparates.

«¿Dónde vistes vos, señora, dijo Marulo, á mi hijo Andrea? ¿Fué en Madrid ó en Salamanca?

—No fué sino en Illescas, dijo Isabela, cogiendo guindas la mañana de San Juan al tiempo que alboreaba; mas, si va á decir verdad, que es milagro que yo la diga, siempre le veo y siempre le tengo en el alma.

—Aun bien, replicó Marulo, que esté mi hijo cogiendo guindas, y nó espulgándose, que es más propio de los estudiantes.

—Los estudiantes que son caballeros, respondió Isabela, de pura fantasía pocas veces se espulgan, pero muchas veces se rascan; que estos animalejos que se usan en el mundo tan de ordinario, son tan atrevidos, que así se entran por las calzas de los príncipes como por las frazadas de los hospitales.

—Todo lo sabes, malino, dijo el médico; bien parece que eres viejo»; y esto encaminando sus razones al demonio que pensaba que tenia Isabela en el cuerpo.

Estando en esto, que no parece sino que el mismo Satanas lo ordenaba, entró el tio de Isabela con muestras de grandísima alegría, diciendo:

«Albricias, sobrina mia; albricias, hija de mi alma; que ya ha llegado el señor Andrea Marulo, hijo del señor Juan Bautista, que está presente. Ea, dulce esperanza mia, cúmplenos la que nos has dado de que has de quedar libre en viéndole. Ea, demonio maldito, *vade retrò, exi foras*, sin que lleves pensamiento de volver á esta estancia, por más barrida y escombrada que la veas.

—Venga, venga, replicó Isabela, ese putativo Ganimédes, ese contrahecho Adónis, y déme la mano de esposo, libre, sano y sin cautela; que yo le he estado aquí aguardando más firme que roca puesta á las ondas del mar, que la tocan, mas no la mueven.»

Entró de camino Andrea Marulo, á quien ya en casa de sus padres le habian dicho la enfermedad de la extranjera Isabela, y de cómo le esperaba para darle por seña de la salida del demonio. El mozo, que era discreto y estaba prevenido, por las cartas que Isabela le envió á Salamanca, de lo que habia de hacer si la alcanzaba en Luca, sin quitarse las espuelas acudió á la posada de Isabela, y entró por su estancia como atontado y loco, diciendo: «Afuera, afuera, afuera, aparta, aparta, aparta, que entra el valeroso Andrea, cuadrillero mayor de todo el infierno, si es que no basta de una escuadra.» Con este alboroto y voces casi quedaron admirados los mismos que sabian la verdad del caso, tanto, que dijo el médico, y áun su mismo padre: «Tan demonio es éste como el que tiene Isabela»; y su tio dijo: «Esperábamos á este mancebo para nuestro bien, y creo que ha venido para nuestro mal.

—Sosiégate, hijo, sosiégate, dijo su padre; que parece que estás loco.

—¿No lo ha de estar, dijo Isabela, si me ve á mí? ¿No soy por ventura el centro donde reposan sus pensamientos? ¿No soy yo el blanco donde asestan sus deseos?

—Sí por cierto, dijo Andrea, sí que vos sois señora de mi voluntad, descanso de mi trabajo y vida de mi muerte. Dadme la mano de ser mi esposa, señora mia, y sacadme de la esclavitud en que me veo, á la libertad de verme debajo de vuestro yugo; dadme la mano, digo otra vez, bien mio, y alzadme de la humildad de ser Andrea Marulo á la alteza de ser esposo de Isabela Castrucho. Vayan de aquí fuera los demonios que quisieren estorbar tan sabroso nudo, y no procuren los hombres apartar lo que Dios junta.

—Tú dices bien, señor Andrea, replicó Isabela, y sin que aquí intervengan trazas, máquinas ni embelecos, dame esa mano de esposo y recíbeme por tuya.» Tendió la mano Andrea, y en aquel instante alzó la voz Auristela y dijo: «Bien se la pueden dar, que para en uno son.»

Pasmado y atónito tendió tambien la mano su tio de Isabela, y trabó de la de Andrea y dijo: «¿Qué es esto, señores? ¿Úsase en este pueblo que se case un diablo con otro?

—Que no, dijo el médico; que esto debe de ser burlando, para que el diablo se vaya, porque no es posible que este caso que va sucediendo pueda ser prevenido por entendimiento humano.

—Con todo eso, dijo el tio de Isabela, quiero saber de la boca de entrambos qué lugar le daremos á este casamiento, el de la verdad, ó el de la burla.

—El de la verdad, respondió Isabela, porque ni Andrea Marulo está loco, ni yo endemoniada; yo le quiero y escojo por mi esposo, si es que él me quiere y me escoge por su esposa.

—No loco ni endemoniado, sino con mi juicio entero, tal cual Dios ha sido servido de dármele»; y diciendo esto, tomó la mano de Isabela, y ella le dió la suya, y con dos síes quedaron indubitablemente casados.

«¿Qué es esto? dijo Castrucho otra vez; aquí de Dios; ¡cómo! y ¿es posible que así se deshonren las canas de este viejo?

—No las puede deshonrar, dijo el padre de Andrea, ninguna cosa mia: yo soy noble, y si no demasiadamente rico, no tan pobre, que haya menester á nadie; no entro ni salgo en este negocio: sin mi sabiduría se han casado los muchachos; que en los pechos enamorados la discrecion se adelanta á los años, y si las más veces los mozos en sus acciones disparan, muchas aciertan, y cuando aciertan, aunque sea acaso, exceden con muchas ventajas á las más consideradas. Pero mírese, con todo eso, si lo que aquí ha pasado puede pasar adelante; porque si se puede deshacer, las riquezas de Isabela no han de ser parte para que yo procure la mejora de mi hijo.» Dos sacerdotes que se hallaron presentes dijeron que era válido el matrimonio; presupuesto que, si con parecer de locos le habian comenzado, con parecer de verdaderamente cuerdos le habian confirmado.

«Y de nuevo le confirmamos», dijo Andrea, y lo mismo dijo Isabela; oyendo lo cual su tio, se le cayeron las alas del corazon y la cabeza sobre el pecho, y dando un profundo suspiro, vueltos los ojos en blanco, dió muestras de haberle sobrevenido un mortal parasismo. Lleváronle sus criados al lecho, levantóse del suyo Isabela, llevóla Andrea á casa de su padre, como á su esposa, y de allí á dos dias entraron por la puerta de una iglesia un niño, hermano de Andrea Marulo, á bautizar, Isabel y Andrea á casarse, y á enterrar el cuerpo de su tio, porque se vean cuán extraños son los sucesos desta vida : unos á un mismo punto se bautizan, otros se casan y otros se entierran. Con todo eso, se puso luto Isabela, porque ésta que llaman muerte mezcla los tálamos con las sepulturas y las galas con los lutos. Cuatro dias más estuvieron en Luca nuestros peregrinos y la escuadra de nuestros pasajeros, que fueron regalados de los desposados y del noble Juan Bautista Marulo. Y aquí dió fin nuestro autor al tercero libro desta historia.

LIBRO CUARTO.

CAPITULO PRIMERO.

Dase cuenta del razonamiento que pasó entre Periandro y Auristela.

Disputóse entre nuestra peregrina escuadra, no una, sino muchas veces, si el casamiento de Isabela Castrucho, con tantas máquinas fabricado, podia ser valedero, á lo que Periandro muchas veces dijo que sí, cuanto más que no les tocaba á ellos la averiguacion de aquel caso; pero lo que á él le habia descontentado era la junta del bautismo, casamiento y la sepultura, y la ignorancia del médico, que no atinó con la traza de Isabela ni con el peligro de su tio. Unas veces trataban en esto, y otras en referir los peligros que por ellos habian pasado.

Andaban Croriano y Ruperta, su esposa, atentísimos inquiriendo quién fuesen Periandro y Auristela, Antonio y Constanza, lo que no hacian por saber quién fuesen las tres damas francesas, que desde el punto que las vieron fueron dellos conocidas. Con esto, á más que medianas jornadas, llegaron á Acuapendente, lugar cercano á Roma, á la entrada de la cual villa, adelantándose un poco Periandro y Auristela de los demas, sin temor que nadie los escuchase ni oyese, Periandro habló á Auristela desta manera: «Bien sabes ¡oh señora! que las causas que nos movieron á salir de nuestra patria y á dejar nuestro regalo fueron tan justas como necesarias: ya los aires de Roma nos dan en el rostro; ya las esperanzas que nos sustentan nos bullen en las almas; ya, ya hago cuenta que me veo en la dulce posesion esperada. Mira, señora, que será bien que des una vuelta á tus pensamientos, y escudriñando tu voluntad, mires si estás en la entereza primera, ó si lo estarás despues de haber cumplido tu voto; de lo que yo no dudo, porque tu real sangre no se engendró entre promesas mentirosas ni entre dobladas trazas. De mí te sé decir ¡oh hermosa Sigismunda! que este Periandro que aquí ves es el Persíles que en la casa del Rey mi padre viste; aquel, digo, que te dió palabra de ser tu esposo en los alcázares de su padre, y te la cumplirá en los desiertos de Livia, si allí la contraria fortuna nos llevase.»

Ibale mirando Auristela atentísimamente, maravillada de que Periandro dudase de su fe, y así le dijo: «Sola una voluntad ¡oh Persíles! he tenido en toda mi vida, y ésa habrá dos años que te la entregué, no forzada, sino de mi libre albedrío; la cual tan entera y firme está agora como el primer dia que te hice señor della; la cual, si es posible que se aumente, se ha aumentado y crecido entre los muchos trabajos que hemos pasado; de que tú estés firme en la tuya, me mostraré tan agradecida, que en cumpliendo mi voto, haré que se vuelvan en posesion tus esperanzas. Pero dime: ¿qué haremos despues que una misma coyunda nos ate y un mismo yugo oprima nuestros cuellos? Léjos nos hallamos de nuestras tierras, no conocidos de nadie en las ajenas, sin arrimo que sustente la hiedra de nuestras incomodidades. No digo esto porque me falte el ánimo de sufrir todas las del mundo como esté contigo, sino dígolo porque cualquiera necesidad tuya me ha de quitar la vida: hasta aquí, ó poco ménos de hasta aquí, padecia mi alma en sí sola; pero de aquí adelante padeceré en ella y en la tuya, aunque he dicho mal en partir estas dos almas, pues no son más que una.

—Mira, señora, respondió Periandro, cómo no es posible que ninguno fabrique su fortuna, puesto que dicen que cada uno es el artífice della desde el principio hasta el cabo; así yo no puedo responderte agora lo que haremos despues que la buena suerte nos ajunte. Rómpase agora el inconveniente de nuestra division; que despues de juntos, campos hay en la tierra que nos sustenten, y chozas que nos recojan, y hatos que nos encubran; que á gozarse dos almas que son una, como tú has dicho, no hay contentos con que igualarse, ni dorados techos que mejor nos alberguen. No nos faltará medio para que mi madre la Reina sepa dónde estamos, ni á ella le faltará industria para socorrernos; y en tanto esa cruz de diamantes que tienes, y esas dos perlas inestimables comenzarán á darnos ayudas, sino que temo que al deshacernos dellas se ha de deshacer nuestra máquina; porque ¿cómo se ha de creer que prendas de tanto valor se encubran debajo de una esclavina?» Y por venir dándoles alcance la demas compañía, cesó su plática, que fué la primera que habian hablado en cosas de su gusto, porque la mucha honestidad de Auristela jamas dió ocasion á Periandro á que en secreto la hablase, y con este artificio y seguridad notable pasaron la plaza de hermanos entre todos cuantos hasta allí los habian conocido; solamente en el desalmado y ya muerto Clodio pasó la malicia tan adelante, que llegó á sospechar la verdad.

Aquella noche llegaron una jornada ántes de Roma, y en un meson, adonde siempre les solia acontecer maravillas, les aconteció ésta, si es que así puede llamarse. Estando todos sentados á una mesa, la cual la solicitud del huésped y la diligencia de sus criados tenian abundantemente proveida, de un aposento del meson salió un gallardo peregrino con unas escribanías sobre el brazo izquierdo y un cartapacio en la mano, y habiendo hecho á todos la debida cortesía, en lengua castellana dijo: «Este traje de peregrino que visto, el cual trae consigo la obligacion de que pida limosna al que lo trae, me obliga á que os la pida, y tan aventajada y tan nueva, que sin darme joya alguna, ni prendas que lo valgan, me habeis de hacer rico. Yo, señores, soy un hombre curioso; sobre la mitad de mi alma predomina Marte, y sobre la otra mitad Mercurio y Apolo. Algunos años me he dado al ejercicio de la guerra, y algunos otros, y los más maduros, en el de las letras: en los de la guerra he alcanzado algun buen nombre, y por los de las letras he sido algun tanto estimado; algunos libros he impreso, de los ignorantes no condenados por malos, ni de los discretos han dejado de ser tenidos por buenos; y como la necesidad, segun se dice, es maestra de avivar los ingenios, este mio, que tiene un no sé qué de fantástico é inventivo, ha dado en una imaginacion algo peregrina y nueva, y es, que á costa ajena quiero sacar un libro á luz, cuyo trabajo sea, como he dicho, ajeno, y el provecho mio. El libro se ha de llamar *Flor de aforismos peregrinos*, conviene á saber, sentencias sacadas de la misma verdad, en esta forma: cuando en el camino ó en otra parte topo alguna persona, cuya presencia muestre ser de ingenio y de prendas, le pido me escriba en este cartapacio algun dicho agudo, si es que le sabe, ó alguna sentencia que lo parezca; y desta manera tengo ajuntados más de trescientos aforismos, todos dignos de saberse y de imprimirse, y no en nombre mio, sino de su mismo autor, que lo firmó de su nombre, despues de haberlo dicho. Esta es la limosna que pido, y la que estimaré sobre todo el oro del mundo.

—Dadnos, señor español, respondió Periandro, alguna muestra de lo que pedis, por quien nos guiemos; que en lo demas sereis servido como nuestros ingenios lo alcanzaren.

—Esta mañana, respondió el español, llegaron aquí y pasaron de largo un peregrino y una peregrina españoles, á los cuales, por ser españoles, declaré mi deseo, y ella me dijo que pusiese de mi mano (porque no sabia escribir) esta razon: *Más quiero ser mala con esperanzas de ser buena, que buena con propósito de ser mala.* Y díjome que firmase *La Peregrina de Talavera.*

»Tampoco sabia escribir el peregrino, y me dijo que escribiese: *No hay carga más pesada que la mujer liviana.* Y firmé por él, *Bartolomé el Manchego.*

»Deste modo son los aforismos que pido; y los que espero desta gallarda compañía serán tales, que realcen á los demas y les sirvan de adorno y de esmalte.

—El caso está entendido, respondió Croriano, y por mí, tomando la pluma al peregrino y el cartapacio, quiero comenzar á salir desta obligacion»; y escribió: *Más hermoso parece el soldado muerto en la batalla que sano en la huida.* Y firmó, *Croriano.*

Luego tomó la pluma Periandro y escribió: *Dichoso es el soldado que cuando está peleando sabe que le está mirando su príncipe.* Y firmó.

Sucedióle el bárbaro Antonio, y escribió: *La honra que se alcanza por la guerra, como se graba en láminas de bronce y con puntas de acero, es más firme que las demas honras.* Y firmóse *Antonio el Bárbaro*.

Y como allí no habia más hombres, rogó el peregrino que tambien aquellas damas escribiesen, y fué la primera que escribió Ruperta, y dijo: *La hermosura que se acompaña con la honestidad es hermosura, y la que no, no es más de un buen parecer.* Y firmó.

Segundóla Auristela, y tomando la plúma, dijo: *La mejor dote que puede llevar la mujer principal es la honestidad, porque la hermosura y la riqueza el tiempo la gasta ó la fortuna la deshace.* Y firmó. A quien siguió Constanza, escribiendo: *No por el suyo, sino por el parecer ajeno, ha de escoger la mujer el marido.* Y firmó.

Feliz Flora escribió tambien, y dijo: *A mucho obligan las leyes de la obediencia forzosa, pero á mucho más las fuerzas del gusto.* Y firmó.

Y siguiendo Belarminia, dijo: *La mujer ha de ser como el armiño, dejándose ántes prender que enlodarse.* Y firmó.

La última que escribió fué la hermosa Deleasir, y dijo: *Sobre todas las acciones desta vida tiene imperio la buena ó la mala suerte, pero más sobre los casamientos.* Esto fué lo que escribieron nuestras damas y nuestros peregrinos; de lo que el español quedó agradecido y contento; y preguntándole Periandro si sabía algun aforismo de memoria, de los que tenia allí escritos, le dijese, respondió que sólo uno diria, que le habia dado gran gusto por la firma del que lo habia escrito, que decia: *No desees, y serás el más rico hombre del mundo.* Y la firma decia: *Diego de Ratos, corcovado, zapatero de viejo en Tordesillas, lugar en Castilla la Vieja, junto á Valladolid.*

«Por Dios, dijo Antonio, que la firma está larga y tendida, y que el aforismo es el más breve y compendioso que pueda imaginarse, porque está claro que lo que se desea es lo que falta, y el que no desea no tiene falta de nada, y así será el más rico del mundo.»

Algunos otros aforismos dijo el español, que hicieron sabrosa la conversacion y la cena. Sentóse el peregrino con ellos, y en el discurso de la cena dijo: «No daré el privilegio deste mi libro á ningun librero en Madrid, si me da por él dos mil ducados; que allí no hay ninguno que no quiera los privilegios de balde, ó á lo ménos por tan poco precio, que no le luzga al autor del libro. Verdad es que tal vez suelen comprar un privilegio y imprimir un libro con quien piensan enriquecer, y pierden en él el trabajo y la hacienda; pero el destos aforismos, escrito se lleva en la frente la bondad y la ganancia.»

CAPITULO II.

Llegan á las cercanías de Roma, y en un bosque encuentran á Arnaldo y al Duque de Nemurs, heridos en desafío.

Bien podia intitularse el libro del peregrino español *Historia peregrina, sacada de diversos autores;* y dijera verdad, segun habian sido y iban siendo los que la componian; y no les dió poco que reir la firma de Diego de Ratos, el zapatero de viejo, y áun tambien les dió que pensar el dicho de Bartolomé el Manchego, que dijo *que no habia carga más pesada que la mujer liviana*, señal que le debia de pesar ya la que llevaba en la moza de Talavera. En esto fueron hablando otro dia, que dejaron al español, moderno y nuevo autor de nuevos y exquisitos libros, y aquel mismo dia vieron á Roma, alegrándoles las almas, de cuya alegría redundaba salud en los cuerpos. Alborozáronse los corazones de Periandro y de Auristela, viéndose tan cerca del fin de su deseo; los de Croriano y Ruperta y los de las tres damas francesas ansimismo, por el buen suceso que prometia el fin próspero de su viaje, entrando á la parte deste gusto los de Constanza y Antonio. Heríales el sol por cénit, á cuya causa, puesto que está más apartado de la tierra que en ninguna otra sazon del dia, hiere con más calor y vehemencia; y habiéndoles convidado una cercana selva que á su mano derecha se descubria, determinaron de pasar en ella el rigor de la siesta, que les amenazaba, y áun quizá la noche, pues les quedaba lugar demasiado para entrar el dia siguiente en Roma. Hiciéronlo así, y miéntras más entraban por la selva adelante, la amenidad del sitio, las fuentes que de entre las yerbas salian, los arroyos que por ella cruzaban, les iban confirmando en su mismo propósito.

Tanto habian entrado en ella, cuanto, volviendo los ojos, vieron que estaban ya encubiertos á los que por el real camino pasaban; y haciéndoles la variedad de los sitios variar en la imaginacion cuál escogerian, segun eran todos buenos y apacibles, alzó acaso los ojos Auristela, y vió pendiente de la rama de un verde sauce un retrato del grandor de una cuartilla de papel, pintado en una tabla no más del rostro de una hermosísima mujer, y reparando un poco en él, conoció claramente ser su rostro el del retrato, y admirada y suspensa, se le enseñó á Periandro. A este mismo instante dijo Croriano que todas aquellas yerbas manaban sangre, y mostró los piés en caliente sangre teñidos. El retrato, que luego descolgó Periandro, y la sangre que mostraba Croriano, los tuvo confusos á todos y en deseo de buscar así el dueño del retrato como de la sangre. No podia pensar Auristela quién, dónde ó cuándo pudiese haber sido sacado su rostro, ni se acordaba Periandro que el criado del Duque de Nemurs le habia dicho que el pintor que sacaba los de las tres damas francesas sacaria tambien el de Auristela con no más de haberla visto; que si de esto él se acordara, con facilidad diera en la cuenta de lo que no alcanzaba. El rastro que siguieron de la sangre llevó á Croriano y á Antonio, que le seguian, hasta ponerlos entre unos espesos árboles que allí cerca estaban, donde vieron al pié de uno un gallardo peregrino, sentado en el suelo, puestas las manos casi sobre el corazon y todo lleno de sangre; vista que les turbó en gran manera, y más cuando llegándose á él Croriano, le alzó el rostro, que sobre los pechos tenia derribado y lleno de sangre, y limpiándosele con un lienzo, conoció sin duda alguna ser el herido el Duque de Nemurs, que no bastó el diferente traje en que le hallaba para dejar de conocerle : tanta era la amistad que con él tenia.

El Duque herido, ó á lo ménos el que parecia ser el Duque, sin abrir los ojos, que con la sangre los tenia cerrados, con mal pronunciadas palabras dijo : «Bien hubieras hecho, ¡oh quien quiera que seas, enemigo mortal de mi descanso! si hubieras alzado un poco más la mano y dádome en mitad del corazon; que allí sí que hallaras el retrato más vivo y más verdadero que el que me hiciste quitar del pecho y colgar en el árbol, porque no me sirviese de reliquia y de escudo en nuestra batalla.»

Hallóse Constanza en este hallazgo, y como naturalmente era de condicion tierna y compasiva, acudió á mirarle la herida y á tomarle la sangre, ántes que á tener cuenta con las lastimosas palabras que decia; casi otro tanto le sucedió á Periandro y Auristela, porque la misma sangre les hizo pasar adelante á buscar el orígen de donde procedia, y hallaron entre unos verdes y crecidos juncos, tendido, otro peregrino, cubierto casi todo de sangre, excepto el rostro, que descubierto y limpio tenia; y así, sin tener necesidad de limpiársele, ni de hacer diligencias para conocerle, conocieron ser el Príncipe Arnaldo, que más desmayado que muerto estaba. La primera señal que dió de vida fué probarse á levantar, diciendo: «No le llevarás, traidor, porque el retrato es mio, por ser el de mi alma; tú le has robado, y sin haberte yo ofendido en cosa, me quieres quitar la vida.»

Temblando estaba Auristela con la no pensada vista de Arnaldo, y aunque las obligaciones que le tenia le impelian á que á él se llegase, no osaba, por la presencia de Periandro, el cual, tan obligado como cortés, asió de las manos del Príncipe, y con voz no muy alta, por no descubrir lo que quizá el Príncipe querria que se callase, le dijo: «Volved en vos, señor Arnaldo, y vereis que estáis en poder de vuestros mayores amigos, y que no os tiene tan desamparado el cielo, que no os podais prometer mejora de vuestra suerte: abrid los ojos, digo, y vereis á vuestro amigo Periandro y á vuestra obligada Auristela, tan deseosos de serviros como siempre; contadnos vuestra desgracia y todos vuestros sucesos, y prometéos de nosotros todo cuanto nuestra industria y fuerzas alcanzaren; decidnos si estáis herido, y quién os hirió y en qué parte, para que luego se procure vuestro remedio.» Abrió en esto los ojos Arnaldo, y conociendo á los dos que delante tenia, como pudo, que fué con mucho trabajo, se arrojó á los piés de Auristela, puesto que abrazado tambien á los de Periandro, que hasta en aquel punto guardó el decoro á la honestidad de Auristela, en la cual puestos los ojos, dijo: «No es posible que no seas tú, señora, la verdadera Auristela, y no imágen suya, porque no tendria ningun espíritu licencia ni ánimo para ocultarse debajo de apariencia tan hermosa; Auristela eres sin duda, y yo, tambien sin ella, soy aquel Arnaldo que siempre ha deseado servirte; en tu busca vengo, porque si no es parando en tí, que eres mi centro, no tendrá sosiego el alma mia.»

En el tiempo que esto pasaba, ya habian dicho á Croriano y á los demas el hallazgo del otro peregrino, y que daba tambien señales de estar mal herido; oyendo lo cual Constanza, habiendo tomado ya la sangre al Duque, acudió á ver lo que habia menester el segundo herido, y cuando conoció ser Arnaldo, quedó atónita y confusa; y supliendo su discrecion su sobresalto, sin entrar en otras razones, le dijo que le descubriese sus heridas, á lo que Arnaldo respondió con señalarle con la mano derecha el brazo izquierdo, señal de que allí tenia la herida. Desnudóle luego Constanza, y hallósele por la parte superior atravesado de parte á parte; tomóle luego la sangre, que áun corria, y dijo á

Periandro cómo el otro herido que allí estaba era el Duque de Nemurs, y que convenia llevarlos al pueblo más cercano, donde fuesen curados, porque el mayor peligro que tenian era la falta de la sangre.

Al oir Arnaldo el nombre del Duque, se estremeció todo, y dió lugar á que los frios celos se entrasen hasta el alma por las calientes venas, casi vacías de sangre, y así dijo, sin mirar lo que decia: «Alguna diferencia hay de un duque á un rey; pero en el estado del uno ni del otro, ni áun en el de todos los monarcas del mundo, cabe el merecer á Auristela»; y añadió y dijo: «No me lleven á donde llevaren al Duque; que la presencia de los agraviadores no ayuda nada á las enfermedades de los agraviados.» Dos criados traia consigo Arnaldo, y otros dos el Duque, los cuales, por órden de sus señores, los habian dejado allí solos, y ellos se habian adelantado á un lugar allí cercano, para tenerles aderezado alojamiento cada uno de por sí, porque áun no se conocian. «Miren tambien, dijo Arnaldo, si en un árbol destos que están aquí á la redonda está pendiente un retrato de Auristela, sobre quien ha sido la batalla que entre mí y el Duque hemos pasado; quítese y déseme, porque me cuesta mucha sangre, y de derecho es mio.» Casi esto mismo estaba diciendo el Duque á Ruperta y á Croriano y á los demas que con él estaban; pero á todos satisfizo Periandro, diciendo que él le tenia en su poder como en depósito, y que le volveria en mejor coyuntura á cúyo fuese. «¿Es posible, dijo Arnaldo, que se puede poner en duda la verdad de que el retrato sea mio? ¿No sabe ya el cielo que desde el punto que vi el original le trasladé en mi alma? Pero téngale mi hermano Periandro; que en su poder no tendrán entrada los celos, las iras y las soberbias de sus pretensores, y llévenme de aquí, que me desmayo.» Luego acomodaron en qué pudiesen ir los dos heridos, cuya vertida sangre, más que la profundidad de las heridas, les iba poco á poco quitando la vida, y así los llevaron al lugar donde sus criados les tenian el mejor alojamiento que pudieron, y hasta entónces no habia conocido el Duque ser el Príncipe Arnaldo su contrario.

CAPITULO III.

Entran en Roma, y alójanse en la casa de un judío llamado Manasés.

Invidiosas y corridas estaban las tres damas francesas, de ver que en la opinion del Duque estaba estimado el retrato de Auristela mucho más que ninguno de los suyos; que el criado que envió á retratarlas, como se ha dicho, les dijo que consigo los traia, entre otras joyas de mucha estima, pero que en el de Auristela idolatraba; razones y desengaño que las lastimó las almas; que nunca las hermosas reciben gusto, sino mortal pesadumbre, de que otras hermosuras igualen á las suyas, ni áun que se les comparen; porque la verdad que comunmente se dice, de que toda comparacion es odiosa, en la de las bellezas viene á ser odiosísima, sin que amistades, parentesco, calidades y grandezas se opongan al rigor desta maldita invidia, que así puede llamarse la que encendia las comparadas hermosuras. Dijo ansimismo que viniendo el Duque, su señor, desde París, buscando á la peregrina Auristela, enamorado de su retrato, aquella mañana se habia sentado al pié de un árbol con el retrato en las manos, que así hablaba con él muerto como con el original vivo, y que estando así, habia llegado el otro peregrino tan paso por las espaldas, que pudo bien oir lo que el Duque con el retrato hablaba; «sin que yo y otro compañero mio lo pudiésemos estorbar, porque estábamos algo desviados; en fin, corrimos á advertir al Duque que le escuchaban; volvió el Duque la cabeza y vió al peregrino, el cual, sin hablar palabra, lo primero que hizo fué arremeter al retrato y quitársele de las manos al Duque, que, como le cogió de sobresalto, no tuvo lugar de defenderle como él quisiera, y lo que le dijo fué, á lo ménos lo que yo pude entender: «Salteador de celestiales prendas, no profanes con tus sacrílegas manos la que en ellas tienes; deja esa tabla, donde está pintada la hermosura del cielo, ansí porque no la mereces, como por ser ella mia.

»—Eso no, respondió el otro peregrino, y si desta verdad no puedo darte testigos, remitiré su falta á los filos de mi estoque, que en este bordon traigo oculto.

»—Yo sí que soy el verdadero poseedor desta incomparable belleza, pues en tierras bien remotas de la que ahora estamos la compré con mis tesoros y la adoré con mi alma, y he servido á su original con mi solicitud y con mis trabajos.»

»El Duque entónces, volviéndose á nosotros, nos mandó con imperiosas razones los dejásemos solos, y que viniésemos á este lugar, donde le esperásemos, sin tener osadía de volver solamente el rostro á mirarles; lo mismo mandó el otro peregrino á los dos que con él llegaron, que, segun parece, tambien son sus criados; con todo esto, hurté algun tanto la obediencia á su mandamiento, y la curiosidad me hizo volver los ojos, y vi que el otro peregrino colgaba el retrato de un árbol, no porque puntualmente lo viese, sino porque lo conjeturé, viendo que luego, desenvainando del bordon que tenia un estoque, ó á lo ménos una arma que lo parecia, acometió á mi señor, el cual le salió á recebir con otro estoque, que yo sé que en el bordon traia. Los criados de entrambos quisimos volver á despartir la contienda; pero yo fuí de contrario parecer, diciéndoles que pues era igual y entre dos solos, sin temor ni sospecha de ser ayudados de nadie, que los dejásemos, y siguiésemos nuestro camino, pues en obedecerles no errábamos, y en volver quizá sí. Ahora sea lo que fuere, pues no sé si el buen consejo ó la cobardía nos emperezó los piés y nos ató las manos, ó si la lumbre de los estoques, hasta entónces áun no sangrientos, nos cegó los ojos, que no acertábamos á ver el camino que habia desde allí al lugar de la pendencia, sino el que habia al deste adonde ahora estamos. Llegamos aquí, hicimos el alojamiento con priesa, y con más animoso discurso volviamos á ver lo que habia hecho la suerte de nuestros dueños; hallámoslos cual habeis visto, donde, si vuestra llegada no los socorriera, bien sin provecho habia sido la nuestra.»

Esto dijo el criado, y esto escucharon las damas, y esto sintieron de manera, como si fueran amantes verdaderas del Duque; y al mismo instante se deshizo en la imaginacion de cada una la quimera y máquina, si alguna habia hecho ó levantado, de casarse con el Duque; que ninguna cosa quita ó borra el amor más presto de la memoria, que el desden en los principios de su nacimiento; que el desden en los principios del amor tiene la misma fuerza que tiene la hambre en la vida humana; á la hambre y al sueño se rinde la valentía, y al desden los más gustosos deseos. Verdad es que esto suele ser en los principios; que despues que el amor ha tomado larga y entera posesion del alma, los desdenes y desengaños le sirven de espuelas, para que con más ligereza corra á poner en efeto sus pensamientos. Curáronse los heridos, y dentro de ocho dias estuvieron para ponerse en camino y llegar á Roma, de donde habian venido cirujanos á verlos.

En este tiempo supo el Duque cómo su contrario era príncipe heredero del reino de Dinamarca, y supo ansimismo la intencion que tenia de escogerla por esposa; esta verdad calificó en él sus pensamientos, que eran los mismos que los de Arnaldo. Parecióle que la que era estimada para reina, lo podia ser para duquesa; pero entre estos pensamientos, entre estos discursos y imaginaciones se mezclaban los celos, de manera que le amargaban el gusto y le turbaban el sosiego; en fin, se llegó el dia de su partida, y el Duque y Arnaldo, cada uno por su parte entró en Roma, sin darse á conocer á nadie, y los demas peregrinos de nuestra compañía, llegando á la vista della, desde un alto montecillo la descubrieron, y hincados de rodillas, como á cosa sacra, la adoraron, cuando de entre ellos salió una voz de un peregrino, que no conocieron, que con lágrimas en los ojos comenzó á decir desta manera:

¡Oh grande, oh poderosa, oh sacrosanta,
Alma ciudad de Roma! A tí me inclino,
Devoto, humilde y nuevo peregrino,
A quien admira ver belleza tanta.
  Tu vista, que á tu fama se adelanta,
Al ingenio suspende, aunque divino,

De aquel que á verte y adorarte vino
Con tierno afecto y con desnuda planta.
   La tierra de tu suelo, que contemplo
Con la sangre de mártires mezclada,
Es la reliquia universal del suelo.
   No hay parte en tí que no sirva de ejemplo
De santidad, así como trazada
De la ciudad de Dios al gran modelo.

Cuando acabó de decir este soneto el peregrino, se volvió á los circunstantes, diciendo: «Habrá pocos años que llegó á esta santa ciudad un poeta español, enemigo mortal de sí mismo y deshonra de su nacion, el cual hizo y compuso un soneto en vituperio desta insigne ciudad y de sus ilustres habitadores; pero la culpa de su lengua pagara su garganta si le cogieran: yo, no como poeta, sino como cristiano, casi como en descuento de su cargo, he compuesto el que habeis oido.» Rogóle Periandro que le repitiese, hízolo así, alabáronsele mucho, bajaron del recuesto, pasaron por los prados de Madama, entraron en Roma por la puerta del Pópulo, besando primero una y muchas veces los umbrales y márgenes de la entrada de la ciudad santa, ántes de la cual llegaron dos judíos á uno de los criados de Croriano, y le preguntaron si toda aquella escuadra de gente tenia estancia conocida ya preparada donde alojarse; si no, que ellos se la darian tal, que pudiesen en ella alojarse príncipes; «porque habeis de saber, señor, dijeron, que nosotros somos judíos; yo me llamo Zabulon, y mi compañero Abiud; tenemos por oficio adornar casas de todo lo necesario, segun y como es la calidad del que quiere habitarlas, y allí llega su adorno, donde llega el precio que se quiere pagar por ellas.» A lo que el criado respondió: «Otro compañero mio desde ayer está en Roma, con intencion que tenga preparado el alojamiento conforme á la calidad de mi amo y de todos aquellos que aquí vienen.

—Que me maten, dijo Abiud, si no es éste el frances que ayer se contentó con la casa de nuestro compañero Manasés, que la tiene aderezada como casa real.

—Vamos pues adelante, dijo el criado de Croriano; que mi compañero debe de estar por aquí esperando á ser nuestra guía, y cuando la casa que tuviere no fuere tal, nos acomendaremos á la que nos diere el señor Zabulon.» Con esto pasaron adelante, y á la entrada de la ciudad vieron los judíos á Manasés, su compañero, y con él al criado de Croriano, por donde vinieron en conocimiento que la posada que los judíos habian pintado era la rica de Manasés; y así, alegres y contentos guiaron á nuestros peregrinos; que estaba junto al arco de Portugal.

Apénas entraron las francesas damas en la ciudad, cuando se llevaron tras sí los ojos de casi todo el pueblo, que por ser dia de estacion, estaba llena aquella calle de Nuestra Señora del Pópulo de infinita gente; pero la admiracion que comenzó á entrar poco á poco en los que á las damas francesas miraban, se acabó de entrar mucho á mucho en los corazones de los que vieron á la sin par Auristela y á la gallarda Constanza, que á su lado iba, bien así como van por iguales paralelos dos lucientes estrellas por el cielo; tales iban, que dijo un romano, que, á lo que se cree, debia de ser poeta: «Yo apostaré que la diosa Vénus, como en los tiempos pasados, vuelve á esta ciudad á ver las reliquias de su querido Enéas. Por Dios, que hace mal el señor Gobernador de no mandar que se cubra el rostro desta movible imágen; ¿quiere por ventura que los discretos se admiren, que los tiernos se deshagan y que los necios idolatren?» Con estas alabanzas, tan hipérboles como no necesarias, pasando adelante el gallardo escuadron, llegó al alojamiento de Manasés, bastante para alojar á un poderoso príncipe y á un mediano ejército.

CAPITULO IV.

De lo que pasó entre Arnaldo y Periandro, y entre el Duque de Nemurs y Croriano.

Extendióse aquel mismo dia la llegada de las damas francesas por toda la ciudad, con el gallardo escuadron de los peregrinos; especialmente se divulgó la desigual hermosura de Auristela, encareciéndola, si no como ella era, á lo ménos cuanto podian las lenguas de los más discretos ingenios. Al momento se coronó la casa de los nuestros de mucha gente, que los llevaba la curiosidad y el deseo de ver tanta belleza junta, segun se habia publicado. Llegó esto á tanto extremo, que desde la calle pedian á voces se asomasen á las ventanas las damas y las peregrinas, que reposando, no querian dejar verse; especialmente clamaban por Auristela, pero no fué posible que se dejase ver ninguna dellas.

Entre la demas gente que llegó á la puerta, llegaron Arnaldo y el Duque con sus hábitos de peregrinos, y apénas se hubo visto el uno al otro, cuando á entrambos les temblaron las piernas y les palpitaron los pechos; conociólos Periandro desde la ventana, díjoselo á Croriano, y los dos juntos bajaron á la calle para estorbar, en cuanto pudiesen, la desgracia que podian temer de dos tan celosos amantes. Periandro se pasó con Arnaldo, y Croriano con el Duque, y lo que Arnaldo dijo á Periandro fué: «Uno de los cargos mayores que Auristela me tiene, es el sufrimiento que tengo, consintiendo que este caballero frances, que dicen ser el Duque de Nemurs, esté como en posesion del retrato de Auristela, que puesto que está en tu poder, parece que es con voluntad suya, pues yo no le tengo en el mio. Mira, amigo Periandro: esta enfermedad que los amantes llaman celos, que la llamaran mejor desesperacion rabiosa, entran á la parte con ella la invidia y el menosprecio, y cuando una vez se apodera del alma enamorada, no hay consideracion que la sosiegue ni remedio que la valga; y aunque son pequeñas las causas que la engendran, los efectos que hace son grandes, que por lo ménos quitan el seso, y por lo más la vida; que mejor es al amante celoso el morir desesperado que vivir con celos, y el que fuere amante verdadero no ha de tener atrevimiento para pedir celos á la cosa amada; y puesto que llegue á tanta perfeccion, que no los pida, no puede dejarlos de pedir á sí mismo, digo á su misma ventura, de la cual es imposible vivir seguro; porque las cosas de mucho precio y valor tienen en contínuo temor al que las posee ó al que las ama, de perderlas; y ésta es una pasion que no se aparta del alma enamorada, como accidente inseparable.

»Aconséjote, ¡oh amigo Periandro! si es que puede dar consejo quien no le tiene para sí, que consideres que soy rey y que quiero bien, y que por mil experiencias estás satisfecho y enterado de que cumpliré con las obras cuanto con palabras he prometido, de recebir á la sin par Auristela, tu hermana, sin otra dote que la grande que ella tiene en su virtud y hermosura, y que no quiero averiguar la nobleza de su linaje, pues está claro que no habia de negar naturaleza los bienes de la fortuna á quien tantos dió de sí misma. Nunca en humildes sujetos, ó pocas veces, hacen su asiento virtudes grandes, y la belleza del cuerpo muchas veces es indicio de la belleza del alma; y para reducirme á un término solo, te digo lo que otras veces te he dicho: que adoro á Auristela, ora sea de linaje del cielo, ora de los ínfimos de la tierra; y pues ya está en Roma, adonde ella ha librado mis esperanzas, sé tú ¡oh hermano mio! parte para que me las cumpla; que desde aquí parto mi corona y mi reino contigo; y no permitas que yo muera escarnecido deste duque ni menospreciado de la que adoro.»

A todas estas razones, ofrecimientos y promesas respondió Periandro, diciendo: «Si mi hermana tuviera culpa en las causas que este duque ha dado á tu enojo, si no la castigara, á lo ménos la riñera, que para ella fuera un gran castigo; pero, como sé que no la tiene, no tengo qué responderte. En esto de haber librado tus esperanzas en su venida á esta ciudad, como no sé á dónde llegan las que te ha dado, no sé qué responderte; de los ofrecimientos que me haces y me has hecho estoy tan agradecido, como me obliga el ser tú el que los haces, y yo á quien se hacen; porque, con humildad sea dicho, ¡oh valeroso Arnaldo! quizá esta pobre muceta de peregrino sirve de nube, que por pequeña que sea, suele quitar los rayos al sol; y por ahora sosiégate; que ayer llegamos á Roma, y no es posible que en tan breve espacio se hayan fabricado discursos, dado trazas y levantado quimeras que reduzcan nuestras acciones á los felices fines que deseamos. Huye, en cuanto te fuere posible, de encontrarte con el Duque, porque un amante desdeñado y flaco de esperanzas suele tomar ocasion del despecho para fabricarlas, aunque sea en daño de lo que bien quiere.»

Arnaldo le prometió que así lo haria, y le ofreció prendas y dineros para sustentar la autoridad y el gasto, ansí el suyo como el de las damas francesas. Diferente fué la plática que tuvo Croriano con el Duque, pues toda se resolvió en que habia de cobrar el retrato de Auristela, ó habia de confesar Arnaldo no tener parte en él. Pidió tambien á Croriano fuese intercesor con Auristela le recebiese por esposo, pues su estado no era inferior al de Arnaldo, ni en la sangre le hacia ventaja ninguna de las más ilustres de Europa; en fin, él se mostró algo arrogante y algo celoso, como quien tan enamorado estaba. Croriano se lo ofreció ansimismo, y quedó en darle la respuesta que dijese Auristela al proponerle la ventura que se le ofrecia, de recebirle por esposo.

CAPITULO V.

De cómo por medio de Croriano fueron libres Bartolomé y la Talaverana, que estaban sentenciados á muerte.

Desta manera los dos contrarios celosos y amantes, cuyas esperanzas tenian fundadas en el aire, se despidieron, el uno de Periandro y el otro de Croriano, quedando ante todas cosas en reprimir sus ímpetus y disimular sus agravios, á lo ménos hasta tanto que Auristela se declarase, de la cual cada uno esperaba que habia de ser en su favor, pues al ofrecimiento de un reino y al de un estado tan rico como el del Duque, bien se podia pensar que habia de titubear cualquier firmeza y mudarse el propósito de escoger otra vida, por ser muy natural el amarse las grandezas y apetecerse la mejoría de los estados; especialmente suele ser este deseo más vivo en las mujeres. De todo esto estaba bien descuidada Auristela, pues todos sus pensamientos por entónces no se extendian á más que á enterarse en las verdades que á la salvacion de su alma convenian; que por haber nacido en partes tan remotas y en tierras adonde la verdadera fe católica no está en el punto tan perfecto como se requiere, tenia necesidad de acrisolarla en su verdadera oficina.

Al apartarse Periandro de Arnaldo, llegó á él un hombre español y le dijo: «Segun traigo las señas, si es que vuesa merced es español, para vuesa merced viene esta carta.» Púsole una en las manos, cerrada, cuyo sobrescrito decia: *Al ilustre señor Antonio de Villaseñor*, por otro nombre llamado *el Bárbaro*. Preguntóle Periandro que quién le habia dado aquella carta; respondióle el portador que un español que estaba preso en la cárcel que llaman Torre de Nona, y por lo ménos condenado á ahorcar por homicida, él y otra su amiga, mujer hermosa, llamada *la Talaverana*. Conoció Periandro los nombres y casi adivinó sus culpas, y respondió: «Esta carta no es para mí, sino para este peregrino que hácia acá viene»; y fué así, porque en aquel instante llegó Antonio, á quien Periandro dió la carta, y apartándose los dos á una parte, la abrió, y vió que así decia:

«Quien en mal anda, en mal pára; de dos piés, aunque »el uno esté sano, si el otro está cojo, tal vez cojea; que las »malas compañías no pueden enseñar buenas costumbres.

»La que yo trabé con la Talaverana, que no debiera, me
»tiene á mí y á ella sentenciados de remate para la horca.
»El hombre que la sacó de España, la halló aquí en Roma
»en mi compañía; recebió pesadumbre dello, asentóle la
»mano en mi presencia, y yo, que no soy amigo de burlas
»ni de recebir agravios, sino de quitarlos, volví por la moza,
»y á puros palos maté á su agraviador. Estando en la fuga
»de esta pendencia, llegó otro peregrino, que por el mismo
»estilo comenzó á tomarme la medida de las espaldas; dice
»la moza que conoció que el que me apaleaba era un su ma-
»rido, de nacion polaco, con quien se habia casado en Ta-
»lavera, y temiéndose que en acabando conmigo habia de
»comenzar por ella, porque le tenia agraviado, no hizo más
»de echar mano á un cuchillo, de dos que traia consigo
»siempre en la vaina, y llegándose á él, bonitamente se le
»clavó por los riñones, haciéndole tales heridas, que no tu-
»vieran necesidad de maestro; en efecto, el amigo á palos
»y el marido á puñaladas, en un instante concluyeron la car-
»rera mortal de su vida. Prendiéronnos al mismo punto y
»trajéronnos á esta cárcel, donde quedamos muy contra nues-
»tra voluntad; tomáronnos la confesion, confesamos nuestro
»delito, porque no le podiamos negar, y con esto ahorramos
»el tormento, que aquí llaman tortura; sustancióse el pro-
»ceso, dándose más prisa á ello de la que quisiéramos. Ya
»está concluso, y nosotros sentenciados á destierro, sino que
»es de esta vida para la otra. Digo, señor, que estamos sen-
»tenciados á ahorcar, de lo que está tan pesarosa la Talavera-
»na, que no lo puede llevar en paciencia; la cual besa á vuesa
»merced las manos, y á mi señora Constanza y al señor Pe-
»riandro y á mi señora Auristela, y dice que ella se holgara

»de estar libre para ir á besárselas á vuesas mercedes á sus
»casas. Dice tambien que si la sin par Auristela pone hal-
»das en cinta y quiere tomar á su cargo nuestra libertad,
»que le será fácil, porque ¿qué pedirá su grande hermosura,
»que no lo alcance, aunque la pida á la dureza misma? y
»añade más, y es que si vuesas mercedes no pudieren alcan-
»zar el perdon, á lo ménos procuren alcanzar el lugar de la
»muerte, y que como ha de ser en Roma, sea en España,
»porque está informada la moza que aquí no llevan los ahor-
»cados con la autoridad conveniente, porque van á pié y
»apénas los ve nadie, y así apénas hay quien les rece una
»*Ave Maria*, especialmente si son españoles los que ahorcan;
»y ella querria, si fuese posible, morir en su tierra y entre
»los suyos, donde no faltaria algun pariente que, de compa-
»sion, le cerrase los ojos. Yo tambien digo lo mismo, porque
»soy amigo de acomodarme á la razon, porque estoy tan
»mohino en esta cárcel, que á trueco de excusar la pesadum-
»bre que me dan las chinches en ella, tomaria por buen par-
»tido que me sacasen á ahorcar mañana; y advierto á vuesa
»merced, señor mio, que los jueces desta tierra no desdicen
»nada de los de España: todos son corteses y amigos de dar
»y recebir cosas justas, y que cuando no hay parte que so-
»licite la justicia, no dejan de llegarse á la misericordia, la
»cual, si reina en todos los valerosos pechos de vuesas mer-
»cedes, que sí debe de reinar, sujeto hay en nosotros en que
»se muestre, pues estamos en tierra ajena, presos en la cár-
»cel, comidos de chinches y de otros animales inmundos,
»que son muchos por pequeños, y enfadan como si fuesen
»grandes; y sobre todo, nos tienen ya en cueros y en la quinta
»esencia de la necesidad, solicitadores, procuradores y escri-

»banos, de quien Dios, nuestro Señor, nos libre por su infi-
»nita bondad, amén. Aguardando la respuesta quedamos,
»con tanto deseo de recebirla buena, como le tienen los
»cigoñinos en la torre, esperando el sustento de sus madres.»
Y firmaba: *El desdichado Bartolomé Manchego.*

En extremo dió la carta gusto á los dos que la habian leido, y en extremo les fatigó su afliccion; y luego, diciéndole al que la habia llevado dijese al preso que se consolase y tuviese esperanza de su remedio, porque Auristela y todos ellos, con todo aquello que dádivas y promesas pudiesen, le procurarian, al punto fabricaron las diligencias que habian de hacerse. La primera fué que Croriano hablase al Embajador de Francia, que era su pariente y amigo, para que no se ejecutase la pena tan presto, y diese lugar el tiempo á que le tuviesen los ruegos y las solicitudes; determinó tambien Antonio de escribir otra carta, en respuesta de la suya, á Bartolomé, con que de nuevo se renovase el gusto que les habia dado la suya; pero comunicando este pensamiento con Auristela y con su hermana Constanza, fueron las dos de parecer que no se la escribiese, porque á los afligidos no se ha de añadir afliccion, y podria ser que tomasen las burlas por véras, y se afligiesen con ellas; lo que hicieron fué dejar todo el cargo de aquella negociacion sobre los hombros y diligencia de Croriano y en los de Ruperta, su esposa, que se lo rogó ahincadamente, y en seis dias ya estaban en la calle Bartolomé y la Talaverana; que adonde interviene el favor y las dádivas, se allanan los riscos y se deshacen las dificultades.

En este tiempo le tuvo Auristela de informarse de todo aquello que á ella le parecia que le faltaba por saber de la fe católica, á lo ménos de aquello que en su patria escuramente se practicaba; halló con quién comunicar su deseo por medio de los penitenciarios, con quien hizo su confesion entera, verdadera y llana, y quedó enseñada y satisfecha de todo lo que quiso; porque los tales penitenciarios, en la mejor forma que pudieron, le declararon todos los principales y más convenientes misterios de nuestra santa fe. Comenzaron desde la invidia y soberbia de Lucifer, y desde su caida con la tercera parte de las estrellas, que cayeron con él en los abismos; caida que dejó vacas y vacías las sillas del cielo, que las perdieron los ángeles malos por su necia culpa; declaráronle el medio que Dios tuvo para llenar estos asientos, criando al hombre, cuya alma es capaz de la gloria que los ángeles malos perdieron; discurrieron por la verdad de la creacion del hombre y del mundo, y por el misterio sagrado y amoroso de la Encarnacion, y con razones sobre la razon misma, bosquejaron el profundísimo misterio de la Santísima Trinidad. Contaron cómo convino que la segunda persona de las tres, que es la del Hijo, se hiciese hombre, para que como Hombre-Dios pagase por el hombre, y Dios pudiese pagar como Dios; cuya union hipostática sólo podia ser bastante para dejar á Dios satisfecho de la culpa infinita cometida; que Dios infinitamente se habia de satisfacer, y el hombre, finito por sí, no podia, y Dios en sí solo era incapaz de padecer, pero juntos los dos, llegó el caudal á ser infinito, y ansí lo fué la paga. Mostráronle la muerte de Cristo, los trabajos de su vida, desde que se mostró en el pesebre hasta que se puso en la cruz; exageráronle la fuerza y eficacia de los sacramentos, y señaláronle con el dedo la segunda tabla de nuestro naufragio, que es la penitencia, sin la cual no hay abrir la senda del cielo, que suele cerrar el pecado. Mostráronle asimismo á Jesucristo, Dios vivo, sentado á la diestra del Padre, estando tan vivo y entero como en el cielo, sacramentado en la tierra; cuya santísima presencia no la puede dividir ni apartar ausencia alguna, porque uno de los mayores atributos de Dios, aunque todos son iguales, es el estar en todo lugar por potencia, por esencia y por presencia. Aseguráronle infaliblemente la venida deste Señor á juzgar el mundo sobre las nubes del cielo, y asimismo la estabilidad y firmeza de su Iglesia, contra quien pueden poco las puertas, ó por mejor decir, las fuerzas del infierno; trataron del poder del Sumo Pontífice, visorey de Dios en la tierra y llavero del cielo; finalmente, no les quedó por decir cosa que vieron que convenia para darse á entender, y para que Auristela y Periandro la entendiesen. Estas liciones ansí alegraron sus almas, que las sacaron de sí mismas, y se las llevaron á que paseasen los cielos, porque sólo en ellos pusieron sus pensamientos.

CAPITULO VI.

Contienda entre Arnaldo y el Duque de Nemurs, sobre la compra de un retrato de Auristela.

Con otros ojos se miraron de allí adelante Auristela y Periandro, á lo ménos con otros ojos miraba Periandro á Auristela, pareciéndole que ya ella habia cumplido el voto que la trajo á Roma, y que podia libre y desembarazadamente recibirle por esposo; pero si medio gentil amaba Auristela la honestidad, despues de catequizada la adoraba, no porque viese iba contra ella en casarse, sino por no dar indicios de pensamientos blandos, sin que precediesen ántes ó fuerzas ó ruegos. Tambien estaba mirando si por alguna parte le descubria el cielo alguna luz que le mostrase lo que habia de hacer despues de casada; porque pensar volver á su tierra lo tenia por temeridad y por disparate, á causa que el hermano de Periandro, que la tenia destinada para ser su esposa, quizá viendo burladas sus esperanzas, tomaria en ella y en su hermano Periandro venganza de su agravio. Estos pensamientos y temores la traian algo flaca y algo pensativa. Las damas francesas visitaron los templos y anduvieron las estaciones con pompa y majestad, porque Croriano, como se ha dicho, era pariente del Embajador de Francia, y no les faltó cosa que para mostrar ilustre decoro fuese necesaria, llevando siempre consigo á Auristela y á Constanza; y ninguna vez salian de casa, que no las seguia casi la mitad del pueblo de Roma; y sucedió que pasando un dia por una calle que se llama *de Bancos*, vieron en una pared della un retrato entero, de piés á cabeza, de una mujer que tenia una corona en la cabeza, aunque partida por medio la corona, y á los piés un mundo, sobre el cual estaba puesta; y apénas la hubieron visto, cuando conocieron ser el rostro de Auristela, tan al vivo dibujado, que no les puso en duda de conocerla.

Preguntó Auristela, admirada, cúyo era aquel retrato, y si se vendia acaso. Respondióle el dueño (que, segun despues se supo, era un famoso pintor) que él vendia aquel retrato, pero no sabia de quién fuese; sólo sabia que otro pintor su amigo se le habia vendido en Francia; el cual le habia dicho ser de una doncella extranjera que en hábitos de peregrina pasaba á Roma.

«¿Qué significa, respondió Auristela, haberla pintado con corona en la cabeza, y los piés sobre aquella esfera, y más estando la corona partida?

—Eso, señora, dijo el dueño, son fantasías de pintores, ó caprichos, como los llaman; quizá quieren decir que esta doncella merece llevar la corona de la hermosura, y que ella va hollando aquel mundo; pero yo quiero decir que dice que vos, señora, sois su original, y que mereceis corona entera, y no mundo pintado, sino real y verdadero.

—¿Qué pedis por el retrato?» preguntó Constanza. A lo que respondió el dueño: «Dos peregrinos están aquí, que el uno dellos me ha ofrecido mil escudos de oro, y el otro dice que no le dejará por ningun dinero; yo no he concluido la venta, por parecerme que se están burlando, porque la exorbitancia del ofrecimiento me hace estar en duda.

—Pues no lo estéis, replicó Constanza; que esos dos peregrinos, si son los que yo imagino, bien pueden doblar el precio y pagaros á toda vuestra satisfaccion.»

Las damas francesas, Ruperta, Croriano y Periandro quedaron atónitos de ver la verdadera imágen del rostro de Auristela en el del retrato; cayó la gente que el retrato miraba en que parecia el de Auristela, y poco á poco comenzó á salir una voz, que todos y cada uno de por sí afirmaba: «Este retrato que se vende, es el mismo desta peregrina que va en este coche; ¿para qué queremos ver al traslado, sino al original!» Y así comenzaron á rodear el coche, que los caballos no podian ir adelante ni volver atras; por lo cual dijo Periandro: «Auristela hermana, cúbrete el rostro con algun velo, porque tanta luz ciega, y no nos deja ver por dónde caminamos.» Hízolo así Auristela, y pasaron adelante; pero no por esto dejó de seguirlos mucha gente, que esperaban á que se quitase el velo, para verla como deseaban. Apénas se hubo quitado de allí el coche, cuando se llegó al dueño del retrato Arnaldo en sus hábitos de peregrino, y dijo: «Yo soy el que os ofrecí los mil escudos por este retrato; si le quereis dar, traedle y veníos conmigo; que yo os los daré luego de oro en oro.» A lo que otro peregrino, que era el Duque de Nemurs, dijo: «No repareis, hermano, en precio, sino veníos conmigo, y proponed en vuestra imaginacion el que quisiéredes; que yo os le daré luego de contado.

—Señores, respondió el pintor, concertáos los dos en cuál le ha de llevar; que yo no me desconcertaré en el precio, puesto que pienso que ántes me habeis de pagar con el deseo que con la obra.»

A estas pláticas estaba atenta mucha gente, esperando en qué habia de parar aquella compra, porque ver ofrecer millaradas de ducados á dos, al parecer, pobres peregrinos, parecíales cosa de burla. En esto dijo el dueño: «El que le quisiere déme señal y guie; que yo ya le descuelgo para llevársele.» Oyendo lo cual Arnaldo, puso la mano en el seno y sacó una cadena de oro con una joya de diamantes que de ella pendia, y dijo: «Tomad esta cadena, que con esta joya vale más de dos mil escudos, y traedme el retrato.

—Esta vale diez mil, dijo el Duque, dándole una de diamantes al dueño del retrato, y traédmele á mi casa.

—¡Santo Dios! dijo uno de los circunstantes, ¿qué retrato puede ser éste, qué hombres éstos y qué joyas éstas? Cosa de encantamento parece aquésta: por eso os aviso, hermano pintor, que deis un toque á la cadena y hagais experiencia de la fineza de las piedras ántes que deis vuestra hacienda; que podria ser que la cadena y las joyas fuesen falsas, porque del encarecimiento que de su valor han hecho, bien se puede sospechar.» Enojáronse los príncipes; pero por no echar más en la calle sus pensamientos, consintieron en que el dueño del retrato se enterase en la verdad del valor de las joyas.

Andaba revuelta toda la gente de *Bancos*, unos admirando el retrato, otros preguntando quién fuesen los peregrinos, otros mirando las joyas, y todos atentos esperando quién habia de quedar con el retrato, porque les parecia que estaban de parecer los dos peregrinos de no dejarle por ningun precio; diérale el dueño por mucho ménos de lo que le ofrecian, si se le dejaran vender libremente. Pasó en esto por *Bancos* el Gobernador de Roma, oyó el murmurio de la gente, preguntó la causa, vió el retrato y vió las joyas, y pareciéndole ser prendas de más que de ordinarios peregrinos, esperando descubrir algun secreto, las hizo depositar, y llevar el retrato á su casa y prender á los peregrinos. Quedóse el pintor confuso, viendo menoscabadas sus esperanzas, y su hacienda en poder de la justicia, donde jamas entró alguna que si saliese, fuese con aquel lustre con que habia entrado.

Acudió el pintor á buscar á Periandro y á contarle todo el suceso de la venta, y el temor que tenia no se quedase el Gobernador con el retrato, el cual, de un pintor que le habia retratado en Portugal, de su original, le habia él comprado en Francia; cosa que le pareció á Periandro posible, por haber sacado otros muchos en el tiempo que Auristela estuvo en Lisboa; con todo eso, le ofreció por él cien escudos, con que quedase á su riesgo el cobrarle. Contentóse el pintor; y aunque fué tan grande la baja de ciento á mil, le tuvo por bien vendido y mejor pagado. Aquella tarde, juntándose con otros españoles peregrinos, fué á andar las siete iglesias; entre los cuales peregrinos acertó á encontrarse con el poeta que dijo el soneto al descubrirse Roma; conociéronse y abrazáronse, y preguntáronse de sus vidas y sucesos. El poeta peregrino le dijo que el dia ántes le habia sucedido una cosa digna de contarse por admirable, y fué que habia tenido noticia de que un monseñor, clérigo de la Cámara, curioso y rico, tenia un museo el más extraordinario que habia en el mundo, porque no tenia figuras de personas que efectivamente hubiesen sido, ni entónces lo fuesen, sino unas tablas preparadas para pintarse en ellas los personajes ilustres que estaban por venir, especialmente los que habian de ser en los venideros siglos poetas famosos; entre las cuales tablas habia visto dos, que en el principio dellas estaba escrito, en la una *Torcuato Tasso*, y más abajo un poco decia *Jerusalen libertada;* en la otra estaba escrito *Zárate*, y más abajo, *Cruz y Constantino*.

«Preguntéle al que me las enseñaba qué significaban aquellos nombres. Respondióme que se esperaba que presto se habia de descubrir en la tierra la luz de un poeta que se habia de llamar Torcuato Tasso, el cual habia de cantar á *Jerusalen recuperada*, con el más heroico y agradable plectro que hasta entónces ningun poeta hubiese cantado, y que casi luego le habia de suceder un español, llamado Francisco Lopez de Zárate, cuya voz habia de llenar las cuatro partes de la tierra, y cuya armonía habia de suspender los corazones de las gentes, cantando *La Invencion de la Cruz de Cris-*

to, con las guerras del emperador Constantino; poema verdaderamente heroico y religioso, y digno del nombre de poema.» A lo que replicó Periandro: «Duro se me hace de creer que de tan atras se tome el cargo de aderezar las tablas donde se hayan de pintar los que están por venir; aunque en efeto, en esta ciudad, cabeza del mundo, están otras maravillas de mayor admiracion. Y ¿habrá otras tablas aderezadas para más poetas venideros? preguntó Periandro.

—Sí, respondió el peregrino; pero no quise detenerme á leer los títulos, contentándome con los dos primeros; pero así á bulto miré tantos, que me doy á entender que en la edad, cuando éstos vengan, que, segun me dijo el que me guiaba, no puede tardar, ha de ser grandísima la cosecha de todo género de poetas. Encamínelo Dios como él fuere más servido.

—Por lo ménos, respondió Periandro, el año que es abundante de poesía, suele serlo de hambre, porque *dámele poeta, y dártele he pobre* (si ya la naturaleza no se adelanta á hacer milagros); y síguese la consecuencia: ¿hay muchos poetas? luego hay muchos pobres; ¿hay muchos pobres? luego caro es el año.»

En esto iban hablando el peregrino y Periandro, cuando llegó á ellos Zabulon el judío, y dijo á Periandro que aquella tarde le queria llevar á ver á Hipólita la Ferraresa, que era una de las más hermosas mujeres de Roma y áun de toda Italia. Respondióle Periandro que iria de muy buena gana; lo cual no le respondiera si, como le informó de la hermosura, le informara de la calidad de su persona; porque la alteza de la honestidad de Periandro no se abalanzaba ni abatia á cosas bajas, por hermosas que fuesen; que en esto la naturaleza habia hecho iguales y formado en una misma turquesa á él y á Auristela, de la cual se recató para ir á ver á Hipólita, á quien el judío le llevó más por engaño que por voluntad; que tal vez la curiosidad hace tropezar y caer de ojos al más honesto recato.

CAPITULO VII.

De un extraño caso y notable peligro en que se vió Periandro por malicia de una dama cortesana.

Con la buena crianza, con los ricos ornamentos de la persona y con los aderezos y pompa de la casa se cubren muchas faltas, porque no es posible que la buena crianza ofenda, ni el rico ornato enfade, ni el aderezo de la casa no contente. Todo esto tenia Hipólita, dama cortesana, que en riquezas podia competir con la antigua Flora y en cortesía con la misma buena crianza; no era posible que fuese estimada en poco de quien la conocia, porque con la hermosura encantaba, con la riqueza se hacia estimar, y con la cortesía, si así se puede decir, se hacia adorar. Cuando el amor se viste destas tres calidades, rompe los corazones de bronce, abre las bolsas de hierro y rinde las voluntades de mármol; y más si á estas tres cosas se les añade el engaño y la lisonja, atributos convenientes para las que quieren mostrar á la luz del mundo sus donaires. ¿Hay por ventura entendimiento tan agudo en el mundo, que estando mirando una destas hermosas que pinto, dejando á una parte las de su belleza, se ponga á discurrir las de su humilde trato? La hermosura en parte ciega y en parte alumbra; tras la que ciega corre el gusto, tras la que alumbra, el pensar en la enmienda. Ninguna destas cosas consideró Periandro al entrar en casa de Hipólita; pero, como tal vez sobre descuidados cimientos suele levantar amor sus máquinas, ésta, sin pensamiento alguno, se fabricó, no sobre la voluntad de Periandro, sino en la de Hipólita; que con estas damas, que suelen llamar *del vicio*, no es menester trabajar mucho para dar con ellas donde se arrepientan sin arrepentirse.

Ya habia visto Hipólita á Periandro en la calle, y ya le habia hecho movimientos en el alma su bizarría, su gentileza, y sobre todo, el pensar que era español, de cuya condicion se prometia dádivas imposibles y concertados gustos; y estos pensamientos los habia comunicado con Zabulon y rogádole se lo trajese á casa, la cual tenia tan aderezada, tan limpia y tan compuesta, que más parecia que esperaba ser tálamo de bodas que acogimiento de peregrinos. Tenia la señora Hipólita (que con este nombre la llamaban en Roma, como si lo fuera) un amigo, llamado Pirro, calabres, hombre acuchillador, impaciente, facineroso, cuya hacienda libraba en los filos de su espada, en la agilidad de sus manos y en los engaños de Hipólita, que muchas veces con ellos alcanzaba lo que queria, sin rendirse á nadie; pero en lo que más Pirro cimentaba su vida, era en la diligencia de sus piés, que los estimaba en más que las manos; y de lo que él más se preciaba era de traer siempre asombrada á Hipólita en cualquier condicion que se le mostrase, ora fuese amorosa, ora fuese áspera; que nunca les faltan á estas palomas duendas milanos que las persigan, ni cárabos que las despedacen: ¡miserable trato desta mundana y simple gente! Digo, pues, que este caballero, que no tenia de serlo más que el nombre, se halló en casa de Hipólita al tiempo que entraron en ella el judío y Periandro. Apartóle aparte Hipólita y díjole: «Véte con Dios, amigo, y llévate esta cadena de oro, de camino, que este peregrino me envió con Zabulon esta mañana.

—Mira lo que haces, Hipólita, respondió Pirro; que á lo que se me trasluce, este peregrino es español, y soltar él de su mano, sin haber tocado la tuya, esta cadena, que debe de valer cien escudos, gran cosa me parece y mil temores me sobresaltan.

—Llévate tú ¡oh Pirro! la cadena, dijo ella, y déjame á mí el cargo de sustentarla y de no volverla, á pesar de todas sus españolerías.»

Tomó la cadena que le dió Hipólita, Pirro, que para el efeto la habia hecho comprar aquella mañana, y sellándole la boca con ella, más que de paso le hizo salir de casa. Luego Hipólita, libre y desembarazada de su corma, suelta de sus grillos, se llegó á Periandro, y con desenfado y donaire, lo primero que hizo fué echarle los brazos al cuello, diciéndole: «En verdad que tengo de ver si son tan valientes los españoles como tienen la fama.» Cuando Periandro vió toda aquella desenvoltura, creyó que toda la casa se le habia caido á cuestas, y poniéndole la mano delante el pecho á Hipólita, la detuvo y la apartó de sí, y le dijo: «Estos hábitos que visto, señora Hipólita, no permiten ser profanados, ó á lo ménos yo no lo permitiré en ninguna manera; y los peregrinos, aunque sean españoles, no están obligados á ser valientes cuando no les importa; pero mirad vos, señora, en qué quereis que muestre mi valor, sin que á los dos perjudique, y seréis obedecida sin replicaros en nada.

—Paréceme, respondió Hipólita, señor peregrino, que ansí lo sois en el alma como en el cuerpo; pero pues, segun decis, hareis lo que os dijere, como á ninguno de los dos perjudique, entráos conmigo en esta cuadra; que os quiero enseñar una lonja y un camarin mio.» A lo que respondió Periandro: «Aunque soy español, soy algun tanto medroso, y más os temo á vos sola que á un ejército de enemigos: haced que nos haga otro la guía, y llevadme do quisiéredes.»

Llamó Hipólita á dos doncellas suyas y á Zabulon el judío, que á todo se halló presente, y mandólas que guiasen á la lonja: abrieron la sala, y á lo que despues Periandro dijo, estaba la más bien aderezada que pudiese tener algun príncipe rico y curioso en el mundo. Parrasio, Polignoto, Apéles, Céuxis y Timántes tenian allí lo perfecto de sus pinceles, comprado con los tesoros de Hipólita, acompañados de los del devoto Rafael de Urbino y de los del divino Micael Angelo; riquezas donde las de un gran príncipe deben y pueden mostrarse. Los edificios reales, los alcázares soberbios, los templos magníficos y las pinturas valientes son propias y verdaderas señales de la magnanimidad y riqueza de los príncipes, prendas en efeto contra quien el tiempo apresura sus alas y apresta su carrera, como émulas suyas, que á su despecho están mostrando la magnificencia de los pasados siglos.

¡Oh Hipólita, sólo buena por esto! si entre tantos retratos que tienes, tuvieras uno de Josef en Egipto, no dejaras de verle vivo en Periandro, que asombrado, atónito y confuso andaba mirando en qué habia de parar la abundancia que en la lonja veia, en una limpísima mesa, que de cabo á cabo la tomaba la música que de diversos géneros de pájaros en riquísimas jaulas estaban haciendo una confusa, pero agradable armonía. En fin, á él le pareció que todo cuanto habia oido decir de los *huertos hesperideos*, de los de la *maga Falerina*, de los *pensiles famosos*, ni de todos los otros que por fama fuesen conocidos en el mundo, no llegaba al adorno de aquella sala y de aquella lonja; pero, como él andaba con el corazon sobresaltado (que ¡bien haya su honestidad, que se le aprensaba entre dos tablas!), no se le mostraban las cosas como ellas eran; ántes, cansado de ver cosas de tanto deleite, y enfadado de ver que todas ellas se encaminaban contra su gusto, dando de mano á la cortesía, probó á salirse de la lonja, y se saliera si Hipólita no se lo estorbara; de manera que le fué forzoso mostrarse con las manos y ásperas palabras algo descortés. Trabó de la esclavina de Periandro, y abriéndole el jubon, le descubrió la cruz de diamantes que de tantos peligros hasta allí habia escapado, y así deslumbró la vista á Hipólita como el entendimiento; la cual, viendo que se le iba á despecho de su blanda fuerza, dió en un pensamiento, que si le supiera revalidar y apoyar algun tanto mejor, no le fuera bien dello á Periandro, el cual, dejando la esclavina en poder de la nueva egipcia, sin sombrero, sin bordon, sin ceñidor ni esclavina, se puso en la calle; que el vencimiento de tales batallas consiste más en el huir que en el esperar. Púsose ella asimismo á la ventana, y á grandes voces comenzó á apellidar la gente de la calle, diciendo: «Ténganme á ese ladron, que entrando en mi casa como humano, me ha robado una prenda divina, que vale una ciudad.» Acertaron á estar en la calle dos de la guarda del Pontífice, que dicen pueden prender en fragante, y como la voz era de *ladron*, facilitaron su dudosa potestad y prendieron á Periandro. Echáronle mano al pecho, y quitándole la cruz, le santiguaron con poca decencia: paga que da la justicia á los nuevos delincuentes, aunque no se les averigüe el delito.

Viéndose pues Periandro puesto en cruz sin su cruz, dijo á los tudescos en su misma lengua que él no era ladron, sino persona principal, y que aquella cruz era suya, y que viesen que su riqueza no podia ser de Hipólita, y que les rogaba le llevasen ante el Gobernador; que él esperaba con brevedad averiguar la verdad del caso: ofrecióles dineros, y con esto y con habelles hablado en su lengua, con que se reconcilian los ánimos que no se conocen, los tudescos no hicieron caso de Hipólita, y así llevaron á Periandro delante del Gobernador. Viendo lo cual Hipólita, se quitó de la ventana, y casi arañándose el rostro, dijo á sus criadas: «¡Ay, hermanas, y qué necia he andado! A quien pensaba regalar he lastimado, á quien pensaba servir he ofendido; preso va por ladron el que lo ha sido de mi alma: ¡mirad qué caricias, mirad qué halagos son hacer prender al libre y disfamar al honrado!» Y luego les contó cómo llevaban preso al peregrino dos de la guarda del Papa. Mandó asimismo que la aderezasen luego el coche; que queria ir en su seguimiento y disculpalle, porque no podia sufrir su corazon verse herir en las mismas niñas de sus ojos, y que ántes queria parecer testimoñera que cruel; que de la crueldad no tendria disculpa, y del testimonio sí, echando la culpa al amor, que por mil disparates descubre y manifiesta sus deseos y hace mal á quien bien quiere.

Cuando ella llegó á casa del Gobernador, le halló con la cruz en las manos, examinando á Periandro sobre el caso, el cual, como vió á Hipólita, dijo al Gobernador: «Esta señora que aquí viene ha dicho que esta cruz que vuesa merced tiene, yo se la he robado; y yo diré que es verdad cuando ella dijere de qué es la cruz, qué valor tiene y cuántos diamantes la componen; porque, si no es que se lo dicen los ángeles, ó algun otro espíritu que lo sepa, ella no lo puede saber, porque no la ha visto sino en mi pecho y una vez sola.

—¿Qué dice la señora Hipólita á esto?» dijo el Gobernador (y esto cubriendo la cruz, porque no tomase las señas della); la cual respondió: «Con decir que estoy enamorada, ciega y loca, quedará este peregrino disculpado, y yo esperando la pena que el señor Gobernador quisiere darme por mi amoroso delito»; y le contó punto por punto lo que con Periandro le habia pasado, de lo que se admiró el Gobernador, ántes del atrevimiento que del amor de Hipólita; que á semejantes sujetos son propios los lascivos disparates. Afeóle el caso, pidió á Periandro la perdonase, dióle por libre y volvióle la cruz, sin que en aquella causa se escribiese letra alguna, que no fué ventura poca.

Quisiera saber el Gobernador quién eran los peregrinos que habian dado las joyas en prendas del retrato de Auristela, y asimismo quién era él y quién Auristela; á lo que respondió Periandro: «El retrato es de Auristela, mi hermana; los peregrinos pueden tener joyas mucho más ricas. Esta cruz es mia, y cuando me dé el tiempo lugar y la necesidad me fuerce, diré quién soy; que el decirlo agora no está en mi voluntad, sino en la de mi hermana: el retrato que vuesa merced tiene, ya se le tengo comprado al pintor por precio convenible, sin que en la compra hayan intervenido pujas, que se fundan más en rencor y en fantasía que en razon.» El Gobernador dijo que él se queria quedar con él por el tanto, por añadir con él á Roma cosa que aventajase á las de los más excelentes pintores que la hacian famosa.

«Yo se le doy á vuesa merced, respondió Periandro, por parecerme que en darle tal dueño le doy la honra posible.» Agradecióselo el Gobernador, y aquel dia dió por libres á Arnaldo y al Duque, y les volvió sus joyas, y él se quedó con el retrato, porque estaba puesto en razon que se habia de quedar con algo.

CAPITULO VIII.

Da cuenta Arnaldo de todo lo que le habia sucedido desde que se apartó de Periandro y Auristela en la isla de las Ermitas.

Más confusa que arrepentida volvió Hipólita á su casa, pensativa y ademas enamorada; que aunque es verdad que en los principios de los amores los desdenes suelen ser parte para acabarlos, los que usó con ella Periandro le avivaron más los deseos. Parecíale á ella que no habia de ser tan de bronce un peregrino, que no se ablandase con los regalos que pensaba hacerle; pero hablando consigo, se dijo á sí misma: «Si este peregrino fuera pobre, no trajera consigo cruz tan rica, cuyos muchos y ricos diamantes sirven de claro sobrescrito de su riqueza: de modo que la fuerza desta roca no se ha de tomar por hambre; otros ardides y mañas son menester para rendirla. ¿No sería posible que este mozo tuviese en otra parte ocupada el alma? ¿No sería posible que esta Auristela no fuese su hermana? ¿No sería posible que las finezas de los desdenes que usa conmigo las quisiese asentar y poner en cargo á Auristela? ¡Válame Dios, que me parece que en este punto he hallado el de mi remedio! ¡Alto! muera Auristela, descúbrase este encantamento, á lo ménos veamos el sentimiento que este montaraz corazon hace, pongamos siquiera en plática este disignio; enferme Auristela, quitemos su sol delante de los ojos de Periandro: veamos si faltando la hermosura, causa primera de adonde el amor nace, falta tambien el mismo amor; que podria ser que dando yo lo que á éste se le quitáre, quitándole á Auristela, viniese á reducirse á tener más blandos pensamientos: por lo ménos probarlo tengo, ateniéndome á lo que se dice, que no daña el tentar las cosas que descubren algun rastro de provecho.»

Con estos pensamientos algo consolada, llegó á su casa, donde halló á Zabulon, con quien comunicó todo su disignio, confiada en que tenia una mujer de la mayor fama de hechicera que habia en Roma; pidiéndole, habiendo ántes precedido dádivas y promesas, hiciese con ella, no que mudase la voluntad de Periandro, pues sabia que esto era imposible, sino que enfermase la salud de Auristela, y con limitado término, si fuese menester, le quitase la vida. Esto, dijo Zabulon ser cosa fácil al poder y sabiduría de su mujer; recibió no sé cuánto por primera paga, y prometió que desde otro dia comenzaria la quiebra de la salud de Auristela. No solamente Hipólita satisfizo á Zabulon, sino amenazóle asimismo, y á un judío dádivas ó amenazas le hacen prometer y áun hacer imposibles. Periandro contó á Croriano, á Ruperta, á Auristela y á las tres damas francesas, á Antonio y á Constanza su prision, los amores de Hipólita, y la dádiva que habia hecho del retrato de Auristela al Gobernador.

No le contentó nada á Auristela los amores de la cortesana, porque ya habia oido decir que era una de las más hermosas mujeres de Roma, de las más libres, de las más ricas y más discretas; y las musarañas de los celos, aunque no sea más de una, y sea más pequeña que un mosquito, el miedo la representa en el pensamiento de un amante mayor que el monte Olimpo; y cuando la honestidad ata la lengua de modo que no puede quejarse, da tormento al alma con las ligaduras del silencio, de modo que á cada paso anda buscando salidas para dejar la vida del cuerpo. Segun otra vez se ha dicho, ningun otro remedio tienen los celos que oir disculpas, y cuando éstas no se admiten, no hay que hacer caso de la vida, la cual perdiera Auristela mil veces ántes que formar una queja de la fe de Periandro. Aquella noche fué la primera vez que Bartolomé y la Talaverana fueron á visitar á sus señores, no libres, aunque ya lo estaban de la cárcel, sino atados con más duros grillos, que eran los del matrimonio, pues se habian casado; que la muerte del polaco puso en libertad á Luisa, y á él le trujo su destino á venir peregrino á Roma: ántes de llegar á su patria halló en Roma á quien no traia intencion de buscar, acordándosele de los consejos que en España le habia dado Periandro; pero no pudo estorbar su destino, aunque no le fabricó por su voluntad.

Aquella noche asimismo visitó Arnaldo á todas aquellas señoras, y dió cuenta de algunas cosas que en el volver á buscarles, despues que apaciguó la guerra de su patria, le habian sucedido. Contó cómo llegó á la isla de las Ermitas, donde no habia hallado á Rutilio, sino á otro ermitaño en su lugar, que le dijo que Rutilio estaba en Roma; dijo asimismo que habia tocado en la isla de los Pescadores, y hallado en ella libres, sanas y contentas á las desposadas y á los demas que con Periandro, segun ellos dijeron, se habian embarcado; contó cómo supo de oidas que Policarpa era muerta, y Sinforosa no habia querido casarse; dijo cómo se tornaba á poblar la isla bárbara, confirmándose sus moradores en la creencia de su falsa profecía; advirtió cómo Mauricio y Ladislao, su yerno, con su hija Transila habian dejado su patria, y pasádose á vivir más pacíficamente á Ingalaterra; dijo tambien cómo habia estado con Leopoldio, rey de los daneos, despues de acabada la guerra, el cual se habia casado por dar sucesion á su reino, y que habia perdonado á los dos traidores que llevaba presos cuando Periandro y sus pescadores le encontraron, de quien mostró estar muy agradecido por el buen término y cortesía que con él tuvieron; y entre los nombres que le era forzoso nombrar en su discurso, tal vez tocaba con el de los padres de Periandro, y tal con los de Auristela, con que les sobresaltaba los corazones y les traia á la memoria, así grandezas como desgracias. Dijo que en Portugal, especialmente en Lisboa, eran en suma estimacion tenidos sus retratos; contó asimismo la fama que dejaba en Francia, en todo aquel camino, la hermosura de Constanza y de aquellas señoras damas francesas; dijo cómo Croriano habia granjeado opinion de generoso y de discreto en haber escogido á la sin par Ruperta por esposa; dijo asimismo cómo en Luca se hablaba mucho en la sagacidad de Isabela Castrucho y en los breves amores de Andrea Marulo, á quien con el demonio fingido trujo el cielo á vivir vida de ángeles; contó cómo se tenia por milagro la caida de Periandro, y cómo dejaba en el camino á un mancebo peregrino, poeta, que no quiso adelantarse con él, por venirse de espacio, componiendo una comedia de los sucesos de Periandro y Auristela, que los sabia de memoria, por un lienzo que habia visto en Portugal, donde se habian pintado, y que traia intencion firmísima de casarse con Auristela, si ella quisiese. Agradecióle Auristela su buen propósito, y áun desde allí le ofreció darle para un vestido, si acaso llegase roto; que un deseo de un buen poeta toda buena paga merece. Dijo tambien que habia estado en casa de la señora Constanza y Antonio, y que sus padres y abuelos estaban buenos, y sólo fatigados de la pena que tenian de no saber de la salud de sus hijos, deseando volviese la señora Constanza á ser esposa del Conde, su cuñado, que queria seguir la discreta eleccion de su hermano, ó ya por no dar los veinte mil ducados, ó ya por el merecimiento de Constanza, que era lo más cierto; de que no poco se alegraron todos, especialmente Periandro y Auristela, que como á sus hermanos los querian.

De esta plática de Arnaldo se engendraron en los pechos de los oyentes nuevas sospechas de que Periandro y Auristela debian de ser grandes personajes, porque de tratar de casamientos de condes y de millaradas de ducados no podian nacer sino sospechas ilustres y grandes: contó tambien cómo habia encontrado en Francia á Renato, el caballero frances vencido en la batalla contra derecho, y libre y victorioso por la conciencia de su enemigo. En efeto, pocas cosas quedaron de las muchas que en el galan progreso desta historia se han contado, en quien él se hubiese hallado, que allí no las volviese á traer á la memoria, trayendo tambien la que tenia de quedarse con el retrato de Auristela, que tenia Periandro contra la voluntad del Duque y contra la suya, puesto que dijo que por no dar enojo á Periandro disimularia su agravio.

«Ya le hubiera yo deshecho, respondió Periandro, volviendo, señor Arnaldo, el retrato, si entendiera fuera vuestro: la ventura y su diligencia se le dieron al Duque; vos se le quitastes por fuerza, y así no teneis de qué quejaros: los amantes están obligados á no juzgar sus causas por la medida de sus deseos, que tal vez no los han de satisfacer, por acomodarse con la razon, que otra cosa les manda; pero yo haré de manera que quedando vos, señor Arnaldo, contento, el Duque quede satisfecho, y será con que mi hermana Auristela se quede con el retrato, pues es más suyo que de otro alguno.» Satisfízole á Arnaldo el parecer de Periandro, y ni más ni ménos á Auristela: con esto cesó la plática, y otro dia por la mañana comenzaron á obrar en Auristela los hechizos, los venenos, los encantos y la malicia de la judía, mujer de Zabulon.

CAPITULO IX.

En que se cuenta la enfermedad de Auristela por los hechizos de la judía, mujer de Zabulon.

No se atrevió la enfermedad á acometer rostro á rostro la belleza de Auristela, temerosa no espantase tanta hermosura la fealdad suya; y así la acometió por las espaldas, dándole en ellas unos calosfrios al amanecer, que no la dejaron levantar aquel dia: luego, luego se le quitó la gana de comer, y comenzó la viveza de sus ojos á amortiguarse, y el desmayo, que con el tiempo suele llegar á los enfermos, se sembró en un punto por todos los sentidos de Auristela, haciendo el mismo efeto en los de Periandro, que luego se alborotaron y temieron todos los males posibles, especialmente los que temen los poco venturosos. No habia dos horas que estaba enferma, y ya le parecian cárdenas las encarnadas rosas de sus mejillas, verde el carmin de sus labios, y topacios las perlas de sus dientes; hasta los cabellos le pareció que habian mudado de color, estrechádose las manos y casi mudado el asiento y encaje natural de su rostro; y no por esto le parecia ménos hermosa, porque no la miraba en el lecho en que yacia, sino en el alma, donde la tenia retratada. Llegaban á sus oidos (á lo ménos llegaron de allí á dos dias) sus palabras, entre débiles acentos formadas, y pronunciadas con turbada lengua: asustáronse las señoras francesas, y el cuidado de atender á la salud de Auristela fué de tal modo, que tuvieron necesidad de tenerle de sí mismas. Llamáronse médicos, escogiéronse los mejores, á lo ménos los de mejor fama; que la buena opinion califica la acertada medicina, y así suele haber médicos venturosos como soldados bien afortunados: la buena suerte y la buena dicha, que todo es uno, tan bien puede llegar á la puerta del miserable en un saco de sayal como en un escaparate de plata; pero ni en plata ni en lana no llegaba ninguna á las puertas de Auristela, de lo que discretamente se desesperaban los dos hermanos Antonio y Constanza. Esto era al reves en el Duque; que como el amor que tenia en el pecho se habia engendrado de la hermosura de Auristela, así como la tal hermosura iba faltando en ella, iba en él faltando el amor, el cual muchas raíces ha de haber echado en el alma, para tener fuerzas para llegar hasta el márgen de la sepultura con la cosa amada. Feísima es la muerte, y quien más á ella se llega es la dolencia; y amar las cosas feas parece cosa sobrenatural y digna de tenerse por milagro. Auristela, en fin, iba enflaqueciendo por momentos, y quitando las esperanzas de su salud á cuantos la conocian; solo Periandro era el fiel, solo el firme, solo el enamorado, solo aquel que con intrépido pecho se oponia á la contraria fortuna y á la misma muerte, que en la de Auristela le amenazaba.

Quince dias esperó el Duque de Nemurs á ver si Auristela mejoraba, y en todos ellos no hubo ninguno que á los médicos no consultase de la salud de Auristela, y ninguno se la aseguró, porque no sabian la causa precisa de su dolencia. Viendo lo cual el Duque, y que las damas francesas no hacian dél caso alguno, viendo tambien que el ángel de luz de Auristela se habia vuelto en de tinieblas; fingiendo algunas causas, que, si no del todo, en parte le disculpaban, un dia llegándose á Auristela, en el lecho donde enferma estaba, delante de Periandro le dijo: «Pues la ventura me ha sido tan contraria, hermosa señora, que no me ha dejado conseguir el deseo que tenia de recebirte por mi legítima esposa, ántes que la desesperacion me traiga á términos de perder el alma, como me ha traido á los de perder la vida, quiero por otro camino probar mi ventura, porque sé cierto que no tengo de tener ninguna buena, aunque la procure; y así, sucediéndome el mal que no procuro, vendré á perderme y á morir desdichado, y no desesperado. Mi madre me llama, tiéneme prevenida esposa; obedecerla quiero y entretener el tiempo del camino, tanto, que halle la muerte lugar de acometerme, pues ha de hallar en mi alma las memorias de tu hermosura y de tu enfermedad, y quiera Dios que no diga las de tu muerte.»

Dieron sus ojos muestra de algunas lágrimas; no pudo responderle Auristela, ó no quiso, por no errar en la respuesta delante de Periandro; lo más que hizo fué poner la mano debajo de su almohada y sacar su retrato y volvérsele al Duque, el cual le besó las manos por tan gran merced; pero alargando la suya Periandro, se le tomó y le dijo: «Si dello no te disgustas, ¡oh gran señor! por lo que bien quieres te suplico me le prestes, porque yo pueda cumplir una palabra que tengo dada, que sin ser en perjuicio tuyo, será grandemente en el mio si no lo cumplo.» Volvióselo el Duque, con grandes ofrecimientos de poner por él la hacienda, la vida y la honra, y más si más pudiese, y desde allí se dividió de los dos hermanos, con pensamiento de no verlos más en Roma: ¡discreto amante! y el primero quizá que haya sabido aprovecharse de las guedejas que la ocasion le ofrecia. Todas estas cosas pudieran despertar á Arnaldo para que considerara cuán menoscabadas estaban sus esperanzas, y cuán á pique de acabar con toda la máquina de sus peregrinaciones; pues, como se ha dicho, la muerte casi habia pisado las ropas á Auristela; y estuvo muy determinado de acompañar al Duque, si no en su camino, á lo ménos en su propósito, volviéndose á Dinamarca; mas el amor y su generoso pecho no dieron lugar á que dejase á Periandro sin consuelo, y á su hermana Auristela en los postreros límites de la vida, á quien visitó y de nuevo hizo ofrecimientos, con determinacion de aguardar á que el tiempo mejorase los sucesos, á pesar de todas las sospechas que le sobrevenian.

CAPITULO X.

Cobra Auristela la salud, por haber la judía deshecho los hechizos, y propone á Periandro el intento de no casarse.

Contentísima estaba Hipólita de ver que las artes de la cruel judía tan en daño de la salud de Auristela se mostraban, porque en ocho dias la pusieron tan otra de la que ser solia, que ya no la conocian sino por el órgano de la voz; cosa que tenia suspensos á los médicos, y admirados á cuantos la conocian. Las señoras francesas atendian á su salud con tanto cuidado como si fueran sus queridas hermanas, especialmente Feliz Flora, que con particular aficion la queria. Llegó á tanto el mal de Auristela, que, no conteniéndose en los términos de su juridicion, pasó á la de sus vecinos; y como ninguno lo era tanto como Periandro, el primero con quien encontró fué con él, no porque el veneno y maleficios de la perversa judía obrasen en él derechamente y con particular asistencia como en Auristela, para quien estaban hechos, sino porque la pena que él sentia de la enfermedad de Auristela era tanta, que causaba en él el mismo efeto que en Auristela, y así se iba enflaqueciendo, que comenzaron todos á dudar de la vida suya como de la de Auristela. Viendo lo cual Hipólita, y que ella misma se mataba con los filos de su espada, adivinando con el dedo de dónde procedia el mal de Periandro, procuró darle remedio, dándosele á Auristela, la cual, ya flaca y descolorida, parecia que estaba llamando su vida á las aldabas de las puertas de la muerte; y creyendo sin duda que por momentos la abriria, quiso abrir y preparar la salida á su alma por la carrera de los sacramentos, bien como ya instruida en la verdad católica; y así, haciendo las diligencias necesarias con la mayor devocion que pudo, dió muestras de sus buenos pensamientos, acreditó la integridad de sus costumbres, dió señales de haber aprendido bien lo que en Roma la habian enseñado, y resignándose en las manos de Dios, sosegó su espíritu, y puso en olvido reinos, regalos y grandezas.

Hipólita, pues, habiendo visto, como está ya dicho, que muriéndose Auristela, moria tambien Periandro, acudió á la judía, á pedirle que templase el rigor de los hechizos que consumian á Auristela, ó los quitase del todo; que no queria ella ser inventora de quitar con un golpe solo tres vidas, pues muriendo Auristela, moria Periandro, y muriendo Periandro, ella tambien quedaria sin vida. Hízolo así la judía, como si estuviera en su mano la salud ó la enfermedad ajena, ó como si no dependieran todos los males, que llaman de pena, de la voluntad de Dios, como no dependen los males de culpa; pero Dios, obligándole, si así se puede decir, nuestros mismos pecados, para castigo dellos permite que pueda quitar la salud ajena ésta que llaman hechicería, con lo que hacen las hechiceras, usando mezclas y venenos, que con poder limitado, sin duda al enemigo comun permitido, quitan la vida á la persona que quieren, sin que tenga remedio de excusar este peligro, porque le ignora, y no se sabe de dónde procede la causa de tan mortal efeto: así que, para guarecer destos males, la gran misericordia de Dios ha de ser la maestra que ha de aplicar la medicina.

Comenzó, pues, Auristela á dejar de empeorar, que fué señal de su mejoría; comenzó el sol de su belleza á dar señales y vislumbres de que volvia á amanecer en el cielo de su rostro, volvieron á despuntar las rosas en sus mejillas y la alegría en sus ojos, ahuyentáronse las sombras de su melancolía, volvió á enterarse en el órgano suave de su voz, afinóse el carmin de sus labios, compitió con el marfil la blancura de sus dientes, que volvieron á ser perlas, como ántes lo eran; en fin, en poco espacio de tiempo volvió á ser toda hermosa, toda bellísima, toda agradable y toda contenta; y estos mismos efectos redundaron en Periandro y en las damas francesas y en los demas, Croriano y Ruperta, Antonio y su hermana Constanza, cuya alegría ó tristeza caminaba al paso de la de Auristela, la cual, dando gracias al cielo por la merced y regalos que le iba haciendo, así en la enfermedad como en la salud, un dia llamó á Periandro, y estando solos por cuidado y de industria, desta manera le dijo:

«Hermano mio, pues ha querido el cielo que con este nombre tan dulce y tan honesto há dos años que te he nombrado, sin dar licencia al gusto ó al descuido para que de otra suerte te llamase, que tan honesta y tan agradable no fuese, querria que esta felicidad pasase adelante, y que solos los términos de la vida la pusiesen término; que tanto es una ventura buena cuanto es duradera, y tanto es duradera cuanto es honesta. Nuestras almas, como tú bien sabes y como aquí me han enseñado, siempre están en contínuo movimiento, y no pueden parar sino en Dios, como en su centro; en esta vida los deseos son infinitos, y unos se encadenan de otros, y se eslabonan y van formando una cadena que tal vez llega al cielo, y tal se sume en el infierno: si te pareciere, hermano, que este lenguaje no es mio, y que va fuera de la enseñanza que me han podido enseñar mis pocos años y mi remota crianza, advierte que en la tabla rasa de mi alma ha pintado la experiencia y escrito mayores cosas; principalmente ha puesto que en sólo conocer y ver á Dios está la suma gloria, y todos los medios que para este fin se encaminan son los buenos, son los santos, son los agradables, como son los de la caridad, de la honestidad y el de la virginidad. Yo á lo ménos así lo entiendo, y juntamente con entenderlo así, entiendo que el amor que me tienes es tan grande, que querrás lo que yo quisiere. Heredera soy de un reino, y ya tú sabes la causa por que mi querida madre me envió en casa de los reyes tus padres, por asegurarme de la grande guerra de que se temia. Desta venida se causó el de venirme yo contigo, tan sujeta á tu voluntad, que no he salido della un punto: tú has sido mi padre, tú mi hermano, tú mi sombra, tú mi amparo, y finalmente tú mi angel de guarda, y tú mi enseñador y mi maestro, pues me has traido á esta ciudad, donde he llegado á ser cristiana, como debo: querria agora, si fuese posible, irme al cielo sin rodeos, sin sobresaltos y sin cuidados, y esto no podrá ser si tú no me dejas la parte que yo misma te he dado, que es la palabra y la voluntad de ser tu esposa. Déjame, señor, la palabra; que yo procuraré dejar la voluntad, aunque sea por fuerza; que para alcanzar tan gran bien como es el cielo, todo cuanto hay en la tierra se ha de dejar, hasta los padres y los esposos. Yo no te quiero dejar por otro; por quien te dejo es por Dios, que te dará á sí mismo, cuya recompensa infinitamente excede á que me dejes por él. Una hermana tengo pequeña, pero tan hermosa como yo, si es que se puede llamar hermosa la mortal belleza : con ella te podrás casar y alcanzar el reino que á mí me toca; y con esto, haciendo felices mis deseos, no quedarán defraudados del todo los tuyos... ¿Qué inclinas la cabeza, hermano? ¿á qué pones los ojos en el suelo? ¿desagrádante estas razones? ¿parécente descaminados mis deseos? Dímelo, respóndeme; por lo ménos sepa yo tu voluntad : quizá templaré la mia, y buscaré alguna salida á tu gusto, que en algo con el mio se conforme.»

Con grandísimo silencio estuvo escuchando Periandro á Auristela, y en un breve instante formó en su imaginacion millares de discursos, que todos vinieron á parar en el peor que para él pudiera ser, porque imaginó que Auristela le aborrecia, porque aquel mudar de vida no era sino porque á él se le acabara la suya, pues bien debia saber que en dejando ella de ser su esposa, él no tenia para qué vivir en el mundo; y fué y vino con esta imaginacion con tanto ahinco, que, sin responder palabra á Auristela, se levantó de donde estaba sentado, y con ocasion de salir á recibir á Feliz Flora y á la señora Constanza, que entraban en el aposento, se salió dél, y dejó á Auristela, no sé si diga arrepentida, pero sé que quedó pensativa y confusa.

CAPITULO XI.

Sale Periandro despechado por la proposicion de Auristela.

Las aguas en estrecho vaso encerradas, miéntras más priesa se dan á salir, más despacio se derraman, porque las primeras, impelidas de las segundas, se detienen, y unas á otras se niegan el paso hasta que hace camino la corriente y se desagua. Lo mismo acontece en las razones que concibe el entendimiento de un lastimado amante, que acudiendo tal vez todas juntas á la lengua, las unas á las otras impiden, y no sabe el discurso con cuáles se dé primero á entender su imaginacion; y así, muchas veces callando dice más de lo que querria. Mostróse esto en la poca cortesía que hizo Periandro á los que entraron á ver á Auristela; el cual, lleno de discursos, preñado de conceptos, colmado de imaginaciones, desdeñado y desengañado, se salió del aposento de Auristela, sin saber, ni querer, ni poder responder palabra alguna á las muchas que ella le habia dicho.

Llegaron á ella Antonio y su hermana, y halláronla como persona que acababa de despertar de un pesado sueño, y que entre sí estaba diciendo con palabras distintas y claras: «Mal he hecho; pero ¿qué importa? ¿No es mejor que mi hermano sepa mi intencion? ¿No es mejor que yo deje con tiempo los caminos torcidos y las dudosas sendas, y tienda el paso por los atajos llanos, que con distincion clara nos están mostrando el felice paradero de nuestra jornada? Yo confieso que la compañía de Periandro no me ha de estorbar de ir al cielo; pero tambien siento que iré más presto sin ella: sí; que más me debo yo á mí que no á otro, y al interese del cielo y de la gloria se han de posponer los del parentesco, cuanto más que yo no tengo ninguno con Periandro.

—Advierte, dijo á esta sazon Constanza, hermana Auristela, que vas descubriendo cosas que podrian ser parte que, desterrando nuestras sospechas, á tí te dejasen confusa. Si no es tu hermano Periandro, mucha es la conversacion que con él tienes; y si lo es, no hay para qué te escandalices de su compañía.»

Acabó á esta sazon de volver en sí Auristela, y oyendo lo que Constanza le decia, quiso enmendar su descuido; pero no acertó, pues para soldar una mentira, por muchas se atropella, y siempre queda la verdad en duda, aunque más viva la sospecha. «No sé, hermana, dijo Auristela, lo que me he dicho, ni sé si Periandro es mi hermano ó si no; lo que te sabré decir es que es mi alma; por lo ménos por él vivo, por él respiro, por él me muevo y por él me sustento, conteniéndome con todo esto en los términos de la razon, sin dar lugar á ningun liviano pensamiento, ni á no guardar todo honesto decoro, bien así como le debe guardar una mujer principal á un tan principal hermano.

—No te entiendo, señora Auristela, la dijo á esta sazon Antonio, pues de tus razones tanto alcanzo ser tu hermano Periandro como si no lo fuese: dinos ya quién es y quién eres, si es que puedes decillo; que agora, sea tu hermano ó no lo sea, por lo ménos no podeis negar ser principales; y en nosotros (digo, en mí y en mi hermana Constanza) no está tan en niñez la experiencia, que nos admire ningun caso que nos contares; que puesto que ayer salimos de la isla bárbara, los trabajos que has visto que hemos pasado han sido nuestros maestros en muchas cosas, y por pequeña muestra que se nos dé, sacamos el hilo de los más arduos negocios, especialmente en los que son de amores; que parece que los tales consigo mismo traen la declaracion. ¿Qué mucho que Periandro no sea tu hermano, y qué mucho que tú seas su legítima esposa? ¿Qué mucho, otra vez, que con honesto y casto decoro os hayais mostrado hasta aquí limpísimos al cielo y honestísimos á los ojos de los que os han visto? No todos los amores son precipitados ni atrevidos, ni todos los amantes han puesto la mira de su gusto en gozar á sus amadas sino con las potencias de su alma; y siendo esto así, señora mia, otra vez te suplico nos digas quién eres y quién es Periandro, el cual, segun le vi salir de aquí, se lleva un volcan en los ojos y una mordaza en la lengua.

—¡Ay desdichada! replicó Auristela, y ¡cuán mejor me hubiera sido que me hubiera entregado al silencio eterno, pues callando excusara la mordaza que dices que lleva en su lengua! Indiscretas somos las mujeres, mal sufridas y peor calladas. Miéntras callé, en sosiego estuvo mi alma; hablé, y perdíle, y para acabarle de perder y para que juntamente se acabe la tragedia de mi vida, quiero que sepais vosotros, pues el cielo os hizo verdaderos hermanos, que no lo es mio Periandro, ni ménos es mi esposo, ni mi amante, á lo ménos de aquellos que, corriendo por la carrera de su gusto, procuran parar sobre la honra de sus amadas. Hijo de rey es, hija y heredera de un reino soy: por la sangre somos iguales, por el estado alguna ventaja le hago, por la voluntad ninguna; y con todo esto, nuestras intenciones se responden, y nuestros deseos con honestísimo efeto se están mirando: sola la ventura es la que turba y confunde nuestras intenciones, y la que por fuerza hace que esperemos en ella; y porque el nudo que lleva á la garganta Periandro me aprieta la mia, no os quiero decir más por agora, señores, sino suplicaros me ayudeis á buscalle; que pues él tuvo licencia para irse sin la mia, no querrá volver sin ser buscado.

—Levanta, pues, dijo Constanza, y vamos á buscalle; que los lazos con que amor liga á los amantes no les dejan alejar de lo que bien quieren: ven; que presto le hallaremos, presto le verás, y más presto llegarás á tu contento. Si quieres tener un poco los escrúpulos que te rodean, dales de mano, y dala de esposa á Periandro; que igualándole contigo, pondrá silencio á cualquiera murmuracion.»

Levantóse Auristela, y en compañía de Feliz Flora, Constanza y Antonio, salieron á buscar á Periandro; y como ya en la opinion de los tres era reina, con otros ojos la miraban y con otro respeto la servian. Periandro, en tanto que era buscado, procuraba alejarse de quien le buscaba: salió de Roma á pié y solo, si ya no se tiene por compañía la soledad amarga, los suspiros tristes y los continuos sollozos; que éstos y las várias imaginaciones no le dejaban un punto. «¡Ay! iba diciendo entre sí, hermosísima Sigismunda, reina por naturaleza, bellísima por privilegio y por merced de la misma naturaleza, discreta sobre modo y sobre manera agradable, y ¡cuán poco te costaba ¡oh señora! el tenerme por hermano, pues mis tratos y pensamientos jamas desmintieran la verdad de serlo, aunque la misma malicia lo quisiera averiguar, aunque en sus trazas se desvelara! Si quieres que te lleven al cielo sola y señera, sin que tus acciones dependan de otro que de Dios y de tí misma, sea en buen hora; pero quisiera que advirtieras que no sin escrúpulo de pecado puedes ponerte en el camino que deseas, sin ser mi homicida. Dejaras ¡oh señora! á cargo del silencio y del engaño tus pensamientos, y no me los declararas á tiempo que habias de arrancar con las raíces de mi amor mi alma, la cual, por ser tan tuya, te dejo á toda tu voluntad, y de la mia me destierro. Quédate en paz, bien mio, y conoce que el mayor que te puedo hacer es dejarte.» Llegóse la noche en esto, y apartándose un poco del camino, que era el de Nápoles, oyó el sonido de un arroyo que por entre unos árboles corria, á la márgen del cual, arrojándose de golpe en el suelo, puso en silencio la lengua, pero no dió treguas á sus suspiros.

CAPÍTULO XII.

Donde se dice quién eran Periandro y Auristela.

Parece que el bien y el mal distan tan poco el uno del otro, que son como dos líneas concurrentes, que, aunque parten de apartados y diferentes principios, acaban en un punto. Sollozando estaba Periandro en compañía del manso arroyuelo y de la clara luz de la noche; hacíanle los árboles compañía, y un aire blando y fresco le enjugaba las lágrimas; llevábale la imaginacion Auristela, y la esperanza de tener remedio de sus males el viento, cuando llegó á sus oidos una voz extranjera, que, escuchándola con atencion, vió ser el lenguaje de su patria, sin poder distinguir si murmuraba ó si cantaba; y la curiosidad le llevó cerca, y cuando lo estuvo, oyó que eran dos personas, las que no cantaban ni murmuraban, sino que en plática corriente estaban razonando; pero lo que más le admiró fué que hablasen en lengua de Noruega, estando tan apartados della.

Acomodóse detras de un árbol, de tal forma, que él y el árbol hacian una misma sombra; recogió el aliento, y la primera razon que llegó á sus oidos fué: «No tienes, señor, para qué persuadirme en qué dos mitades se parte el año entero de Noruega, porque yo he estado en ella algun tiempo, donde me llevaron mis desgracias, y sé que la mitad del año lleva la noche, y la otra mitad el dia: el que sea esto así, yo lo sé; el por qué sea así, ignoro.» A lo que respondieron: «Si llegamos á Roma, con una esfera te haré tocar con la mano la causa dese maravilloso efeto, tan natural en aquel clima, como lo es en éste ser el dia y la noche de veinte y cuatro horas. Tambien te he dicho cómo en la última parte de Noruega, casi debajo del polo Artico, está la isla que se tiene por última en el mundo, á lo ménos por aquella parte, cuyo nombre es *Tile*, á quien Virgilio llamó *Thule*, en aquellos versos que dicen en el libro primero *Georgicorum*:

> . . . . *Ac tua nautæ*
> *Numina sola colant : tibi serviat ultima Thule.*

Que *Thyle* en griego es lo mismo que *Thule* en latin. Esta isla es tan grande, ó poco ménos, que Inglaterra; rica y abundante de todas las cosas necesarias para la vida humana; más adelante, debajo del mismo Norte, como trescientas leguas de Tile, está la isla llamada Frislanda, que habrá cuatrocientos años que se descubrió á los ojos de las gentes, tan grande, que tiene nombre de reino, y no pequeño. De Tile es rey y señor Maximino, hijo de la reina Eustoquia, cuyo padre no há muchos meses que pasó desta á mejor vida, el cual dejó dos hijos, que el uno es el Maximino que te he dicho, que es el heredero del reino, y el otro un generoso mozo, llamado Persíles, rico de los bienes de la naturaleza sobre todo extremo, y querido de su madre sobre todo encarecimiento. Y no sé yo con cuál poderte encarecer las virtudes deste Persíles, y así quédense en su punto; que no será bien que con mi corto ingenio las menoscabe; que puesto que el amor que le tengo, por haber sido su ayo y criádole desde niño, me pudiera llevar á decir mucho, todavía será mejor callar por no quedar corto.»

Esto escuchaba Periandro, y luego cayó en la cuenta que el que le alababa no podia ser otro que Seráfido, un ayo suyo, y que asimismo el que le escuchaba era Rutilio, segun la voz y las palabras que de cuando en cuando respondia. Si se admiró ó no, á la buena consideracion lo dejo, y más cuando á Seráfido, que era el mismo que habia imaginado Periandro, oyó que dijo: «Eusebia, reina de Frislanda, tenia dos hijas de extremada hermosura, principalmente la mayor, llamada Sigismunda (que la menor llamábase Eusebia, como su madre), donde naturaleza cifró toda la hermosura que por todas las partes de la tierra tiene repartida; á la cual no sé yo con qué disignio, tomando ocasion de que la querian hacer guerra ciertos enemigos suyos, la envió á Tile en poder de Eustoquia, para que seguramente y sin los sobresaltos de la guerra, en su casa se criase; puesto que yo para mí tengo que no fué ésta la ocasion principal de envialla, sino para que el príncipe Maximino se enamorase della y la recibiese por su esposa; que de las extremadas bellezas se puede esperar que vuelvan en cera los corazones de mármol, y junten en uno los extremos que entre sí están más apartados. A lo ménos, si esta mi sospecha no es verdadera, no me la podrá negar la experiencia, porque sé que el príncipe Maximino muere por Sigismunda, aunque á la sazon que llegó á Tile no estaba en la isla Maximino, á quien su madre la Reina envió el retrato de la doncella y la embajada de su madre; y él respondió que la regalasen y la guardasen para su esposa: respuesta que sirvió de flecha que atravesó las entrañas de mi hijo Persíles, que este nombre le adquirió la crianza que en él hice. Desde que la oyó, no supo oir cosas de su gusto; perdió los bríos de su juventud, y finalmente encerró en el honesto silencio todas las acciones que le hacian memorable y bien querido de todos, y sobre todo, vino á perder la salud y á entregarse en los brazos de la desesperacion de ella. Visitáronle médicos, que, como no sabian la causa de su mal, no acertaban con su remedio; que como no muestran los pulsos el dolor de las almas, es dificultoso y casi imposible entender la enfermedad que en ellas asiste. La madre, viendo morir á su hijo, sin saber quién le mataba, una y muchas veces le preguntó le descubriese su dolencia, pues no era posible sino que él supiese la causa, pues sentia los efectos. Tanto pudieron estas persuasiones, tanto las solicitudes de la doliente madre, que, vencida la pertinacia ó la firmeza de Persíles, le vino á decir cómo él moria por Sigismunda, y que tenia determinado de dejarse morir ántes que ir contra el decoro que á su hermano se le debia; cuya declaracion resucitó en la Reina su muerta alegría, y dió esperanzas á Persíles de remediarle, si bien se atropellase el gusto de Maximino, pues por conservar la vida, mayores respetos se han de posponer que el enojo de un hermano. Finalmente, Eustoquia habló á Sigismunda, encareciéndole lo que se perdia en perder la vida Persíles, sujeto donde todas las gracias del mundo tenian su asiento, bien al reves del de Maximino, á quien la aspereza de sus costumbres en algun modo le hacian aborrecible: levantóle en esto algo más testimonios de los que debiera, y subió de punto, con los hipérboles que pudo, las bondades de Persíles. Sigismunda, muchacha, sola y persuadida, lo que respondió fué que ella no tenia voluntad alguna, ni tenia otra consejera que la aconsejase, sino á su misma honestidad; que como ésta se guardase, dispusiesen á su voluntad de ella. Abrazóla la Reina, contó su respuesta á Persíles, y entre los dos concertaron que se ausentasen de la isla ántes que su hermano viniese, á quien darian por disculpa, cuando no la hallase, que habia hecho voto de venir á Roma á enterarse en ella de la fe católica, que en aquellas partes septentrionales andaba algo de quiebra; jurándole primero Persíles que en ninguna manera iria en dicho ni en hecho contra su honestidad; y así, colmándoles de joyas y de consejos, los despidió la Reina, la cual despues me contó todo lo que hasta aquí te he contado.

»Dos años, poco más, tardó en venir el príncipe Maximino á su reino, que anduvo ocupado en la guerra que siempre tenia con sus enemigos; preguntó por Sigismunda, y el no hallarla fué hallar su desasosiego; supo su viaje, y al momento se partió en su busca, si bien confiado de la bondad de su hermano, pero temeroso de los recelos que por maravilla se apartan de los amantes. Como su madre supo su determinacion, me llamó aparte y me encargó la salud, la vida y la honra de su hijo, y me mandó me adelantase á buscarle y á darle noticia de que su hermano le buscaba. Partióse el príncipe Maximino en dos gruesísimas naves, y entrando por el estrecho hercúleo, con diferentes tiempos y diversas borrascas llegó á la isla de Tinacria, y desde allí á la gran ciudad de Parténope, y agora queda, no léjos de aquí, en un lugar llamado Terrachina, último de los de Nápoles y primero de los de Roma; queda enfermo, porque le ha cogido esto que llaman mutacion, que le tiene á punto de muerte. Yo desde Lisboa, donde me desembarqué, traigo noticia de Persíles y Sigismunda, porque no pueden ser otros una peregrina y un peregrino de quien la fama viene pregonando tan grande estruendo de hermosura, que si no son Persíles y Sigismunda, deben de ser ángeles humanados.

—Si como los nombras, respondió el que escuchaba á Seráfido, Persíles y Sigismunda, los nombraras Periandro y Auristela, pudiera darte nueva certísima dellos, porque há muchos dias que los conozco, en cuya compañía he pasado muchos trabajos»; y luego le comenzó á contar los de la isla bárbara, con otros algunos.

En tanto se venia el dia, y en tanto Periandro, porque allí no le hallasen, los dejó solos, y volvió á buscar á Auristela para contar la venida de su hermano y tomar consejo de lo que debian de hacer para huir de su indignacion; teniendo á milagro haber sido informado en tan remoto lugar de aquel caso; y así, lleno de nuevos pensamientos, volvió á los ojos de su contrita Auristela y á las esperanzas casi perdidas de alcanzar su deseo.

CAPITULO XIII.

Vuelve Periandro hácia Roma, con la noticia de venir su hermano Maximino; llega tambien Seráfido, su ayo, en compañía de Rutilio.

Entretiénese el dolor y el sentimiento de las recien dadas heridas en la cólera y en la sangre caliente, que despues de fria, fatiga de manera, que rinde la paciencia del que la sufre: lo mismo acontece en las pasiones del alma, que en dando el tiempo lugar y espacio para considerar en ellas, fatigan hasta quitar la vida. Dijo su voluntad Auristela á Periandro, cumplió con su deseo, y satisfecha de haberle declarado, esperaba su cumplimiento, confiada en la rendida voluntad de Periandro, el cual, como se ha dicho, librando la respuesta en su silencio, se salió de Roma, y le sucedió lo que se ha contado. Conoció á Rutilio, el cual contó á su ayo Seráfido toda la historia de la isla bárbara, con las sospechas que tenia de que Auristela y Periandro fuesen Sigismunda y Persíles; díjole asimismo que sin duda los hallarian en Roma, á quien, desde que los conoció, venian encaminados, con la disimulacion y cubierta de ser hermanos; preguntó muchísimas veces á Seráfido la condicion de las gentes de aquellas islas remotas, de donde era rey Maximino y reina la sin par Auristela. Volvióle á repetir Seráfido cómo la isla de Tile ó Tule, que agora vulgarmente se llama Islanda, era la última de aquellos mares septentrionales, «puesto que un poco más adelante está otra isla, como te he dicho, llamada Frislanda, que descubrió Nicolas Temo, veneciano, el año de 1380, tan grande como Sicilia, ignorada hasta entónces de los antiguos; de quien es reina Eusebia, madre de Sigismunda, que yo busco. Hay otra isla, asimismo poderosa y casi siempre llena de nieve, que se llama Groenlanda, á una punta de la cual está fundado un monasterio debajo del título de Santo Tomas, en el cual hay religiosos de cuatro naciones, españoles, franceses, toscanos y latinos; enseñan sus lenguas á la gente principal de la isla, para que, en saliendo della, sean entendidos por do quiera que fueren.

Está, como he dicho, la isla sepultada en nieve, y encima de una montañuela está una fuente, cosa maravillosa y digna de que se sepa, la cual derrama y vierte de sí tanta abundancia de agua y tan caliente, que llega al mar, y por muy gran espacio dentro dél, no solamente le desnieva, pero le calienta de modo, que se recogen en aquella parte increible infinidad de diversos pescados, de cuya pesca se mantiene el monasterio y toda la isla, que de allí saca sus rentas y provechos. Esta fuente engendra asimismo unas piedras conglutinosas, de las cuales se hace un betun pegajoso, con el cual se fabrican las casas como si fuesen de duro mármol. Otras cosas te pudiera decir, dijo Seráfido á Rutilio, destas islas, que ponen en duda su crédito; pero en efecto son verdaderas.»

Todo esto, que no oyó Periandro, lo contó despues Rutilio, que ayudado de la noticia que dellas Periandro tenia, muchos las pusieron en el verdadero punto que merecian. Llegó en esto el dia, y hallóse Periandro junto á la iglesia y templo magnífico, y casi el mayor de la Europa, de San Pablo, y vió venir hácia sí alguna gente en monton, á caballo y á pié, y llegando cerca, conoció que los que venian eran Auristela, Feliz Flora, Constanza y Antonio, su hermano, y asimismo Hipólita, que habiendo sabido la ausencia de Periandro, no quiso dejar á que otra llevase las albricias de su hallazgo, y así siguió los pasos de Auristela, encaminados por la noticia que dellos dió la mujer de Zabulon el judío, bien como aquella que tenia amistad con quien no la tiene con nadie. Llegó, en fin, Periandro al hermoso escuadron, saludó á Auristela, notóle el semblante del rostro, y halló más mansa su riguridad y más blandos sus ojos. Contó luego públicamente lo que aquella noche le habia pasado con Seráfido, su ayo, y con Rutilio; dijo cómo su hermano, el Príncipe Maximino, quedaba en Terrachina, enfermo de la mutacion, y con propósito de venirse á curar á Roma, y con autoridad disfrazada y nombre trocado, á buscarlos. Pidió consejo á Auristela y á los demas de lo que haria, porque de la condicion de su hermano el Príncipe no podia esperar ningun blando acogimiento. Pasmóse Auristela con las no esperadas nuevas; despareciéronse en un punto, así las esperanzas de guardar su integridad y buen propósito, como de alcanzar por más llano camino la compañía de su querido Periandro. Todos los demas circunstantes discurrieron en su imaginacion qué consejo darian á Periandro, y la primera que salió con el suyo, aunque no se lo pidieron, fué la rica y enamorada Hipólita, que le ofreció llevarle á Nápoles con su hermana Auristela, y gastar con ellos cien mil y más ducados que su hacienda valia. Oyó este ofrecimiento Pirro el calabres, que allí estaba, que fué lo mismo que oir la sentencia irremisible de su muerte; que en los rufianes no engendra celos el desden, sino el interes; y como éste se perdia con los cuidados de Hipólita, por momentos iba tomando la desesperacion posesion de su alma, en la cual iba atesorando ódio mortal contra Periandro, cuya gentileza y gallardía, aunque era tan grande como se ha dicho, á él le parecia mucho mayor, porque es propia condicion del celoso parecerle magníficas y grandes las acciones de sus rivales.

Agradeció Periandro á Hipólita, pero no admitió, su generoso ofrecimiento; los demas no tuvieron lugar de aconsejarle nada, porque llegaron en aquel instante Rutilio y Seráfido, y entrambos á dos, apénas hubieron visto á Periandro, cuando corrieron á echarse á sus piés, porque la mudanza del hábito no le pudo mudar la de su gentileza. Teníale abrazado Rutilio por la cintura, y Seráfido por el cuello; lloraba Rutilio de placer, y Seráfido de alegría; todos los circunstantes estaban atentos mirando el extraño y gozoso recibimiento; sólo en el corazon de Pirro andaba la melancolía, atenaceándole con tenazas más ardiendo que si fueran de fuego, y llegó á tanto extremo el dolor que sintió de ver engrandecido y honrado á Periandro, que sin mirar lo que hacia, ó quizá mirándolo muy bien, metió mano á su espada, y por entre los brazos de Seráfido se la metió á Periandro por el hombro derecho, con tal furia y fuerza, que le salió la punta por el izquierdo, atravesándole, poco ménos que al soslayo, de parte á parte. La primera que vió el golpe fué Hipólita, y la primera que gritó fué su voz, diciendo: «¡Ah traidor, enemigo mortal mio, y cómo has quitado la vida á quien no merecia perderla para siempre!» Abrió los brazos Seráfido, soltólos Rutilio, calientes ya en su derramada sangre, y cayó Periandro en los de Auristela, la cual, faltándole la voz á la garganta, el aliento á los suspiros, y las lágrimas á los ojos, se le cayó la cabeza sobre el pecho, y los brazos á una y otra parte. Este golpe, más mortal en la apariencia que en el efecto, suspendió los ánimos de los circunstantes y les robó la color de los rostros, dibujándoles la muerte en ellos, que ya, por la falta de la sangre, á más andar se entraba por la vida de Periandro, cuya falta amenazaba á todos el último fin de sus dias, á lo ménos Auristela la tenia entre los dientes y la queria escupir de los labios. Seráfido y Antonio arremetieron á Pirro, y á despecho de su fiereza y fuerzas le asieron, y con gente que se llegó, le enviaron á la prision, y el Gobernador de allí á cuatro dias le mandó llevar á la horca por incorregible y asesino; cuya muerte dió la vida á Hipólita, que vivió de allí adelante.

CAPITULO XIV.

Llega Maximino, enfermo de la mutacion; muere, dejando casados á Periandro y Auristela, conocidos ya por Persíles y Sigismunda.

Es tan poca la seguridad con que se gozan los humanos gozos, que nadie se puede prometer en ellos un mínimo punto de firmeza. Auristela, arrepentida de haber declarado su pensamiento á Periandro, volvió á buscarle alegre, por pensar que en su mano y en su arrepentimiento estaba el volver á la parte que quisiese la voluntad de Periandro, porque se imaginaba ser ella el clavo de la rueda de su fortuna y la esfera del movimiento de sus deseos; y no estaba engañada, pues ya los traia Periandro en disposicion de no salir de los de Auristela; pero ¡mirad los engaños de la variable fortuna! Auristela, en tan pequeño instante como se ha visto, se ve otra de lo que ántes era: pensaba reir, y está llorando; pensaba vivir, y ya se muere; creia gozar de la vista de Periandro, y ofrécesele á los ojos la del Príncipe Maximino, su hermano, que con muchos coches y grande acompañamiento entraba en Roma por aquel camino de Terrachina, y llevándole la vista el escuadron de gente que rodeaba al herido Periandro, llegó su coche á verlo, y salió á recibirle Seráfido, diciéndole: «¡Oh Príncipe Maximino, y qué malas albricias espero de las nuevas que pienso darte!

Este herido que ves en los brazos desta hermosa doncella, es tu hermano Persíles, y ella es la sin par Sigismunda, hallada de tu diligencia á tiempo tan áspero y en sazon tan rigurosa, que te han quitado la ocasion de regalarlos, y te han puesto en la de llevarlos á la sepultura.

»No irán solos, respondió Maximino, que yo les haré compañía, segun vengo»; y sacando la cabeza fuera del coche, conoció á su hermano, aunque tinto y lleno de sangre de la herida; conoció asimismo á Sigismunda por entre la perdida color de su rostro; porque el sobresalto, que le turbó sus colores, no le afeó sus facciones. Hermosa era Sigismunda ántes de su desgracia, pero hermosísima estaba despues de haber caido en ella; que tal vez los accidentes del dolor suelen acrecentar la belleza.

Dejóse caer del coche sobre los brazos de Sigismunda, ya no Auristela, sino la reina de Frislanda, y en su imaginacion, tambien reina de Tile; que estas mudanzas tan extrañas caen debajo del poder de aquella que comunmente es llamada fortuna, que no es otra cosa sino un firme disponer del cielo. Habíase partido Maximino con intencion de llegar á Roma á curarse con mejores médicos que los de Terrachina, los cuales le pronosticaron que ántes que en Roma entrase le habia de saltear la muerte, en esto más verdaderos y experimentados que en saber curarle; verdad es que el mal que causa la mutacion, pocos le saben curar. En efecto, frontero del templo de San Pablo, en mitad de la campaña rasa, la fea muerte salió al encuentro al gallardo Persíles y le derribó en tierra, y enterró á Maximino, el cual, viéndose á punto de muerte, con la mano derecha asió la izquierda de su hermano y se la llegó á los ojos, y con su izquierda le asió de la derecha y se la juntó con la de Sigismunda, y con voz turbada y aliento mortal y cansado dijo : « De vuestra honestidad, verdaderos hijos y hermanos mios, creo que entre vosotros está por hacer esto : aprieta ¡oh hermano! estos párpados, y ciérrame estos ojos en perpétuo sueño, y con esotra mano aprieta la de Sigismunda, y séllala con el sí que quiero que la dés de esposo; y sean testigos de este casamiento la sangre que estás derramando y los amigos que te rodean. El reino de tus padres te queda, el de Sigismunda heredas; procura tener salud, y góceslos años infinitos. »

Estas palabras tan tiernas, tan alegres y tan tristes avivaron los espíritus de Persíles, y obedeciendo al mandamiento de su hermano, apretándole la muerte, con la mano le cerró los ojos, y con la lengua, entre triste y alegre, pronunció el sí, y le dió de ser su esposo á Sigismunda. Hizo el sentimiento de la improvisa y dolorosa muerte en los presentes su efecto, y comenzaron á ocupar los suspiros el aire, y á regar las lágrimas el suelo. Recogieron el cuerpo muerto de Maximino y lleváronle á San Pablo, y el medio vivo de Persíles en el coche del muerto le volvieron á curar á Roma, donde no hallaron á Belarminia ni á Deleasir, que se habian ido ya á Francia con el Duque. Mucho sintió Arnaldo el nuevo y extraño casamiento de Sigismunda; muchísimo le pesó de que se hubiesen malogrado tantos años de servicio, de buenas obras hechas, en órden á gozar pacífico de su sin igual belleza; y lo que más le tarazaba el alma eran las no creidas razones del maldiciente Clodio, de quien él, á su despecho, hacia tan manifiesta prueba.

Confuso, atónito y espantado, estuvo por irse sin hablar

palabra á Persíles y Sigismunda; mas considerando ser reyes, y la disculpa que tenian, y que sola esta ventura estaba guardada para él, determinó ir á verles, y ansí lo hizo. Fué muy bien recebido, y para que del todo no pudiese estar quejoso, le ofrecieron á la Infanta Eusebia para su esposa, hermana de Sigismunda, á quien él aceptó de buena gana, y se fuera luego con ellos, si no fuera por pedir licencia á su padre; que en los casamientos graves, y en todos, es justo se ajuste la voluntad de los hijos con la de los padres. Asistió á la cura de la herida de su cuñado en esperanza, y dejándole sano, se fué á ver á su padre, y prevenir fiestas para la entrada de su esposa. Feliz Flora determinó de casarse con Antonio el bárbaro, por no atreverse á vivir entre los parientes del que habia muerto Antonio; Croriano y Ruperta, acabada su romería, se volvieron á Francia, llevando bien qué contar del suceso de la fingida Auristela; Bartolomé el manchego y la castellana Luisa se fueron á Nápoles, donde se dice acabaron mal, porque no vivieron bien. Persíles depositó á su hermano en San Pablo, recogió á todos sus criados, volvió á visitar los templos de Roma, acarició á Constanza, á quien Sigismunda dió la cruz de diamantes y la acompañó hasta dejarla casada con el Conde, su cuñado; y habiendo besado los piés al Pontífice, sosegó su espíritu y cumplió su voto, y vivió en compañía de su esposo Persíles hasta que biznietos le alargaron los dias, pues los vió en su larga y feliz posteridad.

FIN DE LOS TRABAJOS DE PERSÍLES Y SIGISMUNDA.

INDICE.

	Págs.
Advertencia.	v

LOS TRABAJOS DE PERSILES Y SIGISMUNDA.

Dedicatoria al conde de Lémos.	3
Prólogo.	5
Elogios.	7

LIBRO PRIMERO.

Capítulo primero.	Sacan á Periandro de prision, échanle al mar en una balsa, corre tormenta, y es socorrido de un navío.	9
—	II. Dase noticia de quién es el capitan del navío. Cuenta Taurisa á Periandro el robo de Auristela; ofrécese él, para buscarla, á ser vendido á los bárbaros.	14
—	III. Vende Arnaldo á Periandro en la isla bárbara, vestido de mujer.	21
—	IV. Traen á Auristela de la prision en traje de varon, para sacrificarla; muévese guerra entre los bárbaros y pónese fuego á la isla. Lleva un bárbaro español á su cueva á Periandro, Auristela, Cloelia y la intérprete.	25
—	V. De la cuenta que dió de sí el bárbaro español á sus nuevos huéspedes.	33
—	VI. Donde el bárbaro español prosigue su historia.	40
—	VII. Navegan desde la isla bárbara á otra isla que descubrieron.	49
—	VIII. Donde Rutilio da cuenta de su vida.	52
—	IX. Donde Rutilio prosigue la historia de su vida.	58
—	X. De lo que contó el enamorado portugues.	63
—	XI. Llegan á otra isla, donde hallan buen acogimiento.	68
—	XII. Donde se cuenta de qué parte y quién eran los que venian en el navío.	72

ÍNDICE.

		Págs.
Capítulo XIII.	Donde Transila prosigue la historia á quien su padre dió principio..	78
— XIV.	Donde se declara quién eran los que tan aherrojados venian.	82
— XV.	Llega Arnaldo á la isla donde están Periandro y Auristela..	87
— XVI.	Determinan todos salir de la isla, prosiguiendo su viaje.	89
— XVII.	Da cuenta Arnaldo del suceso de Taurisa..	94
— XVIII.	Donde Mauricio sabe por la astrología un mal suceso que les avino en el mar.	96
— XIX.	Donde se da cuenta de lo que dos soldados hicieron, y la division de Periandro y Auristela..	106
— XX.	De un notable caso que sucedió en la isla nevada.	112
— XXI.	Salen de la isla nevada en el navío de los cosarios.	117
— XXII.	Donde el capitan da cuenta de las grandes fiestas que acostumbraba á hacer en su reino el Rey Policarpo.	119
— XXIII.	De lo que sucedió á la celosa Auristela cuando supo que su hermano Periandro era el que habia ganado los premios del certámen.	125

LIBRO SEGUNDO.

Capítulo primero.	Donde se cuenta cómo el navío se volcó, con todos los que dentro dél iban.	131
— II.	Donde se cuenta un extraño suceso.	134
— III.	Sinforosa cuenta sus amores á Auristela.	141
— IV.	Donde se prosigue la historia y amores de Sinforosa.	147
— V.	De lo que pasó entre el Rey Policarpo y su hija Sinforosa.	152
— VI.	Declara Sinforosa á Auristela los amores de su padre.	159
— VII.	Donde Rutilio, enamorado de Policarpa, y Clodio, de Auristela, las escriben declarándolas sus amores. Rutilio conoce ser atrevimiento, y rompe su papel sin darle; pero Clodio determina dar el suyo.	164
— VIII.	De lo que pasó entre Sinforosa y Auristela. Resuelven todos los forasteros salir luego de la isla.	170
— IX.	Da Clodio el papel á Auristela; Antonio el bárbaro le mata por yerro. De la enfermedad que sobrevino á Antonio el mozo.	177
— X.	De la enfermedad que sobrevino á Antonio el mozo.	182
— XI.	Cuenta Periandro el suceso de su viaje.	186
— XII.	De cómo Cenotia deshizo los hechizos para que sanase Antonio el mozo; pero aconseja al Rey Policarpo no

ÍNDICE.

Págs.

	deje salir de su reino á Arnaldo y los demas de su compañía..	196
Capítulo XIII.	Prosigue Periandro su agradable historia y el robo de Auristela..	201
— XIV.	Da cuenta Periandro de un notable caso que le sucedió en el mar.	208
— XV.	Refiere lo que le pasó con Sulpicia, sobrina de Cratilo, rey de Lituania.	216
— XVI.	Prosigue Periandro sus acaecimientos y cuenta un extraño sueño..	223
— XVII.	Prosigue Periandro su historia.	229
— XVIII.	Traicion de Policarpo por consejo de Cenotia. Quítanle á él el reino sus vasallos, y á ella la vida. Salen de la isla los huéspedes, y van á parar á la isla de las Ermitas.	233
— XIX.	Del buen acogimiento que hallaron en la isla de las Ermitas.	239
— XX.	Cuenta Renato la ocasion que tuvo para irse á la isla de las Ermitas.	247
— XXI.	Cuenta lo que le sucedió con el caballo, tan estimado de Cratilo, como famoso.	253
— XXII.	Llega Sinibaldo, hermano de Renato, con noticias favorables de Francia. Trata de volver á aquel reino con Renato y Eusebia. Llevan en su navío á Arnaldo, Mauricio, Transila y Ladislao; y en el otro se embarcan para España Periandro, Auristela, los dos Antonios, Ricla y Constanza; y Rutilio se queda allí por ermitaño.	258

LIBRO TERCERO.

Capítulo primero.	Llegan á Portugal, desembarcan en Belen; pasan por tierra á Lisboa, de donde al cabo de diez dias salen en traje de peregrinos.	265
— II.	Empiezan los peregrinos su viaje por España; sucédenles nuevos y extraños casos.	273
— III.	La doncella encerrada en el árbol da razon de quién era.	282
— IV.	Quiere Feliciana acompañarlos en su peregrinacion; llegan á Guadalupe, habiéndoles acontecido en el camino un notable peligro.	288
— V.	Tiene fin en Guadalupe la desgracia de Feliciana, y se vuelve contenta á su casa con su esposo, padre y hermano.	298

ÍNDICE.

Págs.

Capítulo   VI. Prosiguen su viaje; encuentran una vieja peregrina, y un polaco que les cuenta su vida. 306

— VII. Donde el polaco da fin á la narracion de su historia. . 318

— VIII. De cómo los peregrinos llegaron á la villa de Ocaña, y el agradable suceso que les avino en el camino. . . 323

— IX. Llegan al Quintanar de la Orden, donde sucede un notable caso. Halla Antonio el bárbaro á sus padres: quédanse con ellos él y Ricla, su mujer; pero Antonio el mozo y Constanza prosiguen la peregrinacion en compañía de Periandro y Auristela.. 329

— X. De lo que pasó con unos cautivos que encontraron.. . 340

— XI. Donde se cuenta lo que les pasó en un lugar poblado de moriscos.. . . . . *349

— XII. En que se refiere un extraordinario suceso. 358

— XIII. Entran en Francia, y dase cuenta de lo que les sucedió con un criado del Duque de Nemurs. 366

— XIV. De los nuevos y nunca vistos peligros en que se vieron. 372

— XV. Sanan de sus heridas Periandro y Antonio; prosiguen todos su viaje, en compañía de las tres damas francesas. Libra Antonio de un gran peligro á Feliz Flora. 378

— XVI. De cómo encontraron con Luisa, la mujer del polaco, y lo que les contó un escudero de la Condesa Ruperta. 383

— XVII. Del dichoso fin que tuvo el rencor de la Condesa Ruperta. 389

— XVIII. Incendio en el meson; saca de él á todos un judiciario llamado Soldino; llévalos á su cueva, donde les pronostica felices sucesos. 396

— XIX. Salen de la cueva de Soldino; prosiguen su jornada, pasando por Milan, y llegan á Luca. 401

— XX. De lo que contó Isabela Castrucho acerca de haberse fingido endemoniada por los amores de Andrea Marulo. 407

— XXI. Llega Andrea Marulo; descúbrese la ficcion de Isabela, y quedan casados. 413

LIBRO CUARTO.

Capítulo primero. Dase cuenta del razonamiento que pasó entre Periandro y Auristela. 419

— II. Llegan á las cercanías de Roma, y en un bosque encuentran á Arnaldo y al Duque de Nemurs, heridos en desafío. 425

— III. Entran en Roma, y alójanse en la casa de un judío llamado Manasés. 431

— IV. De lo que pasó entre Arnaldo y Periandro, y entre el

ÍNDICE.

		Págs.
	Duque de Nemurs y Croriano.	437
Capítulo V.	De cómo por medio de Croriano fueron libres Bartolomé y la Talaverana, que estaban sentenciados á muerte.	440
— VI.	Contienda entre Arnaldo y el Duque de Nemurs, sobre la compra de un retrato de Auristela.	446
— VII.	De un extraño caso y notable peligro en que se vió Periandro por malicia de una dama cortesana.	453
— VIII.	Da cuenta Arnaldo de todo lo que le habia sucedido desde que se apartó de Periandro y Auristela en la isla de las Ermitas.	460
— IX.	En que se cuenta la enfermedad de Auristela por los hechizos de la judía, mujer de Zabulon.	465
— X.	Cobra Auristela la salud, por haber la judía deshecho los hechizos, y propone á Periandro el intento de no casarse.	469
— XI.	Sale Periandro despechado por la proposicion de Auristela.	473
— XII.	Donde se dice quién eran Periandro y Auristela.	478
— XIII.	Vuelve Periandro hácia Roma, con la noticia de venir su hermano Maximino; llega tambien Seráfido, su ayo, en compañía de Rutilio.	483
— XIV.	Llega Maximino, enfermo de la mutacion; muere, dejando casados á Periandro y Auristela, conocidos ya por Persíles y Sigismunda.	488

FIN DEL ÍNDICE DE LOS TRABAJOS DE PERSÍLES Y SIGISMUNDA,
TOMO NOVENO DE LA COLECCION.

RIVADENEYRA. — EDITOR.

BIBLIOTECA
DE
AUTORES ESPAÑOLES.

56 TOMOS PUBLICADOS.

Obras completas de Cervántes, 1 tomo.
— — de Quintana, 1.
— — de Fray Luis de Granada, 3.
Obras del P. Isla, 1.
— de Moratin (padre é hijo), 1.
— de Jovellanos, 2.
— de Quevedo, 2.
— del P. Juan de Mariana, 2.
— del P. Feijoo, 1.
— de Saavedra Fajardo y de Navarrete, 1.
Novelistas anteriores á Cervántes, 1.
— posteriores á id., 2.
Historiadores de sucesos particulares, 2.
Historiadores primitivos de Indias, 2.
Epistolario español, 1.
Curiosidades bibliográficas, 1.
La Gran Conquista de Ultramar, 1.
Libros de caballerías, 1.

Escritos de Sta. Teresa de Jesus, 2 tomos.
Escritores del siglo XVI, 2.
— en prosa, anteriores al siglo XV, 1.
Romancero y Cancionero sagrados, 1.
Romancero de Durán, 2.
Poemas épicos, 2.
Obras sueltas de Lope, 1.
Elegías de varones ilustres de Indias, 1.
Poetas líricos de los siglos XVI y XVII, 2.
Teatro completo de Calderon, 4.
— — de Alarcon, 1.
— escogido de Lope, 4.
— — de Moreto, 1.
— — de Tirso, 1.
— — de Rojas, 1.
Dramáticos contemporáneos de Lope de Vega, 2.
Dramáticos posteriores á Lope, 2.

Continúa abierta la suscricion, pudiendo tambien suscribirse á recibir y pagar dos ó más tomos al mes.

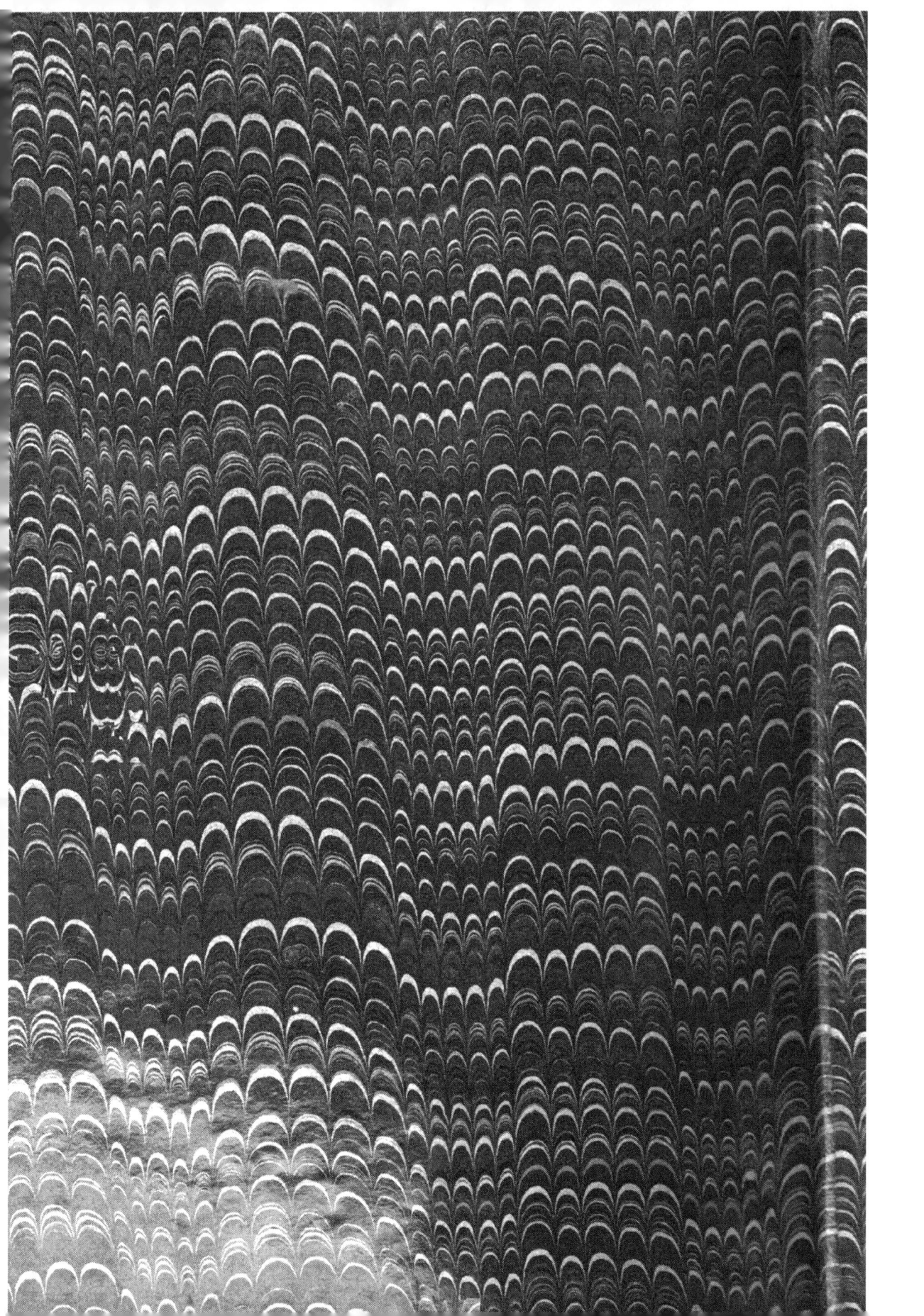